福澤諭吉のアジア

青木功一

Fukuzawa Yukichi and Asia

Aoki Koichi

慶應義塾大学出版会

凡例

本書は、故青木功一（一九三〇～八〇）の主要な論文を集成したものである。論文の選択、排列については、「解題　青木功一の業績」を参照されたい。掲載にあたり、一冊の書籍としての統一を図って、以下のように整理した。

一、漢字・仮名は、「福澤」「慶應義塾」などを例外として、原則として現在通行の字体に改めた。

一、年号の表示は西暦主体に統一した。論題に元号が使われていた場合も、西暦に変更した（初出時の論題は、「青木功一略年譜・著作一覧」を参照）。

一、「清国」「清」と「中国」との用語に混在がみられたが、使用頻度が圧倒的に多い前者に統一した。

一、原則的にルビは省略した。

一、記述を補う文言は、〔　〕で示した。現在の研究状況を踏まえた説明・修正は「編註」として註の後に表示し、本文中の該当箇所の行間には＊1のように表した。

一、明らかな誤植は訂正し、不要な文章も、特に断らずに削除した。

一、「Ⅱ『時事新報』とアジア」掲載論文中の、『時事新報』社説・漫言などからの引用は、論文初出時には、原典（実際の新聞）からのものと、「時事新報論集」（慶應義塾編『福澤諭吉全集』初版、岩波書店、一九五八～六四年）からのものとが混在していたが、著者本来の目的に鑑み、『時事新報』縮刷版（龍溪書舎）に拠って、前者に統一した。

一、初出時には分割して掲載された「朴泳孝の民本主義・新民論・民族革命論―「興復上疏」に於ける変法開化論の性格―」は、註番号を通すなどして一本の論文として掲載した（Ⅲ―八）。『時事新報』論説の対清論調（一）―創刊より一八八五年末まで―」（Ⅱ―三）と、「同（二）―一八八六年より一八九三年まで―」（Ⅱ―四）は、副題が異なるだけではなく、それぞれに結論があるため、別論文として掲載した。

目次

Ⅱ 『時事新報』とアジア

Ⅲ　福澤諭吉と朴泳孝

I

福澤諭吉のアジア観

一　「脱亜論」の源流

――『時事新報』創刊年に至る福澤諭吉のアジア観と欧米観

㈠

周知のように、福澤諭吉は一八八五年（明治十八）三月十六日、『時事新報』紙上に「脱亜論」（⑩・二三八）と題する一つの小論文を発表した。この論文は、現在の全集版にして僅か三頁足らずの短いものに過ぎないにも拘らず、『時事新報』の対外観を代表するものとして、第二次大戦後三十余年の間、論者によって常に引用され、問題視され続けてきた。その理由は、この論の末尾に次のように記されていることによるものであろう。

「左れば今日の謀を為すに、我国は隣国の開明を待て共に亜細亜を興すの猶予ある可らず、寧ろ其伍を脱して西洋の文明国と進退を共にし、其支那朝鮮に接するの法も隣国なるが故にとて特別の会釈に及ばず、正に西洋人が之に接するの風に従て処分す可きのみ」

「隣国の開明を待て共に亜細亜を興す」という言葉が示すように、この頃、既に「興亜論」と称すべき考え方があった。そうした主張をもつ「興亜会」が東京に創立されたのは、一八八〇年（明治十三）三月のことであり、創刊年（一八八二年）の『時事新報』には、興亜会の建物が手狭になったので改築中（九月二十二日）とか、日朝両国人が「興亜第四分会」を仁川に設立（十二月六日）等の記事が見える。(1) また、清との連携を目的とする日本人の学校「東洋学館」が上海に設立されたのは、やや遅れて一八八四年八月である。

さらに、福澤の「脱亜論」と並んで「朝鮮や中国に対する日本人の思想様式の二つの型を代表するもの」[(2)]とも評される樽井藤吉（一八五〇～一九二二）の著『大東合邦論』（一八九〇年雑誌発表、一八九三年初版発行――日本と朝鮮との対等な形の合邦と、清との同盟を説く――）は、序によると、その草稿が「脱亜論」発表と同年に書かれている。なお、この書は、初版発行の際に漢文で書かれ「中国では梁啓超が『大東合邦新義』と改題し、序文をつけて翻刻し」[(3)]、また、「その読者は日本よりも朝鮮や中国に多かった」[(4)]ということである。

即ち、東北アジアの日朝清三国には、欧米列強の侵略に対抗する一つの考え方として、かなり長い期間、こうした趣旨の論が存在していたのである。福澤が自らの小論に「脱亜論」と名づけたのも、おそらくはこれを念頭においたものであったろう。

しかし、今日問題にされるのは、この「脱亜」という趣旨そのものよりもむしろ、これに続く「西洋の文明国と進退を共にし、其支那朝鮮に接するの法も……正に西洋人が之に接するの風に従て処分す可きのみ」という部分である。この「処分」という語は、現代語としてみると極めてどぎつく感じられるもので、論者がしばしば「アジア侵略」の意と解するのも無理からぬところである[(5)]。しかし、少くとも明治前半期の日本語の「処分」は「対処」という程度の意味に解する方が妥当であることは、福澤がしばしば用いているその語例からみても判断できる。且つ当時の日本に関して、福澤が現実的な意味での侵略思想を政策として掲げていたとは到底考えられないことは、「脱亜論」発表の年の年頭に書かれた次の一文を見ても了解できるであろう。

「蓋し今日に当り日本国を独立せしめ又其文明を増進せんとするは甚だ困難の事にして、これを成すに必要の事物は千種万様、……然れども我輩窃かに思ふに、今日の日本に於て兵備整ひ鉄道成れば、先づ国の独立丈けは取留めたるものと云て可ならん」（⑩・一七九、一月二日）。

「脱亜論」発表の二ヶ月前に、軍備と鉄道だけでも整備できれば、日本の独立は何とか「取留め」られるのだが、と福澤は歎息していたのである。これでは、とても侵略の企図をもつことのできる段階とはいえない。

但し、福澤の生涯における対外観の基底に「侵略主義」的感覚が全くなかったかといえば、それはそうではない。『時事新報』創刊年の社説（三月二十八日）の「圧制も亦愉快なる哉」に彼はいう。「大に国威を燿かすの勢を得たらんには、支那人などを御すること彼の英人の挙動に等しきのみならず、現に其英人をも奴隷の如くに圧制して其手足を束縛せんものをと、血気の獣心自から禁ずること能はざりき」（⑧・六六）。彼の強烈な個性は、十九世紀の弱肉強食の時代に負け犬となることを、決して肯じえなかったのである。

一方、その反面には、「血気の獣心」と自らを客観視し得るような、彼独特の理想主義もあった。そして結局彼は「脱亜論」発表の一〇年前、一八七五年（明治八）刊の『文明論之概略』以後、現実政治に関しては理想主義を放棄し、全体としてみれば理想と現実――彼の所謂「正道」と「権道」――の二元論を基本とするようになったものと思われる。

そこで本節では、『文明論之概略』以後の福澤のアジア観と欧米観の変化の様相を、『時事新報』創刊年の『兵論』に至るまで追って、これを「脱亜論」の趣旨と比較してみることにしたい。

㈡

一八七二年（明治五）刊の『学問のすゝめ』初編には、しばしば引用される次の一文がある。「天理人道に従て互の交を結び、理のためには「アフリカ」の黒奴にも恐入り、道のためには英吉利、亜米利加の軍艦をも恐れず、……」（③・三一）。

しかし、それから三年後の『文明論之概略』の論調はこれと同じではない。「又或る学者の説に云く、各国交際は天地の公道に基きたるものなり、……今日既に諸外国と和交する上は飽まで誠意を尽して其交誼を全ふす可きなり、毫も疑念を抱く可らずと。……東西懸隔、殊域の外国人に対して、其交際に天地の公道を頼にするとは果して何の心ぞや。迂濶も亦甚し」（④・二〇四）。

また、これに関連して福澤は次のようにもいう。「国と国との交際に至ては唯二箇条あるのみ。云く、平時は物を売買して互に利を争ひ、事あれば武器を以て相殺すなり。……今の世界は商売と戦争の世の中と名くるも可なり」（④・一九〇）、「一視同仁四海兄弟の大義と報国尽忠建国独立の大義とは、互に相戻て相容れざるを覚るなり」（④・一九一）。

これは何故であろうか。――『学問のすゝめ』が出版されて後、国内では一八七三年（明治六）に征韓論争が行われた。翌七四年には民撰議院設立が建白され、佐賀の乱が起り、国外では台湾征討の事があった。台湾征討は当然清との葛藤を生じ、英米の反撥を招き、大久保利通は大使となって北京に赴かねばならなかった。[6] また、『文明論之概略』の出版許可が出た一ヶ月後には、ロシアと千島・樺太交換条約が締結され、琉球藩に清への使節派遣・冊封等の廃止が命令されている。さらに、ベトナムでは七三年末に仏軍が安南攻撃を開始し、翌年春に安南はフランスの保護領に転落している。

そして、『文明論之概略』の別の箇所ではまた次のようにもいう。「今我邦の有様を見れば決して無事の日に非ず。然も其事は昔年に比して更に困難なる時節なり」（④・一八六、傍点は引用者）、「按ずるに此困難事は我祖先より伝来のものに非ず、必ず近来俄に生じたる病にて、既に我国命貴要の部を犯し、之を除かんとして除く可らず、……到底我国従来の生力を以て抵抗す可らざるものならん。……識者は此病を指して何と名るや。余輩は之を外国交際と名るなり」（④・一九三、傍点は引用者）。

上にいう「更に困難なる時節」「近来俄に生じたる病」とは、具体的には、前述の国内問題・国際関係を指すものであろう。また、福澤自身が欧米列強に関して『文明論之概略』に挙げているところによれば、平時と雖も先進国は、後進国に資本を投下して「労せずして利益を取る」のであり、「其これを求る所は即ち下流の未開国なれば、世界の貧は悉く下流に帰す」（④・一九五）ことになる。そして、「今の外人の狡猾慓悍なるは公卿幕吏の比に非ず。……万々一も、これが制御の下に居て束縛を蒙ることあらば、……我日本の人民は、これに窒塞するに至る可し。今より此有様を想像すれば、渾身忽ち悚然として毛髪の聳つを覚るに非ずや」（④・二〇〇）というのである。以下に彼は、インド、アメリカン・インディアン、ペルシャ、シャム、フィリピン、インドネシア、ハワイ等の例を挙げ（④・二〇〇〜二〇三）、「欧人の触るゝ処にてよく其本国の権義と利益とを全ふして真の独立を保つものありや」（④・二〇二）と深憂慨歎する。

このように、『学問のすゝめ』発行後三年の段階でさえ、その経験の深まりと共に、彼の理想主義の影は著しく薄くならざるを得なかったのである。そして、上に引用した「第十章　自国の独立を論ず」の末尾には、結論として「目的を定めて文明に進むの一事あるのみ。其目的とは何ぞや。内外の区別を明にして我本国の独立を保つことなり。……今の日本国人を文明に進るは此国の独立を保たんがためのみ」（④・二〇七）という。なお、その文明を求める順序が、全国の人心を「文明の精神」の域に進ませ、政令法律を改め、次いで「衣服飲食器械住居」など「有形の物」に至る（④・二〇〜二二）という構想になっている点は、後の思想と比して注意を要するであろう。

では『文明論之概略』のアジア観はどうか。彼は「支那人が俄に兵制を改革せんとして西洋の風に倣ひ、巨艦を造り大砲を買ひ、国内の始末を顧みずして漫に財用を費す」（④・二〇）とその洋務政策を非難する。そして他方では、中国が「文明の精神」を欠き、「多事争論の間に在て存する」自由をもたない、アジアの典型的な欠点を有する国と看なしている（④・二三〜二四）。

これらを概括すれば、国内外の波瀾重畳を見聞した福澤は、欧米列強の侵略に対して独立を守ることを緊急事と考え、その手段の基礎に「文明の精神」を置き、アジアの典型的大国たる中国を「文明の精神」に背馳する存在と見ていたということになろう。

なお、彼のアジア観は、『文明論之概略』と同年に『郵便報知新聞』に発表された「亜細亜諸国との和戦は我栄辱に関するなきの説」という征韓論についての評論に、よりよく示されている。

「我日本は亜細亜の諸国に対して一歩をも譲らざる積りなり。されば我国の独立如何の心配は……亜細亜にあらずして欧羅巴に在るなり」「我日本は……欧米諸国を制するの勢を得るに非ざれば、真の独立と云ふ可らず。而して朝鮮の交際は仮令ひ我望む所の如くなるも、此独立の権勢に就き一毫の力をも増すに足らざればなり」「朝鮮は彼より来朝して我属国と為るも之を悦ぶに足らず。況や事を起して之と戦ふに於てをや」（⑳・一四六〜一四九）。

しかし、中国はそうではない。清に侵入して征韓の軍費を清の富によって償おうという説があるが、「欧米諸国人の田園」たる清に日本が侵入すれば、欧米人は「支那を助るや必然の勢」である。「朝鮮の事件は恰も手足の疵」であるが「欧米の交際は肺病の如くして早晩必死の患ある可き」病（⑳・一四九〜一五〇）だというのであって、この頃の福澤が既に自国本位的アジア観をもっていたことを端的に表現しているといえよう。

翌一八七六年（明治九）の江華島条約締結の後に書かれた小論では、日本の軍艦雲揚号に朝鮮側が発砲したことについて、「我国の往日の如し」（⑲・五七九）として、福澤はこれを意に介していない。

次いで、一八七八年（明治十一）の『福澤文集』巻之一には、「日本は……唯貿易商売の国と為て始て存すべきものゝみ」として、貿易収支の問題が好転すれば「日本は独立するを得可し」（④・四三五）といい、依然として武力優先否定的対外論を保っている。

さらに、同じ年の『通俗国権論』では、国風には「鎖国の国風」も「開国の国風」もあり、この国風は「一国の権」(④・六〇八)で外国の干渉し得ないものであると述べ、「外人は常に本国の勢力を以て不理屈の後ろ楯と為し、甚しきは些末の小事に就ても本国より軍艦を差向るなどの粗言」を吐く(④・六一三)と述べているが、ここには、朝鮮の鎖国を武力で打破った日本自らについての評価は全くなく、彼の思考が、自強論者の特徴そのままに、自国の独立だけを評価の準則としていることがわかる。(7)

続けて、日本の独立確保についての感情が切迫の度を加えたものか、表現が強烈となり、「結局今の禽獣世界に処して最後に訴ふ可き道は必死の獣力に在るのみ。語に云く、道二つ、殺すと殺さるゝのみと」といい、「大砲弾薬は以て有る道理を主張するの備に非ずして無き道理を造るの器械なり。……西洋各国対立の風、斯の如し。況や彼の輩が東洋諸国を御するの法に於てをや。彼の不十分なる万国公法なるものをも、尚且これを用るを好まずして、唯虚喝の一法あるのみ」(④・六三六〜六三七)と、国際関係についての絶望的な感情を表明する。ここには欧米列強に対する強烈な憎悪と深刻な現実認識が展開されているわけであるが、国際関係についてのこのような感情と考え方がアジアに適用されるに至るまでには、僅か一歩の距離しか残されていなかったといえよう。

『通俗国権論』の書かれた背景には、どのような国際関係があったろうか。一八七七年には、清が海軍建設のため、留学生三十名を英仏に派遣していた。この年は露土戦争の始まった年でもある。翌七八年春まで続いたこの戦争が、サン・ステファノ条約によって終止符が打たれると、次いでベルリン会議開催と、欧州は激しく揺れ動いた。東洋でも、清は日本が琉球の入貢阻止を行ったことに厳重に抗議する。これらが、推定し得るこの書の時代背景である。

その他、この書では「西洋の諸国と対立して、我人民の報国心を振起せんとするの術」として外戦を試みることさえ提唱されており(④・六四一)、さらにまた「商売工業の戦は兵の戦よりも広くして、日夜片時も休戦の暇あることなし」(④・六六〇)とも警告している。

さて、一八八〇年(明治十三)の『民間経済録・二編』に至ると、税金は「一国の独立を買ふが為に其代価として払ふ所の財」であると述べた箇所で、これを強調して「古来今に至るまで世界各国の交際は道徳人情を以て接するものに非ず、……双方の眼中にあるものは唯利と兵との二者のみ」と従来の見解を繰返し、「昨日までは平和懇親と称する条約を結て無二の友国たるが如くなれども、今日其一方に恐る可き兵力なくして取る可き利益あれば則ち伐て取る可し。天地間に之を妨ぐる者あることなし。斯る危き各国交際の其中に立て、我独立を保護して又随て他の独立を倒さんとするに、兵備の要用なる固より智者を俟たずして明なり」（④・三七九）という。

この論には、アジア観・欧米観という区別は少しもない。ただあるものは極端な民族主義のみである。条約は一片の反古に過ぎず、必要な利益がそこにあり、力さえあればこれを獲得するのに何等の顧慮も必要はなく、自らの独立確保は、他国の独立を侵すことによって得られる時代なのだ、というのである。しかし、これが、当時の状況から推して、日本が強国になったための主張とは到底考えられない。その発想の根拠は、福澤が長くもちつづけていた激しい恐怖感ではなかろうか。この書は一八八〇年八月の発行である。『通俗国権論』の発行された一八七八年九月からこの時までの間に何が起ったのであろうか。

一八七八年六〜七月のベルリン会議の結果、バルカン半島のトルコ領が割かれ、フランスがチュニスを得たことは、『通俗国権論』の執筆時期（六〜七月）には詳報が届かなかったであろうが、この時までには勿論知らされている。その他、この年の秋には英国のアフガニスタン侵略が始まっている。

翌七九年初めになると、英軍は東南アフリカのズールーランドにも侵入した。チリとボリビア及びペルーとの間には硝石をめぐって戦争が起った。エジプトでは英仏の財政共同管理が復活する。秋には清・露間のリワディア条約によって、イリの以西・以南をロシアに割くことが取り決められた（後、セント・ペテルスブルグ条約で一部改訂）。これと同じ頃、ロシアを主敵とする独墺同盟が結成される。八〇年に入ると、一八七九年恐慌を媒介とする政策転換のために、「イギリス史上の一画期」をなすといわれる第二次グラッドストン内閣が成立を見ている。(8)

この書の執筆までに福澤が見たはずのものは以上のようであった。たしかに、ヨーロッパ・アジア・アフリカ・南アメリカの諸大陸、即ち、ほぼ地球上の全面にわたって激動は広く深く波及していたのであった。「我独立を保護して又随て他の独立を倒さんとするに」という、世論操作的な強気一点張りの表現は、現実には「我が独立を保護できない場合、即ち他の独立によって倒される場合には」と解すべきではないかと考えられる。

欧州ではビスマルクの「平和政策」が限界に達し、「海外発展、いわゆる「世界政策」への転換」が図られていた。そして、英仏独露の欧州列強が軍国主義的傾向を増す一八八〇年代が訪れつつあったのである。[9] 福澤は記した（明治十三年三月刊、*『教育論』）。「現今世界各国の交際に於ても亦然り。彼の西洋諸国の人民が所謂野蛮国なるものを侵して、次第に其土地を奪ひ、其財産を剝ぎ、他の安楽を典して自から奉ずるの資と為すが如き、其処置毫も盗賊に異ならず」（⑳・二一〇）。

（三）

欧米の転換期を福澤が察知していたらしいことは、福澤の画期的論文『時事小言』（一八八一年）に一層明らかにされている。

「天然の自由民権論は正道にして人為の国権論は権道なり」（⑤・一〇三）。彼はこの長大な論文をこのような言葉で始めた。そして、「万国交際」において名実の異なることをあらためて述べるのである。「古来の習慣に各国の間には条約書なるものあり」。しかし「条約書の威重を有すると否との機会は、両国の金力と兵力とを比較して其多寡強弱如何の一点に在て存する」。そこで「彼の正論家は坐して無戦の日を待つことならんと雖ども、我輩の所見に於ては、西洋各国戦争の術は今日漸く卒業して今後益盛なることとこそ思へ。近年各国にて次第に新奇の武器を工夫し、又常備の兵員を増すことも日一日より多し。誠に無益の事にして誠に愚なりと雖ども、他人愚を働けば我も亦愚を以て之に応ぜざるを得ず。……愚なり暴なり又権謀術数なり、力を尽して之を行ひ、復た正論を顧るに遑あらず」(⑤・一〇八～一〇九、傍点は引用者)。

また、「工商の戦争は終始片時も止むときなくして、戦法も亦極て多端なれば、其勝敗の結果に至ては、利害の及ぶ所兵馬の戦争に幾倍なるを知る可らず」、「千八百年代彼国に蒸気電信の用法を工夫し、輓近三、四十年来其法の整頓するに従て、社会の事物頓に面目を改め、軍備戦闘の事、殖産工業の事、一切皆これに藉らざるはなし。殊に運輸交通の法に於ては、開闢以来蒸気発明の日を界にして、前後正しく別乾坤と云ふも可なり」(⑤・一一三～一一四)ともいう。

そして、この鉄道・電信の普及に関連して、清の変化が予測される。「支那の内地縦横に鉄道を通じ又電信線を架するに至らば、今の支那帝国政府は依然として旧帝国政府たる可きや」。鉄道・電信を採用しなければ清は独立を失うだろうし、「之を入るれば其政府を顚覆せん、二者其一を免かる可らずと。此言若し当らば支那国の変動も遠きに在らざる可し」(⑤・一一四)。

洋務論を実行していけば、遂には変法論を実行して政体を改革せざるを得なくなるだろう、というのである。続けて「此変動に際しても我日本は決して傍観す可きの地位に非ず。国事多忙なりと云ふ可し。西洋諸国との交際既に甚だ易からず、又近くは支那との関係もある可し」(⑤・一一四)。

清が政体を変革して強大化した場合、西洋列強への対策だけでも手に余っている日本はどうしたらよいだろう、「今の外人は……国の全力を挙げて之に対峙するも尚及ばざるを恐るゝなり」(⑤・一一四)と彼は憂慮し、厳しく警戒する。先に述べたように、清が海軍建設のための留学生三十人を英仏に派遣したのは、これより四年前の一八七七年のことであるから、清の変化についての彼の予測は半ば以上的中していたわけである。

ところが、このように環境の悪化を述べた後、福澤は続く国内政治に関する章の内の国会について記した箇所では、例によって世論操作的な表現で、次のように国民の士気を鼓舞する。「政体一変、以て国を泰山の安に置て帝室を無窮に伝へ、其事情期せずして自から英吉利の風に効ひ、東洋新に一大英国を出現して世界万国と富強の鋒を争ひ、他をして三舎を譲らしむるの愉快を見ること遠きにあらず」（⑤・一二八）。

この文中には、世論操作的な要素の他に、福澤の希望も混えられているとみてよいであろう。筆者がさきに、その対外観の基底に負け犬となることを欲しない「侵略主義」的要素があると述べたことの一例である。但し、それが、現実的な希望であるか否かは、同年代の他の部分の論と比較してみなければわからない。上記の後には「日本には陸軍も未だ強からず、台場も未だ築かず、軍艦も尚少く、郵船も尚微々たり。迚も今日の有様にては外国に対して国権の鋒を争ふに足らず」（⑤・一五八）という一節もあるのである。このことについては、「脱亜論」の趣旨の解釈についても同様である。

さて、論題が「国権之事」に移ると、彼はいう。「今我国の陸軍海軍は、果して我国力に相当して果して我国権を維持するに足る可きもの歟、我輩万々之を信ぜず。……苟も今の世界の大劇場に立て西洋諸国の人民と鋒を争はんとするには、兵馬の力を後にして又何物に依頼す可きや。武は先にして文は後なりと云はざるを得ず」（⑤・一六九）、そして「或人の説に、……富は強の本なりとの言あり。此言道理に於て然るが如くに聞ゆれども、社会の事跡に於ては往々然らざるものあり」（⑤・一七六）と、かつて『文明論之概略』に述べた、「文明の精神」「政令法律」「有形の物」という文明に進む三段階論とも、『福澤文集』に述べた貿易立国主義とも異る説を主張する。情勢の悪化と「近年我国全体の気風として武備の事を等閑にするの一事」（⑤・一六九）のために、その論は著しく武力優先的な洋務論的色彩を濃くせざるを得ないのである。

また、「外国の交際」に実力を養うと共に「世界中の人をして亜細亜洲の一隅に日本国あるを知らしむる」必要があり、そのための一手段として「日本の船艦を世界中に派遣するの工風」（⑤・一七九〜一八〇）をし、ことに「支那朝鮮の海面には常に日章旗の影を絶つ可らず」（⑤・一八一）という。福澤の視野の中に次第にアジアが滲透しつつある気配がうかがわれる。

これはなぜか。彼は「本編立論の主義は専ら武備を盛にして国権を皇張するの一点に在り」といい、その理由は、アジアではシベリアもインドもそれぞれ露領・英領となって「要するに亜細亜全洲の一半は既に西洋人の手に落ち」、独立国として残っているのは、ペルシャ、シャム、支那、朝鮮と日本だけになったという状況であるからだという（⑤・一八三）。しかも西洋人が「所謂万国公法、……云々と称する其万国の字も、世界万国の義に非ずして、唯耶蘇宗派の諸国に通用するのみ。苟も此宗派外の国に至ては曾て万国公法の行はれたるものを見ず」と、白人の人種差別・宗教差別を指摘し、「然ば則ち力を以て相抗敵するの外、手段ある可らず」（⑤・一八四）と宣言する。「左れば既に相抗敵するものと決定したる上にて、其方法は如何す可きや、……一大疑問なり。波斯、朝鮮等は迚も頼む可らざるものとして、亜細亜洲中最大の支那に依頼せん歟、我輩これを事実に証して断じて其頼むに足らざるを知る」（⑤・一八五）。

このようにいう福澤は、こうした時期に至って初めて、ひたすらに語り続けてきた欧米の侵略を強調する言葉をしばし止めて、アジアの被侵略国を振りかえってみたかのようである。上の言葉からは、一時的にもせよ、福澤の念頭にも被侵略国の連帯という考え方が萌したことがうかがわれるであろう。しかし、それは当初から稀薄であったように、ここでも積極的な期待感としては存在しない。

彼は清に期待できない理由として「英国東印度会社の貿易に始り、……百年の久しき西洋の書を講ずる者もなく、西洋の器品を試用する者もなし。其改進の緩慢遅鈍なる、実に驚くに堪たり」（⑤・一八五）というのである。しかし、清の洋務運動の歴史は、この時既に二十年の歴史をもつのであるから、これは些か誇張に過ぎる。ただ、この時期に国全体としての変化が遅かったということはいえるであろう。ともかく、福澤はここでは『文明論之概略』中の説を適用して「支那をして近時の文明に移らしめんとするには、先づ其人心の根本を改造せざる可らず」(⑤・一八六)という。

続けて彼は「然ば則ち方今東洋の列国にして、文明の中心と為り他の魁を為して西洋諸国に当るものは、日本国民に非ずして誰ぞや。亜細亜東方の保護は我責任なりと覚悟す可きものなり」(⑤・一八六)と述べる。これが、今日「指導者意識」という否定的評価を受けているにせよ、福澤が初めて発したアジア連帯の発言である。比喩的にいえば、彼はこの僅かの期間「入亜」したといえるであろう。

その理由を彼は説明する。「抑も独立は一国の独立なり、我日本一国の独立を謀て足る可し、他の保護は無用の沙汰なりと云ふ者もあらんと雖ども、実際に於て決して然らず」(⑤・一八六)。ではどういうことか。「今西洋の諸国が威勢を以て東洋に迫る其有様は火の蔓延するものに異ならず」(⑤・一八七)。そこで類焼を防がねばならないというのである。

類焼を防ぐには「万一の時に応援するは勿論」、平生から隣家にも我が家のような「石室」を造らせておくか「又或は事情切迫に及ぶときは、無遠慮に其地面を押領して、我手を以て新築するも可なり」(⑤・一八七、傍点は引用者)。こうしたことは、連帯の感情からではない、と福澤はわざわざ断わっている。「蓋し真実隣家を愛するに非ず、……唯自家の類焼を恐るればなり」(⑤・一八七)。

いずれにせよ、清と朝鮮に「文明」を強制すること、または「事情切迫」の際には武力占領して「開明派」政権を擁立することが日本の独立確保のために必要だと敢えて主張するのである。「武以て之を保護し、文以て之を誘導し、速に我例に傚て近時の文明に入らしめざる可らず。或は止むを得ざるの場合に於ては、力を以て其進歩を脅迫するも可なり」と彼は重ねて明言している(⑤・一八七)。

そして、彼の警戒心は厳しい。清朝鮮について「不幸にして一旦此国土が西洋人の手に落ることもあらば、其時の形勢は如何なる可きや。……極度の不祥を云へば日本国の独立も疑なきに非ず」（⑤・一八七）、従って、「兼て又東洋諸国を保護して、治乱共に其魁を為さんとするの目的」（⑤・一八七）にかなうだけの武力を備えなければならないと彼は結論し、また中国との無原則的な友好関係を否定して「支那と日本との関係に就き、兎角に支那を上国視して、支那は大国なり、文国なり、又富国なり、容易に之に敵対す可らず云々とて、一定の見識もなくして唯徒に彼の為に弁護する者は、必ず漢儒者流に限るが如し」（⑤・二一二）と述べている。

㈣

このようにして、福澤は『時事新報』発刊の年（一八八二）を迎える。この年の論調は、大別して前後二期に分けられるであろう。即ち七月末に朝鮮に於て、今日壬午軍乱と称せられる変乱が勃発する前と、それ以後とである。壬午軍乱以後に於て、彼のアジア観、殊に中国観は大きな変貌を見せる。そして、その変貌を明らかにしているのは、この年の秋（九月九日～十月十八日）に発表された『兵論』であろう。従って、以下にこれを取り上げたい。『兵論』の執筆時期は、壬午軍乱の終結直後であると共に、スエズ運河問題による英仏のエジプト出兵が一段落した時期でもある。

福澤は『兵論』の冒頭でまず「外国交際の事実に就ては、今世は尚未だ道理の世界に非ずして武力の世界なり。……口によく道理を言ふて実際によく武力を用るの世の中と云て可ならん」（⑤・二九七）と述べ、『時事小言』を引用して、その欧米観の不変なことを確認する。そしてスエズ運河問題を一言以て評して「凡そ世界各国の戦争に、勝て其名の正しからざるものなし、敗して罪名を蒙らざるものなし。……今回埃及の事変に就ても、曲は埃及に在て英は正しきことならん」(⑤・三〇四）と述べている。

さらに、このような欧米観の一方、壬午軍乱に際して、日本と時を同じくして出兵し、軍乱の主動者・大院君を拉致し去った清の敏速な行動に対する激しい対抗と警戒の意識を露呈させる。「左れば世界の強国、今日は唯西洋に在りと云ふと雖ども、今後十数年の気運に於て東洋亦一強国を出現するなきを期す可らず。我輩の所見に於ては支那国、即是なり」(⑤・三〇五)。

続けていうところは、以前の彼の清国観とは些か趣きを異にする。彼は『文明論之概略』に於ては、清が軍備のために「漫に財用を費す」としてこれを斥け、また『時事小言』では「人心の根本を改造せざる可らず」と評したのであった。しかし、今は違う。「一国の徳教を変動して其風俗を改めんとし、又は政体法律を改革せんとするが如きは、人民教育の根本より漸次に実際に及ぼすに非ざれば叶はざることにして」と、ここまでは『文明論之概略』の趣旨であるが、語を継いで、こうしたことは「大に力を労して又歳月を費すも尚功なきもの多しと雖ども、兵制は則ち之に異なり」(⑤・三〇六）というのである。

そして、日本も同様であるが、清も事情は全く同じなのだから「必ずしも十数年の星霜を費す可き難事に非ず。若しも支那の政府が一旦活眼を開て、……全国の兵制を一変して盛に海陸軍を開くことあらば、東洋俄に一強国を出現して其勢力は殆ど当る可らざるものならん」(⑤・三〇六）という。それは、さらに「外国の交際は友中常に敵あり。……世界万国皆敵ならざるはなし。此点より見れば支那も亦敵国中の一にして、然かも一葦水を隔るの隣に在るものなれば」(⑤・三一一）という判断にまで発展する。また、「今の支那国に兵制の整頓せざるは、獅子にして爪牙を欠く者の如し。一旦これを生じて其爪を磨き其牙を鋭くしたらんには、東洋諸国よく之に当る者はなかる可し。……我輩は士人と共に枕を高するを得ざる者なり」(⑤・三一二）と、日本の独立を脅すに足るものとしてこれを憂え、到底連帯どころではないのである。

しかも、彼の清国観はこれに止まるものではなかった。一方においてはまた「方今宇内の形勢に於て支那帝国の治乱をトするに、到底内地の安寧を保存す可きものに非ず」(⑤・三一二)と、清国自体の独立も危いという見通しであり、「又或は内乱騒擾の為に国土を挙げて諸外国人に分取せられん歟、斯の如きは益我日本の為に謀て危きを覚るなり。如何となれば、方今露なり、英なり、又独、仏なり、支那の地方に垂涎せざる者なし。一旦の機に由て此国々の人が東洋の一大富国を分取したらば」(⑤・三一三)という展望にまで発展するのである。

そして、以上のような欧米人による清の分割が行われた場合、「西洋の諸強国は遠洋を隔るの地位に在てすら、尚且我輩の常に苦心して之に予備する所の者なり。然るを況んや今此強国が近く隣国に居を占めて、直に我に接するの勢を成すに於てをや。益我日本の厳戒を促すものなればなり」と述べ、「加之支那国果して自立を得ずして果して諸外国人の手に落ることならば、我日本人にして袖手傍観するの理なし。我も亦奮起して共に中原に鹿を逐はんのみ」(⑤・三一三)とまで極言する。

「右は唯想像にして」と福澤はこの後に但し書きを付してはいるが、「今回朝鮮の事変に際し」と続けているところからみれば、上記のような中国観の大転換が、壬午軍乱に於ける清の出兵という事実に触発されたものであることも事実であり、さらに「今の外国交際に於て、西洋諸国に対し、又近く隣国たる支那朝鮮に接しても、兵力の欠く可らざるは誠に明白ならん」(⑤・三一五)とも自ら明記している。

従って、以上を見れば、彼の「脱亜論」の骨子が、紆余曲折を経て、この時、即ち『時事新報』創刊年の後半期に、既に殆んど完成を見たといえるであろう。ここには、清に対する恐怖と、清が占領された場合の欧米列強に対する恐怖とが二重写しにされている。そして、「脱亜論」に於いても、「隣国の開明を待て共に亜細亜を興すの猶予ある可らず」(傍点は引用者)と傍点を付した部分が目を惹く。この時点に於ても、欧米列強と清によって、二重に日本の独立が脅かされているという感情がここにこめられており、それ故に独立確保に関して、一切の制約をもたないというのが「脱亜論」の本旨ではなかったろうか。

福澤が、本来「入亜」でも「脱亜」でもなかったことは、これまでに述べてきたところから見て、明らかであろう。彼は日本の独立ということだけを問題にしていたのであり、状況の変化に伴って、独立の方途如何を論じる際に、そのアジア観が変化していったことがうかがわれるのである。

当時、被圧迫民族の連帯という考え方は、全く存在しないわけではなかったが、現実に即してみれば、それは実現可能なことではなかったようである。それ故に福澤は、日本の独立如何だけに焦点を絞って論じ、欧米に対する日本の独立を保障するための対アジア関係を考えたのである。従って、彼が自ら「愚なり暴なり又権謀術数なり、力を尽して之を行ひ、復た正論を顧るに遑あらず」と述べているように、その論は決して倫理的なものとはなり得なかった。これを二十世紀の後半から見れば、正しいとすることは到底できないが、しかしこれ以外に独立確保の方途はないと考えて論じられたことを、倫理的に非難しても余り意味のないことであろう。

福澤の論を辿ってみて痛切に感じられることは、当時、如何に欧米列強の侵略が急であり、反面、日本が如何に弱小国であったかという点である。日本の独立が福澤の一生の念願であった時代のこのような日本の地位を考えずに、徒らに「脱亜論」に於ける福澤の思想の転換を云々する訳にはいかないのである。たしかに彼のこうした考え方は、後の日本に少からず影響を与え、その侵略思想の形成にも役立ったということはいえる。しかしそれが、まさに独立を失おうとしていた東洋の一弱小国の辿らねばならなかった歴史の悲劇であったということはできないだろうか。

以上、「脱亜論」形成の源流を辿り、『時事新報』創刊年に既にそれが形成されてきたことを認識して、筆を擱く次第である。

註

（1）　拙稿「創刊年の『時事新報』に見る複眼的対外観」『福澤諭吉年鑑』四（福澤諭吉協会、一九七七年〈本書Ⅱ―五〉）による。

（2）　旗田巍『日本人の朝鮮観』（勁草書房、一九六九年）、五四頁。
（3）　旗田前掲書、五四頁。
（4）　三輪公忠『環太平洋関係史』（講談社、一九六八年）、八四頁。
（5）　山田昭次「自由民権期における興亜論と脱亜論」『朝鮮史研究会論文集』六（朝鮮史研究会、一九六九年）、四一頁。
（6）　芝原拓自『世界史のなかの明治維新』（岩波書店、一九七七年）、一九六頁。
（7）　源了円『徳川思想小史』（中央公論社、一九七三年）、二二六頁。
（8）　吉岡昭彦「イギリス自由主義国家の展開」『岩波講座・世界歴史20・近代7・近代世界の展開Ⅳ』（岩波書店、一九七一年）、二八頁。
（9）　江口朴郎「十九世紀後半の世界政治」『岩波講座・世界歴史19・近代6・近代世界の展開Ⅲ』（岩波書店、一九七一年）、四二七頁。

編註
＊　『全集』初版には「明治十三年三月刊」とあるが、再版で「明治十二年六月刊」に訂正されている（⑳二一二、八一九）。青木は初版本に拠ったものと推察される。

二　福澤諭吉の朝鮮観

――その初期より「脱亜論」に至るまで

周知のように、福澤諭吉の言論に於いて朝鮮問題の占める比重は大きい。本節では、その発表年月日の順に逐一これを追って、「脱亜論」に至るまでを概観してみることにしたい。

㈠　一八八二年以前

福澤諭吉の著作に於いて、初めて朝鮮の名が出てくるのは、啓蒙的な地理書『世界国尽』（一八六九年）である。それはロシアの項目の中に見られ、「近くは「支那《カラ》」の満州も半は「魯西亜」に併せられ朝鮮国の堺まで勢せまる双頭の鷲の旗影颺《ひらめ》きて」（②・六二七）としてある。朝鮮は、まずロシアの脅威を受けている国と見られているわけである。

次は、その六年後の征韓論争に関して書かれた「亜細亜諸国との和戦は我栄辱に関するなきの説」（一八七五年）（⑳・一四五）である。彼はここで「日本は未だ真に開化の独立国と称す可らず」と憂え、「我国の独立如何の心配の原因はアジアではなくヨーロッパにある。従って、「我日本は亜細亜の諸国に対して和戦共に国の栄辱に差響くことなし」といい、「戦て之に勝つも却て国の独立に害ありと云はざるを得ず」として、一八七四年（明治七）の台湾征討は、結局軍費数百万円の損失があっただけではないかと批判する。

そして、朝鮮についても「之と貿易して利あるに非ず、之と通信して益あるに非ず、其学問取るに足らず、其兵力恐るゝに足らず、加之仮令ひ彼より来朝して我属国と為るも、尚且之を悦ぶに足らず。……朝鮮の交際は仮令ひ我望む所の如くなるも、此独立の権勢に就き一毫の力をも増すに足らざればなり」とし、従って、「況や事を起して之と戦ふに於てをや」という。

脅威を受けるおそれのない相手として蔑視すると共に、日本の独立確保に関係がない限り、朝鮮は関心の対象とするには当らないという無関心的心情が、この論には支配的である。彼は重ねて「朝鮮の事件は恰も手足の疵」であるのに対して「欧米の交際は肺病の如くして早晩必死の患ある可きを知り」と、その関係の深浅を比較している。

次に発表されたのは、この二年後の「朝鮮は退歩にあらずして停滞なるの説」（一八七七年）（⑲・六一七）である。これは、一論者が「朝鮮は実に本朝文明の師」であったのに近年は著しく退歩したといったのに対する反論である。彼は、新羅・百済・高句麗の時代の文化も、中国に近かったためにすべて日本より先に開けたのであるが、それは「高の知れたる文明」であり、秀吉の朝鮮侵入の頃も「明の救無りせば滅亡疑なき有様を見れば、是又高の知れたる進歩にあらずや」という。そして、秀吉の時代以来、「旧物」を改めておらず、「停滞」が続いているのだと述べている。朝鮮を蔑視した観点であることはたしかで、それは、彼の時代の朝鮮史に関する無知に由来するものであり、停滞論中の一説といえよう。

次いで、『時事小言』（一八八一年）（⑤・九五）が発表される。当時、福澤の見る所では、欧米列強の脅威はまさに深刻なものがあった。シベリアはロシアの手に収められ、インドは英国の手中に落ち「要するに亜細亜全洲の一半は既に西洋人の手に落ち」た。そして残っている主な独立国は「波斯《べるしゃ》、暹羅《しゃむ》、支那、朝鮮及び日本国のみ」である。列強のこの侵略に対しては「力を以て相抗敵するの外、手段ある可らず」。「左れば既に相抗敵するものと決定したる上にて、其方法は如何す可きや、誰れか之に着手して、誰れか之が魁を為す可きや、一大疑問なり。波斯、朝鮮等は迚も頼む可からざるものとして、亜細亜洲中最大の支那に依頼せん歟、我輩これを事実に証して断じて其頼むに足らざるを知る」。

清国を頼むことができないのは、清国人が西洋諸国との交流を始めてから殆ど百年になるのに「百年の久しき西洋の書を講ずる者もなく、西洋の器品を試用する者もなし。其改進の緩慢遅鈍なる、実に驚くに堪たり」という観察に基づくものである。

そこで「則ち方今東洋の列国にして、文明の中心と為り他の魁を為して西洋諸国に当るものは、日本国民に非ずして誰ぞや。亜細亜東方の保護は我責任なりと覚悟す可きものなり」ということになる。

そして、西欧列強が迫ってくる状況を火事にたとえ「東洋諸国殊に我近隣なる支那朝鮮等の遅鈍にして其勢に当ること能はざるは、木造板屋の火に堪へざるものに等し」という。続けて「武以て之を保護し、文以て之を誘導し、速に我例に倣て近時の文明に入らしめざる可らず。或は止むを得ざるの場合に於ては、力を以て其進歩を脅迫するも可なり。輔車相依り脣歯相助るとは、同等の国と国との間には通用す可しと雖ども、今の支那朝鮮に向て互に相依頼せんことを望むは、迂闊の甚しきものと云ふ可し」と述べ、且つ「不幸にして一旦此国土が西洋人の手に落ることもあらば、其時の形勢は如何なる可きや。我ためには恰も火災の火元を隣家に招きたるものにして、極度の不祥を云へば日本国の独立も疑なきに非ず」と自国の独立についての憂慮を表明している。

ここには或る程度の連帯の意識はある。しかしそれは、新たに出現した指導者意識によって裏打ちされており、目《め》下《した》の同盟者としての朝鮮が措定されることになる。もはや六年前のように、朝鮮は無関心の対象ではなく、やむを得ない場合には力でその進歩を脅迫してもよいという、武力干渉を是認した強い関心の対象となっているのである。

この翌年（一八八二年）には『時事新報』が発行され、以後、福澤の朝鮮関係の論文は、その社説として発表されることになる。

(二)　一八八二年

『時事新報』掲載の朝鮮関係の論文の最初のものは、三月十一日付「朝鮮の交際を論ず」(⑧・二八)である。ここでは、朝鮮は日本が開国させた国であるから、今後朝鮮が他の西洋諸国と条約を結ぶ場合も、日本は「最旧の和親国」として「交際上の事に就て常に其首座を占るは自然の勢なる可し」と、朝鮮における日本の優越性が強調される。そして、朝鮮にも「鎖攘の党類」が存在しており、この人々が敵とするのは必ず日本人であろうが、その際の自衛の用意が不足であると警告する。さらに、「或は自衛の備を要せずとするも、彼の国人心の穏かならざる時に当て、我武威を示して其人心を圧倒し、我日本の国力を以て隣国の文明を助け進るは、両国交際の行き掛りにして、今日に在ては恰も我日本の責任と云ふ可きものなり」と武力干渉の方針と意図を述べている。

続けて、『時事小言』で説いた指導者論が再び説かれ、清・朝両国は盟主たる日本にならって「近時の文明」を共にしなければならない、もしもそうしなければ「啻に事を与にす可らざるのみならず、又随て我国に禍するの媒介たるに至る可し」という。彼は「今の支那国を支那人が支配し、朝鮮国を朝鮮人が支配すればこそ、我輩も深く之を憂とせざれども、万に一も此国土を挙げて之を西洋人の手に授るが如き大変」という場合を殊に恐れていたのであった。「日本自国の類焼を予防する」のが「朝鮮の国事に干渉する」目的だと彼は繰返すのである。

もっとも、彼はここで武力についてのみ言及したのではなく、「彼の国勢果して未開ならば之を誘ふて之を導く可し、彼の人民果して頑陋ならば之に諭して之に説く可し。其誘導説諭に就ては、我日本人は心身を労することならん、又銭財をも費すことならんと雖ども、之を顧るに遑あらず」として、平和的な両国関係の設定にも留意するところが少なくないのである。

次は、四月二十五日付「朝鮮元山津の変報」（⑧・八三）で、これは元山の日本人居留民に対する暴行事件を論じたものである。彼は「東北咸鏡道元山津地方の如き、地は極めて僻陬《へきすう》、人は極めて頑愚、世界万国交通貿易等の道を知らざるは勿論、朝鮮国外に日本支那あるをも知らざる程の人情なる可ければ」といって、在朝鮮日本人の行為に良からぬ点があったかもしれないというような反省の仕方はしていない。そして、ひたすらに「我に釁《すき》の乗ず可きあればこそ」と、警備力の不足を戒めている。

もっとも、朝鮮人が古くから日本人を嫌っていたことを彼は承知しており、四月二十八日付「漫言」の「日本極る」（⑧・八七）では、「日本人は壬辰徹骨の仇とも称する旧敵にして、之に加るに近来天主教に心酔したる妖怪なれば、之と和親などゝは思ひも寄らず、唯一筋に攘倭の談に忙《せ》はしきことならん」と述べている。

元山事件についての論説は、これに続いて五月十二日付「朝鮮政府へ要求す可し」（⑧・九四）が書かれている。「何の道理もなくして惨刻に殺傷せられたるものなれば、……大体に於て其曲先づ朝鮮国人に在りと断言して可なり」として、三ヶ条の要求――内地旅行の自由、貿易通商地域の拡大、賠償があげられており、また、朝鮮三港に軍艦の常駐、居留地の巡査増員、対馬経由釜山までの海底電線敷設が対策として述べられているが、その論調には激昂の気配はみられない。

しかし、壬午軍乱の発生した際の七月三十一日～八月一日付の「朝鮮の変事」（⑧・二四三）の論調は、右とは著しく違う。下手人については「所謂斥和党と号する朝鮮の頑固党の一類たるや疑なし」とし「軍艦陸兵外征出陣の準備」「遣韓特派全権弁理大臣」の任命を行って、ソウルに押し寄せることを勧告し、「海陸軍の兵力は寧ろ十分に強大なること万全なる可し」と武力解決の強硬方針を述べている。福澤にとっては、「我日本国の公使館を襲撃して我日本国の日章旗を辱しめた」のが重大だったのである。

そして、彼はいち早く、清に対する強硬方針を主張する。もし清国が妨害を加えた場合は、「理非曲直は北京城下の盟に決す可し」というのである。且つ、日朝両国間の関係は「七月廿三日以後既に其交誼を断ち、和親修好の交際に非ずして戦陣に相見るの交際」であるとして、断交の方針を確認した。

そして、ここで驚かされるのは、「逆徒」を追討して「充分の懲戒」を行った後、乱が平定したならば「花房公使を以て朝鮮国務監督官に兼任し、同国万機の政務を監督することと為し、飽くまでも開国主義の人を輔翼保護し、之に同国の政府を委す可し」という点である。これは甚しい内政干渉で、保護国化であり、独立国とはいえない。しかし、福澤はこうした点についての顧慮は全くなく、「朝鮮人心の恃む可らざる、兵力を以て眼前に其約束を維持せしむるに非ざれば、百事徒労に属す可きを以て、此監督官を置き、全国政務の改良を監督する間は、短くして六、七年、長くして十数年間、一隊の護衛兵を京城に屯在せしめ」よというのである。

この全面的な内政干渉と軍隊の駐留が「朝鮮国の幸福を増し文明を進め、兼て又我日本国の名誉を全く」するための彼の処方箋であった。

次いで、八月二日～四日付の「朝鮮政略」⑧・二五一）に於いて、下手人は「苟も旧朝鮮国の事物に異なるものは一切これを排除せんと欲する者」であるから「之を要するに彼の暴徒は文明の敵にして、今回我日本政府が此敵に向て責る所のものあれば文明の為に之を責るものなり」という。「文明」の名に於いて内政干渉を正当化するのである。そして、この「文明の敵」たる保守派が「よく旧物を保守し了して永久に地位を保つ可き歟、改進よく其活潑力を呈して容易に故老を圧倒す可きや、其孰れが勝を制するにも、早晩一度は之を腕力に訴ふることある可きは免かる可からざるの数ならん。左れば今回の暴動は決して朝鮮と日本との関係に止まらず、彼の国の内政一変の時、爰に到来したるものと云ふも可ならん」というのが福澤の観測であった。

「改進」はもとより福澤の応援する側である。そこで彼は「我兵力を彼の政府に貸して、其改進の党類を助け頑冥の徒を威して順に帰せしむるまでは、彼の政府の施政を保護すること必要なる可し」と、保護国的措置をとることを主張する。

そして、朝鮮の民族的感情を考慮することなく、このような措置をとった場合に「日韓両政府の関係は之が為に毫も変動せざるのみならず、益親睦の情誼を増し、……共に文明の幸福を与にすることなれば」と独善的な楽観主義を開陳し、これらの政策実行の鍵は武力による示威であると強調する。

但し、彼は、武力使用の場合に慎重な配慮が必要であることを求め、「在昔豊太閤征韓の時に加藤清正小西行長の兵士が彼の国王の山陵を発《あば》きたることある由にて、爾来三百年の今日に至るまで彼の国人は之を徹骨之恨と称して忘るゝ者なしと云ふ」と戒めている。

その一方、清に対する敵愾心は旺盛で、「漫言」の八月二日付「喉笛に喰付け」(⑧・二五九)では、この事件によって「若しも支那と戦に及ぶこともあらば、何は扨置き左右を顧みず真一文字に進て其喉笛に喰付くこと緊要なりと信ず」と北京攻撃の方策を明らかにしている。その対朝鮮態度と異るところは、露骨な敵意である。

次の八月八日〜十日付「朝鮮事変続報余論」(⑧・二六四)では、大院君についての解説を述べた後に、今回の事件は、単に開鎖論だけが問題の焦点ではなく、大院君の政権欲がこれと結合したものであるとの観測を下し、国情を分析している。そして、さきの内政干渉方針をにわかに打ち消して「外国の交際法に於て相互に其内政に干渉するなきは当然の理にして、朝鮮政府の内部に如何なる変乱を生じて如何なる官吏の更迭あるも、我日本人の関する所に非ず」といい、旧政府が無力となった場合は新政府と新たに条約を結ぶ場合もあると述べている。

また、さらに重ねて「国と国と相対したる政略の交には殆ど道徳の元素なきものにして、隣国の中にて其政治上に如何なる変乱を生じて……如何なる名分を破るとも、我政略の交際に関係なき間は之を不問に附して可なり」ともいうのである。

そして、結論としては、武力の示威を強調しながらも武力の誤用を戒め、「日韓の交際は百千年の交際にして、其交際の変乱は一時の変乱なり。一時の変乱より間違ひを生じて百千年の交際を害するが如きは思慮の足らざるものなり」と友好関係の保持をうたっている。

続いて、福澤は八月五日、十一日、十二日、十四日付で「朝鮮政略備考」（⑧・二七五）の筆を執り、朝鮮の国情をかなり詳しく紹介する。それらは、地理・気質・社会体制・教育・宗教・政体・税法等に関するものである。

八月十四日付「懸直《かけね》論を恐る」（㉑・四〇五）は、交渉使節は兵力を伴っていくのだが、相手が謝罪すれば平和、交渉決裂の際は戦争となるのであって、和戦は朝鮮側で決めるわけであるから、日本であらかじめ論議する必要はないと述べたものである。

八月十五日、十六日付「大院君の政略」（⑧・二八五）では、まず日本側の要求が容れられない場合は開戦であるという。そして大院君について説明をしているが、「大院君は彼の国に在て地位の高貴なるのみならず、其天資剛強にして為すあるの人物たるは、唯其名声に存するに非ず、現に為すあるの資にして、事を為したる人物なり」とかなり高い評価を与えているのが目立つ。そして大院君のとるであろう政策について、色々と推測をめぐらすが、いずれにせよ日本との交渉に際しては、釜山または江華島など、どこか要衝の土地を占領して「談判の抵当」にせよと提唱する。これは徳川時代に英国が日本に対してとった措置を先例とするもので、交渉開始の前に抵当をとるのは無法だが、開始後にとるのはかまわないと彼は敢えて主張し、恫喝外交の対象として朝鮮を見るのである。

次いで、八月十八日付「出兵の要」（⑧・二九〇）が発表される。出兵の必要の第一の理由は交渉使節の護衛、第二は居留民保護、第三は交渉決裂の際の戦闘のため、第四は交渉終了までの保証であるという。交渉も出兵も迅速活潑にして、大事に至らない中に事態を収拾せよというのがその主張であった。

八月二十六日付「兵を用るは強大にして速なるを貴ぶ」（⑳・二四〇）では、「一時大兵を用ひんことを切言するは、唯平和の結局を速にせんと欲するの微意のみ」として、「今回の変乱を奇貨として之に乗じて大に其土地を取るが為に大軍を要するの趣意に非ず。……彼の国土を奪て之を取るも我実利を増すに足らずして、却て後日の煩を為す可きは是亦人の知る所ならん」と武力による国土割譲要求の意図のないことを断わっている。

また、「我輩は敢て兵力を以て小弱の国を赫し以て一時の愉快を楽まんとする者に非ず、……如何せん彼の国の民情として目前に実物を示すに非ざれば之に談ずるの道なきが故に、大に兵力を以て之に臨み」と、出兵の理由について述べている。

八月二十一日、二十三日〜二十五日付「日支韓三国の関係」（⑧・二九七）は、清の軍艦が朝鮮に向けて発航したのに触発されて書いたものらしい。まず、古代からの朝中関係を辿って、現在の朝鮮人は清人を甚だ賤しむが、日本人については、秀吉の朝鮮侵入があったために、これを恐れ憎むことがなお一層甚しく、清人に対する感情と比較すれば何倍も激しいという。

また現在、朝鮮の政治家は清に依頼する感情が強いので、日朝交渉にも清の意向が強く反映するであろうとし、清が朝鮮を属国視するのをやめて、朝鮮政府の為すがままに任せるか、謝罪をすすめるかすれば、日朝清三国は共に平穏無事であろうし、清が強く干渉して「支朝合して陰に我れを敵視」する場合は、日本は「寧ろ彼の所望に応じて戦を開き、東洋の老大朽木を一撃の下に挫折せんのみ」と激語し、両国に対する好戦的態度を露わにする。

これらの壬午軍乱に際しての福澤の論説は、他紙に比しても、政府の方針と比しても強硬論であったらしく、彼はそれに対する反論を、八月二十三日付「漫言」の「脳弱病」（⑧・三〇五）や、同じく「漫言」の八月二十六日付「敵を見て矢を作ぐべし」（⑧・三〇九）などに記している。

そして、この際の福澤の対清感情は、対朝鮮感情に比してはるかに激しいものがあった。八月二十九日〜九月一日付の「支那国論に質問す」（⑧・三一三）はその例である。「和戦の二途何れに帰す可きやは、唯支那政府の意見如何に在て存するものなりと云はざるを得ず」というのがその冒頭で、清で、日本が台湾と朝鮮を併合する意図があると伝えられているのに対し、「若しも他国の地を取て其地を守り其民を護し、之を守護すること我日本の内地の如くせんとするには、幾許の財を費す可きや。……漫に他国の地を奪ふて却て会計の困難を致すが如きは敢て為ざる所なり」と彼は反論し、朝鮮併合の意図のないことを述べている。

そして、清の対朝干渉については「唯朝鮮の不明頑固を奇貨として日韓の交際を離間し、以て我日本を東洋社会の外に擯斥して、亜細亜の全権を大清の一手に掌握せんとするの深意には非ずや」と激しく抗議し、また「支那の政府が斯くも活潑に運動して斯くも余計の兵力を用意するは、此力を朝鮮に向て実際に用るよりも、寧ろ日本に対して虚喝を示すものに非ずやと疑はざるを得ず」と述べている。

しかし、ともかくも済物浦条約は締結された。九月四日付「朝鮮事件談判の結果」（⑧・三二六）はこれを報道するものである。九月六日付の「朝鮮新約の実行」（⑧・三三〇）で、福澤は、今後「朝鮮全国が文明に進むの歩も従前に比すれば幾倍を速にし、遂に全東洋の面目を一新するに至ることある可しと、我輩後来を希望して欣喜の情止む可らざるものあるなり」とこの条約締結を喜ぶ感想を述べ、また「日本の所置、其当を得れば朝鮮を文明に進めて其国人に幸す可く、其当を得ざれば之を焦土に変じて国人に禍す可し。我日本人民の責任は大且重なるものと云はざる可らず」と朝鮮進出の使命観を述べている。

さらに、九月八日付「朝鮮の償金五十万円」（⑧・三三四）では、今後「朝鮮国をして我国と方向を一にし共に日新の文明に進ましめんとするには、大に全国の人心を一変するの法に由らざる可らず。即ち文明の新事物を輸入せしむること是なり」と主張し、今回の償金五〇万円を一旦受けとってから、あらためてこれを朝鮮政府に贈与し、港湾・灯台・電信・郵便・学校・新聞・汽船・鉄道などの事業を起す資金にさせよと、好意的な提案をする。

次に、十二月七日～九日、十一日～十二日付の「東洋の政略果して如何せん」（⑧・四二七）では、まず日朝清三国の「文明を謀り、共に文明の賜を与にして、共に自国の独立を固くし、東方復た西人の鼾睡を容るゝなきこと、我責任の終局なり」として連帯による欧米列強からの独立確保をいう。指導者意識は相変らず続いている。

そして、朝鮮に対しては「近時世界の形勢に於て止むを得ざる場合より其開国締盟を促がしたりとは云ひながら、彼の国情の艱難を察して、力の及ぶ丈けは平和一偏の旨を以て之を誘導し又保護せんことを欲するのみ」と、「文明化」の方針のもとに平和的な干渉を行うことを述べている。

しかし、清がこの方針を妨害するために、日本は退守か進取か、いずれかの道をとらなければならないが、退守の策を取る場合は、朝鮮は清のために占領されて、高麗省となるかもしれないという。その場合、露清関係の葛藤から、ロシアは元山辺まで進出するかも知れず、そうなれば欧州の他の強国もこれを傍観していないであろうから、「東洋全面乱れて麻の如し」という状況になるかもしれないというのが彼の観測である。

そして彼は、この場合に至ってもなお退守策をとって動かないということがあってはならないという。そして、進取の策を取るに当り「我日本国が東洋に在て文明の魁を為し、隣国の固陋なる者は之を誘引するに道を以てし、狐疑する者は之に交るに直を以てし、文を先にして之に次ぐに武を以てし、結局我が政略と我が武力とに由て、東洋の波濤を其未だ起らざるに鎮静する」という。その論旨は、ほぼ一八八一年の『時事小言』に述べたところと同様である。

続けて、日本には外交の能力はあっても武力はまだ充実しておらず、これがなければ進取策の目的を達し得ないから、一日も早く軍備を充実して「文は則ち開明の魁を為し、武は則ち亜細亜の盟主たらん」と欲するという。

そして、「道徳の点より論ずれば、此心情甚だ不良なるに似たれども」と断わりつつ、彼は「人に制しらるゝは人を制するの愉快なるに若かず」という心情を述べ、「吾れも日本人なり、何れの時か一度は日本の国威を燿かして、印度支那の土人等を御すること英人に傚ふのみならず、其英人をも窘めて東洋の権柄を我一手に握らんものをと、壮年血気の時節、窃に心に約して今尚忘るゝこと能はず」と述べ、覇権主義への希求が如何に強いかを示している。従って、当然朝鮮も覇権の対象として見るのである。

しかし、当時の日本が、まだ侵略を現実の日程にのぼせる段階になかったことは、続けて記すところによって明らかである。即ち、今のまま退守策をとっていれば、その間に清が大いに軍備を拡張するかもしれない。その時は、清は朝鮮の廃国立省を行い、欧州人の教唆の下に琉球回復の要求を行うだろう。従って、勢い日清開戦に至り、清の軍艦は東京湾に侵入し、東京を砲撃したり上陸して略奪暴行を行うという事態が予想されると、その予想される状況を細々と記しているのである。

福澤はこの頃、清の将来についてしきりに懸念していたようである。九月九日〜十月十八日付の『兵論』⑤・二九五）においても、「世界の強国、今日は唯西洋に在りと云ふと雖ども、今後十数年の気運に於て東洋亦一強国を出現するなきを期す可らず。我輩の所見に於ては支那国、即是なり」といい、「若しも支那の政府が一旦活眼を開て、立国の根本は兵力に在るを知り……全国の兵制を一変して盛に海陸軍を開くことあらば、東洋俄に一強国を出現して其勢力は殆ど当る可らざるものならん」ともいい、「世界万国皆敵ならざるはなし。此点より見れば支那も亦敵国中の一にして、然かも一葦水を隔るの隣に在るものなれば」とさえ警告している。

このように清についての強い関心が、朝鮮が完全な独立国であるか、清の藩属国であるかという争いを強くかきたてていたものと考えられる。

㈢　一八八三年

朝鮮問題が清との関係を抜きにしては考えられなくなったことは、一月四日付「明治十六年前途之望」⑧・四七九）にも「新報記者の所見に於て朝鮮の事を等閑に附せざるものは其支那に関するが為にして、日本と支那との関係は東洋の全面に影響するを知ればなり」と記されており、続けて「我日本は東洋文明の魁にして、首として支那と朝鮮とを誘導し、彼等をして我れと共に喜憂を与にせしむることを勉め、文を以て論じて聴かざれば武を以て威するの必要なるを知る者なればなり」と連帯意識と共に武力干渉の姿勢を崩していない。

しかし、軍乱後の修信使朴泳孝に従って朝鮮へ渡った牛場卓蔵を送る一月十一日～十三日付「牛場卓造《ママ》君朝鮮に行く」（⑧・四九七）は内政干渉的要素もなく、穏当・健全なものと評価することができよう。

福澤はここで、まず現在の朝鮮の国情は、日本で青木昆陽が長崎でオランダ語を学んだ延享明和の時代に等しく、斥攘論の盛んであるのは、嘉永以後慶応年間の事情に等しいという。そして、このような時期には「率先の人物を得て国人一般の心を開くこと」が緊要である。現在では朝鮮は、日本の為に兄弟・唇歯の用を為すに足りないから、その「開進の率先者」となって懇切丁寧に導くならば、開明の道に進ませることができるであろう。

朝鮮に在っては「全く私心を去り、猥に彼の政事に喙を容れず、猥に彼の習慣を壊るを求めずして」洋学の趣旨を伝えることのみを目的とし、「彼の上流の士人をして自から発明せしむるに在るのみ。自身既に発明するときは、政治の変革、風俗の改良の如きは誠に易々たるもの」であり、「学者の本分は唯無形の人心を開くに在るのみ」であるという。民族文化の独自的発展を信頼した考え方ということができる。

また、朝鮮に対する清の干渉については、富強に関して争うのではなく「我日本上流の士人に固有なる近時文明の思想」を以て争うのがよいとしている。「文明の思想」がなければ「文明の器」は用を為さないからだというのである。「文明の思想」に裏づけられた学者の精神で朝鮮人の心を制し、彼らが自らの考えをもつようになれば「開進」の勢は止めることができないから、清の影響は朝鮮からなくなり、独立も強固なものになるであろうと福澤は結論している。彼の本来の物の考え方がよく現わされているといえるであろう。

次の一月十七日～十九日付「支那朝鮮の関係」（⑧・五〇七）は朝鮮が清の属国であるというのは、事実に反するものであると、いくつかの論拠を呈出して詳細に論じたものである。

三月十三日付「朝鮮国を如何すべきや」(⑧・五七九)では、朝鮮が独立の実をあげ得ないことを歎じ、これと共に東洋の面目を一新するのは徒労であるから、今後の朝鮮政策は退守主義をとるべきかと考えるが、清の干渉が強く、このまま放置すれば朝鮮は完全な清の属国となるから、そうするわけにはいかない、と論じたもので、この頃から朝鮮についての絶望感がしのびよっているのを感じさせられる。

六月一日付「朝鮮政略の急は我資金を彼に移用するに在り」(⑨・五)では、日本と朝鮮の国交を媒介するものについて述べる。まず第一策の武力は、これによって朝鮮を開明に導く上策ではない上に、それが東洋全体の平和をそこなうおそれがあるから不可である。第二策として、宗教は「朝鮮上流の士人」に信仰心が薄く、日本の仏教自体も衰微しているから、これも不可である。第三策の学問は「朝鮮の文化は至極低きものにして、其感覚甚だ穎敏ならず」、従って学問上の誘導も功を奏さないであろう。

そこで、第四策として「我日本の資金を彼れに移して彼の内地に工業を起さしむるの工夫」が最も効果的である。即ちこれによって「文明の実物」を見ることに発して文明に進むことができるからである。「第四策を以て事の端を開き、第三策を以て其終局を結ぶものとす可きなり」というのが、その結論である。従って、この提案は資本輸出を直接の目的とするのではなく、主観的には近代化促進を目的とするものであることがわかる。しかし、結果的にはそれは朝鮮を「市場として開放する」要求であった。(1)

翌六月二日付「日本の資本を朝鮮に移用するも危険あることなし」(⑨・七)では、朝鮮の人口を日本の三分の一とし、「活潑力」も三分の一とすれば九分の一の負担能力となるから、日本の国債の九分の一、三～四〇〇〇万円の国債の負担に堪え得るとする。さらに、これに対して抵当を取り契約を結ぶから心配はなく、併せて契約履行の必要上、朝鮮は内政の改革を行わざるを得ないから、資本輸出は一石二鳥の効果が上るとしている。彼はなおこれに加えて、強大国が弱小国に資本を輸出することによって、それを政策または軍略に利用し、自国の利益を図ったり、その政府を侮辱し、その国民を奴隷視する実例があるが、この点に関しては日本の徳義を信頼する。また徳義だけでなく「自利は利他と合併して始めて大利なり」ということを日本人は知っているから、朝鮮との好ましからぬ関係は生じないと述べている。

しかし、これは机上の楽観論に過ぎないものであって、実際に行われた場合には、朝鮮人の収奪は強化され、諸権益は日本の手中に収められ、経済侵略の歩みを踏みだすことになったであろう。

続けて、六月五日付「朝鮮国に資本を移用すれば我を利すること大なり」(⑨・一〇)が書かれ、次のようにいう。朝鮮で資本を必要とする諸事業は、海運・陸路の充実、学校設立、出版事業、鉱山業、製造業、築港、陸海軍整備などの「文明の事業」であって、それには物と人とを必要とする。この場合、清は儒教主義で役に立たないから、日本に依頼せざるを得ない。そのことによって日本の工業は発展し、職のない知識人は職を得、品物の代金や俸給として日本からの外債が使用され、さらに外債の元利返済が加わるから一石二鳥である。ことに日本では知識人が余っていて「物論喋々」の原因となっているから、頭脳流出によって「間接には自から我社会の平和を維持するの一助」にもなる。もし日本が着手しなければ、他の外国が代ってこのことを行うだろうというもので、(2)人材の輸出に重点をおいた説である。(3)しかし、当時「日朝修好条規附録」第七款によって日本の諸貨幣の朝鮮国内での流通が行われており、「「朝鮮人民は日本の造幣主権のうみだした名目価値を強制された。のみならず日本と朝鮮の貿易決済はまったく国内為替同様となり、日本銀行業者の任意にまかせられた。」こうして日本商人は資力の点でも朝鮮人商人より優位にたつことができた(4)」のであるから、債務を負わされ大量の日本の物貨が流入した場合、朝鮮の経済は疲弊せざるを得なかったであろう。経済侵略はその様相を明らかにしたに違いない。

さて、次に直接に朝鮮に関する論ではないが、福澤は、九月二十九日、十月一日〜四日付で「外交論」(⑨・一九二)という長論を発表している。その中で彼は、欧州諸国が今後目を着ける所は必ずアジアであろうと観測し、続けていう。「世界各国の相対峙するは禽獣相食まんとするの勢にして、食むものは文明の国人にして食まるゝものは不文の国とあれば、我日本国は其食む者の列に加はりて文明国人と共に良餌を求めん歟、数千年来遂に振はざる亜細亜の古国と伍を成し共に古風を守て文明国人に食まれん歟、……二者其一に決せざる可らず」。また、「今我日本人にして近代の利器を利用して西洋の人と並立し、……啻に彼等に食まれざるのみか、時機に臨ては彼等と共に他を食み他を狩るの勢を成さんとするには」という言葉も吐いている。

この文の趣旨は、後の「脱亜論」の趣旨と似通っており、欧州列強に二者択一を迫られて、「禽獣」という反省はもちながらも、「食む者の列」に加わろうとする日本のアジアに対する姿勢の転換を示すものとして注目に値いしよう。但し、これが直ちにアジア侵略を目ざすものとはいえないことは、次の言葉によってうかがわれる。「仮令ひ禽獣相食むの今の世界に交るも、我日本に限りて、事なければ退て守り、一旦事変に逢ふときは他を食むも他に食まるゝことなくして、西洋の諸強国と比肩並立するのみならず、苟も東方文明の魁とあるからには、近隣の国々をも誘導して共に天与の幸福を与にするの日ある可しとは、独り我輩日本人の自信するのみに非ず、西洋諸国の識者にても往々我れに望を属する者なきに非ず」。「共に天与の幸福を与にする」という点に福澤の理想主義的外国観が現われているといえよう。

十月二十二日付「安南朝鮮地を換へば如何なりし歟」（⑨・二二二）では次のように説く。フランスが安南攻略に着手したのは一八六七年であるが、この年はフランス艦隊が朝鮮を攻撃した年（一八六六年の丙寅洋擾の誤まりであろう）でもあり、フランスは以来十七年目の一八八三年に安南を保護国としてしまった。これは朝鮮が東洋の一隅に僻在していたために汽船の力が及ばなかったからで、そうでなければ朝鮮は第二の安南になっていたであろう。しかし、現在は既に西洋の力は東洋に残る隅なく行きわたっているから、東洋人は厳重に警戒せねばならない。「朝鮮国が今日迄一方に僻在してその体面を保ち得たる如きの好機会は、再たび我日本の頭上に経過し来らず」と、西洋人の朝鮮侵略を日本のために恐れている。従来、朝鮮と他の国との関係は清に限られていたが、これに加えて西洋列強の侵略を受けるおそれのある国として、朝鮮を認識しなければならないのである。

十一月九日〜十日付の「日耳曼の東洋政略」(⑨・二五二)は、最近、ドイツに朝鮮侵略の意図があるという報知に接して、朝鮮がドイツの保護国になる可能性もあると憂えており、勢力均衡のためには、ドイツが英露と共に朝鮮の利益を三分する場合もあるという。いずれにせよ、目下は朝鮮・中国が自国の支配権を保持しているが、西洋諸国の勢力は次第に日本の近隣に迫って来つつあると警告するものであって、朝鮮が、複数の西洋諸国によって侵略されるという可能性を認識せざるを得ない段階に至ったわけである。

㈣　一八八四年

四月二十二日付「眼を朝鮮に注ぐべし」(⑨・四六六)では、対外関係では、朝鮮と英独との条約が、日本及び米国と異るものになったので、英独との条約の批准交換の日には「朝鮮に於て日本人の貿易規則並に税目」を改正しなければならないこと等、対内問題では、大院君帰国の噂がひろまった頃から、朝鮮の開化派も、独立や近代化の主張を弱めて親清的傾向をもち始めたこと、大院君帰国の際には必ず朝鮮の政治に大変化が生じるから、その挙動に深く注目すべきことなどをあげて、朝鮮に対して関心をもつべきことを呼びかけている。

八月九日付「朝鮮に在る日本の利害は決して軽少ならず」(⑩・八)では、昨年以来の安南事件で清はまたも安南を属国と称しながら、その事実を示すことができず、朝鮮人は清に依頼し得ないことを知った。最近、清は、大いに朝鮮駐留軍を減少し、都督・呉長慶は病死し、穆麟徳は免職され、清と朝鮮との関係は冷却しつつある。対朝鮮関係は「緊急中の最も緊急なるもの」であるから、油断してはならないと警告している。

十月十五日～十六日付の「東洋の波蘭」(⑩・七二)では、まず、仏清事件は欧州諸国がアジアに侵入しようとする大勢の中でフランスがその端緒を開いたものであって、これより欧亜抗争が始まると観測し、清は今後、数強国を相手に戦って結局滅亡するほかはないといい、ポーランドの例をあげる。そして在外の友人から送ってきたと称する「支那帝国の未来記」という一八九九年十二月付の文章と地図を掲げるが、それによると、清は英独仏露及び日本(台湾とその対岸の福建省の一部)によって分割されており、朝鮮は、その北部に露領と記され、南部に朝鮮と記されている。

そして福澤は、「当局者たる支那の人と之に間接する日本人は、東洋未来の命運を想ふて予め其成跡を画き、時に及んで待つ所あるは大切なる事ならんのみ」と警告し、また、「之を避くるの術なきものは畢竟皆俎上の肉ならんのみ」と記して弱肉強食の冷厳な現実を直視している。

十二月十五日付「朝鮮事変」(⑩・一三七)は、甲申政変の勃発に際して書かれた。「何者とも知れず」高官閔泳翊等を暗殺し、ソウル駐在の日清両国軍は戦闘中云々という報道を記した後、壬午軍乱以後、事大党が勢力を張り、これに対して国王と少数の近臣のみが独立の目的を達しようとして大勢に逆らい得なかったという。また、金玉均・朴泳孝等の独立党を紹介し、彼らが「日本党」と呼ばれることもあるが、「其実日本国が朝鮮に対するは唯国と国との交際なれば、固より彼の国事に参《あずか》る可きに非ず。況や其朝臣等の間に行はるゝ内部の情実に於てをや、断じて我国の知る所に非ず。故に仮令ひ其中の誰れ彼れが日本党と云はるゝことあるも、唯偶然の名にして、彼の国形の実際に於ては事大党と独立党と二派あるに過ぎざるなり」と述べている。

そして、暗殺者は「何者とも知れざるは勿論のことなれども」、事大、独立両党の軋轢に際し、独立党が先に手を出したのではないか、という。しかし井上角五郎によれば、「金朴の一挙に就ては先生は啻に其筋書の作者たるに止まらず、自ら進んで役者を選み役者を教へ又道具立其他万端を差図せられた事実がある」(5)というのであるから、さきの「断じて我国の知る所に非ず」云々という文章は、この事実を掩うためのものであろうと察せられる。なお、一九一〇年になってから発表された「京城変乱始末」⑳・二八五）という甲申政変に関する長文の記録には、福澤自身のことはでてこないが、独立党と日本公使館との交渉が記されている。

十二月十七日付「朝鮮国に日本党なし」⑩・一四一）は、「臆測説」と断わりつつ、政変の背景を説明して、金玉均・朴泳孝等が国王を助けて独立をはかろうとしていたが、閔氏の勢力が強く、金・朴等は逆にこれを倒そうとして大挙に及んだものであるから、この変乱の原因は文明論でもなく、開鎖論でもなく、国の独立如何の問題から生じたもので、さらにその遠因は清が朝鮮の独立を認めなかったことにあるという。そして日本は「唯朝鮮と修好通商の条約を結びたるのみにして他に一切の関係あることなし。其内政に干渉などは思ひも寄らぬ事なれば、彼の国内に日本党なるものゝ有る可き様なし」と断言する。そして、「日本党」などという名称は「我輩の好まざることなり」、日本党などといえば「日本人が彼の内政内事に関係するなどの嫌疑を生ず可きも図る可らず。我輩の最も好まざる所なり」と繰返し強調しており、「国交際の緻密穎敏なる場合に於ては、些細の名義にても大事に関することあるものなれば、態と爰に一言するものなり」と結んでいる。この一文も「朝鮮事変」と同様、自らが参画した事の後を掩おうとするものであったことは間違いないであろう。しかし、建前としては、朝鮮は内政干渉の対象とすべきでないという見方を宣言したものである。

十二月十八日付「我日本国に不敬損害を加へたる者あり」⑩・一四四）では、清軍の日本軍攻撃を非難する。政変は独立党と事大党との軋轢から始まった武力蜂起であるが、この急変の際に国王から日本公使館に警護を依頼されたのに、清軍が日本軍を攻撃したのはなぜか、一国の公使が任地を退去せざるを得なくされたのはなぜかと原因究明を求めている。

十二月二十三日付「朝鮮事変の処分法」⑩・一四七）では、まず、今度の事変で被害者は日本、加害者は清と朝鮮であり、清国人・朝鮮人の乱暴は想像以上のものがあるといい、それ故に、特命全権大使には公使館護衛兵のほかにことをいう。

二、三大隊の兵士を必要とする、と武力抗争を主張する。続けて事件の経過を述べ、謝罪と損害賠償を確実にすべき

交渉に当っては、清国人がすべて非を朝鮮人に押しつけ、自らは何の関係もないように申し立て、調停を申し出る可能性があるが、今回の事件の主謀・教唆・実働は清国人であることが明白であるから、朝鮮駐在の清軍を一切撤退させ、償金二〇〇〇万円を要求せよというものである。

十二月二十六日付「軍費支弁の用意大早計ならず」（⑩・一五五）では次のようにいう。事件は単に朝鮮人との間に発生した問題ではなく、清兵の介入によって起ったものであるから、清軍も相手にせねばならず、実質的には日清交渉となる。しかも相手は狡猾であるから正々堂々の交渉は行いにくいと考えられ、清国人が名誉回復と損害賠償に応じない場合は、朝鮮人もこれに同調するであろうから、その場合は武力を用いることになり、軍事費支弁の用意をしておかなければならない。しかし今度の戦争は豊臣秀吉以来の外戦であるから、軍事費は惜しむに足りない、と戦争の用意をすべきことを鼓吹し、好戦的である。

十二月二十七日付「戦争となれば必勝の算あり」（⑩・一五八）では、今回の事変では一昨年の壬午軍乱のように損をしないようにして、その措置を厳正にしなければならぬといい、交渉に際しては、朝鮮と清が速やかに謝罪すれば問題はないが、そうでなければ「断然兵力に訴へて速かに此局を終る」ようにしなければならないと論じる。戦争になった場合は、「朝鮮は固より論ずるに足らず」、清軍が主敵となるから、ソウルの清兵を撃滅し、朝鮮政府に「我正当の要求」を受諾させ、同時に清に侵入して北京を陥しいれ、さらにこれを追って降伏するまで攻める、という。そして、以下に戦争の計画を記し、日本が清と戦って勝たなければ、「我日本は自今永く支那の凌辱を蒙るのみならず、世界各国のために軽侮せられ侵凌せられ、到底国の独立を維持すること能はざるべく」、勝てば日本の国威は東洋に輝き、さらに欧米の「敬畏」を受けて、治外法権撤廃はいうまでもなく、「百事同等の文明富強国として、永く東方

の盟主と仰がるゝなるべし」として、この戦は「日本国存亡興廃の関する分け目の軍」であると述べている。武力によって東洋に覇を唱えようというものであって、朝鮮を日本の武力干渉の対象とする態度は、ここに一層明らかにされている。

(五)　一八八五年

この年初頭と推定される「支那人をして日韓の交際を妨げしむる可らず」(⑳・三〇五)では、まず、甲申政変以後、清が朝鮮政府の全権を握り朝鮮の独立は消滅したという。そして、朝鮮が謝罪状を出し、損害賠償を払い、殺害下手人を罰し、日本公使館と兵営を新築することになったのは「至当の処分」であり、「朝鮮国の内情を酌量したる寛大至極の談結」であるとしている。また、日朝関係に清が介入していると、いつも両国関係を妨げられて煩しいから、この際、朝鮮に対する清の干渉をなくさなければならぬと述べている。日清の覇権争いの対象として、朝鮮が大きく浮かび上ってきたのである。

一月十四日以降と推定される「三度目の朝鮮事変」(⑳・三〇九)は、特命全権大使・井上馨の帰朝を迎えて書かれたもので、交渉結果に満足の意を表している。そして、今回の事件は実際は日清関係上の大事件で、朝鮮の責任は一部に過ぎず、清が日本に与えた侮辱と損害は今なお残っているから、交渉がこれで片付いたとはいえないという。それだけでなく、今回締結された日朝の新条約も、朝鮮を清が支配している状況では効力が薄弱であり、第三回目の朝鮮事変の発生する可能性が大きいとして、あくまでも朝鮮の支配権を清と争う態度を明確化している。

一月二日付「前途春如海」(⑩・一七六)では、今回の事件の主動者たる清兵のソウル撤退を要求し、きかなければこれを殺し、さらに北京政府に二〇〇〇万円の償金を支払わせ、謝罪を要求せよという。そして、交渉不成立の際には対清開戦であり、この戦は日本の興廃存亡の関する所であるから、全国力を尽して必勝を期さねばならぬとする。また、勝利の際には、清・朝鮮のみならず東洋全体の日本の権力は従来より幾倍も重くなり、欧米諸国も日本の力の強大さを感じ「敬畏尊重の意」を表し、日本の歓心を得ようとするに至るから、条約改正・治外法権撤去交渉も解決するに至るという。そこで戦勝の余勢を仮りて軍備を拡大し鉄道を普及させれば、日本の独立は不動となる。現在の日本で軍備が整い鉄道が完成すれば「先づ国の独立丈けは取留めたるものと云て可ならん」ともいう。独立確保のために、東洋における武力制覇によって日本の国威を増大させようというものである。

一月十三日付「朝鮮丈けは片付きたり」（⑩・一八七）では、ソウルでの交渉がまとまり、井上大使も間もなく帰ってくるが、清の遺韓大臣・呉大徵には日清交渉を行う権限がないので、これと交渉することはできなかった。従って、朝鮮関係だけは交渉がすんだが、清に関する交渉は未了であるという。ここでも、清の朝鮮支配に対抗する姿勢を貫き通そうという意志を堅持しているわけである。

一月十四日付「尚未だ万歳を唱るの日に非ず」（⑩・一八九）は、ソウルでの交渉で得た満足は、唯朝鮮関係の満足だけで、一層重大な清との関係の満足ではないとし、「恐入りの役目を勤る者は朝鮮政府にして、何食はぬ顔色せんとする者は支那人なり」という。しかし朝鮮政府がすべて罪を引き受けようとしても、清が行ったことが確実な四項目があり、これらを糾明しなければまだ万歳を唱えるわけにはいかない、と述べている。前篇と同じく、朝鮮における清の支配にあくまで抵抗しようというのである。

二月二十三日、二十六日付「朝鮮独立党の処刑」（⑩・二二一）では、朝鮮独立党の処刑は「野蛮の惨状」であるという。朴泳孝・金玉均等は行方が知れず（実は福澤を頼って日本に亡命している）、その他の人々も父母兄弟妻子に至るまで惨殺された者が多い。「此地獄国の当局者は誰ぞと尋るに、事大党政府の官吏にして、其後見の実力を有する者は則ち支那人なり」として、開化派支持の態度を崩さず、事大党支配下の朝鮮とは条約の公文上は対等の交際をするが、人情の一点については「其国人が支那の羈軛を脱して文明の正道に入り、有形無形一切の事に付き吾々と共に語りて相驚くなきの場合に至らざれば、気の毒ながら之を同族視するを得ず」と、その政敵に対する残酷さを攻撃している。

三月十六日付「脱亜論」⑩・二三八）では、まず、かつて日本は旧政府を倒して新政府を立て、一切万事につけて近代西洋の文明をとってアジア州の中で新機軸を出し、脱亜の主義をとった。しかし清と朝鮮は儒教主義をとっていて古風旧慣に恋々としており、この二国は今の文明東漸の風潮に際して、とても独立を維持する道はない。今から数年の中に亡国となり、世界の文明諸国によって分割されるであろう。輔車脣歯とは隣国が助け合うという譬えだが、今の清朝鮮は日本のために一毫の助けにもならない。それればかりか、三国が接しているために、西洋人は古風な二国と日本を同一視することがあり、これによって日本の外交上、差支えが起ることもある。そこで「我国は隣国の開明を待て共に亜細亜を興すの猶予ある可らず。寧ろ其伍を脱して西洋の文明国と進退を共にし、其支那朝鮮に接するの法も隣国なるが故にとて特別の会釈に及ばず、正に西洋人が之に接するの風に従て処分す可きのみ」という。甲申政変以後、清と朝鮮の将来に対する期待感が全く消滅して絶望感のみに支配されていたようである。そのために連帯の観念は全く捨て去られ、日本の独立確保のために、一切の制約のない外国として行動することをいうものであろう。

但し、「西洋人が之に接するの風に従て処分す可きのみ」という言葉が、直ちに現実の日程における侵略を意味するものでないことは、前記の「前途春如海」で、現在の日本が、軍備が整い、鉄道が完成すれば「国の独立丈けは取留めたるものと云て可ならん」と述べている実状からも察せられる。

まとめ

このようにして連帯の観念が消滅した一八八五年に至るまでの道を、もう一度振り返ってみることにしよう。この年から丁度一〇年前の一八七五年には、朝鮮は日本の独立に関係のない国として、無関心の対象とされていた。しかし、その六年後の一八八一年には、欧米列強のアジア侵入に伴って、朝鮮が西洋人の手に落ち、日本の独立が脅かされるという予測がなされ、そのために力によってその進歩を脅迫するという形での連携の対象とみなされるに至った。そして、武力を含む干渉の意図はこれ以後も続く。蔑視観も一八七七年以来明らかにされているが、必ずしもそれのみではなく、日本人は「壬辰徹骨の仇」と考えられているという反省もあった。

一八八二年に壬午軍乱が発生すると武力解決が強硬に主張される。のみならず内政全般を「朝鮮国務監督官」の指揮下におくというような保護国化案も提案される。そして干渉は「文明」の名において正当化された。しかも両国の関係を、福澤は独善的な楽観主義の目をもって、益々親睦の情誼を増すものと見ている。

この保護国化案はなぜか途中で変説し、代って、朝鮮の「内政に干渉するなきは当然の理」とされる。交渉に関しては不信感が強く、「談判の抵当」をとる洞喝外交の対象とされたり、交渉終了までの保証として駐兵が提唱されたりする。但し、出兵は朝鮮の国土を奪うためのものでないことを福澤は断言している。また彼の対清感情は対朝鮮感情よりも激しいものがあった。朝鮮をめぐる覇権争いのためである。この覇権争いの対象として朝鮮を考える見方は以後も続いた。

壬午軍乱が決着をみると、「朝鮮全国が文明に進むの歩も従前に比すれば幾倍を速にし」と「欣喜の情」を示して、福澤の朝鮮観は善意を取り戻す。日本は朝鮮を文明に進める使命をもっていると考えるのである。そのために償金五〇万円を贈与して近代化の資に供すべきことも説いた。また日朝清三国が「文明を謀り、共に文明の賜を与に」すべきであるとも述べ、朝鮮に関しては「力の及ぶ丈けは平和一偏の旨を以て之を誘導し又保護せん」ともいう。但し朝鮮半島を清が支配することは断然斥ける。それはやがてロシアの進出を招き、欧州列強がこれに加わり、「東洋全面乱れて麻の如し」となることを恐れるためである。福澤は朝鮮の戦略的な地位をこのように見ていた。

一八八三年に入ると、日本は東洋文明の魁として清と朝鮮を誘導し、「文を以て論じて聴かざれば武を以て威する」と称し、武力干渉の姿勢が再現される。しかし、弟子牛場卓蔵の朝鮮赴任に際しての勧告には、福澤の良識がよく示されている。福澤は牛場に、朝鮮に洋学の趣旨を伝え、朝鮮人が自ら発明することによって政治の変革・風俗の改良が行われるようにせよといい、「学者の本分は唯無形の人心を開くに在るのみ」と述べる。民族の独自的発展を信頼した朝鮮観の提示である。また、朝鮮の対清関係についても、文明の思想を伝えて朝鮮人自らの考えをもつようにさせ、その止めることのできない開進の勢で清の影響を消滅させて強固な独立を保つようにさせるべきであるというのであった。

だが、こうした朝鮮独自の力を信頼する見方は束の間に消え去り、朝鮮は独立の実をあげえないと歎じる。そして日本の資本と人物を朝鮮に輸出するという、植民地化のおそれのある提案を行う。それは結果的には経済侵略の対象として朝鮮を考えるものであった。

さらに彼は、食む者の列に加わって文明国人と良餌を求めるか、アジアの古国と伍をなして文明国人に食まれるかの二者択一であるという考え方でアジア諸国に対するようになる。また欧米列強の侵略は、フランスの安南侵略で一層強く意識され、安南の立場から朝鮮の立場を類推し、続いて独英露の侵略を受ける恐れのある国として朝鮮を考えるようにもなる。

一八八四年、大院君の帰国の噂が広まった頃から、朝鮮政界には徐々に変動が始まり、清の安南での敗北をきっかけに清と朝鮮の関係は冷却化して、福澤は対朝鮮関係を緊急中の緊急事と見た。一方、将来の問題として、清は十九世紀の末には西洋列強と日本によって分割され、朝鮮も北部は露領となる運命にあると予想する。こうした予想の中で甲申政変が勃発した。福澤と日本公使館はこれに関与したにも拘らず、国際的な反響を恐れて日本が朝鮮の内政に干渉することはあり得ないとの説を流布した。この政変の交渉に当っては、武力を背景に謝罪を要求しているが、さらに、事件の主謀・教唆・実働は清であるといい、その追及は激しい。そして、清との全面戦争を辞すべきでないことを強く主張し、武力によって東洋に覇を唱えるべきことをいう。朝鮮は明らかに制覇の対象とされるに至った。

一八八五年に入ると、朝鮮は清に全権を握られ、独立は消滅した状態と見なされる。福澤は何とかしてこの清の干渉を排除したいと述べ、日清の覇権争いの対象として朝鮮はいよいよ重視されることになった。また、交渉不成立の場合の対清開戦の主張はますます激しく、朝鮮は清の支配の下に動かされているにすぎないと見る。しかも甲申政変後の処刑の状況については、朝鮮は野蛮な惨状を呈しており、「文明の正道」に入るまではこれを「同族視」できないと評している。

こうした甲申政変後の状況に絶望したために書かれたのが「脱亜論」であろう。朝鮮は清と共に今の文明東漸の状況の中で独立を維持できずに数年内に亡国となり、列強に分割される運命にあると観測され、且つ日本の独立確保のためには一毫の助けにもならないと評価される。連帯の観念はこうした観点から消滅し、一切の制約なしに西洋列強と同じやり方で対処すべき国とみなされるに至ったのである。

註

（1）　鹿野政直『福沢諭吉』（清水書院、一九六七年）、一五九頁。
（2）　中塚明『日清戦争の研究』（青木書店、一九六八年）、二二頁。
（3）　鹿野前掲書、一五九頁。
（4）　中塚前掲書、二二頁。「　」内は、姜徳相「李氏朝鮮開港直後に於ける朝日貿易の展開」『歴史学研究』二六五号、四頁所引。

（5）石河幹明『福澤諭吉伝』第三巻（岩波書店、一九三二年）、三四〇頁。

II 『時事新報』とアジア

三 『時事新報』論説の対清論調（一）

――創刊より一八八五年末まで

はじめに

本節は慶應義塾大学新聞研究所における「時事新報史」研究の一部として、その論説の対外論調を検討するに当り、まず清国を対象にしようとするものである。紙幅の関係上、今回は、創刊の一八八二年（明治十五）三月初めより一八八五年（同十八）末までと限り、おおむね日付の順に対清論調を記載し、その特徴を見ることとする。

㈠ 壬午軍乱・清仏紛争と清国の脅威

創刊時の『時事新報』（以下本紙と略称）の対清論調は、対朝鮮論調と同じく、その創刊の前年に発表された福澤諭吉著『時事小言』に基礎をおいていると考えてよいであろう。この論文の中で福澤は、西洋列強の侵略により、その大半を奪われたアジアが、これに対抗する場合に頼るべきものは「亜細亜洲中最大の支那」ではなくて日本であり、日本は、西洋列強が迫ってきた際には、清国や朝鮮を「武以て之を保護し、文以て之を誘導し、速に我例に倣て近時の文明に入らしめざる可らず。或は止むを得ざるの場合に於ては、力を以て其進歩を脅迫するも可なり」とした。従って、本紙の対清論調は友好的なものが期待されるのであるが、これに反して創刊後五ヶ月目に勃発した朝鮮の壬午軍乱に於ては、その当初から、朝鮮に対する強硬論と共に、未だ何らの対応を示してもいない清国に対して、殆んど異常と思われる程の強硬論を掲げている。即ち、壬午軍乱の第一報を承けた論説では、紛争に対する清国の介入があれば対清開戦を行えと説くのである。(1) これは、当時清国が朝鮮を属国と称していたので、日朝間の紛争に対する清国の介入が予想されたためである。事実、日本軍に対する敵対行動こそなかったが、この紛争直後、清国は朝鮮に出兵している。そこでこの論調は約一ヶ月たっても変らず、「支朝合して陰に我れを敵視」して「公然タル敵対ノ形ヲ呈スル」場合には「彼ノ所望ニ応シテ戦ヲ開キ、東洋ノ老大朽木ヲ一撃ノ下ニ挫折センノミ」とまで述べている。(2)

しかし、少し事情がはっきりしてくると、清国政府は日朝間に介入する意志はないらしいとの観測がなされ、(3) 論調はやや緩和する。だが、それでもなお清国に対する疑念は深く、この前年に李鴻章が朝鮮要人に与えたという書簡の内容を取上げて、その中の、日本が朝鮮を占領する意志があるとの言は中傷にすぎず、これは日朝関係を離間し、「日本ヲ東洋社会ノ外ニ擯斥シテ」清国がアジアの全権を掌握するためではないか、清国の出兵は日本に対する「虚喝」ではないか、(4) という。

その中に、清の派遣使節・馬建忠が壬午軍乱の首領とされた大院君を拘束して清国に拉致するという事態が起ると、漸く愁眉を開いたものの如く、このことは日朝清三国の交際を保持する一慶事だと述べている。(5)

しかし、清国の将来に対する警戒心は強く、もし清国が軍備を盛んにすれば、今後十数年の間に清国は東洋の強国となって、東洋でその勢力に対抗できる国はなくなる、清国も西洋諸国と同じく敵国中の一つだという。またその反面、逆の場合も想定し、西洋列強が清国を分割領有したならば、日本は地理的に西洋の勢力と隣接することになるから一大脅威であるとし、その場合は共に分割に参加すべきであるとも説くのである。(6)

その後も、朝鮮属邦視、日朝離間策などの清国の圧力については度々論じられ、(7) 本紙の基本的な対清方針と、清国との現実の対抗関係の論との間にはかなり懸隔がある。即ち、日本の終局の責任は日清朝「三国ノ文明ヲ謀リ、共ニ文明ノ賜ヲ与ニシテ、共ニ自国ノ独立ヲ固クシ、東方復タ西人ノ鼾睡ヲ容ル、ナキコト」である。しかし清国は日本と協調せず、朝鮮人には恩を施し、日本に対しては威そうとする。そこで日本は対清関係で進取・退守の両策のいずれかを取らなければならない。しかし退守策を取る場合には、清国は朝鮮を併合するかもしれない。その場合にはロシアも朝鮮を侵略し、これに従って欧州の諸強国も進出し「東洋全面乱レテ麻ノ如シ」という状態になる。そして日本は清国と朝鮮の海陸で開戦するところまで追い込まれ、もし負ければ清国海軍が東京湾に侵入することもあるだろう。

そうなってはならないから、やはり日本は進取策を取らねばならず、「東洋ニ在テ文明ノ魁ヲ為シ、隣国ノ固陋ナル者ハ之ヲ誘引スルニ道ヲ以テシ、狐疑スル者ハ之ニ交ルニ直ヲ以テシ、文ヲ先ニシテ之ニ次クニ武ヲ以テシ、結局我ガ政略ト我ガ武力トニ由テ、東洋ノ波濤ヲ其未ダ起ラザルニ鎮静スル」必要がある。それには日本がもっと軍備を充実する必要がある、というものである。(8)

清国の脅威についての論はなおも続き、現在の清国の軍備拡大は防禦用と見られるから心配はないが、現政府を倒して近代化したら東洋無比の一大強国となり、日本は恐れなければならない、その時期は二〇年以内であろうといい、また近代化しなければ西洋列強の侵略するところとなり、この場合、日本は清国自身による強化よりも遥かに恐ろしい事態に直面するとも警告する。(9)

さらに、これに続く福澤主筆執筆の一論説は、将来の清国を恐れた右の論とはやや趣きを異にし、現在の清国の軍備拡張についても警戒の念を表明する。即ち、現在の軍備拡張と壬午軍乱における活潑な介入とは、清国政府がもはや日本に対して何等憚る所がないとの態度を示すためであるという判断を下し、しかし日本と交戦した場合には、日本には軍隊に加えて三〇万の士族があり、且つシナに対する敵愾心は元寇以来のものであるから、日本人を絶滅させなければ清国は目的を達し得ないであろうという。また、それにも拘らず現在のような敵対の態度を示すのは、国勢改革を熱望する一群の政治家が、日本との騒擾に乗じて内政改革を行おうとするためであろうとも観測する。そして、いずれにせよ、日清が戦うことは両国間の貿易の利益を失い、怨恨の情を生じて西洋諸国の嘲りを招くものであるから、日本は軍備を充実して戦端を開くことの不利を清国に知らしめることが必要であると結論する。(10)

続いて、清国の朝鮮政策を論じ、その朝鮮政策の積極性には三つの目的が推測されるという。第一は、他国に併呑されるのを防ぐために朝鮮を合併すること、第二は遼東を日本から守るために朝鮮を保護すること、第三は、日本に備えることを口実に軍備を整え、日本と開戦し、全軍が部署についたらその軍で満州朝廷を討つことである。(11)

(二) 清仏戦争前の清国重視

一八八三年（明治十六）四月、フランスは、前年末に李鴻章とフランス公使との間に締結された、安南の独立承認・トンキン撤兵・紅河の自由航行・トンキン保護権の分有の四項からなる「上海とり決め」の破棄を通告、翌五月にはフランス議会はトンキン遠征費の支出を承認した。八四年夏から始まる清仏戦争の前哨戦が本格的に開始されたのである。

本紙はこの時期に、初めて安南問題を論説に取り上げ、清仏戦争の起った場合の日本の利害関係について予測を行った。それによると、清国の諸港が封鎖されたら日清貿易は止まって被害を受けるが、清国からの生糸・製茶輸出が止まるからこれは利益である。また政治上は、琉球問題（一八七九年の琉球の廃藩置県に清国は不承認の意志を表明していた）が棚上げになり、朝鮮駐在の清国軍が撤兵するであろうから、総じてこの戦争を厭忌する理由はないという。(12)西洋の侵略に対するアジアの連帯という観点はここにはなかった。

続いて、清仏間の戦争は不可避と断じるが、この両者は間もなく講和し、清国はこのついでに軍隊を東に向けて日本を討つかもしれないと憂えている。[13] この危惧は引続いて記され、安南は遠方の国だからその存滅は痛痒を感じないが、問題は清国であるという。清国の軍備拡張は台湾事件（一八七四）後から始まって琉球廃藩の頃から盛んになったから、それは日本に向けられたものらしいが、清仏戦争は長い間続くことはないから、戦後にその余力を日本に向け、海軍を琉球付近に派遣するかもしれないというのである。[14]

また、これと同趣旨の論が続き、清仏の葛藤は彼岸の火事であるが、交通の発達した現在においては、いつ戦火が波及するかもしれず、台湾・琉球・朝鮮の問題で対立している日本は、清国にとって第二の敵になるかもしれない。日本は清仏いずれとも同盟する必要はないが、「東洋の殺気」が日本に及ぶ場合に備えて軍備を拡張しておかなければならないという。[15]

さらに続けて、沖縄問題で、清国は必ず兵力を以て日本に迫るだろうという説と、党派の軋轢などがあるから、国内の平和を保つために出兵することはあるまいという説と二説あっていずれが正しいか判らないが、日本の軍備拡張はその兵を以て容易に戦おうとするためではなく、兵力の満を持して戦争を未然に防ぐためであるとしている。[16]

清仏関係緊張の際にあっても、なおかつ清国の攻撃のおそれについて、本紙がこのように度々警告を発しなければならない程、日本は清国の脅威を感じていたわけである。

また、本紙は清国の近代化の予想ももっていた。即ち、安南の黒旗兵のために仏軍が敗北したことを報じたのに続いて、アヘン戦争以来の中国近代の歴史を回顧し、最近十数年の留学生の派遣、在外使臣の駐留、移民の流出などによって「文明の芸術智識」を吸収したため、近代化の傾向が現われ、今後一〇年以内に清朝の政治組織と社会秩序は改革されるであろうとの見解を述べている。[18]

さて、本紙の清仏交渉の成行きについての関心は深く、度々その経過に関する詳細な論説を掲載している。[19] また、清国を「今後商売上ニ政治上ニ活機ヲ争ヒ輸贏《しゅえい》ヲ決シ、合シテハ唇歯トナリ離レテハ好敵トナル」隣国と見て、この国に渡航在留する邦人の極めて少いことを憂え、商人・文人・事業家の渡航を奨励する。そして、ここでも「一朝風雨悪ケレバ支那帝国大変革ナキヲ保ス可ラズ」と近代的変革を予想していることが注目される。[20]

次はまた、清国の脅威に関する論である。即ち、現在日清関係は友好的だが、五、六年前あるいは七、八年前と比べると、現在の方が破裂の憂いが多いという。しかし、これに対して戦争必無論者は説いて、戦争の場合、日清貿易及びこの両国と世界各国との貿易は止まるから、欧米の富強国は困惑して必ず調停に出る。欧米諸国と清国との貿易の利益は日本の四、五倍であるから、調停は清国に有利なものとなる。従って、清国との戦いは完全な損失となるから、どんなことがあっても清国との戦争は避けなければならない、と主張しているが、本紙は、戦争さえしなければ国辱国損の憂いがないとはいえないといい、虚喝で人を嚇そうとするのは清国外交の常套手段であって、もし日本がひたすら戦争を避けようとしていれば、清国は台湾征討や琉球廃藩の件を持ち出してその罪を正そうと言い出すかもしれない。そして、全般的に見て、清国の輿論は日本を敵視するものと考えられる。従って日清間の戦争を避けようとするなら、軍備を整え進取の気象を示して清国の肝を奪い、軽挙をさせないようにするのが最もよい、と主張するのである。[21]

また、本紙は清国の潜在力を重視していた。清国が奮起したならば、東洋の文明は一転して異常の高度に進み、欧米諸国と鋒を争うことも難事ではない。清国政府の行動はその影響を世界に及ぼし、その一挙一動は殊に日本に大きな影響を及ぼす、というのである。[22]

次に、清仏紛争についての論評が行われる。即ち、フランス遠征軍が安南の首都ユエを占領し、安南全国がフランスの植民地になる日が近いであろうと本紙はいい、これに対して清軍は南下の気配なく、安南を争う意志がないようなので、大いに軍備を整えたのもシナ流の虚喝にすぎなかったようだと非難している。[23] しかし、結局トンキンで清仏両軍は開戦した。そして南方戦線だけでなく、フランスが北京を衝く可能性が予測されている。[24]

この開戦は本紙の関心を刺激し、欧州五強国の一つのフランスと、アジアの大国清国との戦争は、どちらが勝っても東西の大勢に関するところが少くないとして、隣国の戦争に無関心であることはできないと述べている。そして、清国の近代化が遅れていることを歎じ、その積弱は使用する電気・蒸気の少いためであると見ている[25]。

次いで、西洋列強の先陣としてフランスがアジアに侵入し、清国と戦争状態に至ったこの際に、本紙は西洋に対する清国の立場と日本の立場との相違について比較考察を行った。その論評にいう。維新の前後を境として西洋人の日本に対する政策は威嚇から文明への誘導に変った。これは、もともと利益を求めて東洋に来た西洋人は、最もよい市場である清国を開くことが目的であったが、清国が思うようにならないので、日本を近代化の見本に育て上げ、これにより清国を刺激するという政策を考えたためである。日本は西洋人の期待の通りに近代化し、果して清国はこれと競争して、通商を行って西洋文明にならおうとするに至った。こうして西洋人が目的を達した以上、日本はもはや無用の存在にすぎない。従って、西洋人は清国に近づいて日本を疎外するのである。条約改正がうまくいかないのもそのためである。それ故、日清間に緊張関係が生じた場合には、西洋人は清国に味方するであろう[26]。――本紙の認識は以上のようなものであった。

清国の立場がこのように有利なものであるため、本紙は清仏紛争の成行きに注目し続ける。和戦如何は未だ決しなかった[27]。公開された清仏往復文書によれば清国は一切譲歩せず、いつでも応戦できる準備を整えているという。また、様々の点で、清国の戦争準備は良好なものと見られた。フランスは本国の空気が厭戦的で、財政的負担が過重なため、短期戦で事を決する他はないので、この形勢からすると清国は負けることはないと本紙は推定し、勝利の暁には国運の進歩が大きく、東洋において覇を唱える強大国となるものと考えた[28]。

このような状況を見て、本紙は、フランスとの戦争をひかえて軍備を増強し、電線を架設している清国にとって、フランスは近代化のための恩人であると評し[29]、また、日本人は早くから近代化の道を辿っているためシナ人を見下し、アジアに冠たるものと思っているが、西洋人は日本に対する認識よりも清国に対する認識の方が遥かに深く、日本の名は清国に蔽われているから、ますます近代化を心がけ、貿易を盛んにして国権を張らなければならないと論じている。[30] 右の認識や論評は、いずれも当代における清国の優越的地位を偲ばせるものである。

さて、トンキン地方ではフランス軍がバクニンを陥れたが、清国は軍を動かさない。[31] 本紙はこれを見て、清国は堂々たる東洋の独立国であり、西洋に対する権衡を維持するのにはこの国がなくてはならないのに、各国に侮辱されているのは遺憾にたえない。今回の紛争でトンキンを失うだけですむなら、清国政府の僥倖というべきであると述べている。[32]

また重ねて、清国政府の当初の対応は立派なもので、このようなやり方で数年を経れば、ひとり清帝国の尊厳を維持し、国民の福利を増進するのみならず、東洋全体の衰運を挽回することができたであろうに、その後何の行動も示さないから、外に四隣敵国の侮りを招き、内に上下国民の疑惑を招く、と焦燥感をもって無念の意を表明し、今まさに欧州諸国が清国を侵略する意図は盛んであるから、今後清帝国は想像外の多事に見まわれるであろうと危惧する。[33]

そして一方、清国で起るあらゆることは皆日本に影響を及ぼし、今後この傾向は一層甚しくなろうから、清国の事物を甚しく度外視している今の日本人の態度を改め、既に日本の外国貿易の五分の一も占めている日清貿易を緊急に拡張し、清国各地に駐在しなければならないと説く。[34]

清国では、一八八四年四月、軍機大臣恭親王を初め内閣を更迭したが政策は変らず、[35] フランス新公使の着任を目前にひかえた時期にも、なお平和政策をとるものと見られていた。[36] そして予想通り、間もなく着任したフランス公使との間で、天津条約が結ばれ、清国軍のトンキン撤退、フランスの賠償不要求、清国の八三年ユエ条約承認（安南・トンキンをフランス保護領とする）、フランスの雲南・広西・広東三省との通商が定められた。[37]

本紙はこれを論評して、三省の通商権供与はフランスに通商上大きな権益を与えることであって、清国の商政にも大影響を及ぼし、清仏貿易は今後益々繁多にならざるを得ないとし、また、雲南・広西には叛徒がいるから、フラン

スがこれを煽動すれば、次には雲南事件が起るかもしれないという。(38)

また、この三省の輸入商品を無税とし、トンキンとの輸出入商品に五分以下の関税を課する規定は償金の代りであって、清国政府の恥辱であるが、この規定を守ることを外国に要求されることによって、この地方の清国人民は自国官吏に不当な利益を収奪されずにすむから、人民にとっては利益であるとも評している。(39) さらに、この地方にフランス人を初め西洋人が続々と入りこんできた場合に、政府外交の利害を別としてシナ人と西洋人とどちらが商売上で勝つかと考えると、シナ人は商売の掛引が巧くて胆略があり、商売上の約束を固く守り、廉恥を軽んじて常人のできないことをし、忍耐力が強いので、シナ人の方が勝つであろうという。(40)

紛争後の近代化の問題については、まず、清国海軍が遠からず東洋一の海軍国になるという観測は誤まりで、実用となる軍艦も少く、水兵は訓練されておらず、統一された軍制もないから、これらを改革しない限り恐れるにたりないが、改革後には大いに恐怖すべき強敵となり、侵略態勢をとるかもしれないと警告している。(41)

また、鉄道の敷設が決定して、北京・天津間の工事が始まろうとし、追って全国に鉄道を普及させようとしているが、これができれば全国の大変革が生じるのみならず、全世界に影響があるとして、その鉄道敷設に賀意を表すると述べている。(42)

㈢ 清仏戦争の開始と清国滅亡論への転化

しかし、これら紛争後の問題についての論説が掲載されている間に、トンキンで仏清両軍が衝突し、すでに実質上の清仏戦争が始まりつつあった。本紙は、清国の将卒は戦議に賛成し、一方フランスは欧州で失った名声を回復するために威権を得ようとして、清国を第二のインドにしようとしていると観測している。(43)

しかし、現実の和戦如何の問題については、結局宣戦にはなるまいと見ていた(44)。ただし、講和が成ってもそれは大団円には至らず、国内の耳目を外に向けさせようとしているフランスは、今後もすきがあればアジアを取ろうとする計算であろうと推測する(45)。その後、ランソン事件という紛争の交渉が決裂し、フランスは直ちに北京を衝くのではないかとも見られたが、本紙は依然として清国側の平和的態度の保持を信じ、英米の調停を予想する(46)。にも拘らず、清国の賠償拒否によって一八八四年八月二日に自由行動を声明したフランスは、同月五日、台湾のキールン砲台を攻撃し、ここに全面戦争の幕は切って落された。本紙は、これが償金を得るためだけの砲撃か、台湾全島を占領するつもりなのか、その意図をはかりかねている(47)。折から清国内には攘夷家が上下に充満し、李鴻章以下の外交官で平和主義をとる者は腹背に敵を受けるような苦境に立たされた(48)。

このような清国の状況を見て、本紙は俄かにその将来に悲観的となった。その論にいう。欧州人は第二次アヘン戦争終結以来二十年余にわたり、欧州外の地域では平和と貿易の維持拡張に専念し、ことに清国には侵略を行わなかったが、最近その行動は頓に変化し、再び東洋侵略に乗り出してきた。清国は未だ自衛の準備のできない中にこの欧州の侵略に当らなければならない。今度のフランスとの紛争には弥縫策があるにしても、フランスの後には英独露の諸国が続いてくるだろうから、清国の命脈は永くない(49)、と。

また、清国は空虚な言行によって人を威嚇し、それで事が成ると妄信しており、国にも政府にも有識者や愛国者がおらず、無識鄙賤な人ばかりで、全国に腐敗気が充満しているように見える。こうした政府は覆滅して国土を他人に奪われるであろうとも推測する(50)。

さらに、蒸気・電気の力を採り入れて文明の攻撃に抗するためには、現在のような頑固無識な清国政府を顚覆させなければならず、そうでなければ広大な国土を失い、清朝の天下は結局西洋の諸強国によってとられるであろうと評してもいる(51)。

次いで、清国が交渉に当って強く自己の権利を主張しないのは、その兵力でフランスに抗し得ないだけでなく、開戦の際に内乱が起って全国が四分五裂になることを恐れているらしいが、清国政府のこうした弱腰があと数年間も続けば、政府の顚覆は勿論、全国が侵略されるのは明白であるから、清国政府は断じて戦うべきであるとも論じている。(52)以上いずれも、清国政府が国を改革して戦わない限り、その衰亡は必至という観点に立つもので、以前に比べて著しく評価が下っていることが認められる。

しかし、本紙は清国を絶望的とは見ていない。清国はフランスと何度戦っても敗れるだろうが、開戦して老将が戦没し、有力者が亡び、天下が四分五裂となった場合、必ず一箇の英雄が出現して文武の大権を握り、和戦共に行える状況となり全国の腐敗を一掃するであろう。従って戦争は必ずしも清国のために不利とはいえないというのである。(53)そして、清国各地に叛乱が起って国内が大いに乱れた場合、日本としては局外中立を守って傍観する他はないと判断する。(54)

また、清国の行動を見た西洋諸国の人が、アジア州は皆同様で、こういう人民国土はどう扱ってもかまわないと軽蔑するそのアジア州の一国として日本を見ることは極めて迷惑なので、日本は活潑に西洋日新の風に従い、国の位置はアジアにあっても東洋中の一新西洋国であるということを示さなければならないと主張している。(55)七ヶ月後の「脱亜論」の論旨の一端がここに現れているわけである。

さて、同年八月二十三日にはフランス艦隊が福州砲撃を行って清国艦隊を壊滅させ、造船所を破壊し、清仏戦争はシナ本土に拡大して本格的なものとなった。しかし本紙は、フランス側がこれに続いてたとえ広東・寧波を攻めても、清国は広大な領土の数点を荒らされたにすぎないから困ることはないし、北京は守りが固いので攻略されることはなく、フランス軍の陸行による攻撃も困難だから、結局フランス軍は疲れて、諸外国の調停が行われることになろうと観測し、(56)またフランス軍はキールンと福州を占領して軍事拠点とするだけの兵力がないようなので、当分沿岸に出没してシナ大陸を広く騒擾し、数万の増援が本国から送られてきて大戦闘が行われてから講和が行われるだろうとも見ている(57)。

そして、フランス軍の行動によって多大の貿易上の損害を被る英国が、従来は世界各地でフランスに対抗してきたのに、今回は不干渉の態度を持していることは不審にたえないと述べている(58)。

一方、こうした状況の中で、外国貿易の三分の一を仏清との貿易に頼っている日本は局外中立を守るべきことを本紙は重ねて強調し、仏清について偏頗な取扱いをしないようにという(59)。

次に、清国側の弱点として、フランスが北上して北京を衝かずに南方の沿岸を長期間にわたって擾乱している場合に、これをなすがままに任せて相手を苦しめる戦術をとっていると、それが朝廷や攘夷家の非難を蒙り、ひいては攘夷を名とする革命が起って、内外の憂患のためにフランスに屈服せざるを得ないのではないかと指摘する(60)。

さて、本紙はここで仏清戦争と日本との関係について論じる。即ち、仏清戦争は東アジアの大事件であるだけでなく世界的大事件であるから軽々に看過できない。フランスは必ず勝つが、その場合にはもはやアジアには強国がなくなり、すべての国がくみしやすいということになってフランスは威勢を振う。そして日本人は、清国という輔車の立場にある国を失って隣援を失うと思うだろう。しかし、現在は蒸気・電気の発達により、地理的関係は問題にならなくなった。現に日本がこれまで独立を維持できたのは、西洋文明の利器を利用したためであって、清国があったためではない。しかも日本はこれまで清国とは常に対峙の関係にあり、その東洋政策に脅かされてきた。しかし清国が最近外国と争って失敗したのを見ると、日本はもはや清国を恐れることはない。恐るべきものは西洋諸国だけである。代表的な東洋の国である清国が敗北すると、同じ東洋にあるために日本もくみしやすいと西洋列強に思われるのが危険で、日本は今後一国だけで国勢を張り、一種東洋以外の強国として西洋人を警戒させるようにしなければならない。そして日本が西洋と戦う場合は沿海で戦わなければならないから、安価で有効な水雷艇隊を大量に作らなければならない、というものである。(61) 従前から見られた「脱亜論」的見解は、ここに至って一層明確になった。

次に戦後の見通しの問題が論じられる。フランスが全勝すれば、西洋列強は皆清国はくみしやすいとして押寄せ、早晩これを占領するであろう。清国がよく防禦して調停に持ちこんだ場合もその内容は清国に不利で、戦争に敗北した場合と等しいだろう。結局和戦いずれの場合も損害は大きく、清朝の運命は短縮し、列強が清国をうかがう念は増長するだろう。この苛酷な現実を前に、日本が今の文明世界に国を立てて国権を拡張し、同等の地位を得るためには、世界の文明は西洋にあるのだから、こちらから進んでその範囲に入り、彼の風潮になずまなければならない、というものである。(62)

ところでこの当時、清国の朝廷は李鴻章等の和平派と、左宗棠等の主戦派とが対立していた。和平派はフランスの要求が無法であっても恥を忍んでこれに応じ、満州朝廷の命脈を少しでも長くし、中華帝国を保とうとする。主戦派は外敵に一歩も譲るまいとするが、清国軍の敗北は明白である。今後そのどちらが主導権をとるか、と本紙は注目している。もっとも前述のように、和平の場合にも国権を損じると予想されるから、清朝は変乱の度に次第に国力を消耗して遠からず滅亡に帰するだろうと本紙は観測するのである。(63)

しかし両軍共に活潑を欠き、戦局は一向に展開を見せなかった。フランスが援軍を送らないのは英独などの政府と内談を行って意見の一致を見るに至らないためとも推測された。この時清国政府は、九月五日開戦と決し、武力で対抗することを決めた。清国が攻撃を始めれば、フランスも援軍を派遣するか、または欧州の列国と話合いがつかなくて軍を引揚げるか、どちらかであろうと本紙はいう。(64)

その中に、福州砲台は英艦を砲撃してしまった。清国政府がひたすらに詫びるか、英国の参戦があるか、どちらかになるだろうと本紙は述べ、(65) 清国の外国貿易額の過半が英国とインドとの貿易で成立っているためこの戦争を傍観していられないはずの英国は、今回の事件に全く関係がないように振舞っているが、この砲撃事件の処置でその政策の動向が判るとしている。(66)さらに、無知の群民が北京の各国公使館を襲撃するような事件が起れば大変なことになるともいう。(67)

同じ頃、清朝政府は、フランスとの償金について上書するものは誰でも厳刑に処すると公達した。清国の対仏態度は硬化したのである。(68)

次に本紙は、清国における近代化の影響するところについて述べる。即ち、清仏戦争を契機に清朝の兵制が西洋流となり、電信鉄道が設置されたが、一旦その利味を覚えるとさらに電信鉄道は延長され、郵便・著書・新聞が盛んになるであろうから、それらによって北京政府の実態が明らかにされる。そこで民心が動き始め、乱機が熟するから、満清政府はたとえ西洋の兵力に敵し得ても文明の力に抗することはできず、結局、この政府は西洋日新の文明によって滅されるであろうというものである。(69)

続いて、膠着状態の戦争がどのように展開するかという様々な予想をあげ、長期戦になるのではないかと結論し、東洋の平和のためには、勝算のない清国軍が僥倖の勝利を得るよりも、むしろ初めから勝つことのないことを祈るといい、唇歯輔車の意識が消滅したことを示している。(70)

しかし、清国の抵抗は意外に強く、フランスがこれを徹底的に打ち破って償金と土地を取る見込みは乏しかった。この上フランスで反対党が軍事費の過重にたえかねて現内閣を攻撃するようになれば戦争は半ばで止み、フランス共和政の威信は失墜するであろうと本紙は推測している。(71)

ここで、長期的観点からの欧州と清国の関係が推論される。即ち、欧州内部では貧富の懸隔がいよいよ甚しくなり、不平分子が増加して社会的不安定が増大しているから、不平を外にそらせる必要が切迫しており、その目的に最も好適な対象は清国である。この一〇〇年間の文明の発達を以てすれば、西洋列強にとって清国の侵略は極めて容易であるから、事態の切迫に促されて、それが実現する可能性は大きい。これがどのように展開するかは、清仏戦争の終局を見れば判る、と本紙は述べている。[72] 欧州の貧富の懸隔を必然と見るために、その捌け口としての外征による清国の滅亡の必然性も大きいと観測するのである。

そして、差当って欧米人は、清国に侵入して鉄道を敷き電線を架し、郵便を設け、その国内の至る所に自由に雑居往来して大いに貿易を進めることを望んでおり、天然の富も人造の富も豊かなこの国土国民を用いて、ヒマラヤの東に第二のインドを作ろうとする考えだろうと本紙はいう。従って今回の清仏戦争は西洋人の東洋侵略の手始めで、全欧米人は一人も異議を唱える者はないはずだが、銘々利害を異にするために、互に牽制し合って自由に行動できないでいる。しかし独露はフランスの行動に賛成で、既に東洋を掌中にしている英国だけが、その利益をとられまいとしてフランスと対立する。しかし英国は、フランスの東洋侵略を妨げたために自国のエジプト侵略をフランスに妨害されることを恐れ、やむを得なければ台湾・舟山・福建等をその手に任ねて、その間にエジプトを確保しようとしている。いずれにせよ欧米各国は清国を俎上の肉として自由に分割しようとしており、その大勢は既に如何ともしがたいと見るのである。[73]

もっとも本紙は、このような状況が当然であるとまではいわないのであって、清国が自国の崩壊を防止する気力もなく、徒らに虚威を頼み、自ら求めて不利益不面目なことになったのは笑止千万であるが、フランスも、清仏どちらの領土でもない独立の国の安南に保護権を押しつけるのは充分な道理があるとは思われないとし、仏清に五分五分の道理のある争いにフランスが勝利を得たのは、ただその力が清国よりも強大であるからにすぎないという。そしてフランスが清国に行ったようなことは欧州各国間には行われないことであって、東洋と西洋の間のみで行われることであるから、このように東洋視されるのを免れるためには一切東洋の臭味を脱した純粋な西洋国にならなければならないと結論する。[74]

また、東洋臭を脱するためには、今のシナ人は開化の可能性がなく、敵としても恐れるに足らず、友としても精神的に利するところがないから努めてこれを遠ざけ、交渉は貿易のみにして知識の交流を断絶し、隣国の弊風によって日本文明を汚されないようにしなければならないと説く。(75)こうして脣歯論は完全にその跡を絶ったのである。

ところで戦争の方は、清仏とも宣戦することなく続き、(76)フランス軍は三〇〇〇の兵を福州に上陸させて攻撃を加えた。(77)そして、その根拠地としてサイゴンや海南島は遠すぎるので、舟山島を占領しようとした。しかし清英間では、清国はその不割譲を、英国はその保護を協定しているため、舟山島を占領する場合は、英国と敵対関係に入るか、英国と協議することを必要とするので中止となった。(78)

フランスの大軍の増援は未だ行われず、依然として膠着状態は続いていた。これは独墺伊露の諸国がフランスの東洋政策に賛成しているのに英国が不賛成であるためなので、フランスはエジプトで英国の動きを妨害し、清国とエジプトの権益を交換させようとした。本紙は、この交渉が妥結する日こそ、福州のフランス軍が進む方向を定める日であると述べている。(79)

清国本土占領ができないので、フランス艦隊は台湾のキールン占領に続いて淡水も取り、さらに南進して全島を取ることが予想された。台湾は過少兵力で占領していても安全であろうと本紙は見て、後日清国本土侵略を行う際の後方基地としてここは最適であるから、フランスの台湾占領は清国の運命を制する。それなのに清国の大官は敗けてもまだ敗けたという意識がなく、座して大事の去るのを見ているという。(80)

次に、清国政府の信用の問題が取り上げられている。清国政府の言動は真実を伝えず、殊に戦況の報道に頻繁に嘘をいうので、真実を伝えても嘘と受取られ、人民は政府のいうことを守らず、政府高官さえも危急の切迫しているのを知らないことがあるという。そして外交面でも嘘をいうために、フランス政府は講和交渉もできず、中立国も調停ができないというのである。(81)

さて、ここでまた清国の将来の問題が論じられる。本紙は、清仏戦争は単にフランスと清国の関係ではなく、欧州全社会が東洋の大帝国を侵略しようとして、まずフランスがその端を開いたものと見て、清国の将来は、フランスと戦って敗北し、同時に英独露を敵として各国に分割されるか、仏清間の歩み寄りの講和となるか、不利な講和で清国が償金を払い、土地を割くことになるかであるとし、いずれにせよ欧州人は名でなく実を取ればよいのであるから、清国政府を存続させ、愛新覚羅王朝を断絶させず、その名義を利用して実益を謀ることになろうという。その手段は色々あって、政府の枢要の地位に外人を就任させるとか、開港開市を進めて沿岸から内地に入り、貿易商売の範囲をひろめることなどが考えられる。しかし、貿易を拡張するに当って障害となるのは、清国の国内輸送が不便であることと、清国と欧州との距離が遠いことであるので、まず鉄道を敷いて雲南とインドを結ぶとか、さらにそれをペルシャ・小アジアに延長するとか、ラングーンからシャム経由雲南を結ぶなどして、シナ全土に鉄道をめぐらせることが考えられる。こうすれば、愛新覚羅王朝の下に在りながら、シナの土地と人民は欧州人のものとなるであろう。この時日本は、穏便な商売の手段によってシナ全土の滋養液を吸取る策をとればよいというものである(82)。

しかし、福澤主筆の考えはこれとやや異り、未来の清国はいずれポーランドと同様に欧州各国に分割され滅亡するのみであるとし、在外友人から送ってきたと称する一八九九年時点での「支那帝国の未来記」を掲げる。その図によれば、清国の大部分は英仏独露及び日本領となり、清国領として残っているのは満州地方の一部にすぎない。そして福澤主筆は、清国人とこれに隣接する日本人は、東洋未来の命運を考えて、時に及んで待つ所がなければいけない。この攻撃を避ける方法を知らなければ、皆俎上の肉となると警告している(83)。

これに続いて、在英特別通信員・豊浦生という署名で、次のような論が掲載される。即ち、欧州人が東洋というのは自然地理学上の名称ではなく人為社会の有様に従って名づけたものにすぎない。我々は東洋人の位置にいて永久に欧州人の侵略を受けることがないように、東洋の境界を脱して欧米の仲間に加わり、未来の苦を脱すべきである。「興亜会」などというものをつくって清国やインドと共にアジアを興起する必要はなく、日本の危急から逃れるために脱亜会こそ必要である。脱亜をして欧州人に東洋人と思われないためには、国の有様と社会の模様を悉く欧州風に改めればよい。それは外形だけのことで真の文明開化ではないが、愚者の世の中では実よりも外形が必要だから敢えて愚策をとる他はない。(84) この論説では以上のように述べられている。「脱亜論」的見解はこれまでにも何度か見られたが、この論説ではそれが本格的に論じられており、後の「脱亜論」よりももっと明瞭に、「興亜」と対照して「脱亜」を主張している点が注目される。「脱亜」は、フランスの侵攻を欧州諸国の東洋に対する一斉攻撃の前触れであると認識した時点で、日本の危急を救う方途として提唱されたのであった。

(四) 甲申政変期の対清問題

さて、右のような論説が掲載されてから約一ヶ月後の十二月四日、朝鮮で甲申政変が勃発した。開化派のクーデターの後に王宮の護衛に赴いたソウル駐留の日本軍が清国軍に撃破され、在留日本人にも死傷者を生じ、公使一行は仁川まで退避したという事件である。本紙は、今回ソウルで日本の名誉・権利・利益に大侮辱大損害を加えたその主謀は清国人であると大いに怒り、増援軍二、三大隊を出し、清国兵を一人残らず二四時間以内に南陽まで退かせて、そこから自国の艦船で天津に帰らせ、償金二〇〇〇万円を要求せよと論じた。(85)

続けて、清国将官が六日の夕刻、ソウルの華商に命じて、官吏老幼男女の別なく日本人とあれば見当り次第にこれを屠殺せよと触れ流したために日本人が危害暴行を受けたといい、これは大清政府の命令による清国陸軍の軍事行動と見なさざるを得ないから、清国政府の謝罪を求めよ、和親の基礎は相愛する心ではなく相敬畏する心であるから断乎たる態度をとれと主張している。(86)

さらに続けて、乱後は清国人が国事の全権を握っているというから、交渉の相手は朝鮮人というよりむしろ清国人で、清国人が罪に伏さなければ開戦である。従って軍事費が必要だからその用意をせよといい[87]、また、清仏戦争発生まで、世界の輿論は支那侮るべからずといって警戒していたが恐れるにたりない。清国が日本との交渉に充分な満足を与えなければ海陸大挙して進入し、直ちに北京を陥れ、皇帝が熱河に退けばそこまで追い、謝罪させなければならない。フランス人は清国を攻めるのに疲れているが、日本人はこの大事を成しとげられる。一五万の正規軍と四〇万の士族の抜刀隊で攻めれば成功は疑いないという。

そして、もし清国と戦って負ければ、日本は今後永く清国の凌辱を蒙り、世界各国のために軽侮されて到底国の独立を維持できず、勝てば日本の国威は東洋に輝き、遠く欧米列国に敬畏され、治外法権の撤去はいうまでもなく、百事同等の文明富強国として永く東方の盟主と仰がれるのだから、日本の存亡興廃分け目の軍であると訴え[88]、さらに続けて、清国は会弁北洋事宜・呉大澂に軍艦二隻を率いさせて朝鮮に派遣し、清国の新聞はフランスの侮りより日本のそれを重大視すると話しているから、日清交渉はうまくいかずに戦争になる可能性が大きいとし、交渉でも戦争でも清国に負ければ西洋諸国に侮られている清国を標準として日本人が量られることになるから注意せよと警告している[89]。また、公費の軍事費の他に、私費の軍事費も募集せよと主張する[90]。

次いで、ソウル駐在清国兵について再び論じ、直ちに清国兵に退去を命じるのは事の順序でないから、まず北京政府に交渉して、北京政府からの命で退去させるのがいいという者もあるが、今日のような急激の時にはまずソウルの清国兵に帰国を命じ、承知しなければ戦争をして追払い、その後で交渉するのがよいとしている[91]。

しかし、このような激しい主戦論を述べてはいるものの、本紙が日清戦争に必ずしも必勝の確信があったわけではないことは、「大間違ヒニ間違ヒテ支那ノ艦隊ガ東京湾ニ侵入スルモ[92]」と記していることで判る。日本にとって清国との戦いは大きな賭けであった。それ故に本紙は、清国と開戦したら国家存亡分け目の軍であるから、馬関に行在所を作って天皇親征の形式をとるようにと主張している[93]。

さて、甲申政変と清仏戦争との関係であるが、本紙はこれに関しては極めて精神主義的で、国内の論者の中には、主戦論者は清仏戦争を好機会としているようだが、日本が清国に対して必戦の決心を示せば清国は直ちにフランスと講和して全力をあげて日本に向かってくるだろうから、交渉はおだやかにし、清国がこれに応じなければフランスと連合して軍備を借り、協力して清国を攻めるのがよいという者がいるが、清仏戦争中に開戦して清国の力を分つようなことは日本陸海軍の活動の光がおおわれるから、むしろ清国がフランスと和して全力をあげて日本に抵抗することを望むと述べている(94)。

ところで、朝鮮との交渉はいち早く解決し、清国の遣韓大臣・呉大澂は交渉の権限がないので、対清交渉はそのままに持越された(95)。本紙は、清国との関係の方が一層大きいから、この関係の落着を見なければ満足できないといい(96)、なおも清国兵の退去と朝鮮における駐兵禁止、謝罪、二〇〇〇万円の償金支払、将来の安全保証を求め続け、これが容れられなければ開戦しなければならないとしている(97)。また続けて、清国側が、開化派は外兵と結んで不軌を図ったと発表したのは世界の輿論の上で日本側に不利であるから、一日も早く交渉を開始せよ、それが容れられなければ開戦であると執拗に繰返している(98)。

そして、さきの清仏戦争との関係を論じたのに続けて、やや論調を変じ、フランスが同盟連合して清国に当ることを請求してきた場合には、なるべく疎性の同盟をするのがよい、日本は義侠国として行動すべきだから、清仏交戦の際にそれに乗じるのは好ましくないが、同盟すれば事の落着を早くするから、淡白自由な同盟をすればよいとしている(99)。

また、この時期になぜか世界情勢に関する論説を掲げ、西はトルコから東は安南に至るまでの国名を一々挙げて、東洋の全体はゆくゆく欧米の白人の掌中に帰そうとする勢が既に定まったといい、従って清国も全組織崩壊の期が近く、朝鮮もいうまでもないが、日本も永く今の独立を保ち得るだろうかと悲観的な疑問を投げかけている(100)。

次に、再び日清交渉に立ち戻って、清国外交は緩慢で有名であるから、対清交渉に当っては厳にその返答の期限を約し、一答で和戦を両断する処置に出なければ徒らに時日を費すことになろうと警告する。[101] また清仏戦争と日清交渉の関係について触れ、近く清仏の激突が予想されるが、そうなっては世界中の耳目が皆そちらに奪われ、日清交渉はその蔭におおわれてしまうから、交渉を早く進めて、仏清激突の前に落着させておく必要があると勧告する。[102]

続いて、ソウルの清国兵の撤兵問題に論及して、その駐在は朝鮮禍乱の原因になるといい、また清国が保護の力がないのに干渉するので欧州列強はその隙に乗じようとし、朝鮮は強大国の手に落ちる恐れがあるが、これは隣家に勁敵を生じることで日清両国にとって危険であるとする。さらに清国が駐兵して朝鮮を属邦視することは、安南を属邦視して兵禍に見舞われたと同様、徒らに紛争の種を増すばかりであるともいい、これらの理由から清国の撤兵は日清共に得策であると結論している。[103]

次も、同様に撤兵問題で、清国と貿易量の多い欧米諸国、殊に英国などは、貿易を大切にするから清国も大切に思い、これに贔負する感情があるために、清国が不愉快に思う撤兵問題を日本が要求するのは快しとしないだろうという説があるが、それは違うという。なぜなら欧米諸国は貿易の便利のためには、相手国が文明化して改進を謀ること、変乱の少いことを願うのに、清国は朝鮮に干渉して改進の方向に向わせず、在ソウルの清国兵はさながら朝鮮変乱の製造所の観があるから、朝鮮は進んで貿易国となる道を妨げられる。従って、これを欧米諸国が喜ぶはずはなく、清国兵撤兵問題には賛成するだろうというものである。[104]

次いで、英清関係を論じて東洋の国際関係に及ぶ。即ち、英国は清仏戦争開始以来、清国に好意を寄せるような政策をとっているので、世上には、英国は貿易の国で、東洋に望むところも商利のみであるから、清仏戦争中とそれ以後たるとを問わず、清国を庇って侵略を防ぐであろうという説があるが、英国の政策はフランスへの嫉妬心と清国への憐憫のためで、永くこの状態を維持することはなく、清仏戦争が終って清国から割き取るべき利益があれば容赦なく取るであろう。そしてこのことは英国のみならず、露独を初め世界中皆同じであるから、清仏戦争以後も東洋諸国は安心できず、日本も警戒しなければいけないという。[105]

さて、次は日清交渉問題で、今回交渉を開始するに当っては、特に全権大臣を任じ日本の軍艦に乗って天津に乗り込み北京に入ることが必要であるといい、[106]清仏戦争が次第に発展する徴候があるから、前途多難な清国は日本の要求のままに承諾すると思われるが、案外拒絶して戦端を開くかもしれないと述べている。[107]また、世間の論者の中には対清要求は清国が甘受できる範囲に止めよという者があるが、交渉では、被った損害に応じて要求すべきであって、相手の都合を聞くことはないという。[108]

こうした論の後、遂に遣清大使の出発の日を迎えた。本紙は、第一の要求は、変乱の際に日本兵が国王の請求によって王宮で王を護っていたにも拘らず清国兵が発砲したのを謝罪させることであるとし、政変当時の重臣・金玉均や朴泳孝が今は国賊視されているから当時国王を保護したのは不正であるというのは反論にならないと述べている。[109]そして、外交上には道理が必要であるから、甲申政変の事情を清国の新聞が曲げて伝え、欧州の新聞がそれに影響されていることに対抗措置を講じるようにと勧める。[110]また、禍乱再発を防ぐために、交渉では利害の道理を説いて、後日の禍根を除くために、変乱の原因となった在ソウル清国兵の撤退を求めることも極めて重要であるとしている。[111]

さらに、北京交渉と条約改正の問題に触れ、交渉がうまくいって日本が栄誉を得れば、そのことは西洋人の耳目を一新し、日本はその地位が東洋に在ってもその国の精神は西洋文明の真を得ていると感じ、日朝清の三国は等しく東洋の国であるが日本だけは他の二国と同一視できないと特別の敬意を表して、条約改正の難問題も今度こそ我が多年の願を達するであろうとしている。[112]

次ぎに、北京交渉と英国の問題が取り上げられる。英国は貿易上の損害のため清仏戦争の早期落着を望んでいるが、その場合にフランスが敗北を認めることはあり得ないから、英国としては清国の敗北を促す策略をたてざるを得ない。

英国自身はエジプト問題で直接手を下すことができないので、自国の役割を代って行う国を探しているであろう。そして日清交渉が破れて戦争となれば日仏同盟は必定で、両国に攻められれば清国は即座に降伏し英国は貿易上の損害を免れられると考えて、英国人は日清交渉の成行きに注目しているであろうというものである(113)。

(五)「脱亜論」以後

こうして清国の命運が尽きたかのように見え、日本が、侵攻する欧州列強の側に算入され得るような状況の下で、「脱亜論」が発表された。ここに「脱亜」というのは、日本が旧套を脱し、儒教主義的なアジアの伝統と断絶することを意味する。アジアの伝統の下にある朝鮮・清国はもはや独立を維持する能力がなく、今から数年の中に亡国となる運命にあり、その開明を待ってアジアを興すという時間の余裕はないし、欧州諸国が朝鮮・清国と日本とを同一の国情と考えることは日本の外交上不利となるから、これと提携していく政策を止めて、欧州列強の政策と歩調を合せる他はないというものであって、アジアに在って生き残るために日本がとるべき手段を示したものである(114)。

これに続いて、儒教主義に関する論が二篇草されている。その一つは、明治十四〜十五年以来日本に流行した復古の風潮が、儒教主義の本家である清国の敗北によって信用を失ったことを指摘するもので(115)、他の一つは、被治者が国を守る義務のあるのを知らない儒教国の清国では、基本的に国を守ることができないから、その将来の運命は暗いというものである(116)。

次はアジアの将来に関する論で、この三〜五年来、欧州の内地で用いていた蒸気・電気の力を海外に試用するようになった結果、フランスは英国がインドで一〇〇年かかってしたことを三年でできるであろうといい、他の諸強国はこれにならって東洋侵略を開始するであろうと観測する(117)。

そして、以下しばらく清仏戦争に関する論説が続く。一八八五年に入ってからフランス軍の行動は活溌になったので、まず講和条件についての推測が行われた。それによると、フランスは巨額の賠償金を正金で受けとることは自国の経済社会を紊乱するし、公債にすることは返済が約束通り行われない場合があるので共に行わず、土地を割譲させてそれを改良させ、その改良した土地を受取るであろうとしている。[118]

ところが間もなく清国軍は諒山で大勝を博し、一方フランス議会は二億フランの軍事費と五万の出兵の議案を廃案にしてフェリー内閣を総辞職させた。このためにフランス新内閣はさらに兵を進めることなく講和することが予想されるので、清国政府は驕慢となり、天津の日清会談も難航するのではないかと見ている。[119]

しかし、続報は、後継内閣が軍事費と出兵の一部の承認を得たことを報じたので、一部ではフランスが強硬策に転じることも予想され、それが実現すれば清国にとっての大事件であるばかりでなく、東洋の大事件であると見られた。また前論通り、フランスが講和方針をとれば、清国は世界万国を軽侮するほど驕るのでその影響も小さくはなく、和戦いずれにしても東洋の大事件であると本紙はいう。[120]

だが、結局、清仏戦争はフランスの講和方針によって幕を閉じることになった。清国はフランスの願いによって休戦を允すとの上諭を下すほど傲慢となり、外国が自己に勝るのを悟らないだけでなく、むしろ益々これを卑下する気風を増して自尊自大になったという。本紙はこのような態度に既に清国自滅の徴候が現れているとし、これはもはや直すことができないから、いずれ欧州の倒すところとなると見て、清仏戦争が清国側に有利な時に終結しようとしているのは、むしろ不幸であるという。[121]

また、講和条約が前年（一八八四年）の天津条約承認のみで無賠償であることを評して、力が正理である今の文明世界でさえも、真の実力のない国が他国を侵略しようとすれば限りない恥辱を買うのみであるとしている。[122]

さらに、この戦いは、欧州でも一、二を争う強大国のフランスが、自国内部の不調和を図らずに東洋の腐敗国の清国を最初から目下に見下して容易に事を始めたために其の始末に困り、遂に利するところもなく和睦したのに他ならないともいい、しかしながら相手が世界でも有名な老大の腐敗国であるから、この結末は当分東洋でのフランスの威光を損じることもあろうが、その欧州での地位を動かすには足りないという。(123) また、平和交渉が成立しても、戦争終結に伴うフランス軍の不平と清国軍の驕傲がある限り、両国間の和平は長続きせず、遠からず第三回の紛争が起るであろうとしている。(124)

しかしともかくも六月九日、仏清新天津条約は締結された。本紙はその各項目を一々論評し、全体として著しく清国に有利でフランスに不利であるとの判断を下し、フランス国民はこの条約に反対の運動を起すであろうと述べた。(125)

一方、これらの論説と平行して、日清交渉関係の論説が掲載されている。この交渉の眼目の一つに、清国軍を率いて日本軍を攻撃した袁世凱ら、清国将官譴責の問題があったが、清国側は、日本公使が在るべからざる所に在ったのであるから、まず日本政府が自らの公使を譴責しなければこれに応じることはできないと日清両成敗説を流布していた。本紙は、これは朝鮮国王の求めに応じて日本公使が参内したのであるから両者の関係であり、清国軍が襲撃する権利はないとしている。(126)

そして、間もなく四月十五日に至って、清国将官の譴責と日清両国兵の撤兵を含む天津条約が成立した。本紙は、日清間に平和を迎えたことを喜んでいるが、撤兵によって朝鮮に内乱が起ることを懸念し、撤兵以前に禍乱の起らないような措置をしておくことを望んでいる。(127)

こうして清国に関する二大懸案は落着したが、この機会に本紙は清国の将来について論じている。まず、野蛮な社会は小さくて人民が少く、文明の社会が大きくて人口が多いのは社会一般の通則で、この釣合がとれていない時は国の衰滅を来たすことは免れないが、清国の場合、文明が東漸してきた現在においては、その国土国民の広く多過ぎることが国の衰滅の原因となっていると評している。(128)

続いて、清国の将来は、近代文明諸国の人が侵入してきて瓦解するか、文明の刺激が却って国に活気を与え、このために情勢一変して東洋の雄国となるかどちらかであると予測し、清国はその版図が広大に過ぎて国力に不釣合であるため独立維持に困難であるとの前説を検討して、今後北京から四方に向けて鉄道を敷設し、既にこの四、五年来架設している電線と併せて用いれば、中央政府の指揮命令は清国全体に行き渡り、地方分裂の恐れもなくなって、広大な帝国を統一することができ、ロシアや英国を恐れる必要もない雄国となりうるであろう。清国の興廃は、今後西洋の文明を友としてその助けを求めるか否かにかかわっているという。この観測は、清仏戦争中の極めて悲観的な清国の未来像と比べてかなり明るいものといえよう。(129)

次に、より現実的な問題として、貿易問題と政治・軍事問題が取り上げられている。

まず貿易問題であるが、清国の貿易額は、輸入一億二〇〇〇万円、輸出一億一〇〇〇万円、計二億三〇〇〇万円で、世界中の商人が競争しているので、輸入額は近年極めて増加しており、今の世界で清国貿易に着手しないのは極めて迂闊というべきであるという。

そして日清貿易は、清国への輸出五三〇万円、輸入六三〇万円、計一六六〇万円で、日本の総輸出入の五分の一が清国貿易で占められている。この額は日本人が奮起すれば現在の二～三倍にできようが、それに注目するものがない。清国二十余ヶ所の開港場の中、日本商人が駐在するのは上海だけで、清国の貿易港に出入する日本商船の数も年間総数二〇〇～三〇〇、全輸出入船舶二万三〇〇〇～二万四〇〇〇と比較すると微々たるものである。こうして日本は、清国貿易を西洋人または清国人に任せているが、これは懶惰であり油断であり、今の中に何とかしないと現在の貿易額すら維持できなくなると本紙は警告する。(130)

そして、次の諸点が、清国との貿易を拡張できる根拠としてあげられるという。第一は距離が近く往来に便利であること、第二、開港場が多く販路が広いこと、第三、輸出品は水産物などが多く、商品に流行のないこと。第四、水産品のような貿易品は製作が容易なことであって、貿易関係が密接にならなければ、政治・軍事上の関係も重要とはなりえないとしている(131)。

次に、貿易語として不可欠なのは英語であるが、これについで有用なのはシナ語で、政治上外交上に必要なばかりでなく、年間貿易額の六分の一を占め、英米についで重要な日清貿易にとって必要である。しかも日本は清国の貿易額の約二〇分の一を占めるにすぎないが、その内地に入りこんで今の取引額の三〜五倍にすることは困難ではなく、また生糸・茶では日本の商敵であるから、どうしてもシナ語を学ばねばならないという(132)。

政治・軍事問題では、清国は清仏戦争の後、大いに自ら恃むところを知り、意を兵備拡張・中央集権・文明輸入・進取示威に注ぎ、海軍省を新設し、軍艦を造り、電線を各地に通じ、国債を起し、鉄道を敷設しようとする等、著しく変化しているとして、このまま進行すれば、数年たたぬ中に国の面目を一新して極東の国交関係にも大変化を起すかもしれないと見ている。また、殊に清国が英国で五〇〇〇万ポンドの公債を発行したとの風説に注目し、この説が事実なら清国政府の驚くべき英断で、それを海軍拡張費と鉄道敷設にあてれば近代化に大いに役立つから隣国のために慶ぶべきことだが、軍艦二、三〇隻を日本海に配備されると非常な脅威であると述べている(133)。従ってこの論説もまた清仏戦争中の清国衰亡論とは極めて対照的なものである。

まとめ

次に、以上に記載した対清論調の特徴を摘出してみることにしよう。

まず、創刊から明治十七年（一八八四）七月頃までは、日本は対西洋の関係においては清国と唇歯の関係にあるという考え方が、原則としては存在していると見てよいであろう。それは、先に引用したように、「共ニ文明ノ賜ヲ与ニシテ、共ニ自国ノ独立ヲ固クシ」（傍点は引用者）西洋の侵略を防ぐということを内容とする。
しかし、この時期に於ても、アジア内部の問題では、本紙は清国との対立関係を強調する。壬午軍乱の際は、日清両国が公然と敵対した状況にあったのではないのに、本紙はいち早く、もし敵対関係になれば即時対清開戦をせよと主張している。そして将来清国が強国になって、西洋列強と同様、敵国中の一つとなることを予想し、一方、逆に衰弱した場合は列強による分割の際にこれに参加することをいうのであるから、清国との脣歯関係の意識は、当初からかなり希薄なものであったことがうかがえる。

さらに、清仏戦争の前哨戦の時期にも、特に清国に味方をしてフランスを敵視するという考え方はなく、ただ、東洋にあって西洋との権衡を維持するのに必要な国であると見ている。しかし清国の将来についての期待は大きく、東洋の強大な覇権国となり、東洋全体の衰運を挽回する役割を坦うものと見ている。

また、東洋内部にあっては、その強大な軍事力がフランスと講和した後、日本に向けられはしないかと脅えている。この時期の両国間の関係は、一応「商売上に政治上に活機を争ひ輸贏を決し、合しては脣歯となり離れては好敵となる」という言葉に表現されてはいるが、実際は同等の競争者ではなく、一方的に清国は脅威の対象とされているのである。且つ、この脅威は清国一国によって生じるもののみならず、西洋列強の清国重視によって存在するものとも意識されていた。

ところがフランスのキールンや福州の攻撃により、清仏戦争が本格的になると、本紙は一転して著しく清国についての評価を低くし、西洋列強の侵略の前にその命脈は永くないと考えるようになる。

そして、日本が西洋諸国から清国と同様なアジアの一国であると見られたくないという「脱亜論」的見解を最初に示したのは、明治十七年（一八八四）八月末のことである。[134] その主張は、脣歯輔車論を否定しつつ、九月初めにもあらためて明らかにされた。[135] さらに九月末には、清国は敵としても恐れるにたりず、友としても精神的に利するところがないから、これを遠ざけ、交渉は貿易のみにして知識の交流を断絶せよとまで論断するに至り、脣歯論はここに跡を断つのである。[136]

十月に入ると、西洋列強による清国の間接支配の論がまず出され、[137] これを追って福澤主筆執筆の「東洋の波蘭」で直接支配の予想論が出される。[138] この予想では、十九世紀の末年に、日本は西洋列強と共に清国を分割占領することになっている。これが、脣歯論が消滅した後の対案であった。ただ、わずかにこの論説の中には、清国人と日本人は東洋の未来を考えて予測を立て、大事に対応できるようにしておくべきであるという、清日共通の課題が示されてあって、それが前日の脣歯論を偲ばせている。

しかし、翌十一月の「日本ハ東洋国タルベカラズ」では、もはやそういう顧慮さえもなく、インドや清国と共に興亜を策するのは愚論で、これらの国とは袂を分ち、進んで脱亜をして西洋国の範疇に入るべきことが説かれており、[139] 八月末からの一連の論説の締めくくりとなっている。

このように、約三ヶ月間で、清国がフランスを先頭とする西洋列強に滅ぼされ、従って日本の存在も危険にさらされるという見方が確立したようである。そして十二月四日には甲申政変が起った。既に知られているように、福澤主筆はこの甲申政変に参画している。[140] それ故、福澤はこの夏から秋にかけて情勢を検討し、熟慮した結果として政変に参画したことが、本紙論説の相貌の変化によって推察されるのである。

さて、甲申政変の発生と共に、本紙は、壬午軍乱の時よりもさらに激しく清国に対する敵意を露骨にし、償金二〇〇〇万円を含む交渉が不調な場合は断乎開戦せよと述べる。朝鮮を防衛拠点とすることを妨害された怒りや、列強注視の下にアジアにおける存在価値を示そうとする意図が、その言論を極度に激烈なものとしたのであろう。

また、対西洋の立場もこの政変発生と共に変化した。これ以前には清仏両国に対して厳正中立の保持を掲げていたが、この政変以後は「疎性の同盟」と断わりつつもフランスとの同盟を受入れることを主張する。「疎性の同盟」としたのは、その他の西洋列強との関係を考慮したためであろう。この時期に本紙は清国・朝鮮を含む全東洋が欧米の白人の掌中に帰することを予想し、日本の独立に懸念を表明している。明治十八年（一八八五）一月末のことである。(100)従って西洋との同盟が可能となれば、それは好ましいことであったろう。

さて対清交渉では、清国に強硬な態度をもって臨むことを唱えると共に、西洋列強の目を強く意識し、対清交渉が好調裡に終結すれば、西洋諸国は日本に対して、清国・朝鮮と異る敬意を表するであろうとしている。

「脱亜論」は、前年十一月の〝脱亜論〟から五ヶ月遅れて、この時点で発表された。清国・朝鮮の亡国を予想して、もはやこれらの国と脣歯輔車の関係は保てないとあらためて言明したもので、従来の論と比べて特に新味はない。恐らく、前述の全東洋が白人の掌中に帰して日本も独立を危ぶまれるという危機意識と、日仏同盟によって日本が西洋側に算入される可能性の上に立っての方針提起の発言であろう。フランスを先頭とする西洋列強の東洋侵略の予想は、この直後にも繰り返される。蒸気・電気の力で、現在のフランスは英国が一〇〇年かかった侵略を三年でなしとげるだろうというのである。

日清天津交渉は「脱亜論」発表後一ヶ月で妥結し、その妥結項目の中には本紙がさきに主張した賠償のことはないが、本紙はこれに不満を唱えてはいない。

仏清講和は日清交渉妥結に後れること二ヶ月で、清国に大きな不利をもたらさずに妥結した。ここに於て本紙は俄かに清国の将来を見直し、文明の刺激が国に活気を与え、情勢一変して東洋の雄国になる可能性のあることを説く。これは一つの予想で、明治十八年八〜九月の交に発表されたものであったが、(129)この年末には清国が大いに近代化に向って進んでいることが事実によって裏書され、本紙は、数年たたぬ中に清国が国の面目を一新し、東アジアの国交関係にも大変化が起る可能性を認めたものであった。

註　＊印は福澤主筆執筆のもの

(1) ＊「朝鮮ノ変事」(15・7・31、8・1、⑧・二四三)。＊「喉笛に喰付け」(15・8・2、⑧・二五九)。
(2) ＊「日支韓三国ノ関係」(15・8・21〜25、⑧・二九六)。
(3) 「竹添大書記官帰京」(15・8・28)。
(4) ＊「支那国論ニ質問ス」(15・8・29〜9・1、⑧・三一三)。
(5) 「馬建忠大院君ヲ以シテ帰ル」(15・9・5)。
(6) ＊「兵論」(15・9・9〜10、18、⑤)。
(7) 「支那政府ノ挙動」(15・9・19)、「不愉快ナル地位」(15・9・26)、「日本支那ノ関係」(15・12・1)。
(8) ＊「東洋ノ政略果シテ如何セン」(15・12・7〜12、⑧・四二七)。
(9) 「未来ノ支那」(16・2・12)。
(10) ＊「支那人ノ挙動益怪シム可シ」(16・5・12、⑧・六五五)。
(11) 「支那人ノ朝鮮策略果シテ如何」(16・5・14)。
(12) 「支那果シテ東京ヲ争フノ決意アルカ」(16・5・25)。
(13) 「支那仏蘭西開戦ノ機熟ス」(16・6・4)。
(14) ＊「安南ノ風雨我日本ニ影響スルコト如何」(16・6・9)。
(15) ＊「不虞ニ備予スルノ大義忘ル可ラズ」(16・6・18、⑨・三六)。
(16) ＊「沖縄想像論」(16・8・16)。
(17) 「安南ノ戦報」(16・6・11)。
(18) ＊「支那人民ノ前途甚ダ多事ナリ」(16・6・12〜13、⑨・二三)。
(19) 「清仏ノ談判如何」(16・7・6)、「清仏ノ和戦如何」(16・7・10)、「清仏ノ関係ハ何等ノ状態ニ推移ルベキヤ」(16・7・24)、「清国ハ果シテ安南ヲ争フノ意ナキカ」(16・7・25)、「李鴻章ノ辞職」(16・8・15)。
(20) ＊「支那行ヲ奨励スベシ」(16・7・20、⑨・九一)。
(21) ＊「支那トノ交際ニ処スルノ法如何」(16・9・4〜5、⑨・一五四)。
(22) 「支那ノ両政党」(16・8・27)。
(23) 「支那ハ能ク為スコトナキナリ」(16・9・3)。
(24) 「在東京ノ清仏両軍開戦ス」(16・9・20)。
(25) 「清仏交渉ノ跡ヲ鑑ミテ感アリ」(16・9・22)。
(26) ＊「日本ノ用終レリ」(16・10・30、⑨・二三七)、＊「西洋人ノ日本ヲ疎外スルハ内外両因アリ」(16・10・31、⑨・二四一)。
(27) 「支那ト仏蘭西トノ喧嘩」(16・12・24)。
(28) 「清仏葛藤ノ終局如何」(ドクトル・シモンズ)(17・1・14〜15)。

(29) ＊「仏国ハ支那ノ恩人ナリ」(17・3・4、⑨・四〇九)。
(30) ＊「日本ハ支那ノ為ニ蔽ハレザルヲ期スベシ」(17・3・5、⑨・四一二)。
(31) 「仏軍北寧ヲ陥レタリ」(17・3・17)。
(32) 「其結果ヲシテ東京ヲ失フニ止マラシメバ大幸ナリ」(17・4・5)。
(33) 「帝国支那政府是ヨリ将サニ多事ナラントス」(17・4・7)。
(34) 「支那貿易ヲ拡張スルコト甚タ緊要ナリ」(17・4・21)。
(35) 「支那政府軍機大臣ノ更迭」(17・4・14)、「支那政府ノ更迭並ニ安南事件」(17・5・9)。
(36) 「仏国公使将ニ北京ニ入ラントス」(17・5・10)。
(37) 「仏蘭西支那両国間ノ和約成ル」(17・5・16)。
(38) 「支那是ヨリ多事ナラン」(17・5・17)。
(39) ＊「支那政府ノ失敗支那人民ノ幸福」(17・7・7、⑨・五四八)。
(40) ＊「西洋人ト支那人ト射利ノ勝敗如何」(17・7・10〜11、⑨・五五一)。
(41) 「支那帝国海軍ノ将来如何」(17・7・3〜5)
(42) 「支那ノ鉄道」(17・7・9)。
(43) 「清仏両国ノ葛藤再ヒ起ル」(17・7・14)。
(44) 「清仏両国ノ和戦如何」(17・7・15)、「仏国ノ要求」(17・7・25)。
(45) 「郎松事件ハ清仏葛藤ノ大団円ニ非ズ」(17・7・29)。
(46) 「清仏ノ談判破裂シタリ」(17・8・8)。
(47) ＊「仏国戦ヲ台湾ニ開ク」(17・8・11、⑩・一二)。
(48) 「支那外交官ノ苦心」(17・8・13)。
(49) ＊「脈既ニ上レリ」(17・8・15、⑩・一七)。
(50) 「腐敗正ニ極マル」(17・8・18)。
(51) 「支那国ノ運命」(17・8・20)。
(52) 「遂ニ破裂シタリ」(17・8・21)。
(53) 「和ヲ斥ケテ戦ヲ取リタリ」(17・8・23)。
(54) 「我国ノ局外中立」(17・8・25)。
(55) 「仏蘭西と支那と戦争の訳柄」(17・8・26)。
(56) 「仏清事件臆測論」(17・8・27〜28)。
(57) 「慾念ノ程度如何」(17・9・1)、「更ニ一歩ヲ進ム」(17・9・1・附録)。

(58)「甚タ恠ムベシ」(17・8・29)。
(59)「局外中立ハ極メテ中正不偏ナルヲ要ス」(17・9・2)。
(60)「攻防ノ軍略」(17・9・3)。
(61)＊「輔車脣歯ノ古諺恃ムニ足ラズ」(17・9・4、⑩・三〇)。「独立防禦ノ法」(17・9・5)。
(62)「東洋国」(17・9・6)。
(63)＊「清朝ノ秦檜胡澹庵」(17・9・8、⑩・三三)。
(64)「進ムカ退クカ」(17・9・9)。
(65)「黒船打払ヒ」(17・9・10)。
(66)「夜叉カ菩薩カ」(17・9・15)。
(67)「仏軍ノ強ニハ敵スベシ、自国民ノ愚ニハ敵スベカラズ」(17・9・13)。
(68)「清廷ノ忠臣ハ君命ニ違フ可ラス」(17・9・11)。
(69)「満清政府ヲ滅ボスモノハ西洋日新ノ文明ナラン」(17・9・16)。
(70)「攻ムル者防ク者」(17・9・17〜18)。
(71)「仏清事件ハ欧洲ノ政治論ニ関係アリ」(17・9・19)。
(72)＊「支那ヲ滅ボシテ欧洲平ナリ」(17・9・24〜25、⑩・四二)。
(73)「俎上ノ肉」(17・9・29)。
(74)「仏清孰レカ是耶非耶」(17・9・26)。
(75)＊「支那風擯斥ス可シ」(17・9・27、⑩・四九)。
(76)「宣戦ノ利ト不利」(17・9・20)。
(77)「三色旗黄竜旗福州ノ野ニ戦フ」(17・9・22)。
(78)「舟山島」(17・9・30)。
(79)「虎豹餌食ヲ争フ」(17・10・1)。
(80)「先ツ台湾ヲ占領セザルベカラズ」(17・10・8)、「淡水亦陥リタリ」(17・11・18)。
(81)「満世界ニ信ヲ失ヘリ」(17・10・10)。
(82)「必ズシモ愛親覚羅氏ノ祀ヲ絶タズ」(17・10・4)。
(83)＊「東洋ノ波蘭」(17・10・15〜16、⑩・七二)。
(84)「日本ハ東洋国タルベカラズ」(17・11・11、13〜14)。
(85)＊「朝鮮事変ノ処分法」(17・12・23、⑩・一四七)。
(86)＊「支那兵士ノ事ハ遁辞ヲ設ルニ由ナシ」(17・12・24、⑩・一五一)、「人ニ敬畏セラレザレバ国重カラズ」(17・12・25)。

(87) ＊「軍費支弁ノ用意大早計ナラズ」(17・12・26、⑩・一五五)。
(88) ＊「戦争トナレバ必勝ノ算アリ」(17・12・27、⑩・一五八)。
(89) 「栄辱ノ決スル所此一挙ニ在リ」(17・12・29)。
(90) ＊「国民ノ私ニ軍費ヲ醵集スルノ説」(17・12・30〜31、⑩・一六二)。
(91) ＊「前途春如海」(18・1・2、⑩・一七六)。
(92) ＊「敵国外患ヲ知ル者ハ国亡ビズ」(18・1・3、⑩・一八一)。
(93) ＊「御親征ノ準備如何」(18・1・8、⑩・一八四)。
(94) 「日本男児ハ人に倚リテ事ヲ為サズ」(18・1・12)。
(95) ＊「朝鮮丈ケハ片付キタリ」(18・1・13、⑩・一八七)。
(96) ＊「尚未ダ万歳ヲ唱ルノ日ニ非ズ」(18・1・14、⑩・一八九)。
(97) ＊「遣清特派全権大使」(18・1・15、⑩・一九二)、「支那の暴兵ハ片時モ朝鮮ノ地ニ留ム可ラズ」(18・1・16)。
(98) 「支那ノ談判ハ速ナランコトヲ祈ル」(18・1・20)、＊「国民ノ利害一処ニ帰着ス」(18・1・24、⑩・一九六)。
(99) ＊「仏国ト同盟ノ疎密」(18・1・26、⑩・一九九)。
(100) 「天下ノ大勢」(18・1・27)。
(101) 「支那トノ談判」(18・2・4)。
(102) 「日清事件ト仏清事件」(18・2・9)。
(103) 「在京城支那兵ノ撤回」(18・2・10)。
(104) 「支那談判ニ付キ文明諸国人ハ必ズ我意見ヲ賛成ス可シ」(18・2・17)。
(105) 「英国ハ永久支那ヲ庇蔭スルモノニ非ズ」(18・2・20)。
(106) 「遣清大使」(18・2・24)。
(107) 「北京ノ談判」(18・2・25)。
(108) 「要求ノ程度ハ害辱ノ量ニ準ズ」(18・2・28)。
(109) ＊「曲彼レニ在リ直我レニ在リ」(18・3・2、⑩・二二七)。
(110) 「外交事情報道ノ必要」(18・3・3)。
(111) 「京城ノ支那兵ハ如何シテ引ク可キヤ」(18・3・4)。
(112) 「条約改正ト北京ノ談判」(18・3・7)。
(113) 「日清談判、英国ノ喜憂」(18・3・10)。
(114) ＊「脱亜論」(18・3・16、⑩・二三八)。
(115) 「仏清事件ノ奇効」(18・3・17)。

(116)「支那帝国ニ禍スルモノハ儒教主義ナリ」（18・3・18）。
(117)「亜細亜ノ東辺今ヨリ多事ナラン」（18・3・20）。
(118)「仏国未来ノ成算果シテ如何」（18・3・21、23）。
(119)「仏国内閣ノ更迭其影響如何」（18・4・3）。
(120)「仏国内閣ノ更迭」（18・4・6）。
(121)「仏清ノ和議、支那ノ幸不幸」（18・4・15）。
(122)「仏旗ノ三色漸ク褪ル」（18・4・20）。
(123)「仏清ノ講和ハ以テ仏蘭西ヲ軽重スルニ足ラズ」（18・4・21）。
(124)「第三回ノ仏清紛議」（18・5・6）。
(125)＊「仏清新天津条約」（18・6・16、⑩・二九五）。
(126)「支那将官ノ罪」（18・4・10）。
(127)＊「天津ノ談判落着シタリ」（18・4・18、⑩・二六三）、＊「天津条約」（18・4・22、⑩・二六五）。
(128)「支那ノ版図広大ニ過クルガ如シ」（18・5・23）。
(129)＊「支那は果して其大版図を保つ能はざるか」（18・8・31～9・1、⑩・三九五）。
(130)「支那貿易ニ関係スル日本ノ商民ト商船」（18・6・15）。
(131)＊「支那ノ貿易望ミ無キニ非ズ」（18・6・22～23、⑩・三〇四）。
(132)＊「英語と支那語」（18・9・16、⑩・四二四）。
(133)「支那人の挙動」（18・12・12）。
(134)前掲註（55）。
(135)前掲註（61）。
(136)前掲註（75）。
(137)前掲註（82）。
(138)前掲註（83）。
(139)前掲註（84）。
(140)石河幹明『福澤諭吉伝』第三巻（岩波書店、一九三二年）、三四〇頁。

四　『時事新報』論説の対清論調（二）

――一八八六年より一八九三年まで

はじめに

本節は前節三の続篇である。前回の一八八五年（明治十八）末までの後を承けて、今回は一八八六年（同十九）から一八九三年（同二十六）までを取り上げて、その対清論調の特徴を見ることとする。

(一)　清国の国際的地位の向上

一八八六年（明治十九）の年頭に当って、本紙は国内の平穏さに比べて、国外の風波の高いことを警告している。即ち、欧州の白人はこの四、五十年来、文明の利器を利用して富国強兵に勉めた結果、世界中を横行している。日本の付近でも、樺太はロシアに取られ、香港は英国の植民地となり、朝鮮の巨文島も英国に取られ、安南はフランスに合併され、ビルマは今年になって英領となった。この勢は次第に速度を速め、これに抵抗することはできない。そして、去年フランスと開戦以来、にわかに豪胆活潑となった清国の挙動にも不安を感じさせられるものがある。これは一時の現象で永遠に持続することはなく、世界の大勢が清国の進退によって左右されるものではないが、最も近い隣国の日本は、この老帝国のために影響を蒙らざるを得ない。例えば清国が琉球返還の要求をするとか、朝鮮に命令して金玉均の引渡しを要求させるとかすることが考えられるが、その場合には、面倒でもその相手となって権利を貫き、利益を守らなければならない。これをしなければ日本の独立は名実共に大いに傷つけられる恐れがある(1)。以上のように述べて、本紙は西洋列強と並んで清国を恐れている。前年夏以来の清国に対する再評価はさらに高められたわけである。

清国の脅威についての論はなおも続く。日本と緊要の関係のある国は、西洋列強の他には清国が挙げられるが、これらの国々の中、日本が最も関心を払わなければならないのは清国である。その理由は、清国の挙動が他の西洋列強と異り一種変則で測るべからざるものがあるからである。そのような清国が、先日、ロンドンで五〇〇〇万ポンドの公債を募るとの噂があったが、今また、鉄道敷設、軍備拡張の資金として三五〇〇万ポンドの公債を募集するのをドイツ人が引受けたといい、その他、招商局は新たに日清間に定期航路を開いて日本海にまで手を伸ばし、また私債三〇万ポンドを募集したという。こうして清国が大いに鉄道を敷き、軍艦を作り、兵士を訓練し、富を蓄え、威権を四隣に振うのは、日本にとって迷惑である、というものである(2)。

次は、この清国の脅威についての各論で、郵船と招商局に関するものである。即ち、この一月中旬に招商局の汽船が一隻、長崎、神戸を経て横浜に入港し、さらにこれを追ってまた一隻が入港し、招商局は日本諸港と清国諸港との間に新航路を開くという、かねてからの噂を裏書きした。さらに招商局は、その資産すべてを香港上海銀行に委ねて、同行の周旋で一五〇万円の私債を募集した。そして新たに就航した二隻の船の運賃は日本郵船会社の運賃より平均一割五分〜五割安い。そこで日本郵船はこれに対抗して、長崎から芝罘・天津に赴く新航路を開く予定という。招商局が日本郵船のこの措置によって手を引けばよいが、そうでなければ日本郵船は莫大な損を蒙ることになろう、というものである(3)。日本は清国との間に経済戦争を強いられたわけである。

次に、論は一転して、米国の清国人虐待問題に移る。清国政府は今度米国に向って、米国人が清国人に加えた暴行に対して償金を要求したが、米国大統領はこれを拒絶した。米国人の乱暴は実に言語に堪えないもので、その心の卑劣で振舞の無法なことは、文明を以って世界に誇る米国人の所業とは思われない。米国人は道徳上の罪を犯した上に国際法も犯したものであるから、清国政府が損害賠償を申し出たのは当然だが、米国人は清国人を人間と思っていないので相手にしないのである。このことについては、米国人の無道をとがめずに清国人の不幸を憐み、清国人の不幸を憐れまずに早く文明の人民となることをすすめる。(4) 本紙はこのように述べて、無条件で清国人を支持して正義を主張しようとはしていない。

しかし、翌月掲載された論説は、清国の外交をかなり高く評価している。即ち、清国は一昨年の清仏戦争以来、外交政策において西洋流の交渉手続きを用いており、その近来のやり方は大いに人を驚かすものがある。前月の対米折衝でも、米国の拒絶に容易に従わず、さらに在米清国公使と在清米国公使の手を経て米国と交渉を行い、米国政府の陳謝、下手人の死刑、償金支払などを要求して、現在まだ係争中である。たとえその国が弱国でも、弱国の一条の活路である条理によって強国の横暴に抗することは、世界の輿論に訴えても名誉なことで、米国があくまでその要求を拒んでも、清国が一旦米国を詰《なじ》った大胆さと、事の次第を世界に公けにした手際は、清国の威信を国際関係の上で高めたことは疑いない。

また、清国は、昨年英国とアヘン条約を改正して課税を引上げたが、ドイツがこれに異議を唱えた。清国は、ドイツがこの改正に従わないなら禁止税を課すると回答して、事は落着していない。このように弱国の清国政府が道理を楯に強国の言に従わないのは、外交技術が向上した証拠である。弱国が強国に対して権利を保つには、大いに自国の理と相手の非理を吹聴して相手国を憚らせるのが「至便の一法」である。本紙はこのように述べて、西洋列強に対する清国の態度を支持している。(5)

(二) 長崎事件

ところが、こうした本紙の清国に対する好意的感情にも拘らず、間もなく日清間には次のような一つの事件が起った。一八八六年（明治十九）八月十三日、長崎港に碇泊中の清国艦隊の水兵が飲酒して乱暴し、日本巡査がこれを拘引しようとすると、多数の水兵が妨げたので、応援を求めてやっと拘引した。市中にいた水兵がこれを取戻そうと押しかけたが、警察は扉を閉めて応じなかった。十五日の夕刻、約三〇〇名の水兵が上陸して一ヶ所に屯集し、通行の巡査を侮辱したので、警察では多勢の巡査を送ったところ、水兵らは刀剣で切りかかり、警察目指して進んだ。巡査の力では支え切れず、市民の協力でこれを追い返したが、この暴動のため、清国水兵、日本巡査、長崎市民の死傷者は約一〇〇人に上った。

この事件に関して本紙はいう。即ち、第二日目の行動はことさらに謀って日本の法律を犯し、社会秩序を乱したもので許せない。水兵らはあらかじめ上官の許諾を得て行動したものと考えられる。なぜなら上官が第一日目のことを聞かないはずはないし、三〇〇名の水兵が得物を用意して上陸する尋常でない挙動を知らないはずがない。友好国の港に入り、士官水兵が相謀って警察を襲撃するなどとは、海軍史上にない驚くべき不祥事である。速かに交渉して責任を問い、賠償・謝罪をさせて、巡回する予定の他の港ではこうしたことがないように取締らせなければならない、というもので、(6) 以下、実に一一回にわたってこの事件に関する論説が掲げられている。その大要を次に見よう。

まず、この事件は厳重に交渉しなければならない事件であるが、その原因となったものは、清国が海軍を急設したために訓練や規律がおろそかになっていたところにあるのであって、止むを得ない事情という他はない。そこで交渉をして今後は注意するという保証を得られればよいが、そうでなければ、清国の軍艦が規律を保つようになるまでは、

日本の沿岸に近づかないように約束させるのがよい、という。(7)

続いて、清国は時々意外な行動をとることがあり、今回のことについても、死傷者に関する対策や賠償を直ぐに行わずに、事件の際に証拠が不十分なのにつけこんで交渉を難航させる恐れがある。長崎碇泊中の四隻の清国軍艦中二隻は既に帰国するというから、これらの軍艦が長崎を出港する前に、暴行した水兵でこの二艦に属する者がないかどうかを尋問しておかなければならないし、残った軍艦は証拠取調べのため、そこに止めておかなければならない、という。(8)

次に、日清外交関係と長崎事件について以下のように述べる。即ち、外交当局者はなるべく交際国の歓心を失わず、平生我を徳とする気持を起させて、有事の際にその報酬を得ることを謀らなければならない。日清の外交関係は、従来いくつかの事件はあったものの、格別の恩も怨みもないが、今後清国は特に恩の関係で日本と交わらなければならない。それは、清国が再び清仏戦争のようなことを惹起した場合、日清の間柄が不和では、日本が清国の相手に応援加勢することになるからである。今度の長崎事件で清国が日本の要求を満足させなければ、事件が小さいにも拘らず日本人の好意を失い、こうした事情が度重なると、日清関係は怨みの関係となって、清国は国家的損失を招くであろう、というものである。(9)

次も同様に日清外交と長崎事件に関するもので、以下の通りである。近年清国人は外交上活潑になった。例えば独立国の朝鮮に対し、壬午軍乱では内政干渉を行い、甲申政変でも軍を動かしたし、米国の清国人虐待に対しては賠償を要求するなど、従来の清国になかった行動である。三、五年来、このように活潑になった理由は、西力東漸の影響によって、西洋流の銃砲や蒸気軍艦などの文明の利器を買い、これを壬午軍乱、甲申政変、清仏戦争などに用いて効果をあげたためで、これにより清国人の意気は大いに上っているのである。今度の長崎事件も、原因は水兵の飲酒にあるとはいえ、酒が大勢の人に乱暴させたのは、清国人一般の中に外交上の得意心が満ちているためである。

そして、清国は、一八七四年（明治七）の台湾事件や一八七九年（明治十二）の琉球の廃藩置県についても未だに快く思っていないようだが、今日となっては執念深く既往のことをいわずに、両国現在の外交関係を円滑にするのがよい。しかし人心の変化は測りがたく、清国人が文明の利器たる軍艦銃砲の効果に心酔して時に濫用の懸念もあるので、日本としては南門の鎖鑰を等閑に付すことはできず、事件が起らない中に防がなければならない。清国は文明の利器を用いて諸外国との関係を展開し、成功しているので、今後の行動は尋常なものではないだろう。日本人はこれに隣接して、政治経済上に関係するところが大きいから、よく現在に対応し、将来に備え、また清国全体の大勢に注意して、大いに覚悟しなければならない、と清国の脅威を強調している(10)。

続けて、交渉の手続きの問題が論じられる。日本側は暴行の事情を長崎裁判所の検事が調査して、求刑書を同地の清国領事に回付し、領事は事実を調べて暴行者を処罰するはずであるが、もし清国領事が不当な回答でもすると、地域的な問題でなく、国際問題として交渉しなければならない。当初、交渉は長崎県知事と清国領事との間で行われたが、間もなく中止となり、先方は外人弁護士を送って日本人の口供をとっている。しかし、先に日本人のみの口供をとると清国側に有利となり、簡単明白な交渉も次第に複雑となる。こうして、事件が小さいものなのに大きく扱われるのは無意味だから、迅速に結着をつけるためには事の初めに立戻り、日本検事が清国領事に送った求刑書に基づいて交渉を進めるのがよい、というものである(11)。

この時に当って十月二十四日、紀州沖で英船ノルマントン号が沈没し、日本人船客二十余名のみが遭難するというノルマントン号事件が起ったが、本紙はこの事件に事寄せて長崎事件を論じている。即ち、ノルマントン号事件を人々が問題にするのは遭難者の不幸の死を憐む心からだけではなく、国の面目を思う心からであるが、長崎事件も国の面目という点で同様な事件である。同事件は現在、両国の委員会を四〇回も開いたが中止となり、依然として解決しない。速く事実の調査を終り、この事件の曲直の在る所を世界に示すように、国の面目を思う立場から切望する、というものである。[12]

次には、長崎始審裁判所検事から清国領事に送った求刑書及び負傷者の診断書と、長崎控訴院検事長より清国領事へ送った求刑書を引用して、この事件の再確認を求め、この求刑書の精神だけは必ず貫徹してほしいと述べている。[13]

次は、三度清国の外交と長崎事件についての論である。即ち、清国は清仏戦争の有利な結着以後、自大の心が増長して驕り、英米露などの国にも従来と異る態度を示しているが、殊に目立つのは日本に対する態度で、活潑倨傲となり、その朝鮮に対する措置は殊に日本人に不満を与えてきた。そこへ長崎事件が起ったわけだが、事件後の交渉においても不当な言い分を申し立てるので交渉は円滑に進まず、八月以来四ヶ月余も長引いて遂に交渉中止となった。このように日本に対する態度が穏やかでないのは、元来、清国は西洋文明を喜ばないのに、それが日本にも及んだので憤懣にたえず、これを根本原因として、日本が台湾事件、琉球事件、朝鮮の壬午軍乱と甲申政変などで清国に対して好ましくない態度をとったことを怒っているためである。そして、清国は道理に基づいて事を定める国柄でないから、この国との外交関係は虎狼の交際と同じであると考えて油断してはならない、という。[14]

次は、日清両国を比較して長崎事件の解決方針に及ぶものである。即ち、日本人の最近の態度は、雨中の鶏のように、喪家の狗のように、沈鬱怯懦で、十九世紀の世界に国を立てることを忘れたようであり、これに対し清国人は、数年前の清国人とは違って言行が活潑大胆である。殊に朝鮮に対しては、世界が公認した独立国を名実共に属国として取扱い、少しも遠慮するところがない。そして近来大いに海軍を増強し、東洋の覇者たるにたえることを示そうと考えてか、艦隊を遠近に派遣する。長崎事件はこのような時に起ったものであった。

そこでこの事件の解決法として、次のようにいう者がある。近来東洋の運命が日に微で憂憤にたえない。その中にあってよく独立国の体面を維持するものは日清両国で、両国は唇歯の関係をなすものだから、互いに援助し合い、争うべきでない。長崎事件は日本人の立場から見れば不満でも、こうした小事故のために両国の交誼を害してはならないから、堪忍して平和を旨とすべきである、と。しかし自分は、長崎事件のような小事故は両国の交誼を左右する心配はないから、厳重に理非を糺して簡単明白に解決する方が本来のやり方であると考える。軽小事を重大視すべきではない。日本人は柔和沈着な態度をいつまでももっていては、東洋の平和を維持する見込みはない、というものである。(15)

長崎事件は未解決のまま年を越し、一八八七年（明治二十）となった。そこで本紙は稿を改めてこの問題を次のように論じる。

水兵が乱暴を働くとか巡査がこれを取押えるとかいうことは決して珍しい事件ではないのだから、双方事の穏便をはかって速く結着をつけるのがよいのに、清国側が外人の大法律家を傭ってきて事実関係を詳細に取り調べるようなことをするのは、時間の浪費で実効が上らないから行わせるべきでなかった。清国は米国の清国人虐待問題でも、事実を取調べて交渉もせずに、一片の照会をしただけで泣き寝入りをしたにも拘らず、長崎事件のような明白な事件の場合に詳細な調査をしているのは、相手が日本であるために特にそうしていると考えざるを得ない。しかし、清国がもし日本に対して何か憤りを洩らそうとするなら、曲直明白な長崎事件のような小事件で論争をせずに、重大な事柄を問題にすべきである。日本は重大問題なら大いに争うが、小事件で両国の交情を破るようなことはしたくないと清国外交官に告げたい、というものである。(16)

しかし、この直後に事件は無事落着した。本紙はこの報を伝えていう。長崎事件は、当事者の清国水兵と日本巡査を、双方共に本国の司法官が審理し、罰すべきか否かは自国の法律に照して決めることとし、この審理懲罰に関しては、両国が独立に行って互いに干渉しないという結末になった。交渉は、両国の委員会が前年十一月中旬に解散した後、清国側は北洋通商大臣李鴻章と徐駐日公使、日本側は井上外相が全権となって行われたが、中々結末がつかなかったために、清国は長崎事件で日本が清国を侮辱したものとして、台湾事件以来の怨みを晴らそうとしているとか、拡張した清国海軍の威力を四隣に示すために戦端を開こうとしているとかいう風説が起った。このため人心は不安に陥ったが、案外速やかに落着したのは悦ぶべきである。一説には、右の風説は必ずしもすべて無根ではなく、清国政府がことさらに事を求める意向もあったが、内外の情勢から思い止まったともいう。この後は双方共に当事者を吟味した上、罰すべきものは罰すべきで、甲申政変後の天津条約で、政変の発砲事件に関係した清国将官を譴責するとの条項があったにも拘らず、袁世凱が条約調印後しばらくして再びソウルに来て朝鮮政府を指揮したようなことがないようにすべきである。[17] 以上のように本紙は述べている。

この事件に関する本紙の論調を概観してみると、終始事件を小さいものと見て、大事に至らないようにすることを求めているが、その裏には、日本が清国を大きな脅威と認めてひそかに恐れていた事実があったようで、このことは論説の中にしばしば表現されている。

三 清国の将来についての論

次に、一八八六年秋に目を戻すと、シナ文明論がある。即ち、今の清国人は、外面的には西洋文明の武器を利用しているが、内面的には儒教を奉じており、西洋文明の元素は清国全体に一点の痕跡もないといってよい。しかし、こうした護国の機械を西洋に採り、治国の精神をシナに求めるというやり方は永く維持することはできない。なぜなら、人間は一度物を与えられるとその物の由来を求めるものであるから、その物の製作法、製作者の人物、その人物の履歴を問い、それと共にその国の民情風俗、教育世教、政治法律、人民と政府の関係などを知ろうとして、遂に「西洋文明の大主義」に到達し、改革論の勃興を見るに至る。そこで中央政府はこの改革派の論に従うか、または旧弊を一新しなければならないが、旧弊一新とは、生活の根本を顚覆することになるので行うことはできない。こうして国内には守旧改進の二派ができ、将来その軋轢から国家の大変革を生じるであろう。清国との外交関係は、慎重に構えて処置を誤まることがなければ、まだ数年は無事であるだろうが、こうしたシナ社会の大変革に対して日本はどうすべきか、今からよく考えて覚悟しておかなければならない、というものである。(18)

続いて、貿易論が掲載される。即ち、近頃、北清貿易が有望であるといって日本商人が天津辺に進出しているが、これまで南清貿易で日本人が失敗している例が多いので、以下に注意すべき点をあげよう。これまで清国貿易で日本人が成功しなかった原因は色々あるが、その第一にあげられるのは貿易に従事する商人に適当な人物がいなかったことである。これまで、貿易商としては専ら書生流の人物が採用されてきたが、彼らは上海・香港辺に至ると早くも清国人を軽蔑し、在清英国商人の行動を学んで大店を構え、体裁を飾り、飲食を美にし、交際を張って所謂紳商を気取る。これに対して清国人は質素節倹で粗衣粗食に甘んじ、物の売買に熱中して日本人を凌ぐ。こうした清国人に匹敵するのはドイツ人だけである。大仕掛けの商売は英国人が掌握しているが、小仕掛けの商売ではドイツ人が圧倒しており、香港ではドイツ商が英商よりも増加している。日本商人は英商に似ているが、これではだめで、近江商人のような気根と勤倹を具えなければならない。

商売で注意すべき第一のことは、日本商人は商売上団結して利益を占めることがなく、何か一つ利益があると銘々勝手に輸出して過当競争をし、遂には粗製乱造をしてその品の評判を落し、共倒れになるという例が少なくないし、まだ市場の広狭もはっきりしない所に品物を多量に送ってその声価を下げることもあるので、これを止めなければならない。

第二に、随時に品物の売込先を転換することが必要である。例えば日本商が香港に品物を送って売れない時、外国商はその値が下ったところで引取って、上海、香港、シンガポール、豪州などへ売る。日本商は香港で売れなければ他の市場へ出そうとする機転がない。

第三に、商品の仕立てを需要者の好みに合わせなければならない。缶詰は白紙に黒字ではだめで赤紙がよいし、マッチに五色の紙を張ると気受けがよいのである。

以上は注意すべきことの一端で、総じて、南北の人民の気風習慣の違う清国に対しては細かに商売の道を探求することが重要である、という。(19)

次は、清国政治とその影響についての論である。即ち、清国は富大国であるのに兵備を欠くためにその国勢が振わないが、強兵が具われば世界中いかなる強国でもこれに敵するものはない。しかも清国は西洋諸国と戦うたびに洋砲・洋艦の利を悟っており、将来充分にこれを利用するようになれば、西洋諸国の制御に甘んじていることはないだろう。現に清仏戦争では、戦争の被害を受けたため兵制改革も行われ、さらに軍備の進歩だけでなく、鉄道・電信などの文明の利器が兵器と共に国内に入るようになった。このように戦争は開明に進む手段であるが、内戦は国内の人心を分離させるから、外戦の方が安全である。外戦は、勝てばそれに越したことはないが、たとえ負けても敗北の損害は一時限りで、それによって得られる開明の結果は一〇〇年も続くからである。

清国が外戦を行う場合、この戦は内治のためであるから、その相手は手ごろな弱小国の方が好ましい。自分は日本がその相手として選ばれないことを祈るものである。日本は現在清国と平和な国際関係を保っており、専ら通商に専心しているが、もし清国が戦争をしてもいいというような傲然たる態度をとっているならば、際限もなくそれを忍ぶことはできないから、清国の内情に拘らず、日本のとるべき道をとらなければならない。従って清国との外交関係は難しいものである。なお、清国の改革派が外戦で内治を改革しようとするやり方は、成功するとは限らず、もし失敗すれば内乱の起るおそれがある。(20)以上のように本紙はいう。

右の政治論に続いて、一八八七年に入ると、清国の将来についての長文の論説が掲載される。即ち清国は、まず国内的には、一八八四年五月、安南東京の変を生じてフランスと開戦して以来、漸く西洋文明を採って自衛する必要を悟り、施政の面目を一変した。殊に電線を至る所にめぐらしたので、総督以下の私権を奪って中央政府の権力を固めることができた。この上鉄道を敷設して全国を貫通すれば、清国は虎に羽翼をつけたように強大になるだろう。このように内政が整ってきたのに加えて、英国の強大な援助がある。これは英国が清国の貿易の九割までを握っていて、戦争が起れば忽ち商売の利益を失うため、清国の平和を求めなければならないからであり、またロシアの南侵を防ぐためでもある。同時に清国も英国の助けを借りてロシアに備える必要があり、両者の利害が一致するために友好関係は一層増進するのである。

また、フランスとの関係も、雲南の守備を固くしているから、その侵入のおそれはなく、またフランスの本来の目的は清国との貿易にあるので、事を起してこれを害することはない。従って仏清関係は今日では良好である。ただ、ロシアとの関係は、その南侵が危険であるので、北境に屯田兵をおいて守備を固めており、概ねその侵略に備えるのに余裕ができた。朝鮮からロシアが侵入する恐れはあるが、英清連合がある限り、朝鮮の辺境にロシアが侵入することを許さないであろう。要するに、清国は英国と緊密な関係をもつことによって、非常な強権が与えられたといえる。

そして清国の外交政策には、唯その版図を失わないように務めて、新たに土地侵略を行う意図がないことは明白である。清国の人口は多いが、その面積から考えれば、今後の人口の増加を心配する必要はないから、清国政府は外国移住を奨励する必要はなく、また外国と事端を開く理由もないのである。安南を争い、朝鮮を擁護したのは、侵略併呑のためではなく、これを防御線とするためであった。

以上のような内政外交を見ると、清国の今後の運命は唯無事繁昌であろうという他はない。残るところは国論の成行きと政治家の行動とが問題になるだけである。

清国政府の有力人物は、李鴻章、醇親王、曾紀沢などであるが、李鴻章は有名な改進家であり、醇親王は以前は攘夷家であったが今は改進の政策をとっており、曾紀沢は久しく欧州に駐在して西洋の文物を知ることは前二者に勝る。

しかし、これら改進家に対して、功臣老相は旧時の鎖攘主義であるから、国論は円滑にはまとまらない。従ってこうした軋轢の中を切り抜けて清国の将来の運命を決することは容易な仕事ではない。

右の三人のような政治家は、老論党を怒らせては政府の不和を来すし、少論党を退けては開国の事業が成らないので、双方をまとめて歩み合いをさせなければならず、そのために、老論党にも判りやすい有形の事物を段々に輸入する方針をとっている。即ち軍艦大砲や電信などの輸入で、その次には鉄道の敷設を企てている。これは北京天津間の工事が着手され、引続いて延長する予定で、老論党はこの方針に感服しており、こうして有形の事物が発達するにつれて少論党も勢力を伸ばしている。

鉄道の敷設が次第に延長すれば、地方官が公税を私することもできなくなって税収は政府の手に帰し、全国の権力が中央に握られて、財政不足も解消するであろう。そして西洋事物の採用は、有形の事物から無形の文明に進みつつある。即ち、今回清国政府は、各部門から六〇名の留学生を欧米に派遣することを決定したし、これより驚くべきことは、科挙の科目に洋算・理学の二科を設けたことである。この科挙の改革によって、西洋文明は大いに清国に流入するであろう。そして清国は富強となり、東洋に睥睨することは容易である。

結局、問題は老論と少論が円滑に調和して遂に少論の勝利に帰するかどうかということで、この点が少し疑わしい。革命の変は早晩避けがたいと見る者もあるが、いずれにしても老論は次第に力を失って、少論が勢力を振うことになるのは間違いないだろう。(21) 以上のように、本紙は清国の将来を希望に充ちたものとして描いている。

(四)　清国との経済及び国際関係

次に、一八八七年夏から秋にかけ、一転して清国との経済問題が三本掲載されており、第一は生糸問題である。その論にいう。

ある人の説に、養蚕製糸は必ずしも日本の特有な産業ではなく、西洋諸国でも最近これを盛んに行って年々の産額が次第に増加しているのは、その土地の気候風土が適しているからで、フランスやイタリーなどの蚕糸業は日本の強敵になるといっているが、絹織物はともかく、生糸業は西洋に圧倒されることはない。西洋は土地代や労賃が高くて、日本のように物価の安い所の生産とは競争できないし、日本産は光沢・強力の点で勝っている上、練減りの歩合が少いから、その点でも有利である。

しかし、恐るべき競争者は清国で、風土気候は日本と同じである上、労賃も安いから、日本より有利でさえある。品質も光沢や強力の点で不足はなく、日本糸を凌駕するものがある。練減りの多いのも悪徳商人がわざと混ぜ物をするからで、これを止めさせれば問題はない。ただ最近まで機械製糸を殆んどやっていなかったし、荷造りが不完全で品位等級が不同一な点が劣っているため、一〇年前には日本の一〇〇倍も輸出していたのが、今では日本の方が遥かに多くなっている。しかし最近は機械製糸も増強され、悪い混合物を除いて改良しているから、油断できない相手である。日本人も早く市場を広めて得意を維持せねばならない。本紙はこのように説いている。(22)

次は、銀行問題である。清国政府は米国人と契約して、資本金一〇〇〇万両の一大銀行を設立しようとしている。この計画は前駐英大使曾紀沢がロンドン在勤中に米国人と内約を整え、米国資本家の代理者が清国に来て李鴻章と面会して決定したものである。この銀行の業務内容は、清国陸海軍、鉄道、電信、疎水、運河、造幣、造船、各省の出納などに及んでいるとのことで、事実であれば、この計画の成敗共に清国の将来の運命に重大な関係を有する。

この銀行の将来については、外国資本を入れ、営業の実権まで外人の手に渡すのは内政干渉で、トルコ・エジプトの二の舞をするものであるとか、清国の紊乱の甚しい財政に西洋流の銀行主義を導入するのは却って混乱を招いて本業を妨害することになるとかいわれている。

しかし、局外の日本人としては、銀行が予定通り機能して日本人が便益を受けることを希望する。清国の従来の銀行は、国の規準に基づかない私立営業で、資本金も少く、為替業務なども外人はその恩恵に浴することができないから、日本人は開港場に西洋商人が設立した銀行を利用している。しかし一歩内陸に入ると、清国の私立銀行は外人の用に立たず、その上、内外銀行の間に何も取引契約がないから非常に不便である。

幸い今回の新銀行は清国の内陸でも広く取引することになっているから、外国銀行と契約して、従来の不便を取り除いてくれるだろう。また、これまで取引には銀塊が用いられていて極めて不便であるが、新銀行が造幣事業を引受けて清国の貨幣制度を改良してくれるならば、日本商人の利益は大きい。以上の業務が行われれば清国内陸の貿易は格段の進歩をするだろうから、その成功を祈る、というものである。(23)

続けて、貿易問題が論じられる。日清貿易は一八八六年を一八七七年と比べると、金額にして殆んど二倍になっている。その内容は海産物が多く、需要は際限がない。貿易の障害は内陸通商の際に課せられる釐金税で、これは地方政府が各所で適宜に課税し、その税率と課せられる度数が変動不定なので、あらかじめ目算を立てることができない。この弊害には各国人が苦しんでいるが、英国は先年、最初関税に支払う金額の半額をあらかじめ払って釐金税を免れることにしたので、前途の見通しが立てやすくなり、取引高も増加したという。早晩、日本も釐金税の束縛を免れることができるであろう。

また、日清貿易に従事する日本人は、清国の商業事情の実態を明らかにして、方向を誤まらないようにしなければならない。清国の外国貿易は一種変則で、文明流のやり方では失敗することが多いから、清国に渡ってその実態を調べる必要がある。函館や横浜で日清貿易の十中八九を握る清国人に任せておいてはならない、というものである。(24)

次は、清国の国際関係維持に関する論評である。即ち、東洋の全局に対して政治経済軍事上に最大の利害を有するものは英国であるから、東洋の国は英国を最も重んじなければならない。仏・独の二国との国際関係は、欧州諸国の動向を知るために必要であるが、英国との友好的な外交関係維持の重要さには及ばない。英国の他に重要なのはロシアとアメリカである。ロシアは広大な領土が欧亜両大陸にまたがっており、最近はシベリア鉄道を敷設してウラジウォストークに通じさせようとしているから、軍事的に重視しなければならない。これに対しアメリカは、政治・軍事問題とは無縁であるが、平和手段で経済的活動を行っており、東洋諸国は通商貿易の点で、世界で最も重要視しなければならない。

このような世界情勢に対し、清国が適切に対応しているのは賞讃すべきである。清国が西洋諸国に派遣する外交官は、人数は少いが要を得ている。英国駐在公使を最も重視し、これに駐露公使を兼任させ、駐独公使が駐仏公使を兼任し、その他の諸都市には、兼任させるか、あるいは全く駐在させない。駐米公使はペルー、スペインの二国を兼務する。即ち英露両国と親交を保って、東洋に利害関係の深いその動向を察するのを忘れず、独仏の二国とも修交して欧州政局の動向を推測し、駐米公使には外交関係と共に通商貿易関係を担当させている。なお、朝鮮も近頃西洋に公使を派遣させることに決し、英独仏伊の四国に一人と駐米公使とをおくことになったが、これは朝鮮の外交規模に相応なものといえる[25]。

以上、長崎事件関係の二本と、「支那論[21]」以下の五本とが一八八七年に掲載された論説で、その数は前年に比べてかなり少いのが目立つ。

(五) 綜合的な清国評価

一八八八年（明治二十一）初頭には、永く清国に在留していて事情に明るい人の談話として、清国事情が掲載されている。即ち、清国の鉄道は、日本では続々開発されているように伝えられているが、そうではない。天津・大沽及び開平間が着手されようとしている程度で、天津・北京間は土盛りさえされておらず、北京・大沽間の全通まではなお一～二年かかると予想される。まして天津の鉄道を南京・上海に延長するとか、広東・雲南まで延長するとかいう計画は程遠いものである。

次に、清国の最近の外交関係は平穏無事である。雲南・東京の境界事件はフランス政府との折合もつき、英国がビルマを占領したために起った清・英・越南の境界紛争も片附いた。ポルトガルとの関係も、改正通商条約の調印がすんだ。マカオをポルトガル領にする件については、譲与境界の件に関する交渉がやや難行したが、これもまとまった。要するに西南一帯は無事である。ロシアとの北方境界についても事は起らず、吉林省北辺の土地にロシア人が入りこんでいた所は取戻した。シベリア鉄道が完成すれば圧力が加わるだろうが、これは七～八年後のことである。

内政は、李鴻章がさきに華美銀行の件で失敗して以来、立場がよくなく、また曾紀沢との間柄がよくない。昨今北京政府内で勢力の盛んなのは曾紀沢で、彼は英国駐在が永かったので、英国との関係が緊密である。政府では、かつての改進反対派の左宗棠が死に、醇親王が変節したので、改進派が有利であるが、李氏曾氏の葛藤が残された問題である。談話は以上のようなものである。(26)

次は、福澤主筆の友人、ドクトル・シモンズの日清関係論で、以下のようにいう。

西洋人は清国が世界中で最も驚くべく畏るべき一大帝国であると考えている。その版図は全欧州の半ばに等しく、国民は全欧州人口に匹敵して人口稠密であり、その富も欧州文明諸国のどの国に比しても劣らない。その歴史は古く、今の西洋文明諸国が野蛮な時代から、既に文明の域に達していた。その政府は世界中で最も旧組織で最旧の政治を行っているが、組織の材料は必ずしも不良ではなく、比較的平和静穏の中に国を保っている。その原因の一つは古くから続く科挙であろう。文明の点では欧米に劣るが、西洋文明の基礎となった火薬・印刷・羅針盤はかつてシナが発明したものであり、商売においては誠実廉直で、しかも取引はうまい。

このような国であるから、最近西洋文明を知って、陸海軍制を改め、電信・汽船を用い、鉄道を敷設して国勢を振張しようとしている有様を見て、西洋人はこの大国の将来の富強がどのようになるかと恐れている。

清国が覚醒して改進的な動きを示した理由は、日本が西洋文明を取り入れたことに刺激されたからである。即ち、アジアで最も活潑で富強な国は日本と清国である。ところが日本人は清国の事情を知らないために、これを軽蔑している。日清両国は唇歯輔車の国であるから、友誼を厚くし、連衡して独立の基礎を強固にし、欧州列強の東亜侵略の策を断念させることが必要で、互いに争い合って外侮を招くのは歎かわしいことである。日本の政治家は清国のことを熟知して、両国の国交を円滑にしなければならない。

また、清国貿易は日本にとって大切なものであり、生糸と茶については、清国は日本の商敵だから、日本商人は清国の事情をよく知らなければならない。

このように重要な清国について、日本人がよく知らないのは言語道断であるが、それはよい本がないためでもあるから、欧州人がよく探査して書いた良書を翻訳して、清国が政治経済的に利害を共にすべき良友国であり兄弟国であることを知らせなければならない(27)。

右のように清国を高く評価し、日清提携の必要を説いたドクトル・シモンズの評論を本紙が論説欄に掲載したのは、もとよりその論に深く同意するところがあったものに違いない。

次は、日清鉄道の比較論である。即ち、清国の鉄道敷設は緩慢で、北京・天津間の鉄道はまだ着手に至らず、開平鉱山の石炭を天津または北洋艦隊の基地である太沽地方へ輸送するため、太沽の対岸塘沽・開平間の一部に敷設した程度である。この鉄道は工事から機関車まで英国が引受けたが、かつての東京・横浜間とは違い、その建設費用は極めて安かった。

ところで、日本の鉄道は狭軌道であるため、貨物の運送に不便で、機関車も大きくすることはできなく、速力が遅い。これに対し、今回清国で初めて建設した鉄道は本位軌道であるから、平生の交通の便は勿論、軍事用でも日本の鉄道に勝る。恐らく今後も天津・南京・上海・広東などに延長する清国の鉄道は、本位軌道となることは間違いない。従って、交通往来・荷物運送・軍事の面で、日本は清国に劣ることになる。日本は今後、断然狭軌道を廃して本位軌道とするか、または九州などを部分的に本位軌道として他は徐々に改めるか、そうでなければ狭軌道のままにしておくかが問題となる、というものである(28)。

続いて掲げられているのは、日清両国間の小紛争事件である。上海に日本艦隊の水兵二人が上陸して市中を徘徊した折に、体を露わしたという廉で清国警官に咎められ、拘留されたところへ艦隊の水兵二〇〇人が押し寄せて放免を求めたが、八名は拘留され、他は追払われた。その際に上海の警官中、清国人と欧州人各一名が重傷を負い、外に一名の監督官が軽傷を受けたというものである。

本紙は、関係者が清国人だけでなく、欧州人にも及んでいるから、交渉はかなり面倒なことになるだろうと懸念し、また、こうした些少の事件から日清両国民の感情を害して国交を傷つけることのないように、円滑に処理することを希望するとしている(29)。

次は、在ボストン某生という署名の寄稿を転載したもので、清国人排斥問題である。即ち、アメリカでは清国人の移住を禁止したが、豪州でも清国人排斥問題が盛んになってきた。清国人が排斥されるのは、賃金が安くて他の労働者の仕事を奪うからだなどといわれているが、主な原因は日常の挙動風俗が他と違い、その国の人民と親しまないで自分たちだけで集まっており、風俗が野卑で、所業が不実であるなどということらしい。

ところで、豪州で清国人を排斥することは英清間の条約に違反するので英政府もこれを断行しかねていたが、ニュージーランドでは拒絶法を発効してしまった。英政府はこれをそのままにしておくと、一八四二年の南京条約、一八五八年の天津条約、一八六〇年の北京条約などに違反することになり、この法律を認可しないと植民地と本国との間に軋轢を生じるので大いに困った。条約に違反すると英国は清国と友好関係を保ってロシアの南侵を防ごうとする政策に支障を来たすから、不和は好まないのである。

清国としては、英国が条約を破った場合、充分の軍備さえあれば、これを背景に英政府に迫って移住を許させるであろうが、その軍備がないから致し方なく、非理非道の処置に服せざるを得ない。日本人の米国移民も増加し、カリフォルニアに約五〇〇〇人が移住しているが、まだ排斥問題は起っていない。しかしいずれその時がくるのは明白だから、今の中に何とか対策をたてておかなければならない、というものである。[30]

次には、再び清国の鉄道論が掲載される。清国の鉄道敷設は、先見ある三〜四の政治家が提唱したが、頑固な老政治家がこれに反対したため久しく行われず、また、民間では工事のために墓を移動させることを忌んだので、これも障害となった。その上、たとえこれらの障害が除かれて工事が完成しても、国民一般に旅行の習慣に乏しい清国で、乗客が充分にいるかどうかが疑われた。

しかし、最近清国鉄道事情に明るい人の話を聞き、会社営業の成績を調べてみると、その恐れのないことが判明した。清国鉄道の先駆をなした開平鉄道会社の営業成績は、昨年四月から今年五月までの一年間は黒字で、六分の利子を配当し、多額の残金を後期繰越と賞与に充てているのである。また太沽・天津間の鉄道が七月に竣工しており、今後、天津以北は二線に分け、一つは山海関に伸ばし、一つは北京に通じる計画であるという。この予定の両線とも交通の往来が激しい地方だから大きな利益が見込まれ、さらに南方諸省は人口が多く物産が豊かだから、大陸縦貫鉄道は非常な利益が期待できる。

しかも、清国の鉄道は、日本と異り本位軌道であり、また純然たる私立の会社で官の保護を求めなかったことは感服すべきである。[31]以上のように本紙は述べている。

さて、一八八八年の最後の論説は、六日間にわたって連載されたロシアの東漸と東洋問題についての長大な論である。即ち、シベリア鉄道の落成の後、ロシアの東洋政策には当然変化があろうし、その変化の影響を受けるものは清国・朝鮮・日本の三国である。一説に、シベリア鉄道の目的は、ロシアの東洋に対する軍事侵略であるから、これと対峙する日本は早く防御策を講じなければならないというが、そうではない。鉄道の軍事利用は貨物運送のように簡単ではないから、ロシアは大兵を東洋に出して戦端を開くことはできないのである。

なぜならロシアが遠隔地へ軍事輸送するに当って、食料・燃料は欧州本部に仰がねばならず、また途中大河に遮られて、水上を行ったり鉄道に乗ったりして整然と前進することが難しく、七〇〇〇余哩の全線を通過するのは円滑にはいかない。さらに冬の厳寒によって充分行軍できるのは年の半分にも及ばないであろう。従って、ロシアがこういう不便を考えずに出兵することはありえない。

しかも、ロシアは鉄道をなるべく南方に建設しようとして清国領に接近することになるから、鉄道の保全のために、清国に対して友好的にならざるを得ない。もし中途で鉄道を切断されれば、全線がその機能を失うのである。ロシアはどこから現れるか判らない敵のために全線に兵を置くことなどはできないから、清国に敵することはできない。そこでロシアは、従来明確でなかった露清境界を確定するため、交渉中の所も少なく、満州と東シベリアの境界では、ロシア人が入りこんでいた満州側の貿易場を清国に渡すなどしている。

このように、ロシアは大兵をウラジウォストークに送ることができないのは勿論、清国の後背を衝くこともできないから、シベリア鉄道の工事が終っても、ロシアの東方政策に大きな変化はないであろう。

そして、差当りシベリア鉄道よりも大きな影響をもたらすのは、露朝陸上通商問題である。本年（一八八八）八月、朝鮮はロシアと陸路通商条約を締結した。その内容は次の通りである。

朝鮮はロシアとの貿易のため、済物浦・元山・釜山・ソウル・楊花津の他に、咸鏡道の極北でロシアとの境界に接した慶興（雄基北方）に市場を開く。ロシア人がここに陸路朝鮮に往来する権利を得たのは、今後の東洋問題に重大な関係があるだろう。また慶興付近の百朝鮮里以内はロシア人は旅券なしで通行でき、旅券を所持していれば、内陸を旅行して通商することができる。内陸旅行は、日本や清国の場合、学術研究や病気療養のためにだけ許可されるもので、営業を許可するのは非常な寛典である。さらにロシア人は慶興で自由に諸産物の輸出入ができる上、諸般の製造場を建設し営業することができる。外国の製造場を設けることは、先方から治外法権をもたらしてくる場合は、内国の税法を維持するためにこれを禁止するのが普通であるのに、これを許可したのは驚くべきことである。その他、図們江（豆満江）沿岸の船舶航行は自由であるとの項目もあり、これにより両国水面の境界がなくなったから、ロシアの軍艦・商船が自由に朝鮮海岸に入ることができる。

関税に関しては、陸路で輸出入する貨物は百分の五の関税が課せられるが、海路で通商港による場合は海路通商貿易条約によって課税される。これに対し、日朝貿易では五分以上三割までの課税であるから日本は著しく不利となり、一般に、諸外国の貿易は露朝陸路通商の盛んなのに随って漸次衰退する恐れがある。なお、ロシアの海路貿易はわずかなので影響はない。

要するに、今回の陸路通商条約は、ロシアの将来の東洋政策に便宜を与えるものである。この条約は、朝露両国が秘密の中に交渉をすすめ、清国の駐留代表袁世凱にあらかじめ知らせなかったので、袁世凱はこれを妨害することができなかった。ロシアは将来朝鮮を併呑するつもりかもしれないが、その動きが明瞭になれば、清国は鉄道を切断して、ロシア軍の進路を途上で遮るであろう。そしてこのことが予想されるから、ロシアは武断政策を止めて植民開拓に励み、土着の兵を利用できる時になってから武断政策に出るであろう。ロシアが壮丁を募って移住開墾を奨励しているなどのことはその例証である。従って東洋問題の破裂の時期はまだ目前ではなく、多少の余裕がある。

そこでロシアは、当分ウラジウォストークの貿易を盛んにしようとするであろう。日本の長崎は、ウラジウォ貿易の咽喉をなすから、その往来の船舶は概ねこれに寄港し、本来、日本商人はウラジウォ貿易を専有し得る位置にあるが、商業の大部分はドイツ人に左右され、日本の定期航路も半分以上は外国商人の貨物をのせている。しかし、日本から輸出すべき物がないわけではなく、外人は日本でロシア向けの貨物を買いつけてこれを日本船に托し、巨大な利益を得ているのであって、日本にとって遺憾なことである。しかも、シベリアの鉄道が開けて内陸部の植民が盛んになるにつれ、西洋人は益々利益を収めようとするであろうから、日本は因循していてはならない。また朝鮮貿易も、現在は日本が大半を占めているが、次第に清国商人に商権を奪われようとしている上、ロシアの陸路貿易に制せられる恐れがある。それ故、ロシアの東洋政策は軍事的に恐れる必要はなく、貿易上で注意しなければならないものである。

本紙は概ね以上のように述べており、清国のことは主題になっていないが、しかし、清国がロシアの東漸に対して有力な障壁になることが期待されているといえよう(32)。

なお、この一八八八年も清国関係論説は前年と同じく年間七本の掲載である。しかし一八八九年は次に掲げる僅か一本にすぎず、一八九〇年に至っては一本も見当らない。朝鮮関係論説もこれと同様な傾向を示すので、筆者はその理由を、ひとまず国際関係に対する楽観のためと考えてみたが、なおそれにしても不可解の念を禁じ得ない。

さて、一八八九年の一本の論説は、日本の条約改正問題と清国人の来住についての論である。即ち、日本は再三再四条約改正を企てたが成功しない。このことについて、日本在留の外国人は次のように説明する。条約改正が成功しないのは、諸外国ができるだけの好意を示して改正を援助しようとするのに、日本がこれを決行する勇気に乏しいからである。日本人が改正を好まないのは、清国人を恐れるためである。もし欧米諸国との条約を改正し、全国を開いて内外人の雑居や貿易を自由にする日がくれば、清国との条約も同様に改正せざるを得ない。ところが清国人は、利に敏くて辛抱強く、節倹であるから、共に営利場裡に馳駆する自由を与えたら、日本は敗れて国を挙げて清国人の有に帰すると日本人は考えるのである、と。しかしこれは誤っている。

日本人は、清国人が節倹勤勉であるとか、利に敏であるといっても、日本人に比して何程の相違もないと考えるから、清国人と競争することを恐れはしない。しかし一歩譲って日本人が清国人の来住を恐れるものとしても、このために条約改正を躊躇する理由はない。なぜなら日清条約を改正して清国人の来住を許す場合は、清国も日本人がその国に来住するのを許さなくてはならない。今の清国政府はこういう新条約を締結する勇気はないに違いない。もし日本人の来住を許したら、欧米各国人も一斉に北京政府に迫って同一の自由を得ようと要求するからである。従って前述の説は、浅識者のいうことか、自己の責任を他に転嫁しようとする狡猾者たちの作り出したものと考える他はない、というものである。(33)

(六) 清国との競争と協調

次は、二年四ヶ月程の間隔をおいて、明治二十四年夏となり、清国軍艦の来航によせて海軍問題が取上げられている。即ち、今度日本に来航した清国軍艦は、艦体の大きさ、機械の整備、兵士の熟練などの点で、平生の予想よりも優れていることが判った。日本人は、その実物を見ないために、清国海軍の進歩を誤認していたのである。従って、日本の近隣の清国についての認識が誤っていたとすれば、西洋諸国の日本に対する認識が誤っている場合はもっと多いであろう。そこで、長足の進歩をした日本海軍の軍艦をぜひ海外に巡航させる必要がある。海軍は、軍艦の操縦や機械の取扱いについて教育練習を要するものであって、単に艦隊の大小や噸数の多寡では判断できない。日本海軍はその意味で清国海軍より優れているが、それは内部に止まっていて外に発揮されていない。清国は海軍の進歩についてはともかく、示威運動が頗る活潑であるから、今後世界巡航をするかもしれないが、そうなると日本は清国に後れをとることになるから、一日も早く海外巡航をして、日本海軍の真価を文明諸国に示さなければならない、

という。(34)

次は、長江沿岸に起った暴動事件についての論評で、その論にいう。過般、清国長江の沿岸の蕪湖・宜昌・鎮江などに暴民が蜂起し、外国の会堂を焼き、宣教師を殺傷した暴動事件に関し、英米仏などの被害諸国は北京政府に談判したが要領を得ず、遂に英国公使から償金を要求し、暴民を刑するなど数ヶ条の要求を提出し、併せて暴民の巣窟である湖南の開港を要求した。しかし満足すべき回答が得られなかったので、もし十分な答が得られなければ、各国の連合艦隊四〇隻で上海と呉淞を占領して税関を差押え、これを抵当にして飽くまで要求を押し通すと宣言したという。

この事件の背景には、哥老会または白蓮会という秘密結社の煽動による形跡があるという。もしこの結社員が政治上に野心を抱き、暴民を利用して攘夷論を唱え、外国と事を起して政府の外交を困難に陥らせ、その隙に乗じて事を挙げようとする陰謀であったなら、容易ならぬ事件である。またこの結社には西洋人も関係しており、参謀となったり、兵器買入れの斡旋をしたりしているということで、彼らは内治外交の改良を行うことを目的としているともいう。

このように南清には今の帝政に服さず、徒党を結び、あるいは外国人と結託して事を起そうとしている者がいる。

ところで、攘夷論の行われるのはひとり南清のみでなく、内閣の間にこそ、その精神が盛んであるから、当局者が事に処するのは極めて困難で、もし退いて各国の要求を許したら内の反対をどうすることもできないし、進んで外国と争うには兵力が足りず、進退谷まっている。

そこで、今後どうなるかを想像すると、連合軍が上海・呉淞を占領して税連を差し押えた場合、政府では一時開戦の説があるかもしれないが、実際には行われず、その中に議論が一変して、前年の太平天国の乱の時のように、外国の力を借りて国内の不平分子を鎮圧することにもなろう。外国は恐らく喜んで力を貸し、日ならずして国内統一の効を奏するであろう。

こうして事が全く治まれば外国との関係も無事に帰し、その版図も回復するだろうが、外国の力を借りて内乱を鎮圧すると、その国の国権は非常に減縮するのは免れず、以後清国政府は西洋諸国に対して劣等の地位に立たざるを得なくなろう。今日までの報道によって想像するとこうしたことが考えられる、というものである。[35]

この事件については、再度次のように論じられる。今度の事件は日本が清国と連合各国との間を調停するのがよい。日本の仲裁で紛争が解決でき、清国が大きな損害を免れることができれば、台湾事件、琉球の廃藩置県、朝鮮の二度の事変などで、永年円満を欠いてきた日清間の感情は融和して、日本が従来の条約を改正して、他の外国人のように日本商人が清国内部に入りこむ権利を得るとか、朝鮮の将来の問題を解決するとかいう目的を達することができるだけでなく、「両国の間に東洋の大計を講ずるの端緒を開く」こともできるだろう。

直接の関係のないことに手を出す必要はないというような説もあるかもしれないが、もし連合各国の軍艦が上海・呉淞を占領するというようなことになれば、日清貿易は非常な妨害を受け、日本は直接の損害を受けるのだから、決して坐視してはいけない、というものである。[36]右の「両国の間に東洋の大計を講ずる」という言葉によって、本紙が日清協調の路線を考えていたことがうかがわれる。

次は、日清の製鉄事業の問題である。即ち、日本の製鉄所設置の計画が定まって次期議会に上程されることになったが、製鉄事業は大規模なもので容易でないから、軍事的必要からぜひとも事業を起そうとするなら、イタリーやスペインの例にならって外国の製鉄会社と特約を結び、他日、日本自ら起業するのに適当な時期にこれを買いとる方法をとるのがよい。清国は既に、開平炭抗の近くに、大砲、諸機械、軌条などを製造する一大製鉄所を設置するため、ドイツのクルップ会社と交渉中で、その契約は、製造費用の一切を若干年間会社で負担し、一定期限後に清国の手に帰する代りに、原料供給については会社に特典を与えるものであるという。日本もこれに見習うべきである、というものである。[37]

一八九一年（明治二十四）の清国関係の論説は、僅かに以上の四本に過ぎない。それらからは、日本が清国と協調しつつ競争しようとする意図がうかがわれる。

一八九二年（明治二十五）には、前年の製鉄所問題以来一〇ヶ月の空白を挟んで、八月末に生糸問題が取上げられている。即ち、日本糸はこれまで糸質がシナ糸よりも優っていたために市場でこれを凌駕していたが、清国でも近年輸出糸が一〇年間に三割も減ったのに驚いて製糸改良の計画に勉めているということである。日本糸がこれまで好況を維持し得たのは、清国の怠慢のために得られた僥倖のようなもので、清国が改良に成功したら生産が増加し、日本は脅威を受ける。日本は蚕種紙が非常に粗悪で、毎年その輸出が減っている上に、その価格も下落する傾向にあり、このために成繭が劣等になることも警戒せねばならない。従って検査を厳重にし、製糸法を改良し、外国需要の詳細を調査するなど、あらゆる手段を施す必要がある、というものである。(38)

(七) 対清論調の硬化

こうして、一八八七年二月初めに長崎事件が解決してから五年半の間、清国との関係は平和に推移し、本紙論調もこれと同調するものであったが、一八九二年十月に至って論調は突如硬化した。その原因は同年七月十九～二十日に掲載された論説「一大英断を要す」で、本紙は、政府と民党との対立が激しくてこのままに放置することはできないから、積極的な朝鮮政策をとることによって社会の耳目を外に転じ、内の人心を一致させる必要があると論じた。(39) この提案は、朝鮮では内には王族と戚族が対立し、外からは主としてシベリア鉄道の開通によってロシアの圧力が大きくなると見られるので、このままでは破局がくるから、それを避けるために朝鮮と関係の深い日清両国が天津条約を廃止して、両国一致して朝鮮の独立を助ける必要があるとの観測に基づいて行われたものである。

しかし、両国一致とはいえ、日本が朝鮮文明の指導者になると称しているのであるから、結局従来の朝鮮における清国の優越的地位に日本が取って代ることを意味しており、非常な対清硬化論ということができる。本紙はこの論に熱中し、三回にわたって、出兵の自由、軍事教官を送ることの自由を得るための天津条約廃棄を主張している(40)。しかしこの論は、国際情勢が変化しなかったので顧みられることなく、日清開戦まで一年九ヶ月が経過する。

翌一八九三年（明治二十六）の清国関係論説は僅か二本である。その中一本は清国と朝鮮の居留民についての論である。この程、釜山の新聞主筆が治安妨害の廉で退去を命ぜられたが、これは清国及び朝鮮国在留日本人取締規則に基づいた領事の強制退去権によるものである。この法律は醜業者を対象としたもので、中等以上の士人に対して適用されるべきものでないから、こうした権限の行使は慎んでほしい、という趣旨のものである(41)。

他の一本は、『北支那日々新聞』の八月十二日付記事の転載で、銀の価値についてであり、その論にいう。過日、『北支那日々新聞』の日本通信員が金銀問題についての松方伯の談話として報じたものをみると、伯が日本に金本位制を採用する考えであるのは疑うことができない。その要点は、銀価は二〇年来次第に下落しつつある。故に金は唯一の安全な本位であるから金本位制を採用すべきであるとの二点である。しかし注意して金銀の歴史を調査すると、目下の変動は銀の下落ではなく、金の騰貴であることは明らかである。このことは経済社会が複雑な欧米諸国よりも、清国や日本において明らかで、両国では二〇年前と比べて銀貨に対する諸物品の相場は少しも騰貴していないし、また人民の生計費を見ても銀価は下落していない。これに反して欧米の金貨国ではいずれも物価が下落し、銀行商店は破産し、労働社会は一般に仕事のないのに苦しむなど、通貨騰貴から生じる徴候が歴然としている。

それなのに松方伯が金本位説を主張するのは不思議である。今日、為替相場の下落しつつあるのは、清国にとって幸で、この際、大いに木綿絹物の製造を盛んにし、国内の鉄鉱を開いて鋼鉄の製造を始めて欧米諸国と競争すれば国益となるが、清国はまだこうした大企図を成就する地位に達しない。これに反して日本は、充分にこの機を利用して自国の繁栄をもたらす力があるから、目下の勢に乗じて国内の工業を盛んにすれば、必ず非常な利益を博するであろう。然るに日本は、何のために金貨国になってこの得がたい好機会を失おうとするのだろうか。日清両国のような銀本位国が、金価騰貴の際に金本位国になるのは策の最もつたないものである、と。(42)

まとめ

以上、一八八六年（明治十九）から一八九三年（同二十六）までの対清論調を概観してみると次のようになる。

まず、一八八六年の前半には、清国は、清仏戦争の比較的有利な結着以来著しくその国際的地位を高めて、政治的にも経済的にも日本に脅威を与える存在として認識されている。そして続く長崎事件は、国際的地位が高まって意気が上っている清国人の行動とみなされ、この事件を日本に対する清国の圧力の警鐘と考えている。

清国の将来については、内政外交の面で、今後概ね無事繁昌が続くと見ている。問題は数年の中と予想される改革派による変革で、そのことに日本が対応できるようにしておかなければならないという。また軍事的強化を必至と見ており、清国がそのために起す外戦の相手に日本が選ばれないようにと脅えている。そして、日本は当面、清国貿易によって利益をあげるべきことを提唱している。そのためにはきめ細かな商売上の配慮が要請されたり、釐金税の撤廃が要望されたりする。また、生糸生産に関しては、清国は商敵とみなされている。

一八八八年（明治二十一）に入っても、清国の状況は概ね楽観的に見られており、鉄道の建設が遅々たるものであることが指摘されたりもするが、逆にまた、その軌道が高く価値されるべき本位軌道であり、採算の見込みも充分であるなどの点が認められている。さらに、外国人の意見の転載とはいえ、清国は西洋人にさえ将来の富強を恐れられる国であり、日本はそのような国と提携することが必要であるという見解が発表される。また、清国はシベリア鉄道によって東漸の勢を示すロシアに対する有力な障壁ともみなされている。総じてこの年の論調は、清国に対する高い評価と考えてよいであろう。

次の一八八九年（明治二十二）の一本の論説は清国についての認識と深く関わるものではなく、翌年は皆無なので、この間の本紙の態度は知る術がない。

一八九一年（明治二十四）は清国軍艦の来航に関しては本紙の競争意識がうかがわれ、長江沿岸の暴動事件で調停を提唱したことには、清国の国際的地位の低下を救い、「東洋の大計を講ずるの端緒」を開こうとする好意的態度が感じられる。

一八九二年（明治二十五）は生糸に関して清国と競争すべきであるとする論で幕を開け、この年夏から秋にかけての天津条約廃棄論で急激に硬化を示す。翌一八九三年（同二十六）は特筆すべき内容はない。

このように見てくると、今回取り上げた期間は、概ね清国に対する高い評価で推移し、本紙のこれを受け取る感覚には、脅威を与えるもの、競争者であると共に、協調すべき相手であるという認識が存在するように思われる。

註　＊印は福澤主筆執筆のもの

(1)「敵は国外に在り」(19・1・7)。
(2)「支那人の英断」(19・1・21)。
(3)「支那招商局と日本郵船会社」(19・2・4)。
(4)「米国と支那との紛議」(19・3・11)。
(5)「支那政府の外交政略」(19・4・29)。
(6)「長崎の支那軍艦」(19・8・19)。
(7)＊「支那軍艦を如何せん」(19・8・20、⑪・八二)。
(8)＊「支那艦をして漫に其処を去らしむ可らず」(19・8・26、⑪・九〇)。
(9)「支那外交官に一言」(19・8・27)。
(10)「支那人の活潑なるは文明の利器に由るものなり」(19・9・1)。
(11)「支那水兵暴行の談判」(19・10・8)。
(12)「国の面目を重んずる人の注目すべきはノルマントン号の外にも其事あり」(19・11・20)。

(13)「長崎の事変忘る可らず」（19・11・22）。
(14)「支那との交際」（19・12・4）。
(15)「日本人と支那人」（19・12・22）。
(16)「長崎事件、支那の外交官に告ぐ」（20・2・3）。
(17)＊「長崎事件平穏に落着す」（20・2・11、⑪・二一五）。
(18)「今後支那帝国の文明は如何なる可きや」（19・9・2）。
(19)「支那の貿易」（19・10・13～14）。
(20)「支那の交際亦難い哉」（19・10・19）。
(21)「支那論」（20・7・20～23）。
(22)＊「日本の蚕糸家は支那の競争を忘るべからず」（20・8・5、⑪・三二七）。
(23)「支那の新立銀行は日支の貿易に関係あり」（20・8・27）。
(24)「日本支那の貿易」（20・9・30）。
(25)「支那朝鮮の外国交際」（20・9・24）。
(26)「支那近状」（21・1・10）。
(27)「支那に関する西洋人の意見」（21・2・1、3）。
(28)「支那の鉄道と日本の鉄道」（21・5・19）。
(29)「上海事変」（21・7・25）。
(30)「支那人拒絶」（21・8・25）。
(31)「侮る可からず」（21・9・8）。
(32)「東洋問題」（21・12・14～15、17～20）。
(33)「支那人の来住は条約改正の故障と為らず」（22・3・22）。
(34)＊「清国軍艦の来航に就て」（24・7・22、⑬・一六四）。
(35)「支那に対する各国の談判は其成行如何」（24・10・9）。
(36)＊「支那の交渉事件は我国の好機会なり」（24・10・15、⑬・二〇〇）。
(37)「支那政府既に製鉄場設置の計画あり」（24・10・23）。
(38)「支那の製糸改良の計画」（25・8・24）。
(39)＊「一大英断を要す」（25・7・19～20、⑬・四一二）。
(40)＊「先づ天津条約を廃す可し」（25・10・1、⑬・五二〇）、＊「天津条約」（25・10・11、⑬・五三一）、＊「天津条約廃せざる可らず」（25・10・12、⑬・五三五）。

（41）「清韓居留民を安からしむ可し」（26・8・15）。
（42）「支那日本の銀勢」（26・9・5）。

五　創刊年の『時事新報』に見る複眼的対外観

——一八八二年三月〜十二月の主要外報記事より

まえがき

本節は次のような構成をとる。まず㈠に、一八八二年（明治十五）三月一日の創刊日より、同年十二月二十九日までの『時事新報』外報記事の約八割程度を抄録する。㈡では、これら外報記事の特徴——ひいては対外観を考察し、それが、主として十九世紀八〇年代に於ける世界史の、どのような状況を反映したものであるかを、今日の史家の業績に徴して、見ることにしたい。

また、本節は、福澤諭吉の対外観の変遷に関する考察の一部を構成するものであり、「時事新報史」研究としては、その準備段階の一作業たるにとどまる。

右の次第であるので、ここでは『時事新報』の創刊事情や創刊期の紙面作製についての綿密な考証には立ち入らず、一応の紹介のみを記すこととする。即ち、一八八〇年（明治十三）三月の「国会期成同盟」結成に対抗して、政府の立場からする国会開設を成功させるための画策を行っていた伊藤博文・大隈重信・井上馨の三人から、政府公報紙刊行の依頼を受けた福澤は、明治十四年の政変によってこの件が解消した後も、自らの手によって敢えて世論形成を行おうと決意し、民間紙創刊に踏み切った。同社は、社長・中上川彦次郎の下に、岡本貞烋・波多野承五郎・牛場卓蔵・本山彦一等が幹部であった。

『時事新報』の社名は「本紙発兑之趣旨」(⑧・五)によれば、「専ら近時の文明を記して、此文明に進む所以の方略事項を論じ、日新の風潮に後れずして、之を世上に報道せんとする」(⑧・七)という文中の四文字(圏点は原文)から名づけたという。且つ同じ文中に「向後の目的」として述べる一段中の次の部分は、注目に値いしよう。

「我学問は独立にして西洋人の糟粕を嘗るなきを欲し、我商売は独立して彼の制御を仰ぐなきを欲し、我法律は独立して彼れの軽侮を受るなきを欲し、我宗教は独立して彼れの蹂躙を蒙るなきを欲し、結局我日本国の独立を重んじて、畢生の目的、唯国権の一点に在るものなれば、苟も此目的を共にする者は我社中の友にして、之に反する者は間接にも直接にも皆我敵なりと云はざるを得ず。我輩の眼中、満天下に敵なし又友なし、唯国権の利害を標準に定めて審判を下だすのみ」(傍点は引用者)。

日本の独立確保が、当面する唯一の目的だというのである。(この事については、筆者は、別稿「福澤諭吉の対外観に関する覚書――『時事新報』創刊に至るまでを中心として」に於いても触れた[1])。従って、『時事新報』の外報記事は、この目的に資するものが選択されているであろうこと、その対外観は、これを中心としたものであろうことが予想される。しかし問題なのは、その選択の仕方がどのようであるか、という点であろう。検討の焦点は、そこに当てたい。

さて、外報記事の概観に及ぶ前に、少しくその紙面構成について述べておかねばならない。創刊年のそれは全四面より成る。第一面は四段組で、「官令」「達伺届公報」「叙任賞勲」「公判」等、公報関係記事(以下便宜上、これらを「公報」欄と呼ぶ)及び今日の論説欄に相当する「時事新報」欄でほぼ占められている(「ほぼ」というのは、今日の新聞のように、一定の記事を一定の面に収めることなく、余剰分は次の面に送っているからである。このことは、他の面に関しても同様である)。

次に、第二面から第三面にかけては五段組で、その第三面の二段目位までは「雑報」欄が占める。但し「雑報」という語は、現代語のそれから想像されるものとは異り、日本国民の生活と密接な関係を有する出来事の報道、という意味と考えられる。というのは、ここには国内事件が事の大小を問わず収録されているのみならず、重要な国外の事件・外国人の動静も含まれているからである。

第三面の三段目位から、「外国電報」「海外新報」（今日の外報解説記事に相当する）、「漫言」「論説」（「時事新報」欄とは別である）、「寄書」（今日の「投書」欄とは少し趣きが異なる）、「煕朝風雅」（漢詩文が主体）、「商況物価」等が収録され、さらに朝鮮に大きな事件が起ると、「雑報」欄の次に「朝鮮通信」欄が特設される。この中、殆んど常時掲載されるものは、「外国電報」「海外新報」「煕朝風雅」「商況物価」であるが、これらにも、その名称を初め、日により時期によって異動がある。第四面は主として広告欄であり、以上が紙面構成の概略である。

そして、本節にいう外報記事とは、右にあげた「時事新報」欄、「雑報」欄、「外国電報」欄、「海外新報」欄、「漫言」欄、「論説」欄、「寄書」欄、「朝鮮通信」欄に収録されている記事の中から、何らかの意味で「独立確保」と関係を有すると思われる外報記事であり、その他に、同様の趣旨の少量の国内記事（抄録記事中、国名を記さないものがそれである）も併せて含む。

これらを記す際に符号に代え、「時事新報」→（ジ）、「雑報」→（ザ）、「外国電報」及び「海外新報」→（ガ）、「寄書」→（キ）、「朝鮮通信」→（チ）としたが、「漫言」は採る所少く、「論説」は比較的稀であるので、符号化せずに記す。また『時事新報』紙と記す代りに「本紙」と記す。

各記事の記述は、括弧内の文をも含めて、その記事の全体をおおうものでは勿論なく、検索の際のヒント程度に用いるためのものである。また、日付けの下の「――」は、採録する記事がないか、または連載なので既にそれ以前の日の抄録に記した場合である。さらに文中に（詳）と記したのは、おおむね一段分以上の記事であり、連載記事は、特に断らないが詳細である。

また、『福澤諭吉全集』第八巻所収の「時事新報論説集」に含まれているものは、紙幅の関係上、省略した。これについては、後日、本節と併せて考察することにしたい（追記――誤って福澤論文を記載した三ヶ所には、その箇所に註記してある）。

なお、この抄録に当っては、慶應義塾大学図書館・特殊資料室蔵の『時事新報』合本を使用させて頂いたことを特記し、特殊資料室課長・田中正之氏を初め、同図書館各位の方々の御高配に深謝する次第である。右の合本には、いくらか欠落があるが、また理由の判らない休刊日もある。それは前後の日付けの号数が連続していることで判る。定例の休刊日は日曜日である。欠落分については、頭初に記したように、概観の意図の下に閲読したので、その補遺は他日を期することとした。さらに、田中直樹氏（日本大学生産工学部講師・慶應義塾大学新聞研究所研究員）から、右図書館蔵のマイクロフィルム版『時事新報』は完本であることを御教示頂いた。併せて謝意を表する。

㈠　一八八二年三月〜十二月の外報記事の抄録

3月1日（ザ）日支条約改正開始の風評。（ガ）○トルコ王、エジプト藩王に、国際条約を守り国内秩序を保持せよと命令。○英仏、エジプト政策説明書を各国に通達。○露の財政窮迫。○スエズ運河、電灯により夜間通航可能。○英、織工スト。○在米のシナ留学生、政府の方針変更で召還。

3月2日（ザ）○『内外交際新誌』は万国通信欄を設け詳報することを決定。（ガ）○仏、南洋諸島併呑の動き、英これに注目。○トルコの対露償金支払延滞のため、露の動き異常。○英仏独米、太平洋諸島住民の「暴行を処分」するため国際裁判所設置を予定。（キ）○箕田逸翁「国教論」（外国の宗教普及に関し「我旧来の仏法を器とし外敵に備へよ」云々）。

3月3日（ザ）○独に留学生派遣。（ガ）○英造船量増加。○清、上海・天津間の電信線を北京まで延長の予定。

先年の露清間緊張の際、露陸海軍の出動を察知し得なかったため。

3月4日（ザ）〇横浜ヘラルド新聞、福澤は他日、政党の首領たらんと記したが、これは外国人の誤解である。〇筑波艦、豪州・ニュージーランドへ発航。（ガ）〇エジプト、内政改革につき外国が干渉する権利なしと回答。〇英仏・対エジプト「政略を懇和に」外国に説明する方法を検討。〇パリで露仏開戦の見通しとの演説あり。〇日清開戦対策の動きあり、と清紙報道。

3月6日（ガ）〇チリ・ペルー間緊張。〇香港紙、日清間緊張の報道を否定。

3月7日（ガ）〇英のエジプト「制御」永続は今日の急務、対アフガニスタン保守党政略成功、と「ジルク」氏演説。〇近年欧米では照明機運転に専ら電気を使用。一国の経済に大影響あり。〇ロンドンで露領内ユダヤ人援助の会議、拠金を決定。〇露のワルソーでキリスト教徒がユダヤ人を虐殺、「宗教軋轢の弊害」は恐ろしい。

3月8日（ガ）〇露、臨時小艦隊を黒海常備艦隊に編入。〇米国の鉄道で電話機普及。

3月9日（ジ）〇「朝鮮国ノ変乱」（王兄の李載先の謀叛事件に注目）。（ガ）〇小麦、木綿の貿易不振でニューヨークでは恐慌。〇清、電信線架設後、鉄道敷設の予定。軍備を整え日本と開戦との噂あり。〇「清露人辺に闘ふ」（イリ地方）。〇仏のチュニス出兵関連記事。〇清、上海に大精錬所開設。

3月10日（ガ）〇「清国の戦備」（満州の清軍増強、朝鮮に在る日本の「威力を挫き追て朝鮮半島を其版図に併せん」との企ありと云ふ」）。〇英女王開院式勅語（15・16日に続く。仏と共同でエジプト内政改革の要あり、英仏通商条約不調などの項を含む）。

3月11日（ガ）〇露、欧州国境の城壁を七年間で完成。〇タイムス紙、エジプト独立策を掲載（独立後スエズ運河に城壁を作り、英仏軍で守備、など）。〇露国内のユダヤ人、露人の残虐を詳記して出版。露人怒り十万余のユダヤ人に暴行。

3月13日　（ガ）○カルカッタ付近の大河に鉄道用鉄橋を架設。○「独相の外交政略」（14日に続く。独・トルコ秘密同盟の風聞あり。もしビスマルクがトルコの政策を左右する影響力をもてば、欧州諸国の利害を間接に左右できる。またトルコ制圧はアフリカ植民地争奪戦の際、仏の攻撃にそなえるためのものでもある等）。
3月14日　（ガ）○英本国で「土地公有党」土地の公有を議決（詳）。○清、香港・広東間の電線架設に着手。
3月15日　（ガ）○朝鮮に日本語学校設立。○朝鮮の李載先は賜死の由。
3月16日　（ガ）○仏国会、本年二・三月分としてチュニスに六〇〇万フランの軍費支出を議決。
3月17日　（ザ）○下関賠償金、米より返還の動き。（ガ）○露、極東沿岸の清の「不穏」にかんがみ「朝鮮を幷呑するの企図あり」。○朝鮮の宮女費。○独、鉄道国有化。○新任英公使及び書記官の履歴詳報。○「倫敦府知事」は「猶太人救助会社」基金四万三〇〇〇ポンドを集め、露領から脱出するユダヤ人を英国経由で米国に移住させる資金を提供。
3月18日　（ザ）○紡績機械を外人の手を借りずに新造。（ガ）○「猶太人種」（総数七〇〇万中、五五〇万が欧州在住。その内、露領在住者二七〇万、墺一五〇万、独六五万など）。
3月20日　（ジ）○「独逸国帝之勅書」（独帝の専制揺ぎ「官民調和」破れつつあり。政府は勅書の濫発、と批評）。（ガ）○露、ユダヤ人問題に関する外国政府の干渉を拒否と声明。
3月21日　何らかの理由で休刊。20・22日は17・18号。
3月22日　（ザ）○世界一周客船、横浜着。（ガ）○米上院、清人の移住阻止を議決。○英の石炭、一八二〇年に輸出税を免除した時、年間の輸出量一〇〇万トン、以来各国の鉄道汽船の発達により、一八七六〜八〇年の平均は八二三八万トン余。
3月23日　（ガ）○人口四〇〇〇万以上の国。清、四億二六〇〇万。英、二億八五〇〇万。露、八八〇〇万。米五

一〇〇万。独、四七〇〇万。トルコ、四六〇〇万。仏、四六〇〇万。〇仏国会の討議（24日に続く）。

3月24日　（ジ）〇「露国東洋ノ兵備を論ス」（露は海軍を拡張して東洋一の海軍国を目指し、ウラジウォストークを根拠地として東洋諸国を狙う。日本とは一衣帯水、朝鮮とは地続きである。またイリ条約に攻守同盟の条項があるから、日本は露清と開戦する場合もありうる。清も近来軍備充実。人心の協和を計れ云々）。

3月25日　――

3月27日　（ガ）〇「露国海軍の大欠典」（露海軍々人の発言。商船量過少で戦時輸送にたえない等の内容を含む）。〇各国のスエズ運河通過隻数（英、二二五六隻。仏、一〇九隻など。英は飛躍的な伸び）。〇英で、軽便鉄道展示会（清公使館員出席。清に敷設を計画）。

3月28日　（ガ）〇在英ユダヤ人代表、露公使に建言書の手交を拒否される。（その全文を掲載、30日に続く）。

3月29日　（ガ）〇プロシャ国王、ビスマルクと連署で独裁政治継続の勅語。

3月30日　（ジ）〇「陸軍食費改正」（4月4日に続く。兵士の食費増加は美事、英国との比較等）。（ザ）〇陸奥宗光出獄。

3月31日　（ガ）〇「露清の関係」（露、清との国境に総督府新設決定。イリ地方の返還期限がきたが、清の条約不履行を懸念し、また、この地方の露人が返還を不満として主戦論を持しているため実行せず。さらに、清がアムール河沿岸で軍備を増強、移民をしていることを嫌悪）。〇英仏、エジプト政府に通告（場合により、兵力をもって藩王権力を擁護する決意であるが、トルコ政府の干渉は排除する旨）。

4月1日　何らかの理由で休刊。2日は日曜。3月31日（金）は26号、4月4日（火）は28号であるから、4月3日（月）が欠落であろう〔4月1日（土）に第27号が発行されている〕。

4月4日　（ザ）〇「水雷火伝習生徒」卒業。（ガ）〇英紙によると、露はモスクワ・ウラジウォストーク間に「露国大《ママ》平洋鉄道」の敷設を計画。別にオビ河とアムール河の間にも敷設計画。これは露領東方と太平洋岸を保全する戦略上、切要。○清政府、仏の法律書を訳刊（この進歩は「吾人をして満足せしむる」）。○ビスマルク、露が墺の民心を煽動して、独墺関係を阻害することに抗議。○英、露・ペルシャ間の条約に異議を表明。

4月5日（ガ）○英、バチカン公使を任命。（政治的「奇観」と批評）。○露、歳出削減のため艦船を繋留。

4月6日（木）、**7日**（金）、**8日**（土）、**10日**（月）、**11日**（火）――以上30号〜34号まで欠落〔いずれの号も現存する〕。

4月12日（ガ）○アイルランド「借地党」の騒擾激化。○英女王、狙撃される。

4月13日（ガ）○仏議会解散、内閣交替しフレシネ内閣となる。

4月14日（ガ）○「露帝逆鱗」（パリで一露将が、セルビア人に対し、大スラブ主義・抗独を説いて問題となり、露帝は彼を譴責）。○清のアヘン輸入増加。

4月15日（ガ）○「アームストロング砲」（クルップ砲よりも威力大）。○「露清境界事情」（露の清に対するイリ地方返還は2月23日に施行予定）。

4月17日（ジ）○「花房公使ハ何故ニ渡韓セサルヤ」（日本は朝鮮を「補助」せよ云々）。（ザ）○魚允中、昨年十月離日し、清に赴き帰国（朝鮮での花房の悪評に魚允中は迷惑の由など）。○一〇年以上前、日本国情を視察のため来日した「井田慧吉」名の朝鮮人、十五日東京発、来月下旬に本国着の予定。（ガ）○「米国新聞統計」。○英、世界一の甲鉄艦製造中。○欧州列強の砲台築造費（一八七一年以来、独、五億フラン。墺、四〇〇〇万フラン。仏、四億三〇〇〇万フラン等）。

4月18日　――

4月19日　――

4月20日（ジ）○「花房公使赴任」（来る26日赴任の予定。秀吉の文禄・慶長の役が宿怨となっていること、大院君は非凡であること等）。（ガ）○トルコ、仏の政略を危疑しトリポリに派兵。○独露間緊張、開戦の恐れあり。○ロンドンは二、三十年来の不景気。

4月21日（ザ）○金玉均ら長崎に来着。（ガ）○仏、「ユニオン、ゼネラール」銀行破産。○在露ユダヤ人虐待再燃。（キ）兪吉濬「新聞ノ気力ヲ論ス」（アジア連合論など）。

4月22日（ガ）○英のアフガニスタン戦費約二一六一万ポンド。

4月24日（ザ）○「元山津の変報」（朝鮮の元山で日本人〔一名死亡〕二名重傷）。

4月25日（ガ）○米国の人口増加は激しい。○甲鉄艦は高価で消耗も激しいから「軽便の快船」を作れという米国での論。

4月26日（ザ）○フランスと安南開戦（今月7日の外報欄に既報。その後の情勢）。（ガ）○「電線の進歩」（独、一五万里。露英仏これに次ぎ、豪州でさえ一万五〇〇〇里）。○セルビア、王国となる。

4月27日（チ）○「元山津の変報」（詳）。○居留地の風説。○朝鮮の官吏七人、日本軍艦を参観（異例）。○朝鮮人の渡日人員、明治九年より数えると五〇〇余名。（ガ）○独墺伊露の四国、英仏のトルコ内政干渉につき協議。エジプト人は欧人に敵対的。○英国の新聞の種類増加。

4月28日（ガ）○オーストリア＝ハンガリーの国会議長、トルコ領のボスニア州と同盟を望む旨演説。○ビルマで街灯を設置。○仏の「突尼斯国《チユニス》」征服事情（「文化の進路に誘導するの義務を尽すを以て口実とし毫も憚る所なき」仏人の暴虐を詳報）。○「朝鮮京城近況」（朝鮮に反日気運がある。魚允中は反日親清の動向等）。

4月29日（ザ）○留学中の朝鮮人、尹致昊、六月再遊の予定で帰国。同じく兪吉濬、神戸着の金玉均と共に東上。（ガ）○露内相言明（独瑞間に密約がある。露独戦争の場合、攻守同盟を発動して、瑞典はフィンランドを得ようとしている等）。○米大統領上院可決の清国移民条令を拒否、西海岸住民はこれを怒る。

5月1日（ガ）○仏、本年度チュニス遠征費八〇〇万フランを可決。○米西岸上下両院議員「清民移民条例」の大統領拒否に反対。○ロンドンで、在露ユダヤ人救恤募金三三万ドルに達す。
5月2日（ガ）○ダーウィン死す〔該当記事なし〕。
5月3日（ガ）○ダーウィンの死。
5月4日（ガ）○スエズ運河収入（一八七一年は一七〇万ドル、昨八一年は一〇〇〇万ドル）。
5月5日（ガ）○クルップ砲製造増加に伴い、職工八〇〇〇人増加。「欧洲軍国の用」盛ん。
5月6日（ザ）○ウラジウォストークの防備強化、兵力も増強（清紙報道）。（ガ）○ダイナマイトの生産増加し五〇〇〇トンとなる。欧米のニトログリセリン含有の爆薬生産高、一年に七〇〇〇～八〇〇〇トンで、これは通常硝薬四万五〇〇〇トンに匹敵。○李鴻章服喪、清の政略に影響があろう。
5月8日（ジ）○「朝鮮国元山津ノ近況」（続報、穏便な収拾説）。（ザ）○防禦線改正（陸軍参謀本部海防局、北海防禦線改正につき、人員を派遣）。（ガ）○インド産対英輸出茶、一八七〇年に一三四七万ポンド、八一年に四八五〇万ポンド。日本茶商の大敵。○「世界黄金の産出及数量」。
5月9日（ガ）○清、露との国境に二五〇〇の兵を配備。○独人の米国移住増加。
5月10日（ガ）○ブラジルの財政窮迫。○ウラジウォストークに浮ドック・造船所建設（太平洋艦隊の修繕新造のため）。○露でユダヤ人攻撃続く。
5月11日（ガ）○李鴻章の三年の喪中、対外政策の変化があるだろう。○露、虚無党逮捕。
5月12日（ガ）○「仏人トンキンの首府ハノイ城を略取す」。
5月13日（ジ）○「一友亜国ヨリ帰ル」（日本人は米での生糸売込みに多くの支障を感じている。二～三隻の軍艦を派遣して在留者の士気を鼓舞せよ、など）。（ザ）○金玉均、大阪に来着。（チ）朝鮮元山津通信員よりの報知（先月末の事件以来の情況。元山津では貿易「惣休業」。日本人、誤まって韓人一名を射殺等）。（ガ）〇独露戦切迫の報（ロンドン紙）。〇チリ、ペルー間戦争の講和償金問題。

5月15日（ガ）〇安南戦報。関税は以後仏が収納。

5月16日（ガ）〇李鴻章の服喪、一〇〇日に減ず。〇「欧洲多事」（独墺露間）。

5月17日（ガ）〇「清民移住条例成る」（清人労働者の移住一〇年間禁止）。

5月18日（ガ）〇英のアイルランド担当相、刺殺される。

5月19日（ザ）〇「朝鮮の賓客」（金玉均、徐光範、京都に滞在）。（ガ）〇露の鉱産物産出高一覧。

5月20日（ガ）〇欧州の騒乱を避け、米国に移住するものが多い。

5月22日（ザ）〇金玉均、東本願寺へ赴く。（ガ）〇英公使、朝鮮の開国を求む。〇清、海軍砲を全部クルップ製にすると決定。

5月23日（ガ）〇エジプトは革命状態。藩王を廃し、アラビーを擁立する動きもあるが、英仏は藩王を援助。

5月24日（ガ）〇「独逸我対馬を経略するの意あり」（独は対馬・済州島占領の企図を有する。これを、朝鮮を併呑する端緒とするという観測）。〇全世界の金銀産出高。

5月25日（ザ）〇海軍省、魚雷をデンマークに発注。（ガ）〇英国の海軍軍事費増額。〇清の西北辺境で叛乱（露人の使嗾）。〇露の「虚無党」、ユダヤ人に「圧制を転覆する所の義兵」をあげよと訴える。〇「猶太人故国に移る」（パレスチナ移住）。

5月26日（チ）〇元山津のその後（27日に続く）。

5月27日（ザ）〇朝鮮軍人の申福摸ら陸軍戸山学校を卒業。教導団に入学。（ガ）〇遣清朝鮮使節、露の侵略につき清の保護を求めたとの事。〇「虚無説兵営に入る」。〇「万国郵便物」。

5月29日（ザ）〇日本米九〇〇石を米国に輸出。（ガ）〇アイルランドで「借地料を払ふ勿れ」との檄文（詳）。
5月30日（ザ）〇長崎碇泊の英仏露艦、朝鮮に発航予定。日本も方針決定の要あり。（ガ）〇伊の財政良好。〇「上海電灯会社」設立。
5月31日（ガ）〇トルコ、各国のエジプト派遣艦隊の撤収を要求。〇ダーウィン小伝（1日に続く）。
6月1日　――
6月2日（ガ）〇英海軍、「水雷火防禦網」の試験。
6月3日（ガ）〇英仏同盟艦隊、エジプトに到着。
6月5日（ジ）〇「米艦朝鮮ニ入ル」（条約締結のため仁川に米艦入港。それと同時に清艦も入港するという状況）。（ザ）〇朝鮮への常備艦一隻増加。（ガ）〇「朝鮮京城近況」（「私鋳銭」を新たに製造、一般には平静な状態、など）。〇「露国東洋に武を示す」（露、黒竜江地方の兵員増強、ウラジウォストークの海軍も増強との事）。
6月6日（チ）〇米韓条約（7日に続く。その内容）。（ガ）〇アイルランド担当相暗殺の詳報。〇ブラジルの国債増加。〇豪州の人口。
6月7日　――
6月8日　――（＝84号、6月13日は85号）。6月9日より12日までは発禁処分。
6月13日（ガ）〇エジプト政情不安、人心恟々。
6月14日（ザ）〇金玉均ら着京。諸官省の参観を希望。（ガ）〇在露ユダヤ人、虐待のため国外移住者多く、持ち出した財産は一億一〇〇〇万ドル以上。
6月15日（ザ）〇陸軍省、朝鮮に留学する士官の数を増す。（ガ）〇露高官、独帝に和平方針を伝達。〇アイルランドの「共和同胞会」檄文の詳報（16・17日に続く）。

6月16日（ザ）〇英韓条約締結。〇清のキリスト教徒、一八八一年に約二万（日本の僧侶も警戒せよ）。

6月17日（ガ）〇エジプトのアレキサンドリアでは市民が砲台建設。英仏艦隊はスエズ運河を守る。〇トルコ帝、エジプト問題につき、欧州諸国会議に代表を送ると仏に通告。

6月19日（ジ）〇「無題」（「上海クーリヤ新聞」の記事抄訳。――独の東洋方面への進出はポリネシア、ミクロネシアを目指しているが、本来の目的は露清日の争う朝鮮である。これは、独が「通商国」になるためには、東北アジアに「開港場又ハ倉庫地」を必要とするが、朝鮮は最もそれに適しているからであり、また、ここに進出すれば露の欧州での勢力を削減しうるからである。独は、露が朝鮮に進攻すれば、逆襲してこれを占領するであろう。清は、そうなれば露の圧力を緩和できるから安泰となる）。（ザ）〇軍艦を英に発注。（ガ）〇「愛爾蘭鎮圧処分案大意」（アイルランド騒擾激化）。〇英の東洋向け木綿輸出増加、日本は英製品消費国の第三位。

6月20日（ガ）〇エジプトに関する欧州諸国会議、不賛成の国が多い。

6月21日（ザ）〇「朝鮮通信」（日本艦三隻、仁川に到着すると、その後一時間で、清艦、米艦各一隻到着。堀本中尉朝鮮軍教師となる等）。（ガ）〇在トルコ仏公使、エジプト問題につき会議を提案、トルコこれを拒否。〇クルップ、製鉄事業を開始。〇エジプト、雇傭外人多数の俸給支払いのため、自国の文武官吏の俸給財源に窮す。

6月22日（ガ）〇独墺伊露の公使、英仏提唱のエジプト関係会議に賛成、トルコは拒否。〇エジプト人、欧人二〇人を殺す。〇世界各国の新聞の統計。〇「電気灯」（23・24日に続く。欧州で「電気鉄道」と「電気灯光」が発明され、電灯は電用化されて石油ランプを圧倒している等）。

6月23日（ガ）〇露の東洋艦隊司令官交替、海軍の改革を行う。

6月24日（ガ）〇米の「清人移住拒絶条例」を大統領批准拒否。

6月26日（ガ）〇英仏連合艦隊、アレキサンドリア着。トルコ政府、退去を要求。トルコ、最後通牒をエジプト政府に送り、二四時間以内に応諾せねばエジプトに出兵、と通告。英仏もエジプトに最後通牒を発し、エジプトこれを受諾。露は英仏の政策に賛成。

6月27日（ザ）○海岸防禦準備を急ぐ。（ガ）○安南事件（仏軍、サイゴンよりハノイに進む）。○「相互利益《レシプロシチー》の欠点」（28・30日に続く。清・欧米関係の論）。

6月28日（ガ）○「朝鮮元山津近況」（29日に続く）。○米下関償金を返還。

6月29日　――

6月30日（ザ）○金玉均、陸軍省各局を巡覧。（ガ）○英首相、現在将来ともエジプトでの権益保持を声明。

7月1日（ガ）○「朝鮮国王米国大統領に贈るの書附公報」（その中で米韓条約に言及し、清との宗属関係は認めるが、外交は内政とは異る旨をいう）。○モスクワ・ウラジウォストーク間の鉄道敷設案は廃案となろう。

7月3日（ガ）○英外務次官、スエズ運河の英権益保持は「第一緊要の事」と言明。

7月4日（ガ）○「朝鮮通信」（5日に続く。五月十一日の花房公使着任後の政治情勢）。○独は以前に自国内のユダヤ人を虐待したが、今は露領内の独人が虐待されている。○イリ条約のアヘン輸出条項に関し、露は清と葛藤を起している。

7月5日（ガ）○クルップ社のエッセン兵器製造所の蒸気機関は一万八〇〇〇馬力、職工一万五七〇〇人。いつ「腕力の闘」が起るか判らない。○欧米で「社会、虚無の諸党派」爆弾を使用。

7月6日（ザ）○「朝鮮国近況」（元山津事件決着つかず。貿易上の優位を英国に奪われそうな形勢。また反日の風潮あり）。○日本茶、米国で声価を落している。（ガ）○露の教育普及（小学校を新設）。

7月7日（ガ）○エジプト「全国の事態は危険の極」人心恟々。英、二万の派兵準備、スエズ運河爆破の用意。○ビスマルク、陸軍予算は過大ではないと言明。○スエズ運河は騒乱中にも拘らず、多額の利益を計上（その数字詳細）。

7月8日（ザ）○金玉均ら、清の領事と共に各国領事館を訪問。○エジプト人がスエズ運河を岩石で閉鎖したとの噂。（ガ）○米、下関賠償金返還を上院で可決。

7月10日（ザ）○陸軍省文官の間でシナ語習得が流行。○スエズ閉鎖の報は疑問。（ガ）○五隻の英艦隊、ジブラルタル経由東行。○カイロの欧人、死者が出たので引揚げ。人心不安さらに甚しい。

7月11日（ガ）○伊で自動ドアを発明。○上海電灯会社建設工事に着手。

7月12日（ガ）○英、七二門の大砲をエジプト向け輸送準備、兵一二〇〇名アレキサンドリア向け出発。○露、警察を強化。

7月13日（ザ）○英仏艦隊、アレキサンドリアの砲撃開始。（ガ）○アイルランド問題で英内閣総辞職か？

7月14日（ジ）○「埃及国ノ変報」（他山の石とせよとの意）。（ガ）○エジプト攻撃の主力は仏ではなく英。艦砲射撃の効果を示す機会となろう。○スエズ運河閉鎖。

7月15日（ガ）○伊の報道を引用し、日本蚕卵紙の粗製濫造・過当競争を戒め、蚕種貿易衰退を挽回せよという。○英国艦隊編成表（詳）。

7月17日（ザ）○条約改正草案完成とのこと。○エジプト軍降伏、アレキサンドリア砲撃中止。（ガ）○独沿岸の要塞増築、対露戦準備。○ベルリンに「電気鉄道」敷設。○独で新型水雷完成。

7月18日（ザ）○釜山との電線架設決定。○英艦隊横浜発、函館経由露領に向う。（ガ）○エジプト政府、トルコに抵抗と言明。○仏は欧州諸国によるエジプト分割を企図。○欧州会議、トルコのエジプト出兵阻止を決議。

7月19日（ガ）○「空中飛揚器」の発明（気球の製造。使用するエンジンによっては将来性があると予測）。

7月20日（ガ）○露帝の即位式、明年八月の予定。

7月21日（ガ）〇エジプトの秩序回復。〇英、アレキサンドリア砲撃再開。仏は不参加。〇伊、英にまさる世界一の「甲鉄艦」製造。〇「朝鮮通信」（一般事情のほか、独艦「タンラ島」に接近など）。
7月22日（ガ）〇「露帝即位式延引の原因」（「虚無党密謀の報道」を得たため）。〇トルコ帝「エジプトはトルコの国権内」と在外使臣に訓令。
7月24日（ガ）〇アレキサンドリアの二要塞陥落。エジプトが休戦を申し出る。〇スエズ運河航行開始。
7月25日（ガ）〇「米国通信」（一般情勢）。
7月26日（ガ）〇露の虚無党捕縛。〇エジプト占領の英兵三五〇〇。仏、スエズ防衛協力を決定。スエズ運河安泰。
7月27日（ガ）〇アレキサンドリアで、エジプト兵士、藩王の廃位を要求。〇仏、エジプト内政に関与せぬと決定。〇仏、エジプトに一万の派兵用意ありと言明。〇英、エジプトに増兵。
7月28日（ザ）〇英より「海軍砲台」を購入。（ガ）〇エジプト人の抵抗は、トリポリ、チュニスのアラブ人に「揺動を引起」。〇露、七〇〇〇万ルーブルで砲艦三〇隻建造と決定。〇海外で、日本茶粗悪との評判。
7月29日（ザ）〇独韓条約調印。（ガ）〇エジプトは欧州諸国の圧制に抗し戦端を開いたものである。しかし、この事件の報道は欧人の手によるもので、事の詳細は確認できない。日本についての報道も同様なものと考えられる。〇「汽船の世界」（昨年中の世界の汽船増加四七万トン余）。〇露政府、ロンドンで公債募集の計画。
7月31日（ザ）〇「朝鮮の変報」（壬午軍乱につき花房公使報告）。（ガ）〇昨年のスエズ運河通航量は二七〇〇余隻、五八〇万トン。前年よりも七〇一隻、一四五万トン増加。
8月1日（ザ）〇「朝鮮変事電報」。〇「朝鮮処分内議」。〇「出役の競争」（各鎮台出兵を願う。「無事に苦む折柄」さもありなん）。〇「内閣会議結果」。〇「朝鮮へ問使を派す」。〇日本駐在各国公使協議。（ガ）〇「支那人伊犁の西部を奪ふ」。○仏の人口減少傾向。○米で水力発電の実験。

8月2日（ジ）○「朝鮮政略備考」（3・4・5・11・12・14日と続き、15・16日は「大院君ノ政略」と改題）。〔以上は福澤論文であった。且つ2〜4日の題名は「朝鮮政略」〕。（ザ）○三軍艦横浜出港。○「韓廷の諸臣」（現政府高官表、「改進家」官僚表、共に年齢付き）。

8月3日（ザ）○井上外務卿、馬関出張。○参謀本部会議。○陸軍の弾薬備蓄三年分。○朝鮮軍の公称五万は名目のみ。○「社告」（朝鮮へ特別通信員派遣）。（ガ）○数年内に露独開戦と観測される。戦端は露領南部在住の独人虐待であろう。

8月4日（ザ）○「朝鮮暴徒の性質」（新旧両式軍の待遇の相違であろう等）。○「朝鮮暴動前の報」（既に反日の貼札があった等）。○朝鮮三港（仁川・元山・釜山）とソウルとの距離。○神戸の米艦、朝鮮へ向け出港。「今回変乱」の情況視察。○東京で電灯の実験的使用を計画。（ガ）○「虚無党の起因」（5日に続く。その成立事情を説き、これは大変乱の端緒となろうと推測）。

8月5日（ザ）○釜山・長崎間海底電線の測量終る。（ガ）○仏内閣総辞職（「非征論を固守し、因循苟且の政略」をとったためで、今回の壬午軍乱〈現代の呼称〉の参考にもなるという）。○「露国財政困難の原因」（軍備過大）。

8月7日（ザ）○「朝鮮事変続報」（大院君、政権を握る）。○「朝鮮外務省職員録」。○「清国尻押」（ソウルに一万五〇〇〇人駐留とは訛伝か?）。（ガ）○トルコ軍、エジプトに駐留。英軍、スエズ運河保持。○露には官吏が昇進手数料を出す習慣がある。

8月8日（ジ）○「朝鮮事変続報余論　第一」（保守革新両派対立の政情）。（ザ）○「在東京朝鮮人建言」（兪吉濬・尹致昊らが三条太政大臣に書簡）。（ガ）○「海底進行船」露で発明（詳）。

8月9日（ジ）○「朝鮮事変続報余論　第二」（事変は大院君の権勢欲と「開鎖論」とが結合したものと見、大院君政権と交渉を行い、且つ大兵を用いて短期間に事件を収束せよと説く）。［8日以来のこの記事は10日まで続くもので、福澤論文であった］。（ザ）〇熊本鎮台兵に出兵の命下る。〇昨報の朝鮮人書簡、受理のみに終る。〇今回の事件は朝鮮近海の測量完成に好都合。（ガ）〇英、エジプトに「東印度常備軍」派遣を決定。〇英軍、エジプト軍を攻撃、死者一五〇〇。
8月10日（ザ）〇「朝鮮事変日誌」。〇「兵食買込」。（ガ）〇「英国元込み砲を製す」（射力強大、砲身短縮）。
8月11日（ザ）〇「清国電報」（清使、軍艦で朝鮮へ）。〇「朝鮮京城王宮の形状」（12・14日に続く。事件目撃朝鮮人の談）。（ガ）〇米の「絹布製造高」。
8月12日（ジ）〇「元山の小変事」（元山でも衝突発生）。（ザ）〇魚允中の動向について。〇儒臣、白楽寛放免（14・15日に続く。その上疏全文――漢文のまま）。〇清兵さらに増加との報。（ガ）〇「紐育通信」（米、南米諸国と「平和会」を計画。また、英のスエズ運河の権利独占により、欧州の政治に「一大葛藤」を生じる可能性があるが、米の産業界は、貿易上これに注目）。
8月14日（ジ）〇「懸直論を恐る」（強硬論者を戒める）。（ザ）「支那公使」（調停を申し入れたが日本は拒否）。〇諸外国に、日本は侵略の意図なしと説明。〇一箇旅団の出兵を準備。（ガ）〇ニューヨーク発行の新聞数。〇仏海軍増強の動き。
8月15日（ザ）〇魚允中の消息。〇「朝鮮近海深浅表」完成。〇予備軍募集。（ガ）〇トルコ軍、独の新兵制を採用。〇ビスマルク、政党政治は行わぬと言明。
8月16日（ザ）〇外務省、朝鮮事件の関係文書の発表差止め。（ガ）〇「弱肉強食」（米人、エジプト問題に関し論評、英仏の圧制をいう）。〇セノワの新聞記事の引用。露には、虚無党の活発化と「政府よりも革命家を尊信すること篤き」農民の不満があり、「不日一大革命」の起るべきは明らか。露が外戦を行うのには目下最も時期が悪い、と。
8月17日（ザ）〇「朝鮮新政府よりの照会」。〇軍艦一隻完成、英国より水雷艇二隻購入。〇北海道屯田兵を増強。

8月18日（ザ）○政府、新聞報道を抑制。○「韓兵の武器」（古来のものが多い）。（ガ）○清、独に水雷艇二隻発注。○無線電話機発明。○「虚無党人捕縛せらる」（露）。○シャム、英に公使派遣。

8月19日（ザ）○清国軍艦、チーフー《芝罘》を出港。○「朝鮮元山津居留地の変状」（三菱会社支配人談、21日に続く）。○「壮士進て韓に入らんとす」。（ガ）○英仏両国以外の欧州各国国会議員は「蘇西《スエズ》運河を保護」に賛成。○スエズ運河、英軍の占領下。○英で対エジプト強硬論をめぐり国論分裂。

8月21日（ジ）○「日支韓三国ノ関係」（23・24・25日に続く）〔以上は福澤論文であった〕。（ザ）○閔妃死亡説。○朝鮮諸港その他への航路里程一覧表。（ガ）○トルコ兵六〇〇〇、アレキサンドリアに出発の予定。○仁川に各国の軍艦入港。

8月22日（ジ）○「花房公使入京ノ電報」（速やかに局を結ぶべきだが、交渉決裂の場合は開戦せよ）。（ザ）○清国軍艦一覧表。○豪州方面遠洋航海艦からの通信（インドネシア事情など）。（ガ）○英のエジプト遠征費用（二三〇万ポンドの予定）。○一本の電線が同時に電信電話に使用できることを発見（仏人）。

8月23日（ザ）○花房公使、ソウルに入る。（ガ）仏国会、エジプト政略案（臨時軍事費支出）否決。○エジプト派遣の英艦隊編成内容。○英首相、エジプト遠征につき信任投票を要求。

8月24日（ザ）○大阪・神戸・兵庫の砲台の守備兵増員。（ガ）○英のエジプト遠征は欧州大戦乱の端緒となる可能性ありとする説が多い。○露、ウラジウォストークに浮ドック新設。○伊艦、エジプトに向け発航の模様。

8月25日（ザ）○馬関特別通信員・鈴木氏の報告（長文）。（ガ）○国際会議、スエズ運河の共同保護の仮条約に調印。但し用兵の自由は英公使に付与。○露、好戦的な内相を罷免。

8月26日（ジ）○「兵ヲ用ルハ強大ニシテ速ナルヲ貴フ」。（ザ）○「花房公使京城に入る続報」。○「仁川出張復命書」（全文、29・30日に続く）。○「馬関通信員郵報」。○「仙台壮士の盟約」（開戦の際に参加との事。この頃類似の記事が多い）。○「私報暗号電信」差止め。（ガ）○仏海軍増強（他に二万以内の兵員を運送できる船舶を準備）。○電灯とガス灯の比較。

8月28日（ジ）○「竹添大書記官帰京」。（ザ）○けやき製の純国産軍艦進水式。○「馬関通信員電報、郵信」。○壬午軍乱のため御用船多く、三菱会社は外国船の借入れを願い出る。

8月29日（ザ）○「馬関通信員電報、郵信」。○日本からシナ諸港までの航路里程表。○小笠原島の人口やや増加。○観音崎用の砲台、英より購入。

8月30日（ザ）○「クルップ砲丸」（クルップ砲用の「堅鉄榴弾」は二四サンチ砲の場合、一発百余円。この国産品ができて、一発五七〜五八円になった）。（ガ）○英がアレキサンドリア砲撃に用いた艦砲は重量八一トンだから、今後の海岸要塞はこれに匹敵するものでなければならない。

8月31日（ザ）○「馬関通信員電報、郵報」。○英国東洋艦隊、悉く仁川に集結せよとの命を受ける。○「釜山通信」。（ガ）○アレキサンドリア市街は目もあてられぬ惨状。

9月1日（ザ）○「馬関通信員電報、郵報」。○朝鮮の武官・尹雄烈着京。○「天津通信」（馬建忠は丁汝昌と共にチーフー発、ソウルに赴く。清は朝鮮を助けて日本と対抗する模様。続けて清軍もソウル向け発航）。○大院君政府一覧表。（ガ）○「日韓の貿易」（年々、朝鮮からの輸入増加。長崎からの輸出減少）。

9月2日（ザ）○「朝鮮事情」（4日に続く。尹雄烈に同行した朝鮮人の談話）。（ガ）○スエズ運河の貿易復旧。

9月4日（ザ）○「朝鮮事件談判落着」。○「馬関通信員電報」。（ガ）○「埃及事件の評論」（デーリー・テレグラフ記事。アレキサンドリアの砲撃につき、国内に非難の声もあるが政府のやり方は正しい、という）。○英国上院、仏軍のハノイ上陸に関し論議。○長崎入港の英国商船量一覧表（一八七七〜八一年。五年で二倍となる）。

9月5日（ジ）○「馬建忠大院君ヲ以シテ帰ル」。（ザ）○「馬関通信員電報、郵報」。○「大院君の計略」（6日に続く）。〇「暗号電報解停」。（ガ）〇コンゴ河調査。

9月6日（ザ）〇「馬関通信員電報」。〇「元山津近況」。

9月7日（ジ）〇「朝鮮交際ノ多事ニ処スルノ政略如何」。（ガ）〇「ガムベッタ氏の意見」（英土戦争勃発の場合は、独は反仏的立場でこれに介入するだろうとの論）。（論説）〇波多野承五郎「大院君李昰応ヲ論ス」（8・11・12・14日に続く。その中で、日本が清・韓両国を相手として戦う場合を危惧している）。

9月8日（ザ）〇「馬関通信員電報、郵報」。〇「大院君の決意」（その排外思想が変化したと思ったが違ったという）。〇「清国の挙動」（朝鮮における清軍の事）。（ガ）〇インドで叛乱。〇「兵弱則国危」（エジプトの軍備のこと）。

9月9日（ザ）〇大院君拉致の状況。〇ソウルでの被殺傷者五〇〇〇人。〇「朝鮮談判手続」。〇「済物浦通信」。（ガ）〇インドで養蚕の奨励。

9月11日（ザ）〇「金玉均氏」（開化論者の「巨擘」）。（ガ）〇英の平和主義的政治家ジョン・ブライトの演説（日本が歳入の五分の一を軍備に充てているのは「軍国の空費」。また、英は欧州大陸の戦争に介入すべきでない等）。

9月12日（ザ）〇「朝鮮通信員郵報」（在仁川港通信員より）。〇「馬関通信員郵報」。〇韓国の武官五人入京。（ガ）〇米では議会に変動があり、自由貿易の方向に向うだろうと推測。〇クレマンソーの演説（英土関係の悪化は欧州に政治上の変動をもたらすであろう）。

9月13日（ガ）〇「在米清民の近状」（カリフォルニア以外の地方では、清人は一般市民に排斥されている）。

9月14日（ガ）〇「英国の内閣」（アイルランド及びエジプトという内外の二事件により、グラッドストンも「昔日の気力なく早晩政事上の変動」があるだろう）。〇独、北海の沿岸全域に要塞線を設置。〇シナ茶が英国で好評、日本の製茶人は奮発を必要とする。

9月15日（ザ）〇「馬関通信」（朝鮮事情）。（ガ）〇「清国不可侮」（露は清の「西北の辺境」を警戒中。清は対露戦争の場合、敗北しないだろう。欧人もこのことを認めている)。○清兵、露領トルキスタンで暴行。
9月16日　(ザ)○「朝鮮条約」(済物浦条約及び修好条約続約の内容)。(ガ)○「仏国の兵備」。○「英魯の関係」(露・ペルシャ間に密約、鉄道敷設の計画。これにより英露関係険悪)。
9月18日　(ジ)○「朝鮮談判後急施ヲ要スルノ件々」。○「警備ノ事」。○「郵船定期航路開設ノ事」。(ザ)○「京城花房公使の報知」。○「朝鮮元山通信」。○「魚形水雷火」を日本海軍発注。
9月19日　(ジ)○「支那政府ノ挙動」。○「豊公論　第一」(20・21日に続く)。(ザ)○閔妃死亡説は誤伝。○「朝鮮使節」(修信使は朴泳孝と決定)。(ガ)○本年1〜6月、英国・東洋間の交易商品表。○「朝鮮に関する清政府の困難」(『横浜英字新聞』から訳載、清軍の大院君逮捕は面倒な問題をひき起すであろう)。○アフマド・オラービー(アラビー)の率いるエジプト軍、英軍に降伏。
9月20日　(ガ)○「埃及政略論」(21・22・25日に続く。エジプト事件は落着したが、東洋人とてもこの事件は軽視できない。英、エジプト間の三種の利害――第一は大西洋からインド洋、太平洋に艦船を派し、兵員、商品を輸送するのにスエズ運河は不可欠。第二、英はランカッシャー木綿製造の原料である綿花をエジプトから輸入し、ここを「商売上の植民地」とする必要がある。第三、英人はエジプト国債の株主であるから、その国内を「管理」することを望む。しかし、英は過度の軍事干渉によって仏との友好関係を損うことをおそれ、また露独伊西の四ヶ国との関係も損いたくない。仏は非干渉政策に傾いている等)。
9月21日　(ガ)○「魯、英の関係」(英のエジプト占領は、露の黒海・ボスフォラス海峡方向への進出を招くであろう)。
9月22日　(ザ)○ソウルの清兵三〇〇〇、市中で暴行。○「朝鮮続報」(25・26・27・30日に続く)。○興亜会の建物手狭となり改築中。
9月23日　何らかの理由で休刊。9月22日＝172号、9月25日＝173号。
9月25日　(ザ)○「支那軍艦価値」(英から購入する清艦「鎮北号」は一七万一〇〇ドルの大艦)。(ガ)○「欧人朝鮮の貿易に着眼す」（「欧人の利に敏きは今に始りしに非ず……油断……大敵」）。

9月26日（ジ）〇「不愉快ナル地位」（清韓両国に軽侮される恐れがある）。（ザ）〇「朝鮮王諭文」。〇朴泳孝、神戸着。〇「遣韓兵員」（清兵三〇〇〇に対し日本兵二〇〇）。〇「仁川府幷に同湾の景況」。

9月27日（ジ）〇「朝鮮滞在ノ兵員」（日本駐留兵の過少をいう）。（ザ）〇「朝鮮王妃の還輿」。〇「朝鮮暴徒の処刑」（壬午軍乱の関係者）。（ガ）〇「破裂弾薬の試験」（独、黒海で実験）。〇「支那の鉱山」（開発進む）。

9月28日（ジ）〇「花房弁理公使朝鮮ヨリ帰ル」。（ザ）〇「掲示文」（ソウルの諸所に貼ってあるもの）。（ガ）〇「英土間の談判」。〇「荷蘭守備を厳にす」。

9月29日（ザ）〇花房公使の帰朝（修信使・朴泳孝らも来朝）。

9月30日（ザ）〇「朝鮮通信」。（ガ）〇「埃及王の告諭並に手簡」。（論説）〇「論日本深明大義」（「上海申報」抄訳）。（「説ノ主義ハ本社其責ニ任セズ」との断わり書きがある。以下これを「免責記事」と略記）。

10月2日（ジ）〇「韓地死傷者ノ扶助」。（ザ）〇「天津来訪」（清の干渉をいう）。〇「朝鮮の維新」（改革の動きあり）。（ガ）〇「愛蘭土兇徒の処刑」。〇「埃及会議」（損害賠償に関する国際会議）。

10月3日（ザ）〇「郵書の員数」。（ガ）〇「蘇西運河の通船」（一時減少）。〇英のエジプト「総督」（海陸軍司令官G・ウォルスリー）の略伝（4日に続く）。〇「電灯設立」（上海外国人居留地に街灯）。

10月4日（ガ）〇「新発明の蒸瀛機関」（オーストラリア人が改良）。

10月5日（ガ）〇エジプト戦争続く。〇「埃及疑問」（戦争の調停困難）。〇「仏国の地位」（仏は英に対し反感）。〇「富政府富皇室」（独皇室の財産大）。

10月6日（ザ）〇「清京来信」（李鴻章、さらに「新快船」一隻を英に注文）。（ガ）〇「魯帝の勅令」（戦時用軍馬の調査、開戦の準備か）。〇「土希の敵意益深し」。〇「希臘人の謀叛」。

10月7日　（ザ）〇「露国皇帝即位式」（十月一日挙行）。（ガ）〇「魯国船艦を造る」（英仏に各三隻の軍艦、独に輸送船三隻を発注）。

10月9日　（ジ）〇「郵便法改良」（10日に続く）。（ザ）〇横須賀で「鉄骨木皮の軍艦」新造の予定。〇「筑波艦」、豪州への遠洋航海から帰る（その報告内容）。（ガ）〇「英国の兵威」（露、英艦隊のアレキサンドリア砲撃の威力を恐れる）。〇「魯国艦隊」（太平洋艦隊中から選んで地中海に回航）。〇英仏人、マレー半島に運河開鑿を企図。

10月10日　（ザ）〇「朝鮮修信使」（朴泳孝一行到着、神戸から京都へ）。〇「蒸瀛船製造」（神戸で三艘着工予定）。

10月11日　（ガ）〇「私立艦隊」（露がクリミア戦争の際に編成したもので、今も存在し、有事の際に有用）。〇「仏国の東洋政略」（英仏のマレー運河計画は仏の東洋進攻と関連）。〇仏・マダガスカル間に戦争の兆候。

10月12日　何らかの理由で休刊。11日＝187号、13日＝189号（10月12日＝188号が現存する）。

10月13日　（ジ）〇「後藤板垣二君ノ洋行ヲ餞ス」。（ガ）〇エジプト綿の耕作中絶。〇「魯国兵制の改革」（「歩騎兼帯」）。

10月14日　（ザ）〇「朝鮮釜山通信」。（ガ）〇「埃及の二大戦」（18日「二大戦争」に続く。終了した戦況の詳細を検討）。

10月16日　（ザ）〇「朝鮮修信使」（朴泳孝、外務省訪問）。〇「朝鮮京城の近況」（詳）。（ガ）〇「英伊敵意の萌芽」。〇「水雷火船」（ロシアで改良）。

10月17日　何らかの理由で休刊。16日＝191号、18日＝192号。

10月18日　——

10月19日　（ガ）〇エジプトの管理は英の手中に帰す。〇「愛蘭土の近状」（詳）。〇「魯清間の関係」（露、ウラジウォストーク軍港を増強、艦隊増加）。

10月20日　（ザ）〇「朝鮮修信使の参内」。（ガ）〇アラビーの略伝（23日に続く）。〇エジプト戦争でインド兵活躍。

10月21日（漫言）〇「朝鮮国存亡」。

10月23日　―

10月24日（ザ）〇「修信使」（朴泳孝の動静）。（ガ）〇「魯国の政略如何」（露の強大化進む）。

10月25日（ガ）〇「愛蘭土党の檄文」（26日に続く。労働職工同盟会、パーネル会長のことなど）。（論説）〇「論高麗之役」（「上海申報」記事の紹介、「免責記事」）。

10月26日　―

10月27日（ザ）〇横須賀造船所で「鉄艦製造」。（ガ）〇「土耳古皇帝の勅諭」（トルコ帝、アラビーを叛賊とみなす）。

10月28日　―

10月30日（ザ）〇「結約」（壬午軍乱関係）。〇「汽車到着」（東京・高崎間に使用のもの。米国から輸入）。

10月31日（ザ）〇「上海通信」（電灯が用いられ、招商局の事業も盛大）。〇「内国製の列車」。

11月1日（ジ）〇「駅逓電信事務」。（ガ）〇仏、英と共にエジプト財政を共同管理。〇「智利及び秘露国間の戦争」（詳）。〇「伊国の地位」（伊新聞、英国に敵意を示す）。

11月2日（ジ）〇「駅逓電信廉価通信法」（電信料の比較など）。（ガ）〇「希土媾和」。

11月4日（ザ）〇「朝鮮国償金」（決定）。（ガ）〇「埃及戦争費」（一〇〇〇〜二〇〇〇万ポンド）。〇「埃及と土耳格」（宗主国と藩属国の関係）。

11月6日（ガ）〇露の新国債八九〇万ポンド。〇「埃及政体」（専制君主制に対し、立憲論が起る）。

11月7日（ザ）〇「韓士閔泳翊」（父の閔台鎬よりも進歩的だが、父子相和して為すあらんことを願う）。

11月8日（ジ）〇「鉄道布設」。（ザ）〇修信使・朴泳孝、海軍省雇の仏人から数時間、海軍事情の説明を聞く。〇「活版器械」（朝鮮で新聞を発行するために印刷機械を購入）。（ガ）〇チリ・ペルー間は一昨年以来不和で、両国間の戦争は近い。（論説）○飛瀑嶺真人「東洋政略　緒言」（文明国は国際法の規定に拘らず半開国を制する等）。
11月9日（ザ）○「朝鮮の支那兵増加す」。（ガ）○「埃及に対する英仏の論議」（仏に対英強硬論あり）。
11月10日（ザ）○朴泳孝、印刷局視察。○「在朝鮮清兵の軍律」（全文）。（ガ）○「パナマ運河」（13日に続く。詳）。
11月11日（ザ）○朴泳孝、海軍兵学校視察。（ガ）○「弾丸の新発明」（独で睡眠性弾薬を発明）。○「英国海運の進歩」（一八八〇年に内・外航船五八〇〇万トン、鉄製蒸気船多し）。
11月13日（ガ）○エジプト軍再編成。○「愛蘭党の近況」（議会内でのパーネルの活躍）。
11月14日（ガ）○「政事上の変革」（16・17日に続く。スイス、米国以外、共和制は君主制に及ばないとして、スイス事情を説明）。
11月15日（ザ）○「スナイドル銃製造」（国産完成）。
11月16日（ザ）○「布哇国公使」（着任した公使の動静）。○「朝鮮通信」（その親清的動向など。詳）。
11月17日（ガ）○「蘇西運河に関する英国の権力」。
11月18日（ガ）○「布哇公使」（ハワイ、日本人とポルトガル人の移住奨励を決定、詳）。
11月20日（ガ）○「清国公使」（ステッチンを訪れ、数隻の建造中の軍艦を視察、四隻の水雷艇を発注）。○「有尽蔵」（英の石炭、涸渇の恐れあり）。
11月21日（ザ）○ハワイ公使、朴泳孝と会見。（ガ）○「独政府の外交政略」（近来専ら中立主義）。
11月22日（ジ）○「銀行ノ鎖店」（「銀行ハ貿易ノ媒介ナリ」云々）。（ザ）○朴泳孝、岩倉右府主催の送別会に出席。（ガ）○「埃及の一揆」。○「秘露智利の条約」。○スペインを墺・独・伊が狙っている。
11月24日（ザ）○尹雄烈・兪吉濬ら、修信使一行と帰国の予定。（ガ）○スーダンとの戦争でエジプト敗れる。○英国議会の討論（詳）。

11月25日（ザ）〇「電気灯」（27・28日に続く。改良されてガス灯よりも廉価なこと、石炭ガスとの比較、ニューヨークでは電灯・ガス灯の費用が同じであること等）。（ガ）〇「商船艦隊」（英、一二隻の商船を武装し、六隻宛をボンベイと香港に配属）。

11月27日（ザ）〇「朝鮮士人の党派」（開化派・頑固派・孝党と分類）。〇「清韓特別条約」（商民水陸貿易章程の内容）。〇「清韓郵船」（月二回就航）。

11月28日（ガ）〇英、マダガスカル事件に強い関心。〇「仏国政党」（党派と人数）。

11月29日（ザ）〇「李鴻章の策略」（朝鮮、李鴻章より巨額の私金を借りたとのこと）。（ガ）〇「米国通信」（日米貿易問題）。〇「アラビーの罪状」（アフマド・オラービーのその後）。

11月30日（ザ）〇米清関係良好ならず。（ガ）〇アイルランドの「窮民」増加し、米、加に移住。

12月1日（ジ）〇「日本支那ノ関係」（清の朝鮮制圧は「進取ノ気象、実ニ前日ノ支那ニ類」さず、という）。（ザ）〇「五十万両」（李鴻章、朝鮮に私金を貸付け。詳）。（ガ）〇「濠洲殖民地の兵備」。

12月2日（ガ）〇露将、英の政策を非難。

12月4日（ジ）〇「日本人布哇国移住」（5日に続く）。（ガ）〇「社会党の密議」（仏）。〇「露独両国の挙動」（独、南方に加え北方の兵備を強化）。

12月5日（ガ）〇露外相、ビスマルクと会見。〇「英国下院の会議」。〇「欧洲の平和」（墺首相、墺独伊三国提携強化を唱える）。

12月6日（ザ）〇「興亜第四分会」（日韓両国人、仁川に設立）。〇「米国通信」（貿易問題）。

12月7日（ザ）〇「清国共同運輸会社」（日本海運の大敵）。

12月8日（ガ）〇「スペンセル氏の著述」（英国で好評）。〇「露国の内状」。〇独墺、対露戦準備。

12月9日（ガ）○「スマトラ島の鎮定」（東洋の通商上、便利な地）。

12月11日（ガ）○明年初春、香港上海間の海底電線敷設の条約調印。○仏、マダガスカルと断交。○「戦地電信の往復」（エジプト戦争の例）。

12月12日（ザ）○「韓状新報」（壬午軍乱以後の事情」）。

12月13日　―

12月14日（ジ）○「朝鮮開国ノ先鞭者ハ誰ソ」（反清的感情を示す）。

12月15日（ザ）○「鶏卵の輸入」（ぜいたくではない）。（ガ）○マダガスカル・仏の講和に英は注目。

12月16日（ガ）○「仏国の堅艦」（二隻追加製造）。○スエズ運河会社問題で英仏対立。

12月18日（ザ）○「大電気灯」（横須賀造船所用、英へ発注）。（ガ）○「仏国議員」（仏政府委員としてコンゴへ出張。酋長と仏政府との条約を完結の任）。

12月19日（ガ）○コンスタンチノープルでエジプト関係国際会議、明初春開催の予定。

12月20日（ガ）○仏、「安南《（ママ）》の東京」に派兵のため、九〇〇万フランの債券募集予定。○「米国政党の勝敗」（選挙の詳報）。○「暴動の流行」（仏、墺、露で、社会党・虚無党の活動再び盛ん）。○仏財政困難。

12月21日（ザ）○牛場・高橋・井上の三人、朝鮮行き決定。（ガ）○コンゴで英仏対立。

12月22日（ジ）○「朝鮮ノ独立党東ナシ」（清の直轄領となろう等）。（ザ）○かつて朝鮮修信使と共に来日した池運永、神戸に滞在。

12月23日（ザ）○英領事アストン、なぜか日・朝・清の綿密な研究を行っている。

12月25日（ガ）○「仏国の近状」（「暴徒」〈社会党など〉頻りに起る）。

12月26日（ガ）○「安南の清、仏、兵隊」（清軍、トンキンに集結、仏軍も増強の見込み。不日戦端が開かれようとの観測)。

12月27日　(ガ)　○「変乱党飛檄を発す」(仏)。

12月28日　(ガ)　○H・スペンサーの渡米演説（29日及び翌年1月4・6・8・10・11・12日と続く。第一回は、人類は文化の進むにつれて「最高の道徳最大の幸福」を有することとなろう等との説)。○安南問題、清仏間の緊張に伴い、英も自国の権益を重視。

12月29日　(ザ)　○修信使・朴泳孝、二十八日に出発、帰国の途につく。

(二)　抄録した外報記事の特徴

(一)を検討すると、全般的な特徴として、次のような点が認められる。

まず、その視野が殆んど全世界に限なく及んでいることである。記事の長さ、正確さ等の点では今日の新聞に及ばないにしても、関心の広さについては、これに比肩して譲らないものがある。『時事新報』の、そして福澤の（以下、両者を合せて「彼ら」と呼ぶ）〝独立確保策〟の基礎となる資料は、決して偏狭なものではなかった。

それは「今や近時の交通至便にして、……欧洲の事変も彼岸の火事に非ずして、其延焼する所実に測る可らず」（⑤・三一九、『兵論』。明治十五年九月九日〜十月十八日。以下この年の記事は単に〝9・9〟の如く記す）という認識から来るものでもあったろう。ともかく彼らは、全世界の出来事を一つの連動体の動きと見ていたのである。

従って、外報記事（政治・経済・軍事・社会）の範囲は、欧州（含ロシア）及び東北アジア（清・朝鮮・東部ロシア）に強く力点をおくが、しかし北米はもとより、南米、中近東、アフリカ、中央アジア、豪州、東南アジア、ハワイ、南洋諸島などにまで及んでいる。

次に、当然のことながら、軍事の現状のみならず、軍事科学上の発明・発見に関して敏感であり、さらに、交通の発達（鉄道と船舶）、電信網の拡大、新聞の普及率、郵便物の量、及び諸種の蒸気機関の発達などについて、一八七七年（明治十）の「分権論」（④・二三一以下）以来の認識が強く引きつがれている。(2) また、電話・電灯を初めとする電気工学の発達についての関心の強さは意外とはいえないにせよ、気球（7・19）や潜水艦の試作（8・8）にまで、注意深く目が配られていることには驚かされる。

人口についての記事も多いが、これは、東洋では孟子以来、富国強兵策の基本とされている伝統を受けついだものといえよう。さらに、当時の日本の主要輸出品である茶と生糸については、当然、富国策の観点から、多くの紙面が割かれている（本節ではその例を少数ながら抄録した）。

また、現実的な記事だけでなく、例えばC・ダーウィンの死を報じ（5・3）、その小伝を掲載したり（5・31〜6・1）、H・スペンサーの著述（12・8）、同氏の演説（12・28〜翌年1・4、6、8、10、11、12）などが重視されている。これらは、遺伝・進化等、〝物の考え方〟という観点からの編集であろう。

以上の全般的な特徴に続いて、扱われている主要な七つの問題について見ることにしたい。

その第一は、創刊日から十一月中旬頃に至るまで、実に多量に掲載されているエジプト問題である。いうまでもなく、それはスエズ運河紛争を主体となすものであった。以下、しばらく中村英勝氏の著作に従って、(3) これを見よう。

一八五九年に着工されたスエズ運河は、フランス人のレセップスにより、一八六九年、完成を見たが、同運河株の「一六分の七を所有していたエジプトの大守イスマイル」は財政困難のためにこれを手放し、「一八七四年の総選挙に勝って保守党内閣を組織した」ディズレーリが、翌七五年に買いとり、「インドへの最短路をやくする戦略的重要地点」エジプトに進出した。さらに一八七七年、ディズレーリは「ヴィクトリア女王に「インド女帝」の称号」を捧呈、英国の「インドにおける支配体制を強化」した。そして、インドへの通路を一層確かなものにするために、彼は「ロシアの東部地中海への南下政策を阻止しようとして、親トルコ政策を推進した」。一八七七年はまた、露土戦役の勃発した年でもあり、ディズレーリは、翌年の「ベルリン会議に出席して、ロシアの南下を阻止することに成功した」。しかし、彼の内閣の下で「南アフリカやアフガニスタンで流血の惨事がはてしなく続く」ことは民衆の不評を買い、一八八〇年、自由党は総選挙に大勝して、グラッドストン第二次内閣が成立する。当然「エジプトの大守はヨーロッパ諸国に莫大な債務を負っていたが、諸国の政府は債券所有者の利益を守るためエジプトの財政管理に乗り出し」、このことがエジプトにおける民族運動を激化させた。

即ち、一八八一年初頭に、エジプト国民党員アフマド・オラービー（アラビー）の率いるエジプト人将校団は、軍隊の改革を藩王に要求、「オラービー運動」と呼ばれる民族運動が本格化する。同年九月、オラービー軍は藩王に、当時のエジプト首相リヤードの罷免、憲法制定などを要求、年末には、エジプト国民党が立憲制要求を含む綱領を発表した。しかし、翌八二年劈頭、英仏はエジプト議会の国民党勢力に反対して、積極干渉を予告した共同覚書を発表する。(4) 本紙の紙面にエジプト問題が登場するのは、このような時期以後のことである。

三月三十一日付紙面の、英仏の対エジプト通告の頃から、その動向は具体的に報道され、英仏同盟艦隊、エジプトに到着（6・3）、エジプトの政情不安（6・13）、エジプト市民の抗戦準備（6・17）、トルコ及び英仏の対エジプト最後通牒（6・26）、英国の二万の派兵準備とスエズ運河爆破準備（7・7）などと続く。

そして、英仏艦隊のアレキサンドリア砲撃開始（7・13）、これを受けて翌十四日の「時事新報欄」は「埃及国ノ変報」を論じ、スエズ運河閉鎖の記事が掲載される。

エジプト政府軍は一旦降伏し、アレキサンドリア砲撃中止の報が入る（7・17）。これを追って、態勢を立て直したエジプトに対し、英艦隊の砲撃再開の記事（7・21）。そしてアレキサンドリアの二要塞は陥落し、エジプトは休戦申し入れ（7・24）、英軍のエジプト占領開始（7・26）。一方、アレキサンドリアでエジプト兵士は藩王の廃位を要求、英軍は増強される（7・27）。

このエジプト民族運動は、トリポリ、チュニスのアラブ人に「揺動を引起」させた（7・28）。エジプトに対する英軍の攻撃はなおも続く（8・9）。本紙は「弱肉強食」と題する記事で、米人の論評を借りて英仏の圧制を述べた（8・16）。さらに、英国のエジプト占領は欧州大戦乱の端緒となる可能性が大きいとする説の多いことも紹介する（8・24）。そしてアフマド・オラービーの率いるエジプト軍が英軍に降伏の報（9・19）。翌日からの紙面は、この論評と、英・エジプト関係の解説を述べ、エジプト事件は落着したが、東洋人はこの事件を軽視してはならないと説く。報道はなお続くが、一応この辺で打ちきって次の問題に移ろう。

第二の問題は、**アイルランド問題**である。一見、辺境の地方的事件にも見えるこの問題に、同紙が実に多くの紙面を与えているのは、エジプト問題と同じく、英人の異民族支配の圧制と、それに対抗する立場に注視すると共に、被圧制者側の暴力的行動や宗教問題の深刻さを、他山の石として警戒したためと思われる。即ち、日本の自由民権運動との対比、当時の日本に予想された宗教対立の激化についての考察等も含まれていたであろうことは「本紙発兌之趣旨」からもうかがえる。

以下、一般にはあまり馴染みの深くない問題なので、別枝達夫氏の著作(5)に従って、本紙がアイルランド問題を取り上げるに至るまでの歴史を、やや長くなるが概観したい。

アイルランド島の支配的民族は、ブリテン島のアングロサクソン人（所謂英人）とは異なるケルト人であり、これが後に侵寇したデーン人と融合した。十二世紀末葉、英国の「アングロ＝ノルマンの征服」以来、その属領化は急速に進み、十三世紀末から十四世紀初めにかけてほぼ完成したが、それは「底の浅いものに過ぎなかった」。

その後複雑な経緯をへて、英国王は「征服されざる島」の「再征服」に乗り出し（十五世紀末～十六世紀初）、一五四一年、ヘンリ八世がアイルランド国王の称号を得ることで、ひとまずそれは完結した。しかし一六四一年以降、十一年に及ぶ大反乱があり、その発端となった「アルスタ暴動は全アイルランドの反英叛乱――土地、宗教をめぐるカトリック＝アイルランドの、ピューリタン＝イングランドに対する抗争――の性格を明確に現わした」。翌一六四二年、英本国も「ピューリタン革命」に突入し「この本国の「大内乱」と結びついて、アルスタ反乱も全島に拡大」し、五二年、クロンウェルによる鎮定まで続く。この戦いは「アイルランド内部の民族・人種・宗教・政治・経済上の諸条件と、本国における革命の進展ともからみあって、きわめて複雑な様相を示した」。クロンウェルはその鎮定の際、さまざまな「狂暴な蛮行」をほしいままにしたので、戦後のアイルランドは荒廃の極に達した。

王政復古（一六六〇年）後、その経済はやや回復したが、土地、宗教問題は未解決のまま残され、植民地としての悲惨な状態は依然として続く。しかも、アイルランド内部でもプロテスタントのカトリック弾圧が強化された。こうしてアイルランドは「泥炭と泥小屋と馬鈴薯によって象徴される貧しい国」となり、英国系の少数の地主が「全島の八割以上の土地を独占し」、多数の貧しい農民は「高額な小作料を払ってわずかな土地を耕作する」という状態であった。

十八世紀には、この宗教問題と土地問題の結合した一揆が何度も起るが、結局、十九世紀の第一年目に正式に併合される。これに対し、十九世紀中葉から独立運動が始まるが、農民の窮乏化は、同じ時期の飢饉と相まって一層深まり、海外移住者が増加、一八四一年の八一七万から七一年の五四一万へと、人口が激減する。「一九世紀中人口の増大をみなかった国はアイルランド以外に一つもなかった」。そして独立運動は米国に去ったアイルランド移民の間に、秘密結社「フェニアン」を生む（一八五八年頃）。

本紙のアイルランド問題は、このフェニアンや、一八七九年に結成され、アイルランド国民党の首領・パーネルに指導される「アイルランド国民土地同盟」及び英議会内の「自治協会」（一八七三年に「アイルランド自治連盟」と改称）の三つの中、主として前二者に関するものである。

「土地同盟」は「イギリス地主制の完全な破壊、土地国有化」を目指していたが、一八八一年十月「非合法として解散を命ぜられ、パーネルはじめ指導者は投獄された」。翌八二年五月、フェニアン党員による、アイルランド担当相キャヴェンディッシュの暗殺が行われたので「政府は硬化し、アイルランドを戒厳令下に置き、独立の企図をいっさい弾圧した」。パーネルはテロに反対して指導者の地位を退き、「指導部を失った土地戦争は一揆主義に堕し、フェニアンのテロ行為は大衆の支持を失って」挫折した。

しかし、これと平行して行われた自治獲得運動は、八〇年の総選挙で選出された六八名の議員によって議会内に第三党の地位を確保し、「土地戦争後パーネルは、アイルランド人の関心を土地改革からアイルランド自治へ向けるため、国民同盟を結成」する。そして八五年には、キャスティング・ヴォートを利用して自由党内閣を倒したりするが、それは本稿の範囲外に属する。

以下、アイルランド問題についての主な記事の日付けを摘記しておこう。3・14、4・12、5・18、5・29、6・6、6・15〜17、6・19、7・13、9・14、10・2、10・19、10・25〜26、11・13、11・30。

再び註するならば、右の二問題を通じて、本紙が、西欧列強の中でも特に英国の異民族支配に強い関心をもっていたことがうかがわれるが、しかしそうかといって、被征服民族の側に立ってこれを見ていたというわけでもない。それは、壬午軍乱直後の八月五日、「朝鮮政略備考」の掲載中に、エジプト問題をめぐって仏内閣（ド＝フレシネ内閣）が総辞職したことを伝える記事で、こうした結果になったのは、仏内閣が「非征論を固守し、因循苟且の政略」をとったためで、今回の壬午軍乱の対策の参考になる旨を記していることからも察せられる。

また、その約一ヶ月後に連載され始めた「兵論」で、福澤はいう。「凡そ世界各国の戦争は、勝て其名の正しからざるものなし。敗して罪名を蒙らざるものなし。……今回埃及の事変に就ても、曲は埃及に在て英は正しきことならん」（⑤・三〇四）。――この十九世紀八〇年代に、弱者であってはならず。生き残るためには強者でなくてはならないということを、一切の政策の前提においていたといえよう。

彼は、既にその前年に『時事小言』の中でも述べていた。「……愚なり暴なり又権謀術数なり、力を尽して之を行ひ、復た正論を顧るに遑あらず」(⑤・一〇九)。彼をしてこういわしめた理由は、この一段の前に記されている「西洋各国戦争の術は今日漸く卒業して今後益盛なることとこそ思へ。近年各国にて次第に新奇の武器を工夫し、又常備の兵員を増すことも日一日より多し」という認識であろうが、こうした点については、本章の終りに再び述べることにする。

ともあれ、福澤が、このアイルランドに早くから目を注いでいたことは、『文明論之概略』中の次の記述でも知られるのである。「又至文至明と称する英国の管下に在る「アイルランド」の人民は、生計の道に暗く終歳蠢爾として芋を喰ふのみ、これを智者と云ふ可らず」(一八七五年、④・四一)。

第三は**朝鮮問題**である。近代日本の朝鮮問題は、明治維新直後の経過を暫らく措くとすれば、一八七六年の江華島条約に始まる。[6] その前年、日本の軍艦・雲揚号乗員の江華島上陸に対して朝鮮側が砲撃を行うと、日本政府はその「問責」と「開港要求」を掲げ艦隊を派遣し、結局、修好条約(日本と欧米との不平等条約と同様の性格をもつ)の締結となった。

その後、両国間に数次の往来がなされる中で、一八八〇年、開化派の指導者、金玉均・朴泳孝らが、僧の李東仁を密航させた。現在までのところ、彼が福澤と接触した最初の人物とされている(しかし、㈠の四月十七日の記事に、十年以上前、日本国情視察のため来日した「井田慧吉」名の朝鮮人が十五日に発京、来月下旬に本国帰着の予定とある。現在までのところ、この人物ではないかと思われる記述は、雑誌『古筠』[7]〈二号、二八〜二九頁〉に見られるのみで、筆者の管見の限りでは、従来、この人物については全く知られていないようである。おそらく優れた先覚者であったのだろう)。

翌八一年半ばには、政府の開明的高官・魚允中らの日本視察団が来日、一行中の兪吉濬、柳定秀は慶應義塾に留学した。そして、八二年春、金玉均らが長崎に到着（4・21）、間もなく東京に着いたことが報じられている（6・14）。

しかし、本紙創刊年の朝鮮関係の記事の初出は、この前年の夏、大院君（国王・高宗の父）の庶長子・李載先らが、王妃の一族で政治の実権を握る閔氏を打倒し、王を廃そうと企てた政権奪取計画である（3・9）。事は成らず、李載先は年末に死を賜った。そして、翌日の紙面には、清の朝鮮併合の企図が、三月十七日にはロシアの同じ企図が、それぞれ報道されている。

即ち朝鮮は、単に近隣にある重要な利害関係国の問題としてのみならず、東アジアにおける露清の角逐場としてとらえられていたものと察せられる。一方、露清の中央アジアにおける対立は、さきの三月九日の紙面に「清露人辺に闘ふ」との記事があり、その後もしばしば報じられており、これについては、次に第四の問題として取り上げたい。

いずれにせよ、露清関係は、日本にとっての最も深刻な関心事の一つであった。三月二十四日には再びロシアの東北アジア併呑の企図が警告され、同三十一日には「露清の関係」の記事がある。また当然のことながら、国際関係に限らずとも、ウラジウォストークを中心とする露領東アジアの軍備増強については極めて多くの記事がある。

四月に入ると、十七日に前記の魚允中の動静が取り上げられており、同二十日には、国王の実父であり、政界の実力者である大院君の力量が問題にされている。そして、こうした報道のあとに、元山で起った両国民の衝突事件が、二十四日には「雑報」欄で報じられ、二十五日には福澤の論説「朝鮮元山津の変報」（⑧・83）で大きく取り扱われる。以後引続き、この事件についての詳報がなされ、また朝鮮人の動静も細かく記される。

さらに四月二十七日以降、随時「朝鮮通信」欄が設けられる。翌月に入ると、ドイツに、日本の対馬島と朝鮮の済州島の占領企図があることが報じられ（5・24）、独露開戦の際には、ドイツが朝鮮を併呑するのではないかと観測される。

ここに至って朝鮮問題は、これに隣接する露清二大国との関連においてのみならず、さらに広く欧州諸強国の角逐場としてとらえられることになる。

さきに引いた『兵論』で、福澤は清に関して「西洋の諸強国は遠洋を隔るの地位に在てすら、尚且我輩の常に苦心して之に予備する所の者なり、然るを況んや今此強国が近く隣国に居を占めて、直に我に接するの勢を成すに於てをや」（⑤・三一三）と述べているが、清よりもさらに一衣帯水の位置にある朝鮮の場合、右のような情勢（それがどの程度まで事実に近かったかは暫らく措き）が、どれほど彼らにとって深刻なものに感じられたかは、想像に難くない。

六月五日の本紙は、条約締結のため「米艦朝鮮ニ入ル」と記し、同六・七の両日、米韓条約を詳報。十六日、英韓条約締結を報じ、以後、朝鮮関係の記事は一層詳細を極める。六月十九日、再びドイツの朝鮮侵略意図の観測記事があり、その中で、欧州と東洋に於ける露独対抗関係、及びこの二国の動向に伴う清の立場が述べられる。

七月六日、朝鮮に於ける日本の貿易上の優位が英国に奪われそうな形勢と報じられ、同二十九日、独韓条約締結の報、そしてこの月の末、三十一日には、今日「壬午軍乱」として知られる、反日的要素の大きい事件が報道される。この事件では、日本人軍事教官が殺害され、公使以下館員は退避・帰国という事態となったため、以後、さらに多くの紙面が朝鮮関係に費される。

この事件が発生した後の八月三日、朝鮮に特別通信員を派遣するとの社告があり、同社の海外特派員の嚆矢となるはずであったが、翌日の社告には、右通信員は当分下関に駐在すると記され、結局そのままの状態となった。

ここに特筆すべきは、壬午軍乱を契機に、清が朝鮮の支配権を著しく強化したために、本紙の対清感情が、それに比例して硬化するに至ったことであろう。彼らは清・朝鮮の同盟軍による日本攻撃を恐れていたのである（3・10、9・7、9・26）。清は、その一国だけでも、ロシアに匹敵するだけの強大国として、世界的に認められていたのであるから（9・15）、この恐怖は敢えて異とするに足りないものであった。同時に、欧州諸国の朝鮮進出にも一層強い警戒心が払われる――九月二十五日、「欧人朝鮮の貿易に着眼す」との記事。

第四はトルキスタン問題である。この土地は、アイルランドなどよりも一層世界の辺境のような印象を与えるが（本紙も「辺」の語を用いている）、この問題についての本紙の関心は鋭く、かなり多くの記事が掲載されている（3・9、3・24、3・31、4・15、5・25、7・4、8・1、9・15など〔本紙では、トルキスタンを「イリ地方」と表現している〕）。

そしてまた、十九世紀後半の世界史の中で、この問題は決して小さいものではなかった。その一八八二年までの経過を、佐口透氏の著作[8]に従って追ってみよう。

清は、一七六〇年に東トルキスタン（新疆）を征服し、中央アジアの征服に先鞭をつけた。一方、西トルキスタンは、十八世紀末から十九世紀初めにかけてロシア産業資本の影響下に入り、一八五〇年代以降はその軍事侵略の対象となった。既に早く一八一六年に、ロシア外相ネッセルローデは「中央アジアが我々のものでないかぎり、全アジアの征服を考えることはできない」と言明したという。

ところで、一七六〇年以降清の統治下におかれた東トルキスタン回教徒は、十九世紀に入るとしばしば叛乱を起したが、その叛乱者の一人、ヤクーブ・ベクは、一八六五年から七一年にかけて「天山南路の全部と天山北路の一部（ウルムチ付近）を領域」とするイスラム国家を樹立した。これは「南北から中国領東トルキスタンに迫る二つの資本主義国家、イギリスとロシアの強い関心」を呼んだ。

既にこの頃、西トルキスタンのタシュケントやサマルカンドなどの要地を占領していたロシアは、天山北路における通商阻害を理由に、一八七一年、新疆西方のイリ地方を保障占領した。一方、一八四九年にパンジャーブ地方を経略していた英国は「中央アジア貿易の将来性に強い関心を抱き」、「ヤクーブ・ベク国家の成立をロシアに対するイギリスとイスラム勢力との共同戦線として歓迎し」、これを緩衝国にしようとした。こうした経過後の一八七二年、ヤクーブ・ベク国家とロシアとの間に、翌七三年、英国との間に、それぞれ友好通商条約が締結される。

しかしこの国家は、一八七七年に清の陝甘総督・左宗棠の軍によって滅された。左宗棠は、ロシアの脅威よりも日本の進出を重視して海軍拡張を図る李鴻章らに対して、もしロシアによって新疆が失われれば蒙古もやがて失われ「北京も危機に瀕する」との主張を貫いたものである。しかし英国もまた清の新疆再征服を喜ばず、外交上の画策を行ったが及ばなかった。

ヤクーブ・ベク国家の滅亡にも拘らず、ロシアはイリ地方を返還せず、結局、イリ返還の代りに甚大な譲歩を取り決めたリワディア条約を一八七九年に清との間に締結する。清朝政府は全権大使の無能を憤って、開戦も辞さない態勢で条約改訂を申し入れ、ロシアもこれに対して軍備を増強、「両国は一触即発の形勢となった」。これをみた英仏は調停に乗り出し、その結果一八八一年二月、セント・ペテルスブルグ条約が締結され、イリ地方の清への返還、ロシアのイリ谿谷西部領有、イリ占領費として清はロシアに九〇〇万ルーブルを支払う等の条項が定められる。イリ地方の返還は翌八二年二月に実施された。

本紙の紙面は、この頃以降の報道に費やされている。清の軍事力が西北に向ってロシアと対決するか、東南に転じて日本を襲うかを卜することは、彼らの重大な使命と意識されたであろう。況んやこの動きに、英露二大国の対立が連動しているとあっては、極めて深刻な問題と受けとられたに違いない。

第五は、右の三事件に比べると、この年に於ける記事量の比重が遥かに小さいが（翌年は膨大な量の記事が掲載される）、**ベトナム問題**――フランスのベトナム侵略である。以下、川本邦衛氏の著作(9)に従ってこれを見よう。この侵略行動も、既に一八五七年から始まっており、六二年、交趾シナ東部三省がフランスの有に帰し、翌六三年にはカンボジアが保護国とされる。六七年には交趾シナ西部三省の領有が、七三年にはトンキンのハノイの第一回占領が行われる。結局、翌七四年には交趾シナ全土が正式にフランスの植民地となった。

ここに本紙が記事として取上げているのは、一八八二年の第二回ハノイ占領以降の出来事である。四月七日にまずこの事件が報じられ（但し欠号〔この号、存在している〕）、同二十六日にその後の情勢が記される。五月十二日、「仏人トンキンの首府ハノイ城を略取す」との記事、同十五日と六月二十七日にも、その続報が掲載される。九月四日には、英上院で仏軍のハノイ上陸に関し、討論のあったことが報道される。

以後、主としてエジプト事件や、フランスのマダガスカル侵略の記事のために、ベトナムの記事は途切れているが、年末の十二月二十日に至り、トンキン派兵のための九〇〇万フランの債券募集の記事が現われ、同二十六日には、トンキン地方で清仏両軍が増強されているので（ベトナムは清の藩属国であった）、不日この地は本格的な戦場と化するであろう、と観測されている（この観測は的中し、翌八三年から八四年にかけて、ベトナムはその必死の抵抗も空しく全土がフランスの保護領・直轄植民地と化する）。十二月二十八日、ベトナムをめぐる清仏間の緊張に関し、英国もまた、同地方に於ける自国の権益について無関心たり得ないとの態度が報道された（本紙には、トンキン・安南・交趾シナより成るベトナムの総称を、安南としているようで、「安南のトンキン」のような表現がみられる）。

第六は、ロシアの**ナロードニキ及びこれに続く革命家や各国の社会主義者に関する問題**である。以下、松田道雄氏の著作(10)に従って、これを見ることにする。

ロシアでは、一八六一年の農奴解放、六四年の地方自治会（ゼムストヴォ）設置、及び裁判制度の改革など、一連の、上からの近代化の改革が行われたが、一方、一八一六年の「救済同盟」結成以来長く続いている、反政府の立場からする改革・革命運動も盛んになった。一八七〇年代、それはナロードニキと呼ばれる革命家によって行われる。「ナロードニキ」とは「「土地と自由」社とそれからでてくる革命家」を指し、この「土地と自由」社は一八七六年夏に作られた。

このグループは、革命の宣伝を主とする穏健派と即時決行派の二派に分れ、後者はテロなどの過激な行動を続けた。七九年、前者は「黒い分裂」派、後者は「人民の意志」党を作り、一八八一年にアレキサンドル二世暗殺を行ったのは後者である。前者は七九年末に機関誌を発行しはじめたが、八一年末に大検挙を受け、「八二年以後はもはや組織的な統一はなくなってしまった。「人民の意志」党との統一も企てられたが、うまくいかなかった。しかし個々のメンバー間の協力はつづいた」。

一八八二年の本紙は、この年の彼らの動きをかなり詳しく報道しているが（5・11、5・25、5・27、7・22、7・26、8・4〜5、8・16、8・18）、その中で特に注目すべきものは、八月四・五日と十六日の記事である。前者は「虚無党の起因」として二日も掲載されており、その成立事情を説くと共に、これが大変乱の端緒となることを予測。後者も、ロシアには、虚無党の活発化とこれを尊敬する農民の不満があり、不日、一大革命の起ることは明らかであるとの内容で、共にロシア革命の遠くないことを、二〇年以上も前から洞察しているのである。

ロシア以外の各国社会主義者の記事も少数ながら見られるので、ここにその沿革を瞥見しておこう。以下は、西川正雄氏の著作(11)によるものである。

一八六四年に結成された第一インターナショナルは七六年まで続き、第二インターナショナルの結成されるのは、八九年である。この一三年間の国際組織不在の時期には、表面的にはマルクス主義者とアナキストが対立していたが、実際には「多種多様な色彩の社会主義運動・労働運動が各国・各地域で競合し、或いは混在していた」。

一八七六年、アナキスト大会がスイスで開かれ、その際の提案により、翌七七年「統一社会主義者大会」がベルギーで開催される。この大会では、マルクス主義者がアナキストを抑えて主導権を握った。またその直前には同じベルギーで、アナキストの大会も開かれる。七九年、フランス社会主義労働者連合の結成。この大会でもマルクス主義者が主導権を握り、ポッシビリスト（可能派）を抑えた。

続いて八一年、アレクサンドル二世暗殺直後に、ロンドンでアナキストの大会が開かれ、また同年、七七年の大会を受けてスイスで国際会議開催。さらにフランスでは、八二年九月に、七九年の大会で少数派であったポッシビリストが多数派に転じ、これによってマルクス主義者たちは、フランス労働党を結成した。アナキストたちは、一八八一年の大会以後「一〇年余りの間に頻発した暗殺事件と結びつけられ、敵対者・批判者からはテロリストの烙印を押されることになる」。

前述の、ロシア以外の各国社会主義者の記事は、右のような情勢を反映したものであった。――欧米でのテロリストの活動（7・5）、仏社会党のこと（12・4）、この記事には、「其挙動狂人に異ならざれば」という評価がある。十二月二十日の記事は、仏・墺・露の「社会党、虚無党」関係で、これらは「愛蘭の借地党と異なることなし」と評され、そのアイルランド問題についての視角の一面をも示している。同二十五日のそれは仏社会党関係で、「暴徒」と断ぜられている。続いて二十七日、「変乱党飛檄を発す」の記事には「世に恐るべきハ実に変乱党ならすや」という。このような評価は、独立確保のための「官民調和」を唱導する彼らの立場から自ずと発せられたものと解される。

第七の問題は、露領内の**ユダヤ人迫害問題**で、第六の問題と少なからず関連を有するものである。そこで、この問題についての江口朴郎氏の著作[12]を見よう。

「一八八〇年代はたとえばロシアにおいても、一八八一年のアレクサンドル一世《ママ》の暗殺事件にみられるように、一方ではナロードニキ運動がテロリズムをも辞せざる方向に進みつつあり、他方では国粋主義的な方向が強く打ち出される時期であった。……そしてヨーロッパではこのような社会的危機は、しばしばユダヤ人の抑圧を伴う。ロシアにおけるポグロムはよく知られている」。一方、「ここにユダヤ人の解放の問題がおこってくるのも、この時期の特徴的な事実であった。一八八〇年代は、ユダヤ人の国家をパレスチナに自立しようとするシオニズム運動の一つの起点でもあった」。

「ポグロム」についての的場徳造氏の解説[13]は次のようである。この語は、ロシア語の「略奪」「破壊」の意でとくにユダヤ人に対する組織的虐殺・略奪をいう。「それは一方では反ユダヤ・反セムといった歴史的・宗教的・人種的反目にもとづき、同時に資本主義の成立発展とともに、階級対立や資本の衝突といった要素がこれにからんで複雑となり、激しくなった」。

本紙の報道は、ロシア政情の一部としてこれを見ているようであるが、またそのほかに、国の独立を失った民族の悲劇といった観点もあるかに察せられる（3・7、3・11、3・17、3・18、3・20、3・28、4・21、5・1、5・10、5・25、6・14）。ことに三月十八日の記事は全世界のユダヤ人の状況を伝え、五月二十五日のそれは「猶太人故国に移る」として、そのパレスチナ移住を報じると共に、別項に、ロシアの「虚無党」がユダヤ人に「圧制を転覆する所の義兵」をあげよと働きかけたことを記している。


さて、以上の七つの問題に登場する諸国の、ことに内治・外交・軍事に関する記事（国論分裂に関して非常に敏感なのも一つの特徴である）、及びそれらの国々相互の関係（英・独・仏・露・トルコ・清・朝鮮・ベトナム）の記事が数多く掲載されていることは、この章の初めに述べた通りで、しかも、そのそれぞれの詳細さは、限られた紙面にも拘らず、驚くほどである。

その国際関係記事の中、英国を除いては、ドイツのビスマルク首相の外交・軍事政策（ことにロシアとの関係）に多くの紙面が割かれていることは、注目を惹く（例えば、3・13〜14、4・4、4・20、4・29、5・13、5・16、6・15、7・17、8・3、10・5、11・21、12・4、12・5、12・8など）。これは何故であろうか、その理由を、再び江口朴郎氏の著作(14)に徴したい。

普仏戦争以後、「国際関係の場では、ドイツのビスマルクが……この時代の歴史的矛盾を表現していた。もちろんここでもドイツが国際情勢の中心にあるというわけではなく、依然として資本主義世界の最大の中心はイギリスにあった。しかしこの時代の危機の側面は、最もよく新しいドイツ帝国に表現されている、ということができよう」。当初「ビスマルクの外交政策は簡単にいえば、新しいドイツに必要な国内産業を育成する必要があるために、その限りにおいて戦争を回避することであった」。

そしてフランスの復讐を極度に警戒して軍備を整える一方、東欧に発展中の露・墺の対立に独・仏がまきこまれることを警戒して、露墺関係を調整し、両国をドイツに依存させ、フランスを孤立化させることに腐心した。また、一八七八年のサン・ステファノ条約の結果、ロシアはその影響下に「大ブルガリア国を建設、その南端をエーゲ海に臨ませ」直接地中海への出口を作ったので、ビスマルクは、これが英・墺の強い反撥を招くことを恐れ、自ら提唱してベルリン会議を開いた。

ところが、七〇年代は、農業の技術的発展に加えて、南北戦争やロシアの農奴解放など、西欧以外の地域で農業生産を発展させる契機があり、輸送力の改善と相まって「西ヨーロッパにおける農業恐慌は、国際的な資本主義の発展の下において慢性化しつつあった」。

ドイツでは、これが「農業に基礎を置くドイツの土地貴族ユンカーの危機感を促進」し、やがてそれは、ドイツ軍部の危機感となって「ロシアに対する敵対感情としても現われ」る。一方、「ドイツ資本主義は、国家権力の指導下に顕著な発展を遂げつつあ」ったので、一八七八年、ビスマルクは社会主義鎮圧法の公布、翌七九年には保護関税制度の設定を行わざるを得なかった。即ち、従来のドイツ支配体制には、転機が訪れつつあったのである。

次いでビスマルクの育成した資本主義は海外進出を目指すようになり、「ビスマルクの「平和政策」の継続をしだいに困難ならしめつつあった」。例えば、ドイッチェ・バンクの支配人となったゲオルグ・ジーメンスの活動範囲は、海底電線を含む電気事業から鉄道にまで及び、地域的には、イラン、南北アメリカ、小アジアから、一八八〇年代にはバグダード（鉄道敷設）にまで拡がった。

従ってドイツは、七六年にビスマルクが公言したように、東方問題（一般には、一八二一〜二九年のギリシア独立戦争から七八年のベルリン会議までの期間に、オスマン・トルコを中心に発生した欧州列強の国際問題を指すが、ここでは広義に用いられている）に無関心ではありえなくなる。

こうして「一八八〇年代にはビスマルクの政策は、新しい転換点に」さしかかり、その行きづまりを打開すべく、ユンカーと資本家を共に満足させ得る軍備拡張と「海外発展、いわゆる「世界政策」への転換」が図られる。（ここにいう「世界政策」とは「ヨーロッパ政策」に対して用いられた語。ビスマルクが当初とっていた政策は、「列強の利害を一定の範囲に制限することにより、強固の国家連合的な統一権力をヨーロッパの中に形成すること」で、「いわば「列強ヨーロッパ」Mächte-Europa とでもいうべき形態と性格に彼のヨーロッパ政策の核心があった」(15)）。

そして「一般に一八八〇年代の社会的危機感、とくに軍国主義的傾向は、決してドイツだけの問題ではな」く、ロシア、フランスでも同様で、英国さえもその例外ではなかった。この状況が、列強をして「世界分割」に向わせたのである。

本紙は、ドイツに於いて端的に現われた世界近代史上のこの一大転期を、鋭いジャーナリストの感覚によって、豊富なニュースの中に敏感に察知していたようである。

最後に、以上述べた以外の記事で、特に挙げておきたいものを左に記す。

○パナマ運河計画（11・10、11・13）、マレー運河計画（10・9、10・11）、シベリア鉄道計画（4・4、7・1）＝マレー運河はフランスの、シベリア鉄道はロシアの、それぞれ東洋侵略の新しい手段として注視している。なお、パナマ運河の一応の開通は一九一四年で、この頃より三十年以上後のことである。

○清・朝鮮の近代化待望＝清のフランス法律書訳刊（4・4）と、「朝鮮の維新」（10・2、開化派の台頭のこと）。

○ハワイ問題（11・16、11・18、11・21、12・4など）＝日本移民の受け入れ先として期待。

○米国の中国人労働者排斥問題（4・29、5・17、6・24、9・13）＝五月六日に、中国人労働者の入国を一〇年間禁止する法案が議会を通過した頃の事情を報道。

○アフリカ侵略のためのコンゴ河調査（9・5、12・18、12・21）
○フランスの侵略についての評言（4・28）＝一八八一年五月にフランス保護領となったチュニス（チュニジア）に関し「文化の進路に誘導するの義務を尽すを以て口実とし毫も憚る所なき」仏人の暴虐、という。
○報道問題（7・29）＝エジプトは欧州諸国の圧制に抗して戦端を開いたものであるが、これに関する報道はすべて欧人の手になるもので、事の詳細を確認できない。日本についての報道も同様と考えられる、という。
○エネルギー問題（3・22、11・20）＝共に英国の石炭に関するものであるが、前者はその豊富さ、後者は涸渇のおそれについて述べている。

結論

終りに、㈡で分析したところを、まずまとめておこう。第一のエジプト問題、第二のアイルランド問題に於いて彼らは世界最強最大の国家・英国による異民族支配の実態を初め、その内治と外交、及びこれと連動する欧州政局と衰退するトルコ帝国の命運、そして恐らくは、それらと自国との対比などを考察した。

第三の朝鮮問題では、ここにかかっている露・清の二大圧力はもとより、さらに独・英・米が加わって、エジプト事件と同様に欧州政局の波浪が打寄せ、朝鮮それ自体の複雑な動きを一層深刻化するのを憂慮の念を以って見守った。第四のトルキスタン問題では、大国の清が、その西北境に於いてロシアと争い、その結果として、東南に面する日本への圧力を減ずるか否か、またこの二つの場合の英・露の動向如何を観測した。さらに第五のベトナム問題では、日本の明治維新より約一〇年も前から始まっているフランスのベトナム侵略が、次第に北上して清の南境に迫り、ひいては東アジア全域を揺がそうとするのを恐れた。

以上、第一・第二は欧州及び地中海沿岸地域の問題であり、第三・第四・第五はアジア地域の問題であるが、いずれも欧米列強の動向と、直接・間接に深く係わるものであった。

第六の問題は、このようにして全世界に浸透してゆく欧米資本主義国が、その強力さにも拘らず、国内では既に病弊に蝕まれていることを知り、それについては未だ「貧賤者の心事次第に異常なるを見る可し」（一八七九年、『民情一新』⑤・八）という程度の認識を出なかったにせよ、少くともロシアに関しては、不日革命の到来は避けられぬとの見通しも持っていた。第七の問題も、その由来の正確な認識には至らないまでも、やはり第六の問題と同様、強大国の病弊の一表現、そしてまた宗教上の対立の危険と見ていたと考えられる。

そして、以上の七問題の集中的表現が、ドイツの場合に端的に見られるように、列強の軍国主義の強化であり、それが日本に向って、さながら上げ潮のようにひたひたと迫ってくるのを感じとっていたのである。

「本紙発兌之趣旨」の中に見られる「国権論」、筆者の所謂〝独立確保論〟は、それ故に高唱されなければならなかったと考えてよいであろう。

「之を是非するの標準は、他なし、結局に至れば亦唯国権の一点あるのみ」「今の所謂政党論者は其着眼する所、専ら内国施政の一方に偏して、……却て国権の利害如何を問へば漠然として忘れたるが如き者なきに非ず。我輩の最も感服せざる所にして、我輩と思想を異にするものなり」「唯大に求る所は国権皇張の一点に在るのみ」（⑧・八、一〇）。

しかし彼らは、「国権皇張」を目指して、全世界のあらゆる情報を収集して自らの感覚を研ぎすましたが故に、大局的には今日の史家と大いに隔たることなく、世界史の転換期を示し得たのであろう。少くとも創刊年の本紙に関しては、こう言えると思う。そして、彼らの「複眼的対外観」なくしては、それは不可能事であったと考えられる。

次に、㈡の末尾でドイツの例に見た十九世紀七〇～八〇年代の変化を、世界の王座にあった英国の変化を通じて見ると、それと、同じ時期の福澤の論調の高まりとの間に、相関関係が認められるということについて述べておきたい。

(二)と同じく諸家の学恩を蒙って、この変化を左に摘記してみる。

「一八七三年五月、ウィーンに端を発した世界市場恐慌によって「ヴィクトリア朝の繁栄」は終りを告げ、爾後、一八九六年にいたる大不況の過程でイギリス資本主義は最も深刻な打撃を蒙った」。「「世界の工場」としてのイギリスの生産力的優位は、「繁栄」の時代における各国資本主義の不均等発展によって消滅しつつあった」。「自由貿易政策もまた、イギリスの優位が消滅し、後進資本主義国が保護関税を強化」した。さらに「運輸革命は、後進国における鉄道建設を基軸とした産業資本の確立を促進するとともに、それによる農産物世界市場の形成は、……農業の内部矛盾を一挙に激成した(16)」。

即ち「世界工業生産に占めるイギリスの比重は、一八五〇年の四〇％余から一八七〇年の三二％」へと減少し、「欧米諸国、英自治領・中南米諸国に対するイギリス貿易収支の赤字が増大してゆくのとは対照的に、インド・中国・日本に対するイギリス貿易収支の赤字は減少し、さらに黒字に転化してゆく」。――「対米貿易収支の赤字は……、七〇年代後半後から趨勢的に増大し」、「対欧貿易収支の赤字は八〇年代以後に急増」したのであった(17)。

こうして、一八六〇年代に完成した「イギリスを頂点として、その周辺に最恵国条約網によって国際的自由貿易体制に編入されたヨーロッパ工業国が配置され、さらにその外縁を、不平等条約関係によってヨーロッパの半植民地となったラテン－アメリカ、中近東および極東の農業国とイギリスの植民地が取り囲むという資本主義的世界体制の重層的市場構成」は、七〇～八〇年代には次第に崩壊していった。そして「イギリスは一八七三年の世界市場恐慌ののち慢性的不況に入り、七九年、農業恐慌の深刻化と国内市場の崩壊により全面的な過剰生産恐慌に陥った。八〇年以後、微弱な回復を示したが、八二年の世界市場恐慌により再び八六年まで慢性的な低落・不況を経験した」。「政策転換を要求する諸階級の運動および政策の実現が、産業循環の過程と密接に関連し」「かかる運動および政策転換の本格化は一八七九年恐慌に媒介されており、その意味で、一八八〇年がイギリス史上の一画期をなしている」[18]（自由党の第二次グラッドストン内閣は、一八八〇年に成立した）。

「一八八〇―九〇年代以降ヨーロッパ列強の海外発展・膨脹は急激に高まり、それに伴って列強の世界各地における競争と対抗もまた苛烈をきわめることになった」。そして既に「イギリスは一八七〇年代に自由主義政策の「小イギリス主義」を捨てて、イギリス帝国の帝国的連帯を強化する帝国統治策をとることになったといわれ」、その帝国主義的膨脹政策の例としては、スエズ運河会社株の買収（一八七五年）、エジプトの軍事占領、「中国および東アジアにおける優越性の拡大と維持」などがあげられる。[19]

さて一方、福澤の論調は、一八七八年の『通俗国権論』、七九年の『民情一新』、八〇年の『民間経済録・二編』、八一年の『時事小言』と、年を追って「国権論」的色彩を強め、本紙創刊年の「時事大勢論」（4・5〜14）、「兵論」（9・9〜10・18）に至ってさらに高まりを見せる。[20]これは、勿論現代の史家のような正確さで時代の変化を把握していたのではないにしても、右の引用文献に述べられているような変化を反映したためではないかと、筆者は考える。英国が世界第一位の国であったこと、福澤が『西洋事情』執筆以来、英国を強く注視していたことからして、両者の相関関係が〝有意〟であると判断することは、無理なことではないであろう。しかし、その実証への道はなお遠く、長い。

最後に付言しておきたい。それは、一〇〇年近くの時間の隔たりにも拘らず、世界情勢は、この時代のそれと現在と、余りにも類似性が大きいということである。欧米〝列強〟との経済対立、漁業専管水域二〇〇カイリという新しい「世界分割」、漁業を含むソ連との経済問題と領土問題、中国問題、朝鮮問題、これらに、エネルギー問題を通じて中近東など産油国との関係及び原子力先進国との関係が加わり、その上に第三世界の問題が迫ってくる。

一方、我が国の独立の基盤は、十九世紀八〇年代と質こそ異るが、決して強固なものとはいえないと、筆者は考える。食糧とエネルギーという根本的な二面に於いて、それは極めて脆弱であり、加えて不時の災害たる巨大地震に見舞われれば、独立の基盤はたちどころに揺ぐであろう。そのような場合、「復た正論を顧るに遑あらず」(『時事小言』⑤・一〇九)という瀬戸際に追いつめられる可能性は小さくない。それはおそるべきことである。だがもし、そうなりたくなければ、今のうちに――十年後にはエネルギー危機が到来するという――、日本の独立確保についての国民的合意を成立させ、これによって国際関係に奉仕する道を探しあてなければならないであろう。しかし、そのためには、極めて困難且つ複雑な手続きを必要とする。

二十世紀七〇年代に於いて、十九世紀八〇年代の新聞を研究する意義の一つは、右のような問題を考えるための資料を提供することにもあるであろう。このようなことに思いを致しつつ、筆を擱く次第である。

註

(1) 『三田評論』七六九号(慶應義塾、一九七七年四月)、四〇～四七頁。
(2) 前掲註(1)、四一～四四頁。
(3) 中村英勝「帝国主義から福祉国家へ」『イギリス史』(大野真弓編、山川出版社、一九六五年)、二四八～二五〇頁。
(4) 『近代日本総合年表』(岩波書店、一九六八年)。
(5) 別枝達夫「アイルランド」前掲『イギリス史』、三五一～四七一頁。
(6) 入手しやすい標準的な通史として、韓沽欣著・平木実訳『韓国通史』(学生社、一九七六年)がある。その「近代」の篇を参照。
(7) 雑誌『古筠』二号は、古筠会、一九三五年発行。「朴泳孝の民本主義・新民論・民族革命論」(二)『朝鮮学報』第82輯(朝鮮学会、一九七七年)二〇〇頁(本書Ⅲ―八、三七二～三七三頁)に、このことについて触れてある。
(8) 佐口透「十九世紀中央アジア社会の変容」『岩波講座・世界歴史21・近代8・近代世界の展開V』(岩波書店、一九七一年)、二五二～二七一頁。
(9) 川本邦衛『ベトナムの詩と歴史』(文芸春秋、一九六七年)、三八五～三九〇頁及び年表。
(10) 松田道雄『ロシアの革命』(河出書房新社、一九七〇年)。主として、その一〇四～一一七頁。
(11) 西川正雄「第二インターナショナル」『岩波講座・世界歴史22・近代9・帝国主義時代I』(岩波書店、一九六九年)、四五五～四五九頁。
(12) 江口朴郎「十九世紀後半の世界政治」『岩波講座・世界歴史19・近代6・近代世界の展開Ⅲ』(岩波書店、一九七一年)、四二八～四二九頁。

(13) 的場徳造「ポグロム」『世界大百科事典28』（平凡社、一九七二年）、二七一頁。
(14) 江口朴郎前掲論文、四一九〜四二八頁。
(15) 岡部健彦「世界政策と国際関係」『岩波講座・世界歴史22・近代9・帝国主義時代Ⅰ』（岩波書店、一九六九年）、九四頁。
(16) 吉岡昭彦「イギリス自由主義国家の展開」『岩波講座・世界歴史20・近代7・近代世界の展開Ⅳ』（岩波書店、一九七一年）、二七頁。
(17) 竹内幹敏「十九世紀後半の世界経済」『岩波講座・世界歴史19・近代6・近代世界の展開Ⅲ』（岩波書店、一九七一年）、四三七、四四九頁。
(18) 前掲吉岡論文、一一、二八頁。
(19) 前掲岡部論文、九一、一一〇頁。
(20) 前掲註（1）。主として四五〜四七頁の傍点の箇所参照。

〔付記〕組版後の余白を利用して次のことを加筆しておきたい。

ひろたまさき氏は、近著『福沢諭吉』（朝日新聞社、一九七六年）において、その第八章を「老化意識」と題され、福澤は明治十二年頃から「いよいよ老化の意識を深めていったのではありますまいか」（一六九頁）と記しておられる。勿論、この章は一つの文脈の下に形成され、その〝老化意識〟についての考証も綿密であるのだが、対外観の面から見た福澤は、〝老化〟どころか、若年の頃よりもさらに激しい情熱を燃やしているように見える。もしそうでなかったら、これ程意欲的な新聞の紙面構成を指揮することは到底不可能であったろう。ひろた氏の〝老化〟説は、筆者には速断に過ぎるように思われる。

六 『時事新報』論説における朝鮮問題（一）

——壬午軍乱前後

以下は、一八八二年（明治十五）の『時事新報』創刊から一九〇一年（明治三十四）までの福澤主筆時代における朝鮮関係の論説を概観し、その特徴を検討しようとするものである。

(一) 壬午軍乱以前

『時事新報』（以下本紙と略称する）創刊の前年（一八八一年）に刊行された福澤諭吉著『時事小言』には、次のように記されている。

「亜細亜全洲の一半は既に西洋人の手に落ち、……独立国にして著名なるものを計れば波斯、暹羅、支那、朝鮮及び日本国のみ」（⑤・一八三）、「然ば則ち方今東洋の列国にして、文明の中心と為り他の魁を為して西洋諸国に当るものは、日本国民に非ずして誰ぞや。亜細亜東方の保護は我責任なりと覚悟す可きものなり」（⑤・一八六）、「火災の防禦を堅固にせんと欲すれば、……無事の日に其主人に談じて我家に等しき石室を造らしむること緊要なり。或は時宜に由り強て之を造らしむるも可なり。又或は事情切迫に及ぶときは、無遠慮に其地面を押領して、我手を以て新築するも可なり。蓋し真実隣家を愛するに非ず、……唯自家の類焼を恐るればなり。今西洋の諸国が威勢を以て東洋に迫る其有様は火の蔓延するものに異ならず。然るに東洋諸国殊に我近隣なる支那朝鮮等の遅鈍にして其勢に当ること能はざるは、木造板屋の火に堪へざるものに等し。……武以て之を保護し、文以て之を誘導し、速に我例に倣て近時の文明に入らしめざる可らず。或は止むを得ざるの場合に於ては、力を以て其進歩を脅迫するも可なり。……不幸にして一旦此国土（支那朝鮮――引用者註）が西洋人の手に落ることもあらば、其時の形勢は如何なる可きや。……極度の不祥を云へば日本国の独立も疑なきに非ず」（⑤・一八七）

本紙の初期の朝鮮問題の論説は、概ね以上の論の延長線上にあるものといえよう。即ち朝鮮は、火の蔓延するように迫ってくる西力東漸の状況の中で僅かに残っている少数の独立国の一つであり、日本は自国の独立を守るために「我近隣なる支那朝鮮等の遅鈍にして其勢に当ること能はざる」国を「武以て之を保護し、文以て之を誘導し」、止むを得ない場合は「無遠慮に其地面を押領して」「力を以て其進歩を脅迫するも可」なのである。もし「支那朝鮮」が独立を失えば、日本の独立も危うくなると彼は観測する。

従って、朝鮮の状況については、その国内問題に関しても、本紙論説は鋭敏に反応する。創刊後、最初にとりあげられたのは、王兄・李載先の謀叛事件で(1)、これが攘夷―反日的な意図をもっていたことに着目したものである。続いて前論を承けて、「彼の国人心の穏かならざる時に当て、我武威を示して其人心を圧倒し、我日本の国力を以て隣国の文明を助け進る」のは日本の責任であると述べ、「今の支那国を支那人が支配し、朝鮮国を朝鮮人が支配すればこそ、我輩も深く之を憂とせざれども、万に一も此国土を挙げて之を西洋人の手に授るが如き大変」という場合に備えて「朝鮮の国事に干渉」すべきことを主張する(2)。その一ヶ月後、花房公使が任地に未着であることを難じ(3)、またその赴任について述べたのも(4)、こうした観点からの朝鮮重視に他ならない。

しかし、「文明を助け進る」という本紙の主張とは裏腹に、この時期、朝鮮においては攘夷風潮が高まりをみせており、それは元山事件となって現れた。元山の日本人が遊歩の際、朝鮮人に襲われて一名が死亡、二名が重傷を負うという事件であるが、これを取り上げた六本の論説は(5)、いずれも比較的穏かな論調で、「其頑愚憫《あはれ》む可く、其兇暴悪む可しと雖ども、単に之を朝鮮人民の罪に帰するのみにして止む可きにあらず」と、日本に「乗ず可きの釁」のあったことを戒めるのみである。

従って、対朝鮮要求も、居留地の遊歩規定の廃止、内陸旅行の自由、居留地周辺での貿易通商及び大都府の年市への行商を認可、賠償等に止まり、また日本政府への要望として、開港場に警備の軍艦を常繫すること、居留地の巡査増員、対馬・釜山間海底電線の架線等を述べているにすぎない。

一方また、朝鮮をめぐる国際情勢にも目が注がれており、米朝条約締結のため仁川に米艦が入港し、同時に清艦も入港したことを述べて、この条約に清国が代判することもあろうと危惧している(6)。さらに「上海クーリヤ新聞」の記事を抄訳して論説に代え、ドイツの東洋方面への進出はポリネシア、ミクロネシアを目指しているが、本来の目的は露清日の争う朝鮮である云々との説を紹介してもいる(7)。

(二)　壬午軍乱期

ところが、一八八二年七月二十三日、ソウルにおいて、後に「壬午軍乱」と呼ばれる事件が発生した。既に推進されつつあった開化政策の下で極度に冷遇されていた旧式軍の兵卒が、隠退していた大院君を推戴して王妃閔氏の一族及び日本の排斥を企て、一時保守政府を樹立したものである。暴動に加わった兵士の一部は民衆と合流して日本公使館を襲撃したので、公使一行は仁川に逃れて辛うじて帰国し、新式軍の軍事教官をしていた堀本中尉は殺害された。

この第一報を入手した本紙は、さきの元山事件とは異り、俄かに激昂の色を示した。下手人については、まだ大院君云々の報知が伝わらない中に「所謂斥和党と号する朝鮮の頑固党の一類たるや疑なし」と断じ、軍艦陸兵に外征出陣の準備をさせ、遣韓特派全権弁理大使を任じて和戦文武の全権を委任し、これに軍を率いさせてソウルに向わせよ、海陸軍の兵力は十分に強大であることが望ましいという。

そして、いち早く指摘するのは清国の動向である。もし清国が日本の行動に妨害を加えようとしたならば断じてこれを許さず、「其理非曲直は北京城下の盟に決す可しと覚悟す可き」だというのである。従って後援の戦艦兵士はいつでも出発できるようにしておかなければならない、また日本朝鮮両国の間は「七月廿三日以後既に其交誼を断ち、……戦陣に相見るの交際なり」ともいう。

そして、このように戦争準備の提言をする一方、乱後の処置についても言及する。即ち、乱後は花房公使を「朝鮮国務監督官」に兼任して「同国万機の政務を監督する」こととし、「開国主義の人を輔翼保護し、之に同国の政府を委す可し」といい、しかもその監督官が「全国政務の改良を監督する間は、短くして六、七年、長くして十数年間、一隊の護衛兵を京城に屯在せしめ、衣食住等総て朝鮮政府の供給する所とす可し」とするもので、以上は福澤主筆の執筆である。(8)

この事後措置が実行されるようであれば、朝鮮はもはや独立国ではない。属国である。『時事小言』に述べられた、西洋諸国に対するアジア東方の保護を日本の責任だとする考え方、火災を防ぐためには、場合によっては我が家に等しい石室を強いて造らせるというやり方の具体的発現は、実にこのようなものであった。福澤主筆がこれを以って他国人を服させ得るやり方と考えたことは、不思議という他はない。

だが、委細構わず論は進められる。「頑固党」は朝鮮人以外のすべての人類と物を排斥しようとするのであるから「彼の暴徒は文明の敵」である。また、政府の中にも「保守党」と「改進党」とがあって、保守改進のどちらが勝を制するにせよ、早晩一度は腕力に訴えることがあるだろう。従って今回の事件は、日朝関係に止まらず「彼の国の内政一変の時」が来たものともいえると観測する。

そして、日本の使節は武力で乱民を圧倒し、開明的な国王と交渉を行わねばならない、もし政府が乱民に脅かされているならば、日本の兵力を朝鮮政府に貸して「改進党」を助け、政府の施政を保護することが必要であると、論調はやや平静さを取り戻し、乱を起したのは朝鮮政府ではなく乱民であると判断する。従って日朝の政府関係に変動はなく、親睦の情誼を増して交際を固くすべきであるともいう。(9)

このような武力を背景にした政策の提起は、当時の『東京日日新聞』の論調と対照的なものであったらしく、本紙はそれを駁して不可であるとしている。但し本紙が、派遣する武力が直ちに開戦の結果を招かぬように固く戒めている点は注目しておく必要があろう。

こうして口火を切った壬午軍乱関係の論説は、この年の八月上旬から九月末まで、実に二三本の多きを数え、その中には長文の連載も少なからず含まれている。これを一々詳記する紙幅はないが、次にその問題点を述べてみよう。

まず「朝鮮事変続報」では、交渉の相手は新たに政権を握った大院君の率いる「叛賊ノ政府」ではなく、乱以前の政府であると繰返し強調しているのに反し、(10)続く「朝鮮事変続報余論」では、国王が無事であり、王父大院君が政権を握ったことからみて、「今回朝鮮の事変は単に其国の開鎖論のみを以て解く可らず」と判断し、このため俄かに前論を翻して「外国の交際法に於て相互に其内政に干渉するなきは当然の理にして、朝鮮政府の内部に如何なる変乱を生じて如何なる官吏の更迭あるも、我日本人の関する所に非ず」という。(11)事情が漸く判明し、この乱の複雑性が理解されるにつれて、深入りすることの危険を恐れたためと推定する他はない。また、日本としては公使館が襲撃されて死者が出たことの罪を問い、今後の安全を保証させればそれで充分だとも述べ、「国の実力」を有する政府との交渉を望むのである。そして一方において、朝鮮の国情を理解させるために社説欄の紙面を大量に費している。(12)

次いで、大院君政権に対して、要求条件が容れられれば和、そうでなければ戦だと述べ、清国官吏が既にソウルに在って調停の意があるようだが、交渉は容易にまとまらないであろうから、その場合は釜山、江華島その他どこかの要地を占領して「談判の抵当」とし、速やかに局を結ぶことを主張する。(13)また、出兵の目的は使節団護衛、居留民保護、交渉を求める要求のための行動、交渉開始から終結までの保証の四点であるとして、早急な行動開始を求める。(14)

そして、この事件の内容を国民に納得させるために、秘密主義を排して大いに新聞を利用すべきことを政府に勧告する。[15]

さらに、清国の馬建忠が三隻の軍艦を率いて芝罘を出発したという報知に触発されたためか、日朝清三国の太古からの関係を略述する。その中には、朝鮮人は「北狄」の清国人を甚しく賤しむが、また豊臣秀吉の文禄・慶長の役の惨虐な行動のために、日本人を恐れ憎むことが述べられており、現在のことに関しては、清国政府が「朝鮮を属国視するの妄念を断ち」、朝鮮の発意に任して日本に謝罪させるか、または「隣国の好を以て」謝罪の至当なことを勧告すれば日朝清三国は共に平穏無事で東洋の幸福であるが、「支朝合して陰に我れを敵視し」、清国が日本に敵対するならば、「彼の所望に応じて戦を開き、東洋の老大朽木を一撃の下に挫折せんのみ」という。[16]

こうしている間に花房公使はソウルに入った。[17]その報を受けると、朝鮮人の目前に兵力を示すのは事件終結を速やかにするためであると強調し、その国土を奪っても実利はなく、煩いのみ多いと注している。[18]次いで、清国は日朝関係に介入しない模様であると観測し、介入がなければ平和の結局はたやすく速いであろうという。[19]

しかし、清国に対する疑念と反感に満ちた長文の論説がその翌日から掲載される。そこでは、李鴻章が日本は財政困難のために朝鮮と台湾を取ろうとしていると朝鮮人に告げているが、他国の土地を取って、その土地人民を日本内地と同様に護るためには莫大な費用がかかるから、そうした策はとらないと断言する。そして、李鴻章が朝鮮人に日本のことを中傷するのは、日朝間の関係を離間して、日本を東洋社会から「擯斥」し、アジアの全権を清国一国の手に握ろうとする深意ではないかという。[20]このように本紙が激しく李鴻章に詰問するのは、さきに朝鮮に向けて発航させた三隻の軍艦の使途を怪しんだためである。福澤主筆は、その行動の敏速さと強大な兵力とが、朝鮮に向けられたものでなく、日本に対する「虚喝」を示すものではないかとの疑念を表明し、朝鮮が清国の属国であるという考え方がこの行動に現れていると見ている。

しかし、この論説の発表後三日目に、朝鮮に到着した花房公使が交渉をすませて済物浦条約に調印したことが報道された。(21) 妥結の内容は、下手人の逮捕厳刑、賠償金五五《ママ》万円の支払い、公使館保護のための駐兵、謝罪使の派遣その他で、本紙はそれが従来の論説と大差ないものとして大いに喜んでいる。もっとも、清国が既に派遣していた馬建忠や、大院君らの動き（馬建忠は大院君を逮捕して清国に送る任務を帯びていた）についてはまだ実状を把握していなかったために、「内に大院君の斥攘論あり、外に支那の嫉妬猜疑あり」その中での外交上の成功であるとの讃辞を贈っている。馬建忠が大院君を拉致した報は、その翌日に掲載された。(22) そして、彼を拉致して国政に関与させないことは、日朝清三国関係を保持する上での「一慶事」であるとしているが、この事態をにわかに理解できなかったらしく、さらにその翌日には、清国の行動は了解に苦しむとし、ともかくも朝鮮人と密接な関係を保って清国の行動を制肘すべきであると説き、(23) これに続いて、朝清問題は「我外交上ノ第一緊要事」になったとしている。(24)

次いで、乱後の朝鮮問題にどう対処するかについて、次ぎのように述べる。大院君が国外に拉致されたから開化派が政権を執ることになるかと思うと、圧倒的多数は「旧来の頑固党」であるから決してそうはならないと朝鮮の政治家は語った。従って朝鮮が文明に進むためには「全国の人心を一変する」方法を考えなければならない。その方法は、港湾・灯台・電信・郵便・鉄道・汽船・新学術の学校・新聞などの「文明の新事物」を輸入させる他はない。そこで、今回の賠償金五〇万円を一旦受けとってからこれを贈与し、新事物輸入費の補助とさせるのがよい。これによって朝鮮は文明に進む気持を起し、清国は猜疑心を解くであろうというものである。(25)

㈢　壬午軍乱以後

しかし、本紙の基本的な考え方は、やはり弱肉強食の世界に処するに武力を以ってすることである。そして、西洋列強は勿論であるが、その他に殊に清国を恐れていた。「今後十数年の気運に於て東洋亦一強国を出現するなきを期す可らず、我輩の所見に於ては支那国、即是なり」。「支那も亦敵国中の一」で近隣の国であり、これが全国の兵制を一変して陸海軍を充実したならば「東洋諸国よく之に当る者はなかる可し」。しかしまた、もし西洋列強が清国を分割してそこに強兵を置くというような状況になったならば、西洋列強の脅威は直接的なものとなる。その場合には日本も進んでその分割に加わらなければならない。こうした予測もあり得るのに、現在の日本の兵力の貧弱さは甚だしい、と本紙は強調するのである。(26)

しかし、朝鮮問題は一歩宛前進する他はなかった。乱後、直ちに行われなければならないのは、(1)釜山—ソウル、ソウル—仁川、ソウル—元山間の電線架設、(2)ソウル公使館の護衛兵を一〇〇〇人以上とし、仁川碇泊の軍艦は三隻以上とする、(3)郵船定期航路として長崎—釜山—元山—ウラジウォ、横浜—釜山—仁川—芝罘—天津の二線を設けるの三点であると本紙は提案する。(27)そして乱後清国政府の朝鮮に対する干渉が増大したと憂え、(28)親清的な朝鮮政府と清国の双方から「軽侮」される恐れがあるという。(29)こうした判断を下すのは、清国が乱後、朝鮮に駐留させた三〇〇〇の大兵力（日本兵は二〇〇）が背景になっているためで、本紙は、駐留や大院君の拉致などを行うのは他国の権利侵害であると主張する。(30)そして花房公使が交渉をすませて帰国し、(31)乱の被害者のことが報じられるような時期になると、(32)新たに清国との関係が問題視されてくるのである。(33)

そこで本紙は稿を新たにして、この問題を大きく取りあげる。まず基本的な方針は『時事小言』の時以来変ってはおらず、「三国の文明を謀り、共に文明の賜を与にして、共に自国の独立を固くし、東方復た西人の鼾睡を容るゝなきこと、我責任の終局なり」という。

しかし、乱後の清国の朝鮮に対する干渉行動からして、これに対する敵意が論の中心になる。清国は日本の東洋政略を害するものであり、これに処するに退守、進取の二法がある。仮りに退守の策をとる場合は、当然のことながら日朝清三国が共に文明を謀るというような密接な関係を結ぼうとする意図を捨て去り、清国と朝鮮には唯公使を派遣しておくだけで東洋に何事が起ろうとも傍観し、退いて実力を養って「十数年後の謀」を行う。（〝十数年後〟というのは、先に述べた今後十数年たつと清国が強国になるという見通しを指すものであろう）。しかし日本が退守策をとっている間に、清国は朝鮮を併合して「廃国置省」を行う可能性がある。その場合にはロシアは傍観してはおらず、元山辺りに進出するかもしれない。そうなれば他の欧州列強もこれを黙止傍観してはおらず、「東洋全面乱れて麻の如し」という状況になるであろう。こうなった場合にも日本が退守策をとって動かないということができようか。

従って、退守策は机上論であり、日本のとるべき道はやはり進取策しかない。進取策には政略と武力との両面があり、政略については自信があるが、武力は備えが乏しいから今から軍備を充実しなければならない。そして、差当りその軍備によって朝鮮の独立に対する清国の干渉を防がなければならないのであって、実にこれは「焦眉の急」である。また、清国が漸次軍備を増強して朝鮮の廃国立省を行い、琉球還付を要求してきた場合には止むを得ず開戦となるが、この場合、日本の軍備が充実していないために敗北すれば、清国海軍は東京湾に侵入してその一帯を荒し回り、上陸して蛮行をほしいままにするであろう。これを「極端の議論なりと評せらるゝも、敢て之を辞せず」というのである。(34)

以上のように、本紙は対清問題を軍事面で極めて深刻に受けとめているが、差当り軍備が充実していないのであるから、朝鮮に関しては軍事的強硬論の登場する余地はなく、(35)清国の直轄領となることを恐れつつも、これに対抗するためにはひたすらに「我所得ノ学問」による開化に望みを托し、(36)本紙系の文化使節三人の朝鮮招聘に当っても、儒教主義の清国の圧倒的影響下ではその効果が薄いから「晩成ヲ期スル」他はないとする。(37)且つ、日本の洋学の歴史の長いのに反して朝鮮のそれは短く、攘夷論の盛んなのも嘉永以後慶応年間に等しいのであるから、今はただ「率先の人物を得て国人一般の心を開くこと緊要なり」という。そして朝鮮にゆく文化使節の牛場に望むところは「私心を去り、猥に彼の政事に喙を容れず、……唯一貫の目的は君の平生学び得たる洋学の旨を伝て、彼の上流の士人をして自から発明せしむるに在るのみ。自身既に発明するときは、政治の変革、風俗の改良の如きは誠に易々たるもの」であるとするのである。

論はさらに清国問題に及び、清国が朝鮮を属国としていたのは、従来は虚名に過ぎなかったが、現在は事実となっている。しかし、清国の富とそれによって造られる軍事力に対抗しようとするのは無理ではなかろうか。それよりも「我日本上流の士人に固有なる近時文明の思想」を恃み、これによって朝鮮人を誘導することを心がけるのがよい、としている(38)。

これに続いて、外交面での朝鮮の独立問題が提起される。まず歴史的に見て朝鮮が清国の属国であった事実はないことを述べ、日本及び米国と朝鮮との条約が独立国であることを認めているのに、清国がこれに抗議しないのは、朝鮮の独立を承認したものであるという。そして壬午軍乱に三〇〇〇の大兵を送って介入してきたのは、この外交的失敗を糊塗するためであろうと推定する。また、乱後様々な形で清国は宗主権を強化したが、一八八二年十月に締結された中国朝鮮商民水陸貿易章程は朝鮮を属邦とし、他の外国に与えられていない諸権利を清国のみに付与している点を衝いて、この問題に関する外交接衡の必要なことを説いている(39)。

しかし、文化問題に依拠しても、外交問題に突破口を見つけようとしても、朝鮮における清国の支配的立場は揺がない。そこで、朝鮮に対する働きかけは「徒労」だから自今は放任し、自ら開眼するのを待つ退守主義をとるべきかと自問しながら、やはり清国の干渉がある限り何らかの朝鮮対策を打出さねばならぬと主張する(40)。そして、ここに差し当って清国に対抗するささやかな手段の一つとして、仁川定期航路の開設があった。仁川の土地を見た日本人が幾人もいない現在でも、政府の費用で定期航路を開けと本紙は説いている(41)。

また、一方において対清問題についての暗中模索が続く。清国が俄かに軍備を強化して朝鮮での勢力を強化したのは、清国が日本の力を完全に無視できると考えたためであろう。しかし戦端が開かれたら、日本は正規軍の他に三〇万の士族を動員して全国民が死に絶えるまで戦う。このような日本と敢えて戦おうとするのは、清国の改革派が外患を作り出して内政を改革するという意図をもっているためではなかろうか。いずれにせよ戦争は近いかもしれない。軍備の充実と民心の一致によって清国の開戦の企図を未然に断念させる他に方法はないと論じ[42]、あるいはまた、朝鮮における清国の行動は、合併のためか、日本との外患を作りだして改革を推進するためか判らないといい[43]、ひたすらに対清戦争の影に脅威を感じている。

こうした暗い情勢の中で、引続き対朝鮮工作の方途が論じられる。本紙の願いは、朝鮮を開明富強ならしめ、独立国の体面を全くさせて、日本と輔車相依りその光を世界に輝かすことである。そして朝鮮の文明化の中心はソウルにあるから、ここをまず活動の舞台とするために仁川定期航路を開けというものである[44]。

さらに続けて、より具体的な朝鮮対策として、経済面での進出提案が三回にわたって掲載される[45]。これは一つには、さきに朝鮮に渡った文化使節の中の二人が、到底そのことが実行できないと考えて帰国してしまったので、その代案として提出されたものであろう。

そこにいうところは、朝鮮の開明化に役立つ方法として、武力による強制、宗教による感化、学問による誘導などが考えられるが、いずれも有効適切ではなく、借款を与え工業を起させるのが最も効果的である。まず汽船・汽車・電信・郵便・学校・新聞・製造業・鉱山業・充実した陸海軍などの「文明の実物」を彼の国に出現させて天下の人心を動かし、次いで学問による誘導を行うのがよい。借款の金額は、計算によれば三〇〇〇～四〇〇〇万円は可能であるという、破天荒な提案である。

そして、これだけの借款を供与することは朝鮮人の能力から計算して可能であり、またその場合には抵当を取り約条を結ぶから、このために朝鮮は内政改革をせざるを得ず、一石二鳥である。強大国が弱小国に借款を供与する場合には往々にしてそれを政策に利用し、その国民を奴隷視する実例があるが、日本人は徳義を重んじ、且つ自利は利他と合して初めて大利であると考えるから心配はいらない。またこの場合、事業に必要な資材と人材は日本に供給を仰ぐ他はないから、日本としては大きな利益となる。朝鮮でこうした大事業を行うことは、改革の時期到来を待っていてはだめであって、その時期を作りださなければいけない。もし日本が着手しなければ事業は外国の手に落ちるであろう、というものである。

しかし、このような大計画に対しては俄かに反応はない。本紙は再び仁川定期航路に言及して、それが僅かに年二回の民間事業であることを歎じ、政府の負担とすることを要請する。[46] 実際、日本のこのような薄弱な働きかけに対し、米国は進んで朝鮮の独立を認め、条約締結後直ちに公使を送り、朝鮮の高官を招いて積極的な姿勢を見せており、本紙は手遅れにならぬようにと警告を発している。[47]

一方、清国の圧力は相変らず強く、本紙は清国が朝鮮に朝鮮通商大臣兼政務総監を置こうとしているとの情報を聞知し、これは実質的な宰相であるから抗議せねばならないとしている[48]（これは誤伝であったと考えられる）。

折からフランスのベトナム侵略が再開されており、安南とトンキンはユエ条約によってフランスの保護領となった。本紙はこの情勢を見て、一八六七年にフランスがベトナム南部を侵略してから一七年目にベトナム侵略を完成したが、同じ一八六七年（一八六六年の誤まり）に仏艦の来襲を受けた朝鮮が独立を保っていられるのは、ただ船舶用蒸気機関の能力、即ち「文明力」が朝鮮にまで及ばなかったためである。しかし今や西洋の文明力は非常に進歩して、朝鮮は勿論、東洋の隅々まで行き渡ったから、これに圧倒されぬように勉めなければならないと論じた。[49]

同じ頃、欧州の一大強国ドイツに朝鮮侵略の意図のあることも報ぜられる。本紙は、朝鮮は英独露の三国に分割される場合があるかもしれないともいい、朝鮮・清国が各々その国人の手にある中はまだ安心だったが、英仏露独などの西洋列強の手は次第にこれらの国に伸びてきて、もはや遮ることはできないと深刻な警告を発している。[50]『時事小言』に福澤主筆が述べたところは遂に明らかな事実となって現れたのである。

しかもこのような状況下で、日本は何等施すべき手段をもたない。本紙の筆鋒はわずかに改正された朝鮮との貿易規則と税則に向けられたり、(51)英朝・独朝条約の日朝条約より有利な点を指摘するに止まる。(52)

その中にあって、大院君帰国の訛伝は本紙の注目を惹いたことの一つであった。この報が一度伝わると、朝鮮の開化論者で独立を熱望し西洋文明輸入に熱心だった者までが親清的傾向を示すようになり、さらにこれを追って、清国政府が「監国使」という役人を朝鮮に派遣するという噂が高くなると、朝鮮独立論などは一向に聞かれなくなったという。そして本紙は、万一大院君が帰国したら、必ず朝鮮の国事に大変化を起すだろうと憂慮している。(53)

それから間もなく清仏戦争が始まった。その以前の紛争の時期から、清国が属邦と見なすベトナムは、これを独立国と見なすフランスと直接の関係をもちつつあったため、朝鮮人は自国と清国との関係からしてこれに深く注目し、清国は依頼するに足りないと考えるようになったという。且つ朝鮮駐留の清国軍が大いに減員されて朝鮮に対する圧力は緩和された。さらに李鴻章の信任を受けて朝鮮に派遣され、その外交を左右していた協弁交渉通商事務・穆麟徳がその職を免ぜられて天津に帰ったとの報も伝わり、朝鮮と清国との関係は冷却化の傾向が認められた。本紙はこれを、「今の時機は緊急中の最も緊要なるもの」と見る。(54)この言葉は、あるいは朝鮮開化派の領袖・金玉均等と深い関係にあった福澤主筆が、この四ヶ月後に開化派によって起される甲申政変を予知していたことを意味するものではないかと想像されるが、暫く疑問としたい。

一方、英朝条約は引続いて論じられている。新たに批准交換された英朝条約は、ソウルの開市、居留地の拡張、保養または貿易の目的での朝鮮内陸の通行許可、低関税または無税の特典などの点において日本との条約の差が大きく、日本は日朝条約の最恵国条款に従ってこれらの特典を等しく享受すべく交渉することが要望されたが、その後半年ほどたって漸くこの要求が朝鮮政府に受け入れられ、殊に貿易の面で利するところが大きいと、本紙は満足の意を表している。しかしまた、この条約に関し、本紙が朝鮮の立場から憤るところも多い。殊に裁判に関して、実質的に一切の裁判が英国判事の手に帰する点を挙げて深く慨歎し、「朝鮮ノ吏人等如何ニ外交ニ不案内ナレハトテ一葦帯水ノ隣国ニハ鑑スベキ先例多々ニシテ一見以テ利害ノ在ル所ヲ知ルコト容易ナルニ、軽率ニモ斯ル約束ヲ承諾シテ自カラ其手足ヲ束縛ス。実ニ痛歎ノ至ナリト云フベシ」と述べており、また立法権に関しても英国官吏と朝鮮官吏との協議によって成ったものに限るとされていることを、朝鮮の独立を失ったものとして深憂の意を表している。日本の必要とする朝鮮の独立は、こうした形でも列強の魔手に犯され始めたことを、本紙は切実な感情で認識したのである。(55)

同じ頃、清仏戦争の状況に鑑みて、これを清国滅亡の伏線と見なす予想も示されている。清国は十九世紀末に英独仏露及び日本に分割されて東洋のポーランドともいうべき未来を迎えるというのである。その予想図には、朝鮮は、北部は露領となり、南部にのみ僅かに残存することが記されている。(56)

こうした見通しの下にあった頃、在英特別通信員・豊浦生なる署名の長文の論説が掲載された。それはまず、東洋とは地理上の区分ではなく、欧州と異る社会に欧州人が名づけたもので、東洋である限り未来永遠に欧州人の侵略を蒙る。読者はそれを欲するか、それとも東洋を脱して欧米の仲間に加わり、以て未来の苦を免れることを欲するか、という。欧州人がアジア、アフリカに対する国際政策には自由同権の痕跡もない。従って、清国は隣国だから、またインドもアジアの一部だからといって、これらを助けて欧州に抵抗しようとすれば欧州人の攻撃を蒙る。しかし欧州人が日本をアジアの国とするからといって、それに甘んじなければならないということはない。アジア全州が倒されても日本の独立を守ることができさえすればよいのだから、その攻撃を免れるために脱亜をすればよい。興亜会などというものは、日本人の馬鹿律気から出たものである。日本が今まで欧州の大国の侵略を受けなかったのは偶然で、我国民の士気がどれ程充実しても欧州の大国には敵することができない。そのためにとるべき対策は、国の有様と社会の模様を悉く欧州風に改めることで、これが脱亜である。インドや清国に何も義務はないのだから、興亜会などというものを作ってこれらの国と共に文明に進む必要はない。他人を助けて共に溺死するのは仁者の道であっても智者の事とはいえない。欧州化のためには無形の精神の開化と有形の開化とあり、前者はまことに望ましいが一朝一夕に行えないから、政体、法律、衣食住、教育などの有形外形の改革に勉めるのが望ましい。これは真の文明開化ではないが、愚者の世の中には愚策を施さなければならない。この乱暴至極優存劣滅の世界に国を立てて独立を維持するには、ぜひともまず外形の模様を革めなければならない。(57)

以上の論は、福澤の「脱亜論」として知られるものの先駆として、その四ヶ月前に提案された脱亜論で、国の滅亡か脱亜入欧かという形で政策の選択を迫るものであり、この時期の深刻な国際情勢の反映と見るべきものであろう。

まとめ

以上、一八八二年（明治十五）三月一日の創刊から、一八八四年（同十七）十二月十日までの論調を概観してみよう。まず、『時事小言』に福澤主筆が述べたように、強制してでも朝鮮と清国を（西洋）文明化させて、日朝清の三国の連盟によって西洋列強のアジア侵略に対して独立を守るという根本方針の下に、本紙は文明化に反する攘夷―反日的な事件が朝鮮国内に起れば敏感に反応してこれを論じ、また、武威を示して朝鮮の人心を圧倒し、隣国の文明を進めるというような発言をする。しかし元山事件の発生に当っては深くこれを責めることはなく、ただ朝鮮の攘夷風潮に対し、日本が自衛すべきことを求めるに止まる。

ところが壬午軍乱が発生すると、俄かに激昂の色を示し（これは公使館が襲撃されたので国辱と考えたためであろう）、大挙してソウルに押し寄せることを唱える。そしていち早く清国の妨害を警戒してこれと戦う意志を示し、乱の落着以後は公使を「朝鮮国務監督官」に任じて六～七年から十数年もの間「万機の政務」を監督させて開明派を助けるという。これも『時事小言』にいう、強制的な文明化という方針の現われで、その範囲内での他国に対する高圧的な内政干渉は差支えないとみたのであろう。

そして、この線に沿って「叛賊の政府」とではなく、乱以前の政府と交渉するともいうが、事態の複雑性を悟ると、一転して内政干渉は不可といい、「国の実力」を有する政府との交渉を唱えもする。事態は朝鮮一国に止まるものではなく、清国の動きも考慮せねばならなかったためと思われる。

本紙は清国に対して激しい敵意を示したが、それは必ずしも単純な東洋の覇権争いではなく、清国の洋務派政権は本紙の考えるような「文明化」の政策をとっていなかったため、これに東洋政策の主導権を取られることは西洋文明諸国に対する敗北をもたらすものとして、強く忌避したためではないかと思われる。そして、そのような清国が朝鮮を属国扱いにすることを激しく嫌忌した。

本紙の朝鮮政策が「文明化」による国力強化の助長を目標にしていたことは、壬午軍乱の賠償金を一旦受け取った上返還して、人心を一変させるため、学校、新聞、運輸・交通手段などに使用させよと提案したことからもうかがわれ、さきの「朝鮮国務監督官」の駐在云々という属国化的構想が、極端に独善的ではあっても、悪意の侵略構想ではなかったことがわかる。

朝鮮の強化は勿論日本の独立確保のためであるが、それでもそこには、結果的には連帯の精神が存在し、また一種の理想主義も存在していたわけである。それは、一八九八年（明治三十一）に発表される、利益のみを目的とする移民政策などとは異質のものであった。

さて、乱後、本紙は清国の武力が十数年後には圧倒的に強化されて、東洋諸国がこれに敵することはできなくなるかもしれないという見通しを立て、また現時点でも清国が朝鮮の廃国立省を行う場合には進取策をとって開戦せねばならぬと決意しながらも、差当り朝鮮に対しては、電線を架設するとか、定期航路を開くとかいうささやかな働きかけを行うことを提唱し、また文化使節を派遣して、政治に介入せずに「近時文明の思想」を伝えて自ら啓発させるようにすることをすすめる。

そして、当面は朝鮮を事実上の属国としている清国の軍事力と富に対抗することは断念すると述べたり、また逆に、正規軍の他に三〇万の士族を動員して全国民が死に絶えるまで戦うべきことを唱えたりして、その清国に対する論調は一定しておらず、強力な清国の圧力の下で、朝鮮問題を抱えて暗中模索している状況が察せられる。

朝鮮に対する経済面での進出提案を行ったのも、こうした行きづまりを打開するためであったろう。それは、三〇〇〇～四〇〇〇万円という巨額の借款を与えて工業を起し、諸般の「文明の実物」を出現させて人心を動かし、次いで学問による誘導を行って朝鮮を開明化するという構想で、この借款のために日本が朝鮮を奴隷化することは決してないと断わっているが、これは当時の本紙の論調の精神から考えて、偽りとは思えない。

しかし、これは余りに大構想であるから反応はなかったらしく、論説はまたも仁川定期航路開設というささやかな提案に戻るが、清国の圧力は相変らず強く、本紙が苦慮している間に、フランスのベトナム侵略が再開され、ドイツに朝鮮侵略の意図のあることが報ぜられ、西洋列強の脅威を身近に感じるような情勢になった。

その後、ベトナム紛争が一八八四年夏に清仏戦争に発展し、朝鮮に対する清国の圧力が軽減されると、本紙はこれを「緊急中の最も緊要」な時期であると観測する。一気に朝鮮における清国の覇権を覆えそうとする、四ヶ月後の甲申政変を予測していたものではなかろうか。

一方、外交面の変化にも観察を怠らず、英朝条約によって、英国が日本より大きな権利を得、また、朝鮮が裁判や立法権で国権を侵害されるのを憤っている。既に政治面では朝鮮が西洋列強の侵入にさらされているのを明瞭に認識したものである。

このような列強の東洋侵略に直面して、本紙はその事態を深刻に受け止め、かなり絶望的になったようである。この年の秋の観測では、清国は十九世紀末までに列強と日本によって分割され、朝鮮の北部は露領となるというものであった。次いで、日本が東洋国である限り欧州の侵略を蒙るのであるから、この状況下に日本が生き残る道は、東洋との連帯などということは考えるのは止めて、欧米の仲間に加わる脱亜を行わなければならないと結論するに至り、『時事小言』の論旨から一八〇度の転回を行った。

このように見てくると、この時期の本紙の対朝鮮態度は、その独立を保たせるために開化を行わせようとする点では一貫しているが、それを強制することを当然の権利のように考えているために、「朝鮮国務監督官」設置の要求のような属国扱いが生じるほど独善的となり、そのことが、後に本紙の提案が採択される時期になっても、政策として成功しない原因になっていることがわかる。

しかし、本紙論調の一種の理想主義は、償金五〇万円を返還して、人心を一新させるために「文明の新事物」を輸入させるとか、文化使節を送って「近時文明の思想」により内発的な開化を促すとか、巨額の借款によって工業を起させ「文明の実物」を作らせることによって人心を動かすという点に明瞭に現れている。

ところで、これらの提案のなされている間は、まだ『時事小言』に述べられたような日朝清三国の連盟によって東洋を列強の侵略から守ろうという意図が存在したが、清仏戦争以後、東洋の将来に絶望した結果として朝鮮政策をどう進めるかについては、今回扱った時期には明らかではない。次回に扱う時期になると、それが、(論説の中では否定し続けたが) 甲申政変に参画して武力クーデターによって一挙に朝鮮を開化させるという方針であることが判明する。今回扱った時期の論調は、その独善的な点を除けば、朝鮮に対する理想主義の時代であったといえるであろう。

註　＊印は福澤主筆執筆のもの

(1)「朝鮮国ノ変乱」(明治十五年三月九日、以下十五・三・九と略記)。

(2)＊「朝鮮ノ交際ヲ論ス」(十五・三・十一、⑧・二八)。

(3)「花房公使ハ何故ニ渡韓セサルヤ」(十五・四・十七)。

（4）「花房公使赴任」（十五・四・二十）。
（5）＊「朝鮮元山津ノ変報」（十五・四・二十五、⑧・八三）、「朝鮮国元山津ノ近況」（十五・五・八）、「朝鮮政府ヘ要求ス可シ」（＊十五・五・十二、⑧・九四、十五、二十四、二十六）。
（6）「米艦朝鮮ニ入ル」（十五・六・五）。
（7）「無題」（十五・六・十九）。
（8）＊「朝鮮ノ変事」（十五・七・三十一、八・一、⑧・二四三）。
（9）＊「朝鮮政略」（十五・八・二、四、⑧・二五一）。
（10）「朝鮮事変続報」（十五・八・七）。
（11）＊「朝鮮事変続報余論」（十五・八・八〜十、⑧・二六四）。
（12）＊「朝鮮政略備考」（十五・八・五、十一〜十二、十四、⑧・二七五）。
（13）「懸直論ヲ恐ル」（十五・八・十四）、＊「大院君ノ政略」（十五・八・十五〜十六、⑧・二八五）。
（14）＊「出兵ノ要」（十五・八・十八、⑧・二九〇）。
（15）＊「朝鮮ノ事ニ関シ新聞紙ヲ論ス」（十五・八・十九、⑧・二九四）。
（16）＊「日支韓三国ノ関係」（十五・八・二十一、二十三〜二十五、⑧・二九六）。
（17）「花房公使入京ノ電報」（十五・八・二十二）。
（18）「兵ヲ用ルハ強大ニシテ速ナルヲ貴フ」（十五・八・二十六）。
（19）「竹添大書記官帰京」（十五・八・二十八）。
（20）＊「支那国論ニ質問ス」（十五・八・二十九〜三十一、九・一、⑧・三一三）。
（21）＊「朝鮮事件談判ノ結果」（十五・九・四、⑧・三二六）。
（22）「馬建忠大院君ヲ以シテ帰ル」（十五・九・五）。
（23）＊「朝鮮新約ノ実行」（十五・九・六、⑧・三三〇）。
（24）「朝鮮交際ノ多事ニ処スルノ政略如何」（十五・九・七）。
（25）＊「朝鮮ノ償金五十万円」（十五・九・八、⑧・三三四）。
（26）＊「兵論」（十五・九・九〜十・十九、⑤・二九三）。
（27）「朝鮮談判後急施ヲ要スルノ件々」（十五・九・十八）。
（28）「支那政府ノ挙動」（十五・九・十九）。
（29）「不愉快ナル地位」（十五・九・二十六）。
（30）「朝鮮滞在ノ兵員」（十五・九・二十七）。
（31）「花房弁理公使朝鮮ヨリ帰ル」（十五・九・二十八）。

(32)「韓地死傷者ノ扶助」（十五・十・二）。

(33)「日本支那ノ関係」（十五・十二・一）。

(34)＊「東洋ノ政略果シテ如何セン」（十五・十二・七〜九、十一〜十二、⑧・四二七）。

(35)「朝鮮ノ独立覚束ナシ」（十五・十二・二十二）。

(36)「朝鮮開国ノ先鞭者ハ誰ソ」（十五・十二・十四）。

(37)「牛場高橋井上三氏ノ渡韓ヲ送ルノ文」（十五・十二・二十七）。

(38)＊「牛場卓造君朝鮮ニ行ク」（十六・一・十一〜十三、⑧・四九七）。

(39)＊「支那朝鮮ノ関係」（十六・一・十七〜十九、⑧・五〇七）。

(40)＊「朝鮮国ヲ如何スベキヤ」（十六・三・十三、⑧・五七九）。

(41)「仁川ノ定期航海速ニ開カサル可ラズ」（十六・三・十四）。

(42)＊「支那人ノ挙動益怪シム可シ」（十六・五・十二、⑧・六五五）。

(43)「支那人ノ朝鮮策略果シテ如何」（十六・五・十四）。

(44)「日本人ハ果シテ朝鮮ノ誘導者タルカ」（十六・五・二十八）。

(45)＊「朝鮮政略ノ急ハ我資金ヲ彼ニ移用スルニ在リ」（十六・六・一、⑨・五）、＊「日本ノ資本ヲ朝鮮ニ移用スルモ危険アルコトナシ」（十六・六・二、⑨・七）、＊「朝鮮国ニ資本ヲ移用スレバ我ヲ利スルコト大ナリ」（十六・六・五、⑨・一〇）。

(46)「仁川居留貿易商人ノ地位」（十六・七・七）。

(47)「朝鮮開国ノ名誉米国人ニ帰セントス」（十六・八・九）、「米国ノ義声天下ニ振フ」（十六・九・十二）。

(48)「朝鮮政務監理ノ派遣如何」（十六・九・二十一）。

(49)＊「安南朝鮮地ヲ換ヘバ如何ナリシ歟」（十六・十・二十二、⑨・二二二）。

(50)＊「日耳曼ノ東洋政略」（十六・十一・九〜十、⑨・二五二）。

(51)「朝鮮国ニ於テ日本人民貿易ノ規則並ニ税則」（十六・十・二十三）、「朝鮮国トノ貿易手続」（十六・十二・十一）。

(52)「英独両国ノ朝鮮条約ハ我日本人民ニ何等ノ関係アルカ」（十六・十二・二十）。

(53)＊「眼ヲ朝鮮ニ注クベシ」（十七・四・二十二、⑨・四六六）。

(54)＊「朝鮮ニ在ル日本ノ利害ハ決シテ軽少ナラズ」（十七・八・九、⑩・八）。

(55)「英韓条約ハ日本人ニ直接ノ関係アリ」（十七・六・二十三）、「朝鮮国人ハ英韓条約ヲ何ト心得ルヤ」（十七・六・二十四）、「朝鮮ノ貿易」（十七・十二・十）。

(56)＊「東洋ノ波蘭」（十七・十・十五〜十六、⑩・七二）。

(57)「日本ハ東洋国タルベカラズ」（十七・十一・十一、十三〜十四）。

Ⅲ　福澤諭吉と朴泳孝

七　朝鮮開化思想と福澤諭吉の著作
――朴泳孝「上疏」における福澤著作の影響

まえがき

李朝末期の「開化派」領袖の一人である朴泳孝（一八六一～一九三九年）は、亡命地の日本において、一八八八年二月二十四日付の上疏(1)（以下「上疏」と記す）を著わした。この「上疏」は、現在、開化派の思想を包括的に知ることのできる唯一の資料であり、その重要性については、すでに金熙一氏が指摘されたところである。(2)また「上疏」に福澤諭吉の思想の影響があることについても、丁仲煥氏の指摘(3)がある。

本節では、「上疏」にみられる福澤著作の影響を考証し、それに基づく若干の考察を行うこととしたい。「上疏」全文の中、福澤著作の影響が認められる部分は、全文の約四分の一にあたり、残りの部分は、その現実認識及び政策と、儒教思想によって占められている。従って、「上疏」全文を検討するためには、後者の四分の三の部分の考察をも併せて行わなければならないが、問題が広範囲にわたるので、とりあえず前者に限るものである。

さて、福澤の思想が、他のアジア諸国に及ぼした影響については、和田博徳・川本邦衛両氏の指摘がある。(4)和田氏によると、福澤の影響は、中国においては、主として梁啓超、ベトナムにおいては、ファン・ボイ・チャウ及びファン・チンにみられるという。

前者の例として、梁啓超の「自由書」（一八九九年）・「新民説」（『新民叢報』掲載、一九〇二～一九〇四年）・「論学術之勢力左右世界」・「論教育当定宗旨」・「日本大儒福澤諭吉語録」（夫々『新民叢報』一号・二号・三十八＝三十九合併号に掲載、一九〇二〜一九〇三年）があり、又、呉汝綸の一九〇二年日本教育視察報告（のち『桐城呉先生日記』巻十・教育、所収）及び陳独秀「今日之教育方針」（『新青年』第一巻第二号掲載、一九一五年）にも触れるところがあるという。

後者の例としては、前記両者が、日本留学の後、一九〇七年三月にハノイにつくったトンキンギァトク（東京義塾）があげられる。川本氏は、ファン・ボイ・チャウにおける梁啓超及び福澤の影響について、さらに詳述された。

右のように、福澤の思想は、日露戦争前後の時期に、他のアジア諸国にも影響を及ぼしているが、朝鮮におけるそれは、これよりかなり早く、開化派と福澤との接触は、一八八〇年秋の、金玉均による李東仁の派遣に始まるとされている。翌八一年に、東萊府暗行御史として渡日した魚允中等も亦、同年六月上旬、三田の慶應義塾に福澤を訪問して会談した。その結果、一行中の兪吉濬・柳定秀の二人が慶應義塾に入学、福澤家に寄宿することとなる。さらに、同年末には金玉均が徐光範と共に、訪日の途についた。

一八八二年三月、金は初めて福澤を訪れ、福澤は、彼を滞日の間、自宅に泊めるなどして厚遇した。福澤の朝鮮に対する関心は、この頃から著しく高まり、彼の執筆する朝鮮関係の論説が、相ついで『時事新報』紙上に展開される。金はこの年の七月末に帰国するが、十月には、壬午軍乱後の修信大使・朴泳孝に従って、洪英植・徐光範等と共に、再度渡日する。朴泳孝が福澤との接触をもったのは、この時からであった。福澤はその門下から、開化政策の顧問として牛場卓蔵・高橋正信・井上角五郎の三名を推薦し、彼等はその年末帰国する朴に同行して朝鮮に渡った（牛場・高橋はその使命を全うせず約半年で帰国する）。

一八八三年に入ると、朝鮮人留学生の慶應義塾に入学する者は、六〜七月にかけて三〇人以上に達した。この年の春、朴一行に遅れて帰国した金も、七月に三度訪日し、この頃から福澤との接触はさらに密接となった模様である。十一月には、かねてからの福澤の熱心な勧めに従い、ソウルにおいて、朝鮮最初の近代的新聞といわれる『漢城旬報』が発行される。さきに派遣された井上角五郎の協力によるものであった。

金は、翌八四年四月に帰国したが、十二月、甲申政変の失敗によって、朴泳孝等と共に、福澤の庇護を頼って日本に亡命を余儀なくされる。既に福澤は、前年来この政変の計画に深い関係を有するものであった。

これより後、金・朴とも、一八九四年における前者の遭難死亡、後者の帰国に至るまでの一〇年間、その福澤との関係は浅からざるものがあるが、ここでは両者の関係において「上疏」が占める時間的位置を示すに止め直ちに本論に入ることとする。

(一)　福澤の三著作とその思想的淵源

「上疏」において、その影響が認められる福澤著作のうち、主要なものは『西洋事情』『学問のすゝめ』『文明論之概略』であり、ことに『西洋事情』の影響が圧倒的である。この三著は、福澤の「数多い著作の中で最も重要なる三部作」で、その「全著書、論文の総論と見做すべきもの」(5)といわれている。しかし又、『西洋事情』はいうまでもなく、後二者も、外国書の強い影響の下に書かれたものである。そこで、(二)で行う「上流」と福澤著作との対照に先立って、ここでは前記三著作における外国書の影響について述べることにする。

ところで、右の問題については、今日我々は伊藤正雄氏の精緻な労作『福澤諭吉の研究』(6)の中に、これを見ることができる。そこでこの章で述べることの多くは、この伊藤論文に従うものであることをお断わりすると共に、その学恩に深く謝意を表するものである。引用はきわめて多岐にわたるので、この著に限って、引用の頁数を註記する煩を避け、次に一括して記す。同書七一〜一五八頁、一七三頁〜二三九頁、横組部分1〜77頁。註記のない括弧中の文は同書のものである。

にかかる。

（a）『西洋事情』

『西洋事情』は初編、外編、二編の三部作で、夫々一八六六年（慶応二年十二月）、一八六八年、一八七〇年の発行[7]

後年自ら述べているように（①・二六）、彼の著作中最もよく読まれたもので、その発行部数は、偽版も加えると、二〇万乃至二五万部にも達し、「朝に野に苟も西洋の文明を談じて開国の必要を説く者は一部の西洋事情を左右に置かざるはなし」と自負するほどであった。またこの書の内容は、『学問のすゝめ』『文明論之概略』以下に、きわめて大きく投影されており、まさしく福澤の全著作の原型の観を呈している。

そして「出版の時の考には、天下にコンナものを読む人が有るか無いか夫れも分らず、仮令ひ読んだからとて之を日本の実際に試みるなんて固より思いも寄らぬことで」（⑦・二五八）あったのが、後に土佐藩士福岡孝弟をして「実ニ一編ノ西洋事情ヲ模範トシテ、大政一新後ノ新政体ヲ定メタルナリ」[8]と回想させるほどの実効をも、あらわしたものであった。

初編、外編、二編とも「福澤諭吉纂輯」と明記され、初編の「小引」にいう。

「……余窃に謂らく、独り洋外の文学技芸を講窮するのみにて、其各国の政治風俗如何を詳にせざれば、仮令ひ其学芸を得たりとも、其経国の本に反らざるを以て、啻に実用に益なきのみならず、却て害を招んも亦計るべからず」

注目すべきことは、「洋外の文学技芸」と「其各国の政治風俗」を対照させ、後者が「経国の本」にかかわると述べている点であろう。清末の政治思想においても、この二つのもの——「西学」と「西政」に対する関心は、夫々洋務論と変法論を発生させている。このことと「上疏」との関係については、本節の結論で若干触れることにしたい。

さて、初編は、この基本的観点にもとづき、「英亜開版の歴史地理誌数本」から抄訳し、さらに、彼の二度目の外遊（一八六二年）における見聞録[9]と「経済論等の諸書を引て編輯」された（初編「小引」、①・二八六）。

外編の観点も初編と同じく、「柱礎屋壁の構成を知らずして、遽かに一家中の部曲を検視するが如」き弊を防ぐために、「英人チャンブル氏所撰の経済書を訳し、傍ら諸書を鈔訳し、増補して三冊と為し」た（外編「題言」、①・三八五）。

「チャンブル氏所撰の経済書」とは、英国のエディンバラの出版業者 William and Robert Chambers が、「倫敦及びエヅンバラァで出版した Chamber's Educational Course と題する叢書中の一冊、Political Economy, for use in schools, and for private instruction と呼ぶ袖珍判百五十四頁の小篇[10]」であるが（以下チ版『経済論』と略称する）、「その初版は十九世紀中葉と知られるのみで」刊年・執筆者共に不明である。[*1] この書は、前記一八六二年の外遊の際持ち来たされ、「福澤が手にすることのできた西洋経済書の最初のもの」であった。

外編「題言」と伊藤論文によると、福澤は、この書（全三六章）の前半「ソサイヤルエコノミー」の部分（七章を除く一～一四章）と後半「ポリチカルエコノミー」の部分の一部（一五～一八章）を訳出したもので（外編の章別と配列は、原書のそれに正確に対応し一七章より成る）、残りの部分については、同じ頃（慶応三年）発行されて同趣旨の内容をもつ『経済小学』（ウィリアム・エリス著、神田孝平訳）を併読して補うようにと、福澤はすすめている。〔伊藤は福澤の〕同書の「訳文は、きはめて達意の自由訳で、少しも翻訳臭をとどめない」ものという。

一方、「題言」にいう「傍ら諸書を鈔訳し」の、「諸書」の一つは、F. Wayland の The Elements of Political Economy（後述）である。すなわち、外編巻之三の中の「私有の本を論ず」の一節「勤労に別あり功験に異同あるを論ず」は、同書の第一編 Of Production 中の勤労論の一節 Of the Different Products of the Various Forms of Industry（ボストン版五二～五六頁）の訳であるという。

二編において、「西洋普通の事情」の紹介は三度繰返され、その巻之一を「備考」にあてて、「人間の通義英版ブラッキストーン氏の英律を抄訳す及び収税論亜版ヱーランド氏の経済書を抄訳す」を収録する。

右の前者は、英国十八世紀の著名な法学者 William Blackstone（一七二三〜八〇）の代表的大著 Commentaries on the Laws of England（一七六五〜六九）全四巻中の第一巻 Of the Rights of Persons の第一章 Of the Absolute Rights of Individuals（一二一〜一四五頁）の翻訳であるが「原文と対照すると、福澤の訳には、相当の省略がある」。

後者の著者 Francis Wayland（一七九六〜一八六五）は、「米国の僧侶」で「一八二七年から五五年までブラウン大学総長の任に在」り、倫理哲学をも講じた。「収税論」は前記 The Elements of Political Economy（一八三七年初版、以下ウ氏『経済論』と略称する）の「第四編 Of Consumption の第三章 Of Public Consumption」[11]の翻訳である。

(b)『学問のすゝめ』

同書は一八七二年に初編を刊行し、一八七六年に十七編を以って終え、一八八〇年に「合本」となった。「仮に初編の真偽版本を合して二十二万冊とすれば、之を日本の人口三千五百万に比例して、国民百六十名の中一名は必ず此書を読たる者なり」（③・二三）、「毎編凡そ二十万とするも十七編合して三百四十万冊は国中に流布したる筈なり」（①・三八）と自から称するほどの、『西洋事情』に劣らぬ普及を示した代表作である。

伊藤論文は、この書に、「福澤がこれまで多方面に吸収した洋学の知識を、ギリギリに煎じつめたエキス」「前期の著作の総決算ともいふべきもの」という評価を与え、さらに、明治十年代の自由民権運動の激化時代に、「天は人の上に人を造らず」の言葉が、「うたひ文句として、盛に利用され」た諸例をあげている。

福澤は、この作以後、「福澤諭吉著」と記して、その独自性を明らかにしており、事実その通りではあるが、しかし又、自ら「書中に記す所は、西洋の諸書より或は其文を直に訳し或は其意を訳し、……学問の大趣意を示したるものなり」と、二編端書に記しているように、訳述書の性格も有する。

この著に関係のあるものとして、次の諸書があげられる。チ版『経済論』、H・T・バックル著『ヨーロッパ文明史』（後述）、ウ氏『経済論』及び同じ著者の The Elements of Moral Science（一八三五年初版、福澤使用の版は一八六五年改訂版らしく、以下頁数はこれに従う）。

そして、就中、後一者に負うところのもっとも大きいことが知られている。同書（以下ウ氏『修身論』と略記する）は、牧師であった著者の、経済の原則は道徳の精神と一致するという観点から、前記『経済論』の姉妹篇として書かれ、キリスト教道徳を中心にして説いたもので、次の構成に従う。

Theoretical Ethics, Practical Ethics の二編からなり、後者が Love to God, or Piety, Duties to Man の二部に、さらにこの第二部が Reciprocity と Benevolence とに分れる。そして、このうち、第二部の Duties to Man ことにその Reciprocity の部分が最も多く摂取されているという。『学問のすすめ』の中、「上疏」に直接・間接の関連があると考えられる部分は、初・二・三・六・八・九・十二の各編であるので、以下この部分にかぎって、その典拠をみていきたい。

板倉卓造氏によると[12]、二編＝The Duty of Reciprocity（一九一頁以下）、六編＝The Duties of Citizens（三六三頁以下）、八編前半[13]＝Of the Nature of Personal Liberty（二〇二頁以下）の如く対照されるが、伊藤氏はさらに次の事実を明らかにしておられる。

初編＝「天は人の上に人を造らず」云々の思想は Reciprocity の精神を簡潔に表明したものである（アメリカ独立宣言に由来すると考える木村毅氏等の説もあるが、伊藤氏は、これも排するわけではない）。また、実学思想などに関してウ氏『経済論』第一部の中の「勤労論」及びチ版『経済論』五・一四の各章の影響も認められる。

二編＝チ版『経済論』三章からの影響もある。

三編＝前半の「国は同等なる事」は The Duty of Reciprocity の末尾 The Law Applies to Communities（一九八頁）からの着想であるが、後半は福澤独自のものである。

六編＝「私裁」についての論は The Duties of Citizens の影響であるが、「敵討ち否定論」は Of Civil Society（三四五頁）及び前編 Theoretical Ethics 第七章 Of Natural Religion（一一八～一三一頁）から影響されている。又、執筆の際、同書簡約版を参照した跡が濃い。

八編後半＝福澤独自のものが多いがウ氏『修身論』の Duties Which Arise from the Constitution of the Sexes（三〇六～三二六頁）との関連が見出され、福澤の男女論、親子論の源泉は、チ版『経済論』と共に（後述）ここに求められるという。又、読書上の影響としては、J・S・ミルの On the Subjection of Women（一八六九年）も見逃せない。

九編＝その冒頭の部分には、ウ氏『経済論』第一部の中の勤労論の影響が認められる。

（c）『文明論之概略』

同書は一八七五年の刊行で、「明治七八年の頃に至りては世態漸く定まりて人の思案も漸く熟する時なれば、此時に当り西洋文明の概略を記して世人に示し、就中儒教流の故老に訴へて其賛成を得ることもあらんには最妙なりと思ひ」（①・六〇）著わされたものである。全六巻、一〇章より成る。

丸山真男氏は「此書は彼の基本的な考え方を最も鮮明に示す著作」であると評し[14]、遠山茂樹氏は、『学問のすゝめ』と、この書との「相互関係をつかむことが、彼の思想を理解する鍵」とみる[15]。

自らその「緒言」（④・五～六）に「直に西洋諸家の原書を訳せず、唯其大意を斟酌して之を日本の事実に参合した」と述べ、「西洋の諸書を引用して其原文を直に訳したるものは其著書の名を記して出典を明にした」が、その大意をとり、又は参考としたものは、一々出典を記さないとしている。

書中にその名が見えるものの、正確な書名・著者名は次の通りである。

François Pierre Guillaume Guizot（1787-1874）"Histoire de la civilization en Europe depuis la chute de l'Empire romain jusqu'à la Révolution française"（1828-1830）全二巻[16]。C. S. Henry 英訳 "General History of Civilization in Europe"（1873）

Henry Thomas Buckle（1821-1862）"History of Civilization in England"（1857-1861）[17]

John Stuart Mill（1806-1873）"Considerations on Representative Government"（1861）, "Principles of Political Economy"（1848）[18]

右のギゾーとバックルの文明史は、慶應義塾の三田移転（一八七一年）後間もない時期に、福澤自身により講義されており、ことにバックルのそれは、「気焔万丈痛快適切なる説を吐かれた」[19]という。

ギゾーは一八一二年にパリ大学の歴史学教授となり、又政界に進出して、「秩序と自由」「法律の尊重と君主制」を掲げる「立憲王党派」に属した。七月革命の後には、極端な保守主義者に変り、一八四七年首相にもなったが、ルイ・フィリップの没落と共に、一八四八年、英国に亡命した。歴史の領域では、文明史の概念を確立し、社会学的分析を始め、フランス近代史学の出発点として評価されている[20]。一方、バックルは、実証論の立場に立つ歴史家で、一八四〇年以降大陸に旅行して、文明史の研究を志し、前掲書を著わすに至った。人類文化発展の要因として、自然条件を重要視し、一種の唯物論的歴史哲学を唱えて、思想界に著しい影響を与えたという[21]。

ミルは、周知のように東印度会社解散までの三五年間、ここに勤務しつつ、十九世紀イギリス実証論の基礎を築いた。晩年には、少時下院議員としてグラッドストーンの率いる自由党左派に属したという。ここにあげた二著その他において、ミルは、ブルジョア民主主義の原理を、曖昧で空想的な社会的夢想と結びつけようとして、イギリスの自由貿易論者の代表者として立ち現れた、とも評せられている[22]。

さて、同書の中、第二・三・四・五の各章が、「上疏」と直接・間接の関連があると考えられるので、その部分の典拠を、津田左右吉[23]・伊藤正雄両氏の考証に従って見ていきたい。

津田氏によれば、第三章の、文明は人間生活のあらゆる事柄に関するものであること、文明以前の民衆の生活の四つの状態、などはギゾーの説で、第二章の、文明の世には人の精神の働きが多方面であると説いた部分も、彼の説からの脱化である。しかし第四～七章のうち、「智と徳とを対照してそのはたらきの違ひを説き、文明の進歩は徳よりも智によることが多い」という点、及び「政府や英雄の力で世を動かし文明を進歩させることはできないとし、……人民一般の気風といふものを重く見る考」はバックルの影響によるものという。

ミルについては、第三章で、多数決の不合理性の叙述の際に、その『代議政治論』を援用し、又、彼の自由競争・自由経済の主張（「「ミル」氏著述の経済書」）に否定的評価を与えている。これらは、共に、福澤自身が明記するところである。

また、伊藤氏は、第二・三章の「政体論」にチ版『経済論』の影響をみておられる。

福澤三著作の、「上疏」に関係のある部分についての、思想的淵源は、ほぼ右のようなものであった。そこで、次に、右の三著及びその典拠となった外国書の思想について、若干補足しておきたい。

まず、チ版『経済論』＝『西洋事情』外編では、経済学は、道徳・政治などとは異り、自然科学と等しい法則を有するとし、経済学研究の目的は「唯其定則を知て之に従はん」（①・四五九）とするところにあるという。

そして「既に先生の脳裡に宿つて居つた自由主義的経済思想は此の英国正統学派末流の通俗書に接して共鳴する所が大で[24]」あり、福澤は、この書によって「此の世には常に調和的仁恵的なる自然秩序が存するものと観る楽天的経済思想の流を我が国に伝へんとした[25]」。また、同書では「開化を被りたる国に於ては、私有に属する利潤は必ず其主人に附与せり」（①・四七九）として、利子及び地代を是認している。

しかし、次に記すウ氏『経済論』をも含めて、この派の経済学は、日本においては一八七三年頃までに、早くもその使命を終える。福澤をはじめ「世の士君子」は、自由主義的経済思想、ことに経済の原則が道徳の精神に一致するという思想を当時の現実に徴して拒否するに至ったためである。(26)

ところが、この書の前半「ソサイヤルエコノミー」――政治・社会に関する部分は、同じ運命を辿るものでなかった。福澤がこれに学び、これに鼓舞されたものは、「まず第一に人権平等と自由独立の精神」であり、同時に「社会的義務の重要性」であった。因みに、外編巻之一「人生の通義及び其職分」の原題は Individual Rights and Duties（原書三章）であり、同「貴賤貧富の別」のそれは Equality and Inequality ―― Distinction of Rank（同、五章）である。また、『学問のすゝめ』の基本となった、学問の有無が人間の状態を決定するという考え方も、原書五章からでたものという。

さらに、英国立憲君主政体をもって最善とする同書の思想（原書十、十一、十二章）は、外編巻之一「政府の本を論ず」、巻之二「政府の種類」「国法及び風俗」に収められたのち、前記のように、『文明論之概略』第二・三章の政体論にまで投影した。

外交論としては、九章が、「各国交際」として、外編巻之一に収められているが、原書（一八頁）の"Might makes right, and the weak suffer"という諺は、のちに「大砲弾薬は以て有る道理を主張するの備に非ずして無き道理を造るの器械なり」（『通俗国権論』一八七八年、④・六三七）の訳文に化したという。

最後に、この書は、前にも触れたように、ウ氏『修身論』と共に、『日本婦人論』（一八八五年）以下の家庭論・男女論の基となった。原書二章 The Family Circle（外編巻之一「家族」、①・三九〇～三九一）がそれである。

次に、ウ氏『経済論』『修身論』の二書は、「福澤生涯の根本精神たる独立自尊の信念をはじめ、実学主義、科学主義、人権主義、合法主義等の諸精神」に大きな影響を与えた。

『経済論』の方は、「英国正統学派の経済理論を基礎とし、幾分米国学派の理論を参酌して、これを平易通俗に表明したにすぎないもの[27]」であったが、「アメリカで教科書の形で著はされた最初の経済学」（三辺清一郎氏、伊藤論文所引）として、米欧両州に広く迎えられ、日本でも「我が黎明期の経済学界に影響を及ぼすこと大」であったという。そして、福澤の「ブルジョア自由主義理論の根幹が、ウェーランドの『経済論』につちかはれた跡の大きいことは、歴然としておほふべきもない[28]」。

一方、『修身論』＝『学問のすゝめ』の中心は、前記のようにその reciprocity 論――「神の目からすれば、人類は一視同仁、無差別平等、ひとしく神の子に相違ないのであるから、人々は生まれながらにして、平等の自由、平等の権利、および義務を享受しなければならぬ」とする天賦人権論である。これから神の要素を捨てて、福澤の平等論（初編、二編）、国権対等論（三編）、自由論（八編）が生れた。またその社会契約論（六編、七編）の論旨は、「ウェーランドの引き写しにほかなら」ず、遵法思想と深く結びついたものである。すなわち、ウェーランドの説は「明らかに Rousseau の民約説を採るものである」が「Rousseau の結論とは反対に、革命の合理性を否認して居る[29]」。六編の「敵討ち否定論」も、七編の martyrdom の説も、この点を福澤が引きつぐことによって生れたものであった（因みに、福澤は、この書執筆の頃までにルソーを読んでいたとは思われないという〈伊藤論文〉が、暫く疑問としたい。前記註29及び註42参照）。

ただし、福澤は、革命論に全く無縁なわけではなく、『西洋事情』初編にアメリカ独立宣言を訳載し（同書の中にフランス革命への嫌悪感はしばしば示される〈二編の仏蘭西・史記など〉にも拘らず、である）、『明治十年丁丑公論』にもその跡を辿ることができる。けだし、複雑多様な福澤の思想は、単純な論断によって捕捉しえないものがあることを知るべきであろう。

最後に、福澤独自の思想をあげなければならない。その一つは、「実学論」であるが、これについては、後に㈢で触れることにし、ここでは、他の一つについて記しておきたい。

前記『西洋事情』初編「小引」における、「各国の政治風俗」を本、「洋外の文学技芸」を末とする思想は、その後、深刻な現実に突き当ることとなり、『学問のすゝめ』では、これについての反省から始めなければならなかった。すなわち、西欧列強に対して、日本の独立を守ろうとして、現実を見る時、日本が「外国に及ばざるものを挙れば、曰学術、曰商売、曰法律」であり「世の文明は専ら此三者に関」する。しかし「事を行ふに当り如何ともす可らざるの原因」――「人民の無知文盲」があった（四編、③・四九）。人民の「無気無力」を一掃することが先決である以上、本となるべきものは「人民独立の気力」＝「文明の精神」（その中心に「実学」が位置する）であり、工業、軍隊・学校等の「文明の形」は末である（五編）。この議論を発展させるためには、さらに一著が必要となった。それが『文明論之概略』である。『文明論之概略』第二章にいう。「其精神を先にして預め妨碍を除き、外形の文明をして入るに易からしめ」るにはまず、「人民一般の智徳」を発生させて、「天下の人心を一変」し、ついて「政令法律」の改善に及ぶ。このとき「かの衣食住有形の物の如きは自然の勢に従ひ、これを招かずして来」る（④・二一～二二）、と。

この「西洋の文明を目的とする」上での、福澤の方法論を、かりに「三段階論」と名づけたい。第四章以下では、文明の根本は「智徳」であるが、徳＝儒教思想は近代化の意識を阻害するものとしてひとまずこれを斥け、「智」をその近代化論の中心に据えるに及んで、ここにその方法論の確立をみるのである。以下この論に拠って内外の歴史の跡を辿るが、その歴史観は、津田左右吉氏の指摘するように[30]、「世の中は進歩する」という思想に立ち、文明の進歩は人民の智力によるとするものであるから、従来の「儒教や神道の尚古的懐古的な歴史観」とは明確に対立する。かくして、以上のすべては「自国の独立を論ず」の第十章に集約されていくのである。

以上、先学諸家の業蹟に蹤って、福澤の三著作、及びこれと関連する外国書の思想を概観した。次に福澤著作と「上疏」との関連を検討することとしたい。

㈡　福澤著作と「上疏」との関連

引用文の頭記のうち、「上疏」は『日本外交文書』（註1参照）第二十一巻の頁数を表わす。

「〔前文〕」

(1)【二九四頁上段4～6行】荐経兵革、而漸来衰弱、及於近世、乃至極度、凡物動極而静、々極而動、亦天地之至理也、豈有極而不変者乎、

【西洋事情外編・巻之二・政府の種類（①・四二〇・6～7行）】治乱極れば、これを一変して、動もすれば従来の政に相反したる制度を立ることあり。是即ち人心の自然に向ふ所なり。[31]

「一曰、宇内之形勢」

(2)【二九六頁上段15行～下段3行】方今宇内万国、猶昔之戦国也、一以兵勢為雄、……故波蘭土耳其、本非微弱之国、……或見裂、或見削、……雖有万国公法、均整公義、……則必致削裂、……公法公義、素不足以為恃也、……大凡欧人、口称法義、心懐虎狼、

【西洋事情外編・巻之一・各国交際（①・四一一・11行～四一三・11行）】各国自立して其本国を守り其所領の地を失はざるは、多くは兵力の然らしむる所なり。……各国交際の有様は、今日に至るまで尚ほ往古夷民の互に匹夫の勇を争ひしものに異ならず。……世の文明に進むに従て一法を設けこれを万国公法と名けり。……欧羅巴諸大国の間には、国力の平均と唱ることありて、世の太平を保つの一大助となれり。……斯の如く各国互に相嫉むの

勢あるに由て、小国の為めに利益あること少からず。……唯国力の平均のみを以ては未だ其争端を制するに足らず。輓近魯西亜、澳地利、普魯士の三大国、共に「ポーランド」を滅して其地を分ち、……他よりこれを問然するものなし。……前条に述る所を以て之を視れば、各国政府の不正強暴を制して全くこれを止む可きの方術あることなし。……故に方今欧羅巴の諸国、礼義文物を以て自から誇ると雖ども、其争端嘗て止むことなし。（尚、『学問のすゝめ』十二編〈③・一〇七〉に、トルコが昔は盛んであって現在衰微していることが、要領よく記されている。）

(3)【二九六頁下段15～16行】夫魯雖君主独裁之邦、然其政治法紀、勝於我邦、

【西洋事情初編・巻之一・備考・政治（①・二八九・8行）】唯国君一人の意に随て事を行ふものを立君独裁《デスポット》と云ふ。

【西洋事情二編・巻之二・魯西亜・政治（①・五四〇・4～5行）】右の如く国帝の権威特に盛なりと雖ども、上下共に其所を失はず、開化日に進み文明月に新にして、……。

(4)【二九六頁下段19行～二九七頁上段2行】其人民楽承英政府之命、不欲自立政府者、無他、英之法律寛、而政治正、人々各安其生、故恐離英政、而再陥苛政也、

【西洋事情外編、巻之一・人民の各国に分るゝことを論ず（①・四一〇・15行～四一一・2行）】其土地の人、自国の暴君姦吏に窘められしに、英国の支配と為りしより以来は、法律寛にして政治正しく、各ゝ其生を安ずることを得るが故に、英国の支配を離れなば再び元との苛政に陥らんことを恐て、自から自国の政府を立つるを欲せざるなり。

「二曰、興法紀安民国」

(5)【二九七頁上段11～12行】法律者、人民処身結交之規矩、而勧正理、禁邪悪、故其行之也、無偏無党、只弁是非

曲直之理、
【西洋事情二編・巻之一・備考・人間の通義（①・四九三・11～12行）】国律は人民の身を処し交を結ぶの規則にして、正理を勧め邪悪を禁ずるものなれば、国の法律を論ずるの大綱領は、先づ理非を弁ずるに在るなり。

(6)【二九七頁上段13～15行】云小児、云大人、云貧賤、云富貴、其身命一也、雖一貧児之敝衣、以法護之、則与帝王之領地同矣、
【西洋事情外編・巻之一・人生の通義及び其職分（①・三九二・11～13行）】小児と云ひ大人と云ひ、乞児と云ひ富豪と云ふも、其生命の貴きは同一なり。貧児の一敝衣も、法を以て之を護るに至ては、諸侯の領地に比して、孰か軽量の別なし。

(7)【二九八頁上段3～4行】臣聞「法貴順俗而治之」則率由旧章、而漸就良道、不可猝変、而惹起擾乱、
【西洋事情外編・巻之二・国法及び風俗（①・四二四・7行～四二七・5行）】稍や開化に進たる国に於ては必ず古風旧例なるものありて、其君主妄慢の権を多少に抑制す可し。……此風俗は往古よりの旧例にて、今俄に之を改めんとせば必ず混乱を生ず可し。……世の文明を進めんとするには、学者の高論に従て法を造るより、寧ろ莽昧夷俗の風を改正するの便利なるに若かずとの理を了解す可し。……右の次第を以て考れば、……法の本は其国の習俗に由て来ること明白なり。……故に一国の人望を得て政を施す者の一大緊要事は、謹で旧物を改正するに在り。

(8)【二九八頁上段9行】癈酷刑、以保生命事、
【西洋事情初編・巻之二・亜米利加合衆国・政治（合衆国憲法修正箇条の中）（①・三四一・4行）】又惨酷非常の刑を行ふべからず。(32)

(9)【二九八頁上段10行】癈孥戮之典、只治原犯、而不可及父母兄弟妻子事、

【西洋事情初編・巻之二・亜米利加合衆国・政治・（合衆国憲法の中）（①・三三五・8行）】大罪あるとも罰、子孫に及ばず、……。(33)

⑽【二九八頁上段14行】野鄙不開之国、人民繋獄被刑、而不解自己之罪者多也、

【西洋事情外編・巻之二・国法及び風俗（①・四二七・14〜16行）】魯西亜、墺地利の如きは、決して然らず。巍々たる官獄に人を禁錮し、数年の久しきを経れども捨てゝ問はず。事実其本人に於ても、何等の趣意を以て獄に下りしや、自から之を了解せざる者多し。

⑾【二九八頁下段6〜7行】厳禁宰相、士大夫、以及庶民、各於私家用刑、而雖係自己之子弟、奴婢、必仰公裁事、

【学問のすゝめ・六編（③・六四・7〜9行）】若し心得違して私に罪人を殺し、或は盗賊を捕てこれを笞つ等のことあれば、即ち国の法を犯し、自から私に他人の罪を裁決する者にて、これを私裁と名け、其罪免す可からず。

此一段に至ては文明諸国の法律甚だ厳重なり。

「三曰、経済以潤民国」

⑿【二九八頁下段14〜19行】国之財貨、猶人之津液也、人保養気血、而流通無滞、則健壮、国繁殖産物、而便利運輸、則富潤、故欲繁殖産物、便利運輸、……修道路橋梁、以便行旅車馬、治河海川渠、以通舟楫槎筏、

【諸文集・交詢雑誌（二十八号）・交通論（⑲・六六七・7〜14行）】然り而して、人民の道徳なり、富有なり、又知識なり、何れも皆文明の元素ならざるはなし。之を譬れば猶血液の如し。血液は生活の元素にして、智徳富有は文明の元素なり。……血液なくして生活ある可らずと雖ども、其脈管に活動循環して始めて人生の用を為す可し。智徳富有も亦これに異ならず。……よく其時代に活動流布して始めて文明の功用を為す可し。今この智徳富有の活動を為さしむるものは何ぞや。唯人間社会運輸交通の路あるのみ。……況や富有の実物の如き、舟車の使

に乏しければ、各処に渟滞して其功能を現はすに由なし。

⒀【二九八頁下段19行〜二九九頁上段1行】凡人之所重者、以衣食住三事為大、無不欲増財致富、給需用、享歓楽、

【西洋事情外編・巻之三・経済の総論（①・四五六・10〜11行）】経済学の旨とする所は、人間衣食住の需用を給し、財を増し、富を致し、人をして歓楽を享けしむるに在り。

⒁【二九九頁上段1〜2行】其法在於治家以質素倹約、治産物、製物、積物、散物、費物、有節而……、

【西洋事情外編・巻之三・経済の総論（①・四五七・1〜7行）】「エコノミー」とは希臘の語にて家法と云ふ義なり。家法とは家を保つの規則にて、家内百般の事を整理することなり。家事を整理するの術は無益の費を省くを以て大眼目とするが故に、「エコノミー」の文字は唯質素倹約の義にのみ用ゆることあり。……経済は畢竟一種の学文にて、之を法術と云ふ可らず。マッコルロック氏[34]云く、経済とは、物を産し、物を製し、物を積み、物を散じ、物を費すに、其紀律を設る所以の学文にて、……。

⒂【二九九頁上段2〜5行】夫売買之道、不啻分布物品於海内、給世間之欠乏、均其有余不足、而以達人之便利、且藉其物品、而助世之文明開化、博人之知識見聞、親人類之交際、而能保太平無事、

【西洋事情外編・巻之三・経済の総論（①・四五八・17行〜四五八・2行）】売買の道は、全世界中の欠乏品を給し、有余不足を平均するの方便なりとして之を考ふれば、啻に天賜の物品を海内に分布して人の便利を達するのみならず、其物品に藉《か》りて世の文明開化を助け、人の知識見聞を博くし、太平無事にして人類の交を親しからしむるに足る可し。

⒃【二九九頁上段5〜9行】且人者不能独処、必頼他而遂生者也、故不得不群居往来、而相助以其長、是以或為士、或為農、或為工、或為商、奔走勤労於往来相交之事、是雖各為自己而然、然若不顧一人、而不通有無、則其一人、必致困窘也、

【西洋事情外編・巻之一・家族（①・三九一・10〜12行）】今、人の所為を察するに、其天稟、群居を好み、此彼相交り此彼相助て、互に世の便利を達するの性質あり。世人或は此理を知らず、独歩孤立して世を渡らんとせし者ありしかども、底到《つまり》其身の幸を失ひ、却て世間の害を為すに至れり。

【学問のすゝめ・九編（③・八六・5行〜八七・14行）】或は工に就き、或は商に帰し、或は官員と為りて、漸く親類朋友の厄介たるを免かれ……（この間に前項と同趣旨の文が入る）……或は自分には世のためにするの意なきも、知らず識らずして後世子孫自から其功徳を蒙ることあり。

(17)【二九九頁上段9〜11行】故有無相通者、是無異於欲給一人之衣食住、使幾千万人員、布在於各処、而力役也、豈非至奇至妙之理哉、

【西洋事情外編・巻之三・経済の総論（①・四六一・6〜8行）】唯一人の飲食を給するが為めにも、数千万の人員、全世界中の各処に布在して各〻一班の用を達せり。其の事情を譬へて一の機関とせば、昌大精巧の妙機と云ふも啻ならず。豈人力を以て整理す可きものならんや。

(18)【二九九頁上段14〜19行】故明此理者、勉耕作、勤工業、励牧畜、務漁猟、普通四海、而無遊民、土地雖少、人民繁多、而命亦長寿、此人民有識而百具殷富之所致、美、英、徳等国皆然、暗此理者、懶惰無作、不通隣邦、而多遊民、土地雖広、人民稀少、至命亦短夭、此人民無識而百具欠乏之所致、

【西洋事情外編・巻之一・世の文明開化（①・三九六・9〜14行）】野鄙草昧の国は土地の広さに比して人口甚だ少し。……其故は食料の不足なるに由て然るなり。文明の国に於ては、耕作を勧め牧畜を励み、工を勧め業を営て、其人口次第に増し、……。又草昧の人は老幼を養ふの法を知らず、且其生活に艱難を凌ぐこと多きが故に、人多くは短命なれども、文明開化次第に進めば随て人の生命も長寿を得るに至る。英国に於て百年以来の人の死生を計て之を平均したるに、国人の寿命次第に増加せりと云。

⒆【二九八頁上段19行〜下段6行】凡富貴利達有二道、一曰「労自己之心力、而兼有益於他人」、一曰「損害他人、而以潤自己」、是以文明之人、各知是非、而無害人利己之事、故皆得以算明私有之財貨、而誇示之、便於営業、愚昧之人、不知礼義廉恥、而縦天然之慾、行暴於他、而利己之事、故民不得以算明其私有之財貨、而陰匿之、難於営業[35]、

【西洋事情外編・巻之一・世人相励み相競ふ事（①・四〇〇・3〜16頁）】富貴利達を致すに二様の道あり。其一は他人の物を奪取ると、其一は自己の力を以て新にこれを起すとなり。……不文不明の世に居て富貴なる人を見るに、必ず他人の損害を成せるものなり。……東洋諸国に於ては、方今の世に至ても尚暴政を恣にし、一時の私欲を以て富人の財を没入することあるが故に、仮令ひ実は富豪なるものも、富豪の風を人に示すは身のために甚危ふし。欧羅巴に於ても、往古封建世禄の乱世に当て、世人安んじて産業を営むこと能はざるが故に、皆財貨を集て竊にこれを貯置きしに、国内の貴族なるものこれを見出して無法に奪取りしこと屢〻これあり。……文明の教漸く行はれ、人々徳行を修め智識を研くに至て、世の形勢全く其趣を異にし、人自から利達を求れば、共に他人の利達を致し、人自から富福を求れば、自己の力を用て他人の物を貪ることなし。

⒇【二九九頁下段15〜18行】夫一人致富之本、則節用勤労、一国致富之本、則保民而不聚財也、人無恒産、而懶惰、不労心役力、而以食人之労役、此奪人之功也、

【西洋事情外編・巻之三・経済の総論（①・四五六・11行〜四五七・2行）】往古の硯学、始めて経済の事に付、書を著し、之を富国論と名けり。[36] 其説に拠れば、人は家法を節して富を致す可きが故に、之を大にして一国に施すときは、亦以て一国の富実を成す可しと云へり。……「エコノミー」とは希臘の語にて家法と云ふ義なり。

【西洋事情外編・巻之三・私有を保護する事（①・四七五・7〜12行）】国法を以て人の私有を保護すれば、国中貧富の別なく皆其恩沢を被らざるものなし。……良政府の下に於ては、一人富を致せば衆人其福を共にす。……私

有を保護するに、其処置の第一着は、先づ人の勤労を保護す可し。

【西洋事情二編・巻之一・収税論・収税の主意を論ず（①・五一三・9～13行）】抑も政府に税を収め、其入、其出より居多にして、余剰の金を貯るときは、必ず悪む可きの弊を生ずるものなり。……若し此金を聚斂せずして国民の手に在らしめなば、生利の資と為る可きに、……。

【西洋事情外編・巻之一・人生の通義及び其職分（①・三九三・15行～三九四・10行）】本来人間の大義を論ずれば、人々互に其便利を謀て一般の為めに勤労し、……不覊独立、以て世に処し、始て交際の道を全す可きなり。……然るに今懶惰無為にして世を渡んとするは、即ち他人をして一倍の労を為さしめ竊に其功を盗むにあらずや。……若し然らずして世の風俗を害する者は、其罪、身を懶惰にして他人の功を奪ふ者に等しきが故に、之を罰して後難を防ざる可らず。
[21]【三〇〇頁上段6～9行】夫人民出税奉公之本志、欲保身家之幸安也、故為政府者、宜任賢良、而保民護国、有識君子列於上大夫、無知小人、列於下隷[37]、禄俸称其品職、而各安其分、則政可治、而民頼而安、
【西洋事情二編・巻之一・収税論・一国の公費を給するの法を論ず（①・五〇六・10～12行）】今政府を維持するが為めに、物を費して租税を納め、其報として生ずる所のものは、手に触る可きの有形物なしと雖ども、其実は国民の所得甚大なりとす。……一身を安穏にし、私有を保ち、恥辱に遠かるを得べき、……是なり。

【西洋事情二編・巻之一・収税論・一国の財を費す可き公務を論ず・第一、政府を維持するが為めに財を費す事（①・五一四・10行～五一五・3行）】抑ゝ政府の職務は頗る難事多きが故に、……博識多聞、書を読み教を被り、……世間第一流の名ある人物にして、始めて事業を成し得べし。……前条の故を以て、刑法官、議政官、為政官の如きは、其職務に堪ゆべき人物を選び、其才幹に応じて其給料を与へざる可らず。……吏員の給料を減ずるとも決して此弊風を除くに足らず。……只給料を多くすれば学者士君子をして熱中せしめ、給料を少なくすれば早《さう》

隷《れい》小夫をして熱中せしむるのみ。

(22)【三〇〇頁上段13〜14行】且人之性情、随窮達而変者也、窮則多思、故致達、

【西洋事情外編・巻之三・経済の総論（①・四五九・15行〜四六〇・2行）】人の事を為すや必ず思ふて然る後に之を行ふものなり。……経済家も亦、人間の衣食住を整理し、人をして安楽ならしむる所以の定則を察して、若し此定則を妨ぐるものあれば其妨害を除くことを知れり。[38]

(23)【三〇〇頁下段2行】定君主之禄事、以魯帝無限之主権、亦有定也、

【西洋事情初編・巻之一・備考・政治（①・二八九・14〜15行）】魯西亜皇帝の如き人民の之を尊仰すること神の如しと雖ども、尚ほ一人の私意を以て国政を専らにすること能はず。

【西洋事情二編・巻之二・魯西亜・政治（①・五三九・13〜17行）】魯西亜に於ては生殺与奪の権柄、帝の一手に在り。……法を以て論ずれば、帝の権威には分限なく、帝の存意は即ち国の法なり。千八百十一年……新令を下だして、……天子の詔と雖どもこれを論破すべき権を許したれども、……此新令を以て未だ魯君の特権を制するに足らず。

(24)【三〇〇頁下段7行】而設地券事、

【西洋事情外編・巻之三・私有の本を論ず（①・四六六・4〜6行）】此証券を「タイトル・ヂーヅ」と名づく。既に此証券あれば、地面家宅等を買ひし者も、これを頼て我私有を守護し、後日に至て故障の生ず可き患なし。[39]

(25)【三〇〇頁下段10〜11行】設法禁遊民、而不可定其雇価事、如一定其雇価、則勤惰無別、雖勤而無其報、故必与惰者同惰也、

【西洋事情外編・巻之二・政府の職分（①・四三三・16行〜四三六・9行）】或人の説に、政府たるものは宜しく役夫職人の賃金を極め、遊民の為めに職業を求め、物価を定め、……其他総て平人の私事に関係して、其通義と職

分とを傍より是非す可しと云へり。……其処置宜きを得るものと云ふ可らず。……故に政府たるもの、法を設けて下民の産業を処置し或は役夫職人の給料を定めんとするは大なる誤謬と云ふ可し。千八百四十八年仏国騒乱の後、……職人を仕役するの法を設けんとして、愚を極めたる一奇談あり。……職人千五百名を雇ひ、其職の巧拙に拘はらずして人々へ同様の給料を与ふることに定めり。……千五百人の内にて一人勉強するとも、他の千四百九十九人にて共に労せざれば、独り労して其報を得ず。……斯の如くしては誰か敢て独り勉強する者あらんや。

(26)【三〇一頁下段3行】夜設灯于道側、以便行人、而少竊発之患事、

【西洋事情初編・巻之一・備考・瓦斯灯（①・三一八・4〜5行）】又街道及び橋上の処々に瓦斯の灯台を設けて往来を照らし光明昼の如し。方今西洋諸国には燭を携て夜行するものなし。[40]

(27)【三〇一頁下段5行】不可官定……諸物品之価値事、

【三〇一頁下段17行】定新旧物売買之規則、[41]以便売買、

【西洋事情外編・巻之二・政府の職分（①・四三七・13〜16行）】大凡政府の行ふ可らざることにして、之を行ふとも其益なき箇条は左の如し。……衣食等の如き商売品を……売買するに其法を定む可らず、其価を定む可らず。

(28)【三〇一頁下段18行〜三〇二頁上段1行】教民壮幼、以納税保国安民之義、使之心得、然後徴税於農工商、用於方今之急務事、若不先喩其利害、而猝行其政、則大致騒擾、而怨上也、

【西洋事情二編・巻之一・収税論・公費を給するに二法あるを論ず（①・五一〇・17行〜五一一・3行）】総て衆庶会議の政治に於ては、其国民に対して銭穀出納等の事件を一切秘密にす可らず。国民は啻に税額を払ふの多寡を知るのみならず、其払ひし所の税金を政府に集めて之を用るの処置如何をも、傍より察知せざる可らず。蓋し国民の之を知ること愈ゝ詳かなれば、政府の之を用ること愈ゝ正に帰して、始て一国人民の安全を保つ可きなり。

「四曰、養生以健殖人民」

(29)【三〇二頁上段7〜12行】長生命、而人口繁殖、此文明国之人、所以養生也……多辛苦、短生命、而人口減少、此野蛮国之人、所以傷生也、

【西洋事情外編・巻之一・世の文明開化（①・三九六・9〜13行）】野鄙草昧の国は土地の広さに比して人口甚だ少し。……文明の国に於ては、……其人口次第に増し、……。又草昧の人は……其生活に艱難を凌ぐこと多きが故に、人多くは短命なれども、文明開化次第に進めば随て人の生命も長寿を得るに至る。

(30)【三〇二頁上段12〜16行】其所以然者何也、一是不学無識、一是博学多識、不学無識、則無遠慮、任天然之性而行之、与孩児無異、博学多識、則達事理、故能究天地之奥意、而発明益民養生之道以節天然之性而衛之是以衣服貴浄潔《ママ》、飲食貴清美、居処貴高潤、

【西洋事情外編・巻之三・人民の教育（①・四五二・9〜11行）】其原因を尋れば皆下民の無知無識なるに由て然らしむるものなり。人に知識なければ必ず遠き慮なし。遠き慮なき者は目前の慾に逐はれて、遂には其悪行名状す可らざるに至ることあり。第一養生の法を知らず、飲食を節することを知らず、……。

【西洋事情外編・巻之三・経済の総論（①・四五九・10〜12行）】譬へば人身は天然生理の定則に従てよく其生を保ち無恙健康なることを得るものにて、……。然れども人として人身窮理を研究するの趣意は何ぞや。唯其定則をして人身の内に行はれしめ、其作用を逞ふせしめて天然を妨ること勿からんが為めなり。

【西洋事情外編・巻之一・世の文明開化（①・三九五・17行〜三九六・3行）】野鄙草昧の人は衣食住居共に不潔にて、文明開化の人は清潔なり。……野鄙草昧の人の不潔不清なるは、……之を譬へば初生の小児に未だ才力の発生を見ざるが如し。

(31)【三〇二頁上段18〜19行】或謂「人巧不如任天然之性而養之」

【西洋事情外編・巻之一・世の文明開化（①・三九五・8〜13行）】或人以為らく、……人間交際の道世に行はれてより、或は却て人の性情を矯ることあれば、人生最大の自由は蛮野の世に在りと。……又或人の説に、蛮野は天然なり、文明は人為なりと云ふ者あれども、……。(42)

(32)【三〇二頁下段1〜2行】腐敗饐餲之食、足以充腹、……汚穢之蒸発、不足以畏、卑湿之気臭、不足以避、

【西洋事情外編・巻之三・経済の総論（①・四五九・16〜17行）】今、人身窮理の定則を了解する者は、空気の閉塞、汚穢の蒸発、不良の食物等を以て、疾病の原因として之を避くることを知れり。

(33)【三〇二頁下段4〜5行】不用医薬、間用俗薬、

福澤が「太政官第五十一号布告」（一八八二年十月三十日社説）に於いて、売薬を攻撃したため、『時事新報』は売薬業者に告訴され、一審二審共、『時事新報』側が敗訴となったが、一八八五年十二月、大審院で勝訴、事件は落着した。この間『時事新報』社説【⑧・三六八・三八四・三八九・四四三・五二三・五三〇・五三五、⑨・一八六、⑩・五〇八】で、福澤は売薬の害を繰り返し説いて止まなかった。朴が、福澤のこの見解を心に留めていたことが、この記載となったと考える。些事ながら採録する。

(34)【三〇二頁下段9〜10行】以鳥獣之不知、亦能知其所止、而保養身体、可以人而不如禽獣乎、

【西洋事情外編・巻之三・経済の総論（①・四五九・14行）】人心若し禽獣の如くにして、是非の別を知らず唯天性の慾に従て事を為すものならば、……。

(35)【三〇二頁下段17行】設法救窮困之鰥寡孤独、及身体不具之民事、

【西洋事情二編・巻之一・収税論・一国の財を費す可き公務を論ず・第五、貧人救助の為め財を費す事（①・五二二・2〜7行）】鰥寡孤独廃疾の者を救助するは、宗旨法教の職分なれば、宜しく自意の処置に任す可し。……老幼病者の活計なき者へは、一国の公費を以て衣食を給するも、理に於て妨あること無し。

【西洋事情外編・巻之一・政府の本を論ず（①・四一五・12〜13行）】文明開化の国に於ては然らず。天稟不具の人あれば、啻に其生命を保護するのみならず、又従てこれを教へ、……。

(36)【三〇二頁下段18行】禁棄児、而設法養育事、

【三〇三頁上段1行】禁婦女飲毒堕胎事、

【西洋事情初編・巻之一・備考・貧院（①・三〇七・14〜16行）】又棄児院なるものあり。貧人の子を養ふこと能はざるもの、或は貧人にあらずと雖ども密通して子を生み之を公にすべからざる者は、皆其子を棄児院に棄つ。西洋にて密通は固より厳禁なれども、薬を用て脱胎する者は、其罪、密通より重し。

(37)【三〇三頁上段3〜4行】禁夫之行強暴於其妻事、禁養子孫以強暴事、

【西洋事情外編・巻之一・世の文明開化（①・三九五・3〜5行）】莽昧不文の世に在ては……大は小を犯し強は弱を虐し、配偶の婦人を視ること奴婢の如く、父の子を御するに無道を以てするも之を制する者なし。

(38)【三〇三頁上段11〜13行】清潔宮闕庭掖、以及閭巷街道川渠、而可定取除屎尿塵芥之規則、是非徒養生、亦於農務大有益事、自宮殿庭掖、以閭巷街道川渠、塵芥成丘陵、……其蒸発之気、必醸成疫癘也、

【西洋事情外編・巻之二・政府の職分（①・四四二・10〜15行）】又政府の関係す可き一事あり。即ち都下一般に養生の法を立ることなり。人戸稠密にして不潔なる都府には、動もすれば疫熱、……流行して大に人を害することあり。都下に法則を設けて街道居家等を清潔にすれば、此災害を除き能はざるも、大に流行の勢を殺ぐ可し。……塵芥を一処に捨てゝ堆くする者も罪に処して可なり。

(39)【三〇三頁上段15〜17行】禁造家屋于道路線内、而預定直道之線、建屋之基、……以免後日之弊害、

【西洋事情外編・巻之二・政府の職分（①・四四五・2〜6行）】市中の家を建るにも亦法則なかる可らず、各人の随意に家を建てしめなば、……往来の人、路を求むるに不便なるのみならず、……等の患ある可し。右等の故を

以て市中の家を建るには、一町の端より端に至るまで、各屋の軒を一直線に揃へて見通しを妨ること勿らしめり。(43)

(40)【三〇三頁下段3～6行】利水道、分注于閭巷街道、以便人民之需用、而又便於救火事、夫水者、世間不可無之需用物、而清潤浄潔、人用之、致健壮康旺、且凡衣服、器具、家屋、街道、非水不能以洗滌汚穢也、又閭巷貧民、無行遠方以汲水之暇者……則貴水如金、

【西洋事情外編・巻之二・政府の職分（①・四四三・12～14行）】市中に水を導くの法も、瓦斯の如く一条の仕掛を以て足れり。……水は人の身体を健康にし汚穢を洗ふに欠く可らざるの需用品なるが故に、容易に之を得べき方便を設れば、人の力を省くこと甚だ大なり。貧窮なる役夫の如きは、遠方に行て水を汲むに暇なければ、常に之を惜て朝夕の用に供すること甚だ少量なり。

「五曰、治武備、保民護国」

(41)【三〇三頁下段10～三〇四頁上段17行】武者猶人之気力也、人無気力、不能以自立、亦不能以禦侮、国無武備、内不可以行政外不可以交隣、……国有武備、而兵不一則乱、故兵者、貴一而不貴多、欲一之、則莫先教之以仁義、使之知為国自戦之旨也、立軍法、愛将士、恵兵卒、賞有功、罰有罪、使人懐報国尽忠之志而臨戦不顧死、兵分而散之、自尽一人之力、合而成隊、争先赴敵、用如手足、進退随意、……故兵之有制無制、国之存亡之攸係也、……若反是、将相行暴於上、而不知安危、軍民思反於下、而不顧栄辱……雖有百万之師、必倒戈而走、何可足以恃也、……将者、一軍之師也、……師愚而驕、則覆軍、……是故将帥者不可不択其人任之、以保一軍護一国也、

【西洋事情外編・巻之一・人間（①・三八九・8～10行）】人の生ずるや、天より之に与ふるに気力を以てし、……此気力と性質とに由て、外物の性に応じ、以て身を全して、朝露の命を終ることを得るなり。外物の来るに従ひ、機に臨み変に応じて其処置を施し、一朝の患なく亦終身の憂なし。

【西洋事情初編・巻之一・備考・兵制（①・三〇〇・5行～三〇一・7行）】歩兵、騎兵、坐作進退の法、未だ整は

ずして、戦争の際、動もすれば混雑を生ずることあり。……瑞典王ゴスターフ、……用兵の才略に富て、諸兵運動の法を立て、……歩騎砲三兵の活法初て整斉せり。……これより先き欧羅巴の兵は唯雇ひ人足を戦場に駆逐するのみにて、或は死物を用ゆるに斉しきの弊なきに非らず。拿破崙こゝに注意し、国内の人を尽く兵武に用ひ、国民自から国の為めに戦ふの趣旨を以て法を立て、将士を愛し兵卒を恵み、有功の者を賞するには一擲千金も亦た惜む所なし。こゝに於て人々皆報国尽忠の心を抱き、戦に臨て死を顧みず。之を分て散兵となせば一人の力を尽し、之を合して密隊となせば先を争て敵に向ひ、兵を用ゆること手足の如く進退意に随はざるはなし。

【諸文集二・雑纂・御時務の儀に付申上候書付（⑳・五・6～17行）】治にも乱にも忘るべからざるは武備にて、武備不整候得ば、仮令国論定り人心の向ふ所不動候とも、事に臨、其議論を押立候力無之、後れを取候様可相成奉存候。……一国の武備と申は強ち武人の多所には無之、備の法を立候義肝要に御座候。……左候えば国の強弱は武人の多少には拘らず、武備の法の整と不整に依候義と奉存候。……西洋武備の大趣意は、先づ士を養候に力業の武術を急務と不仕、士たる者は専ら文学を勉、物理を窮め、事情に通じ、人を御するの法を学び、力業の武人を指図致候義にて、(44)

【文明論之概略・巻之二・第四章・一国人民の智徳を論ず（④・六六・4～6行）】戦の勝敗は将帥にも因らず、亦器械にも因らず、唯人民一般の気力に在るのみ。或は数万の勇士を戦に用ひて敗走することあらば、こは士卒の知る所に非ず、将帥の拙劣を以て兵卒の進退を妨げ、其本然の勇気を逞ふせしめざるの罪なり。

(42)【三〇四頁下段5～10行】昔西暦千二百年間、魯因内乱、為蒙古所領、魯之諸王、列於蒙之臣下、而蒙使来巡于魯、則魯王躬自迎之、親執馬轡而導之、以其廟社之重器盛麦、而喂其馬、如此者、凡二百五十年間、而至千四百六十年間、魯亦乗蒙之内乱、逐蒙人而自立、乃致今日之強盛者、

【西洋事情二編・巻之二・魯西亜・史記（①・五二五・17行～五二七・2行）】千十五年ウラヂミル死して後は、其

子互に位を争ひ、遂に一国の内乱を生じ、干戈止む時なく二百年の星霜を経たり。……千二百二十七年ゼンジスカン死し其子ツウシイ、……漸く進で魯西亜に迫り、……魯国同盟の諸君に克ち、……千二百三十六年ツウシイの子バトゥ再挙して来寇し……全国遂に蒙古の羈絆に属せり。蒙古の人は……国内の諸君をして貴族臣下の列に立たしむるとは雖ども、之を凌辱すること甚だし。毎年蒙古王より欽差大臣を遣て国内を巡行せしめ貢税を収るときに、魯の諸君は身躬から大臣を迎へ、其馬の轡を取て之を導き、廟堂の儀式に用る所の杯盆に麦を盛て之を馬に喰はしむるを例とせり。斯の如く蒙古の苛政に窘めらるゝこと凡二百五十年、……其後蒙古の種族に内乱を生じ、……第三世イワン位に即てより、漸く強盛の勢を成し、蒙古と戦て屢ゝ勝ち、千四百八十年に至て尽く之を放逐し、蒙古の跡、魯の境内に絶たり。

「六曰、教民才徳文芸以治本」

(43)【三〇五頁上段18行〜三〇六頁上段2行】人生而無知、其所以知者教也、子生則父母先教之而導之、開其知識、而次入学校、以成其学、故設校之事、天下之急務也、要務也、蓋人民幼不学、則長無識無識、則相愛之情浅、而相信之義薄、軽挙妄動、不顧前後、遂触罪科、害世之交際者多矣、受教導而有知識者、或犯罪蒙罰、甘其罰之至当、服罪改過、然無知識者、不能弁是非曲直、而不服其罪、改其過、故不便処罪也、凡無知没覚放盪無頼之輩、不弁是非曲直、不知従国法護身家保私有之理、而一朝乱起、則乗其釁、而蜂起雲集、不畏法、不憚人、以為惨酷凶暴之挙、無遠慮而逐目前之利慾、遂行不可名状之悪行、而不知養生節飲食之法、不知交人処世之道、不知計活安身之方、而無奮発振興之意、安懶惰、甘貧窮、以乱世間之風俗、而共陥貧窶苦界、然稍被教育知学識之貴者、為養其学識、雖労心力、散財物、而有勉励之志、乃成其学業、而終立功於世、是以民雖納税費金而使政府教民者、使人々知分達理、不陥於貧困、而無行頑暴之挙於世、以害人之通義、而犯於罪悪也、此所謂「禍防於未然也」与救貧於既貧之後、制罪於已犯之後、其利害善悪、不啻霄壌也、若政府、只有罰人之政、而無教人之政、則此所謂「駆民入阱也」、夫刑罰、苦人之心神身体者也、然猶行之者、欲罰一懲万、而保公義也、況教育其人、而益其人之幸福、矯其人之不徳、救其人之貧困、而遂致一国之繁栄者、豈可忽之乎、

【西洋事情外編・巻之三・人民の教育（①・四五一・8行〜四五五・6行）】人の生るゝや無知なり。其これを知るものは教に由て然らしむる所なり。子生るれば父母これに教へ、先づ其知識を開て所得甚だ多し。既に父母の教導を受れば、次で又学校に入らざる可らず、故に天下の急務は学校を設けて之を扶持するより先なるはなし。蓋し人民、幼にして学ばず、長じて知識なければ、軽挙妄動、前後を顧みず、遂には罪科に触れ、人間の交際を害すること多し。人の知識を教導するとも、必しも之に由て其徳誼を養ふ可きに非らず。古来聡明穎敏の誉ある学者にして、却て大悪無道なるもの少なからず。……斯の如き輩は仮令ひ罰を蒙るとも、其罪の至当なるを甘んじて罪に伏し既往の過を改るを知る可し。然れども人に知識乏しくして是非曲直の弁別なき者を罰するに至ては、其処置甚だ難し。……此輩は……国法に従て私財を保つ所以の理を知らずして、一旦国に騒乱あれば忽ち其釁《きん》に乗じて雲集蜂起し、法をも畏れず人をも憚からず、惨酷兇悪至らざる所なし。……昔日仏蘭西騒乱のときに恐る可き暴行を為せし輩は、皆無学文盲放盪無頼、良政府の下に居ては活計を営むこと能はざる者なり。……人に知識なければ必ず遠き慮なし。遠き慮なき者は目前の慾に逐はれて、遂には其悪行名状す可らざるに至ることあり。第一養生の法を知らず、飲食を節することを知らず、人に交るの道を知らず、……以て世間の風俗を乱だり、共に貧窶《ひんく》の苦界に陥入るもの少なからず。人に知識なければ、勤労の真理を知らずして、貧窮に困しむこと甚だし。……其土地に居て活計の道なくば、他国に行て之を求め、自から安心の方便なきに非ざれども、尚ほ奮発の意なくして懶惰に安んじ、甘んじて貧窮に困しむ者少なからず。……稍や教育を被りたる人は、知識の貴きを知り、知識を養ふ為めには心力を労し、財物を散ずるとも之を務むるの志あれども、愚痴蒙昧の輩は絶て此味を知らず、

……。今人民教育の為めに費す所の金は、人をして貧困に陥ることなく、又罪悪を犯すことなからしめんとするものにて、所謂禍を未然に防ぐの趣意なれば、既に貧しき貧人を救ひ、既に罪ある罪人を制する為めに税を納るよりも、其金を費すの功徳、遙に優る可し。……右の如く教育の為めに税を集めて、之を用ゆる所は、……人の善を助け人の幸福を成す為めに費すが故に……金を費す所以の趣意を信じて自から心に慊きことある可し。……故に云く、政府若し人を罰するの権あらば、亦人を教ゆる権なかる可らずと。是れ古今の金言なり。刑罰は人の身に苦痛を受けしむることなれども、世間一般の為めを謀れば尚ほ之を施行して妨なし。況んや教育は其人を益し其人を利するの趣意なれば、之を行ふに於て何等の故障ある可きや。……若し世間一般の為めに斯る大利益の事あらば、……必ず之を行はざる可らず。是故に国民教育の法を設るの一事は、人の不徳を矯正し人の貧困を救ふ為めのものなれば、其教育を受る者に利益あるのみならず、又此法を設る為めに金を費す者も自から利する所ある可し。

【西洋事情二編・巻之一・備考・人間の通義（①・四九七・15行〜四九八・1行）】英国人民の……通義を分て三類と為す。曰く、身を安穏に保護するの通義、曰く、身を自由にするの通義、曰く、私有を保つの通義、是なり。

(44)【三〇六頁上段2〜3行】故文明之邦、雖繫獄之囚徒、亦於獄中説教而導之、使之改過遷善、

【西洋事情初編・巻之一・備考・学校（①・三〇四・1行）】別林普魯士の首府には獄屋の内にも学校を設け、三四日毎に罪人を出して教授す。

(45)【三〇六頁上段4〜5行】凡人進文明、則知服従於政府之義及不可服従之義、而亦知不可服従於他国之義、

【西洋事情外編・巻之一・各国交際（①・四一二・1〜2行）】文明の人民は、其政府に服従するの便利を知り、且これに服従せざる可らざるの理を了解して、自から政府の権威も行はれ、一国の内、治ると雖ども、固より独立の国なれば他国の制度に従ふことなし。

(46)【三〇六頁上段5〜13行】此無他、知礼義廉恥之故也、是故未開無識之民、蠢愚懶惰、故能忍圧制之暴政而安之、開明識理之民英慧剛毅、故不服束縛之政而動之、是故若欲固君権之無限、則不如使人民至痴愚、痴愚則残弱、可以固君之専権、然民愚而弱、則国亦随而弱、故天下万国同愚弱、然後可以保其国安其位、然此空言、豈有其実、是以誠欲期一国之富強、而与万国対峙、不若少減君権、使民得当分之自由、而各負報国之責、然後漸進文明也、夫如此、則民安国泰、而宗社君位、幷可以永久也、

【西洋事情外編・巻之二・政府の種類（①・四二〇・15行〜四二一・2行）】凡そ良政府の一大緊要事は、其民を無智文盲に陥るゝことなきに在り。人に智識なければ必ず悪事を為すものなり。ペルシャ人の如き、無智蒙昧なるが故に止を得ずして虐政の下に立ち、君主一人の独断にて随意に政を施すと雖ども、人民これに安んじて嘗て怪む色なし。文明の化を被り礼義の教に浴したる欧羅巴人に於ては然らず。己れ文明にして礼義を知るが故に、其政府も亦た己れと共に文明にして礼義を知らんことを需む。政府若し其趣意を失すれば人心忽ち離散す可し。

【文明論之概略・巻之一・第二章・西洋の文明を目的とする事（④・三四・12行〜三五・16行）】或は君主と人民との間を異類のものゝ如く為して、強ひて其区別を作為し……悉皆上下の定式を設るものあり。……今実を棄てて虚に就き、外形を飾らんとして却て益人を痴愚に導くは惑溺の甚しきなり。虚威を主張せんと欲せば下民を愚にして開闢の初に還らしむるを上策とす。人民愚に還れば政治の力は次第に衰弱を致さん。政治の力、衰弱すれば、国其国に非ず。国其国に非ざれば国の体ある可らず、斯の如きは則ち国体を保護せんとして却て自から之を害するものなり。前後の始末不都合なりと云ふ可し。譬へば英国にても、其先王の遺志を継て尚立君専制の古風を守らんとせば、其王統早く既に絶滅したるは固より論を俟たず。今其然らざる由縁は何ぞや。王室の虚威を減少して民権を興起し、全国の政治に実の勢力を増して、其国力と共に王位をも固くしたればなり。王室を保護するの上策と云ふ可し。

【学問のすゝめ・三編・一身独立して一国独立する事・第一条、独立の気力なき者は国を思ふこと深切ならず（③・四四・11～15行）】外国に対して我国を守らんには自由独立の気風を全国に充満せしめ、国中の人々貴賤上下の別なく、……各其国人たるの分を尽さゞる可らず。……本国のためを思ふこと我家を思ふが如くし、国のためには……一命をも抛て惜むに足らず。是即ち報国の大義なり。

(47)【三〇六頁下段10～11行】故無形産物、因知識之所思而発、有形産物因農工之所勤而生矣、夫上古賢聖、所以設校教人人之深意如此、

【西洋事情外編・巻之三・私有の本を論ず・勤労に別あり功験に異同あるを論ず（①・四六八・9行～四六九・17行）】力を勤労して従て生ずる所の功は、其勤労の多寡に従て大小あるが故に、其労を半にして其功を倍す可らず。……発明工夫は元と無形にして知識より生ずるものなり。……事物の変化する所以の理を窮めて其定則を……発明するときは、凡庸の人物にても之を伝へ習ふことを得べし。……文明国に於ては、無形の産物たる発明工夫の、以て人間の洪益を成し、……。

(48)【三〇六頁下段12～19行】不知格物致知之本意、而但以玩弄文華、尋章摘句為要……以誤民国……若棄其末取其本、而自格物窮理之学、至於平天下之術、則与当今欧美方盛之学同也……故臣愚謂学者、勿論東洋西洋、先其実用、而後其文華、

【学問のすゝめ・初編（③・三〇・4～7行）】学問とは、唯むづかしき字を知り、解し難き古文を読み、和歌を楽み、詩を作るなど、世上に実のなき文学を云ふにあらず。……今斯る実なき学問は先づ次にし、専ら勤むべきは人間普通日用に近き実学なり。……一科一事も実事を押へ、其事に就き其物に従ひ、近く物事の道理を求て今日の用を達すべきなり。……此心得ありて後に……身も独立し家も独立し天下国家も独立すべきなり。

【西洋事情初編・巻之一・備考・文学技術（①・三〇一・13行～三〇二・1行）】西洋学術の大趣意は、万物の理を究め其用を

明にして、人生の便利を達せんがために人々をして天稟の智力を尽さしむるに在り。夫の脩徳正行の道の如きは別に其教ありて之を導くと云ふ。

……○これより千四百年代に至るまでは、世の学者詩歌を玩び小説を悦て実学を勉るもの少し。

(49)【三〇六頁下段17～18行】而不知窮理格物之為如何者、則何足以教之、何足以学之哉、

【学問のすゝめ・二編端書（③・三六・8～14行）】天文、地理、窮理、化学等は形ある学問なり。何れにても皆知識見聞の領分を広くして、物事の道理を弁へ、人たる者の職分を知ることなり。……文字を読むことのみを知て物事の道理を弁へざる者はこれを学者と云ふ可らず。

(50)【三〇七頁上段8～11行】此皆因政府不奨励文学技術、以開窮理発明之路……今日之急務、大興学校……以教国人、

【西洋事情初編・巻之一・備考・政治（文明の政治に関する六ヶ条の要訣）（①・二九〇・17行～二九一・1行）】第三条　技術文学を励まして新発明の路を開くこと。第四条　学校を建て人才を教育すること。

(51)【三〇七頁上段12～13行】以至於庶人之子弟、使就校受学、以明天地無窮之理、則文徳才芸、燦然復盛也、豈可忽而置之哉、

【西洋事情二編・巻之一・収税論・一国の財を費す可き公務を論ず第二、人民を教育するの為め財を費す事（①・五一七・4～6行）】第二の教育を学教とす。学教を修め天下に広布し、之に由て衆庶の稗益を成すとのことは、固より論ずるを待ず。試に見よ、方今諸国に在て発明工夫の功績多く、人知益ゝ開け徳沢益ゝ大なるは、皆学教の賜にあらずや。

(52)【三〇七頁上段19行～下段1行】嗚呼使儒教復熾、以修文徳、則国勢亦因而之復盛、可期而待焉、然凡事有時運、不可以力挽、

【文明論之概略・巻之二・第四章・一国人民の智徳を論ず（④・五九・1行～六〇・1行）】世の文明は周ねく其国

民一般に分賦せる智徳の現像なれば、其国の治乱興廃も亦一般の智徳に関係するものにて、二、三の人の能する所に非ず。全国の勢は進めんとするも進む可らず、留めんとするも留む可らず。……蓋し其これを、せしめたる、ものとは何ぞや。即ち時勢なり。

(53)【三〇七頁下段1〜3行】故凡宗教者、任民自由信奉、而政府不可関渉者也、自古以来、以宗教之争論、動揺人心、滅国害命者、不可勝数、
【西洋事情初編・巻之一・備考・政治（文明の政治に関する六ヶ条の要訣）（①・二九〇・9〜10行）】第二条、信教」人人の帰依する宗旨を奉じて政府より其妨をなさゞるを云ふ。古来宗旨の争論よりして人心を動揺し国を滅し人命を害するの例尠からず。

(54)【三〇七頁下段4行】設小中学校、使男女六歳以上、皆就校受学事、
【西洋事情初編・巻之一・備考・学校（①三〇三・1〜2行）】人生れて六七歳、男女皆学校に入る。……初て入る学校を小学校と云ふ。

(55)【三〇七頁下段5〜7行】設壮年校……訳政治、財政、内外法律歴史地理、及算術、理化学大意等書、教官人之少壮者……或徴壮年之士于八道、以教之、
【西洋事情二編・巻之一・収税論・一国の財を費す可き公務を論ず第二、人民を教育するの為め財を費す事（①・五一五・16行〜五一七・2行）】常教とは何ぞや。人の此世に生れ、通常の産を営求するが為め、欠く可らざる所の聞見知識を導くの教なり。語学、書画、数学、地理、歴史、物産学、窮理学、経済学、心学等の一班を云ふ。……乃ち市井郷里の大小を計り、其人口の多寡に従て、一処の学校を設くべきものは必ず之を建てしめ、……。○且又右の如く学校を盛にするときは、教師も亦随て其人員を多くせざるを得ず。故に此教師たるべき人物を成育するが為め、又一種の学校を設けざるを得ず。

(56)【三〇七頁下段15行】設博物館、以広人民之見識事、

【西洋事情外編・巻之二・政府の職分（①・四四一・16行～四四二・7行）】其他国内に……博物館を建〔て〕……等のことは、人民を開化するの一大助なるが故に、政府より其施行を助けざる可らず。……右の如く其場所に行き其物を観て、人の智識を博くするのみならず、……。

(57)【三〇七頁下段16～17行】許人民、或使有識者、時々聚衆、演説世事、以開其固陋事、

【学問のすゝめ・十二編・演説の法を勧るの説（③・一〇四・1～3行）】○方今我国民に於て最も憂ふ可きは其見識の賤しき事なり。之を導て高尚の域に進めんとするは固より今の学者の職分なれば、……。然るに学問の道に於て談話演説の大切なるは既に明白にして、……。

(58)【三〇八頁上段2～8行】新聞者、評議朝廷之事、及公告官命、官吏進退、市街風説、外国形勢、学芸盛衰、耕作豊凶、物価高低、交易盛衰、民間苦楽、死生存亡、異事珍談、凡人耳目之所新者、逐一記載、或附図画、無不詳明、其他人々頼之、広告凡百之事、大為便利、故雖閉居一室、不見戸外、或居万里殊域、不得郷信、而一見新聞、則瞭然知世間之情、恰如現接其事物、故使人民博聞見、明事情者、莫過於此、

【西洋事情初編・巻之一・備考・新聞紙（①・三〇四・4～11行）】新聞紙は……。即ち其国朝廷の評議、官命の公告、吏人の進退、市街の風説、外国の形勢、学芸日新の景況、交易の盛衰、耕作の豊凶、物価の高低、民間の苦楽、死生存亡、異事珍談、総て人の耳目に新らしきことは、逐一記載して図画を附し明詳ならざるはなし。其細事に至ては、集会の案内を為し開店の名を弘め、失物を探索し拾ひ物の主を求むる等、皆新聞紙局に託して其次第を記す。故に一室に閉居して戸外を見ず、万里の絶域に居て郷信を得ざるものと雖ども、一と度び新聞紙を見れば世間の情実を摸写して一目瞭然、恰も現に其事物に接するが如し。……聞見を博くし事情を明にし世に処するの道を研究するには新聞紙を読むに若くものなし。

(※)【三〇八頁上段10〜11行】勿論其教、或可黙許不問、任民自由、然姑不可許建築堂宇、以惹起禍乱事、

【西洋事情初編・巻之一・備考・政治（①・二九〇・10〜16行）】英国にてもハノオーフル家の世に至てより以来は、専ら「プロテスタント」の宗旨を奉じ、一時は国内に令を下して他宗を禁じたれども、……又法を改め、宗門は人々の意に任すべしと定めたり。然れども政府は固より「プロテスタント」を奉ぜしめんとする意なるが故に、或は大に其寺院を建立し或は他宗の教師を擯斥して……、動もすれば人心に戻り、……。右等の故を以て、天主教に帰依する者は家を挙て他国へ移住すと云ふ。是即ち政府にて信教の趣意を失する一例なり。*2

「七曰、止政治、使民国有定」

(59)【三〇八頁上段13〜17行】政府之職分者、穏治国民、而無束縛、固守国法、而不任意、保外国之交際、而重信義、養民之生、而使守廉節知栄辱、教民以文徳才芸、而開窮理発明之路、政治一定、而無変革、号令必信、而無欺偽、民頼国法、而安業営産、得免於飢寒、

【西洋事情外編・巻之二・政府の職分（①・四三三・15行）】政府の職分は、国民を穏に治め、国法を固く守り、外国の交際を保つの三箇条を以て其大綱領とす。

【西洋事情外編・巻之二・政府の職分（①・四四一・4〜5行）】故に政府の職分に欠く可らざるの要訣は、国内の良民を保護し、人々をして義気を重んじ廉節を守り、前後を思慮して心力を労せしめ、労すれば従て其報を得せしむるに在り。

【西洋事情初編・巻之一・備考・政治（文明の政治に関する六ヶ条の要訣）（①・二九〇・17行〜二九一・6行）】第三条　技術文学を励まして新発明の路を開くこと。……第五条　保任安穏」政治一定して変革せず、号令必ず信にして欺偽なく、人々国法を頼み安じて産業を営むを云ふ。……第六条　人民飢寒の患なからしむること。

(60)【三〇八頁下段12・15・16行、三〇九頁下段2行】無大関於国体、則彼可謂「朋党」也、……然此有大関於国体、則此可謂「政党」也、……護其忠国之党、以保国体安民命、与外国交、忽失主権、損国体事、

【文明論之概略・巻之一・第二章・西洋の文明を目的とする事〈④・二六・13行〜三二・10行〉】福澤はこの部分の「国体論」で、「国体」というのは、「西洋の語に「ナショナリチ」と名るもの」であるといっている。ここに引いた四つの例は、いずれも、この「国民的独立」の意味で用いていると考えられる。なお『文明論之概略』には「政党」に関して次の文もある。（巻之二・第五章前論の続〈④・七九・4〜7行〉）。「亜細亜諸国に於ては則ち然らず、……暴政府の風にて故さらに徒党を禁ずるの法を設て人の集議を妨げ、人民も亦只管無事を欲するの心よりして徒党と集議との区別を弁論する気力もなく、……。」

(61)【三〇九頁上段12〜16行】本朝亦有君民共治之風也……若推此法、而広之、漸臻益精益美、則可謂文明之法也、凡民有自由之権、而君権有定、則民国永安、然民無自由之権而君権無限、則雖有暫時強盛之日、然不久衰亡、此政治無定、而任意擅断故也、

【文明論之概略・巻之一・第二章・西洋の文明を目的とする事〈④・三七・1〜4行〉】之を我国一種、君国並立の国体と云て可なり。然りと雖ども、……之を墨守して退くは之を活用して進むに若かず。之を活用すれば場所に由て大なる功能ある可し。故に此君国並立の貴き由縁は、……之を維持して我政権を保ち我文明を進む可きが故に貴きなり。

【文明論之概略・巻之一・第二章・西洋の文明を目的とする事〈④・三五・14〜16行〉】譬へば英国にても、其先王の遺志を継て尚立君専制の古風を守らんとせば、其王統早く既に絶滅したるは固より論を俟たず。今其然らざる由縁は何ぞや。王室の虚威を減少して民権を興起し、全国の政治に実の勢力を増して、其国力と共に王位をも固

くしたればなり。

「八曰、使民得当分之自由、以養元気」

(62)【三〇九頁下段4～17行】天降生民、億兆皆同一、而稟有所不可動之通義、其通義者、人之自保生命、求自由、希幸福是也、此他人之所不可如何也……是以人間立政府之本旨、欲固此通義也、非為帝王設者也、故政府保其義、好民之所好、悪民之所悪、則得其威権、若反是、戻其義、悪民之所好、好民之所悪、則民必変革其政府、而新立之、以保其大旨、此人民之公義也、職分也……凡人性懶惰、好因循姑息、故以因循姑息之意、見旧来之政府、則似難以一朝軽率之挙、変動之、然若至不得保一身之安穏、不得為一身之自由、不得保私有之財物、失人生之大義、不可姑息之地、則必動之以自由保、其孰能禦之、故美因英之苛政、而動之、遂成自由之邦、

【西洋事情初編・巻之二・亜米利加合衆国・史記・千七百七十六年第七月四日亜米利加十三州独立の檄文（①・三二三・11行～三二六・7行）】天の人を生ずるは億兆皆同一轍にて、之に附与するに動かす可からざるの通義を以てす。即ち其通義とは人の自から生命を保し自由を求め幸福を祈るの類にて、他より之を如何ともす可らざるものなり。人間に政府を立る所以は、此通義を固くするための趣旨にて、政府たらんものは其臣民に満足を得せしめ初て真に権威あると云ふべし。政府の処置、此趣旨に戻るときは、則ち之を変革し或は之を倒して、更に此大趣旨に基き、人の安全幸福を保つべき新政府を立るも亦人民の通義なり。……○因循姑息の意を以て考ふれば旧来の政府は一旦軽率の挙動にて変じ難しと思ふべし。然れども同一の人民を目的と為して強奪を恣にし悪俗を改めしめずんば、遂には自主自裁の特権を以て国内を悩ますに至るべし。故に斯の如き政府を廃却して後来の安全を固くするは、人の通義なり、亦人の職掌なり。……英国王の行ひを論ずれば不仁惨酷の他に記すべきものなく、専ら暴政を以て我諸州を抑圧せり。……故に亜米利加合衆国の名代人たる我輩、……謹で次件を布告す。合衆諸

州は固より独立するの理を以て独立し、英国と交を絶ち、英国の支配を受けず。

【西洋事情二編・巻之一・備考・人間の通義（①・四九七・15行〜四九八・1行）】英国人民の……通義を分て三類と為す。曰く、身を安穏に保護するの通義、曰く、身を自由にするの通義、曰く、私有を保つの通義、是なり。

(63)【三〇九頁下段17行〜三一〇頁上段4行】国法寛、而人不束縛、人為其所好、欲為士者為士、欲為農者為農、欲為工者為工、欲為商者為商、少無区別、士農工商之間、而論其門閥、亦不以政府之位、軽蔑人民、上下貴賤、各得其所、雖毫髪不妨他人之自由、而以伸天稟之才徳、但貴賤者、当公務、有官吏之階級耳、其他識字弁理、労心達道者、為上流而重之、不知文字、而力役者、為細民而軽之耳、

【西洋事情初編・巻之一・備考・政治（文明の政治に関する六ヶ条の要訣）（①・二九〇・3〜7行）】第一条　自主任意」国法寛にして人を束縛せず、人々自から其所好を為し、士を好むものは士となり、農を好むものは農となり、士農工商の間に少しも区別を立てず、固より門閥を論ずることなく、朝廷の位を以て人を軽蔑せず、上下貴賤各々其所を得て、毫も他人の自由を妨げずして、天稟の才力を伸べしむるを趣旨とす。但し貴賤の別は、公務に当て朝廷の位を尊ぶのみ。其他は四民の別なく、字を知り理を弁じ心を労するものを君子として之を重んじ、文字を知らずして力役するものを小人とするのみ。

(64)【三一〇頁上段4〜6行】此人民自保自由之大義也、然則為政府謀者、不得不使人民得当分之自由、以養浩然之気[45]、不可以苛政悖俗、以害其通義、

【西洋事情二編・巻之一・例言（①・四八六・13行〜四八七・7行）】自由とは、一身の好むまゝに事を為して窮屈なる思なきを云ふ。……又上たる者より下へ許し、この事を為して差構なしと云ふことなり。……故に政事の自由と云へば、其国の住人へ天道自然の通義下に詳なりを行はしめて邪魔をせぬことなり。……千七百七十年代、亜米利加騒乱の時に、亜人は自由の為に戦ふと云ひ、我に自由を与ふる歟、否ざれば死を与へよと唱へしも、英国の

暴政に苦しむの余、民を塗炭に救ひ、一国を不羈独立の自由にせんと死を以て誓ひしことなり。

【学問のすゝめ・初編（③・三一・2〜3行）】唯自由自在とのみ唱へて分限を知らざれば我儘放蕩に陥ること多し。即ち其分限とは、天の道理に基き人の情に従ひ、他人の妨を為さずして我一身の自由を達することなり。

(65)【三一〇頁上段11〜15行】一曰「男女、夫婦、均其権也」、凡男女嫉妬之心一也、而男能有妻娶妾、或疎其妻、或黜其妻、而婦不能改嫁、亦不能離縁、此於法律、但禁女子之奸淫、而不禁男子之乱故也、且男喪其妻、可以再娶、女喪其夫雖未経合巹、不得再嫁、此為家族親類所制也、

【学問のすゝめ・八編・我心を以て他人の身を制す可らず（③・八一・4行）】抑も世に生れたる者は、男も人なり女も人なり。

【日本婦人論後編（⑤・四八五・4〜5行）】人の情慾は男女ともに少しも異なるところなくして、嫉妬の念も双方ともに深浅なきのみか、……。

【日本婦人論・四（⑤・四五八・6行〜四五九・8行）】古来我国は多妻を禁ぜざるの法にして、富貴の男子が幾多の妾を養ひ、……。窈窕たる妙齢の少婦人が婚嫁年ならずして良人に別れ春色未だ半に至らざる者にても、傍より其再嫁を勧る人とては甚だ少なく、或は其本人が断じて寡を守ると云へば、親戚郷党概して賛成の意を表せざるものなし。……之を彼の男子が……不幸にして妻を喪へば直に第二妻を娶り、……に比すれば、実に同日の談に非ず。

【日本婦人論後編（⑤・四八六・3〜5行）】淫乱嫉妬は固より宜しからず、誰れも知る所なれども、これを戒しむるに当り、唯婦人ばかりの身に厳しく打てかゝりて、男子の方を無罪放免にすることそ奇怪なれ。

【日本婦人論・八（⑤・四七一・4〜6行）】例へば朝鮮の士大夫其他良家にて一度び許嫁したる女子は、仮令ひ未だ婚礼の式を行はざるものにても、夫たる者が死すれば寡と称して再嫁するを許さゞるの慣行なれば、寡婦の多

きこと日本の比に非ず。

(66)【三一〇頁上段18～19行】此貴人、男子、制礼、作法、而自費自便也、若使婦女及賤者、制作礼法、則豈有如此之偏頗哉、

【日本婦人論後編（⑤・四八四・17行～四八五・11行）】元来儒者の教と云ひ、又この教を飜訳したる日本の女大学などにても、其作者飜訳者を尋れば何れも皆男にして、此男は同時代一国中の男のために便利なる工風のみを運らして、女の不便利には少しも頓着することなく、思ふさまに教を定めたるものにして、……。今試に女大学の文をそのまゝに借用し、唯文中にある男女の文字を入れ替へて左の如く記したらば、男子は難有《ありがた》くこの教に従ふべきや。

(67)【三一〇頁下段1行】用人如獣、而辱同類、為人之妾、取人之侮辱、而乱世俗、

【学問のすゝめ・八編・我心を以て他人の身を制す可らず（③・八二・8～9行）】妾と雖ども人類の子なり。一時の欲のために人の子を禽獣の如くに使役し、一家の風俗を乱りて子孫の教育を害し、禍を天下に流して毒を後世に遺すもの、……。

(68)【三一〇頁下段3～5行】雖係亜洲之旧風古例、不可不速革者也、欧美之人、常侮亜洲之人、以有如此悪風也、豈非恥辱之甚哉、

【日本婦人論・八（⑤・四七一・2～4行）】抑も婦人を軽蔑するは東洋諸国全般の弊風にして、独り日本のみに限らず。特に隣国の支那朝鮮等に於て、……其酷なるは日本婦人の取扱ひよりも甚しとのことなれども、……。

【日本男子論（⑤・六二九・17行～六三〇・2行）】左れば今我日本国が文明の諸外国に対して其交際の公私に論なく、動もすれば意の如くならざるは原因の在る所一にして足らずと雖ども、我男子が徳義上に軽侮を蒙るの一事は其原因中の大箇条なるが故に、苟も之に心付きたる者は片時も猶予せずして其過を改めざるべからず。

(69)【三一〇頁下段6～11行】所謂自由者、行其所思之可者也、只従天地之理、而無縛束、無屈撓、然人既交世、互得其裨益、則不可不棄其一部之自由、而従世俗之通義、故順従国法、雖似棄其自由、然実棄其蛮野之自由、而得天下通同之利益也、設法律制人罪、雖似減天賦之自由、然実由此而大増処世之自由也、雖然設法猥束人之志、則苛政也、

【西洋事情二編・巻之一・備考・人間の通義（①・四九五・9行～四九六・6行）】自由とは何ぞや。我心に可なりと思ふ所に従て事を為すを云ふ。其事を為すや、只天地の定理に従て取捨するのみにして、其他何等の事故あるも、分毫も敢て束縛せらるゝこと無く、分毫も敢て屈撓すること無し。……然りと雖ども、人として既に世俗人間の交際に加はるときは、此交際上よりして我に得る所の恵沢稗益も亦大なれば、之を償ふが為めに天の賦与せる一身の自由をも聊かは棄却する所なかる可らず。……我自由の一部を棄てゝ世間の規矩に従ひ、以て其恵沢を被るなり。斯の如く国法に従順するは、我自由を棄るに似たりと雖ども、其実に棄る所は蛮野人民の自由なれば、所得所失を償て万々余りあり。……故に処世の自由とは、……天賦の自由に人為の法を加へて稍ゝ其趣を変じ、以て天下一般の利益を謀りたるものなり。之に由て考ふれば、法律を設けて人を害するの罪を制するは、其状或は人の天賦の自由を減ずるに似たれども、其実は之に由て大に処世の自由を増加せり。然りと雖ども、事実縁由なくして漫に人民の意志を束縛するものは、皆之を暴政と云て可なり。

(70)【三一〇頁下段11～13行】雖犯罪而不蒙罰、以力恣暴虐者、蛮野之自由也、法雖寛而無犯、不制於力、而制於心、文明之自由也、

【西洋事情外編・巻之一・世の文明開化（①・三九五・10～15行）】蛮野の世に行はるゝ自由とは、……力を以て暴虐を恣にするの自由なり、罪を犯して罪を蒙ることなきの自由なり。……世の開化を進め法則を設け、其法寛なれども之を犯す者なく、人々力に制せられずして心に制せらるゝは、文明の有様にて、即ち人生天稟の至性なり。

以上からみられるように、対照箇所は、福澤著作――その大部分は『西洋事情』――の意訳又は直訳である。これを、福澤三著作の目次にあてはめると、次のようになる。

（a）『西洋事情』

初編・巻之一（①・二八五～三二〇）

小引　ナシ

備考　政治＝(3)(23)(50)(53)(59)(63)

収税法・国債・紙幣・商人会社・外国交際＝ナシ

兵制＝(41)

文学技術＝(48)

学校＝(44)(54)

新聞紙＝(58)

文庫・病院＝ナシ

貧院＝(36)

唖院・盲院・癲院・痴児院・博物館・博覧会・蒸気機関・蒸気船・蒸気車・伝信機＝ナシ

瓦斯灯＝(26)

同・巻之二（①・三二一～三五一）

亜米利加合衆国　史記＝(62)

政治＝(8)(9)
海陸軍・銭貨出納＝ナシ
荷蘭国　史記・政治・海陸軍・銭貨出納＝ナシ
同・巻之三（①・三五三〜三八二）
英国　史記・政治・海陸軍・銭貨出納＝ナシ
外編・巻之一（①・三八五〜四一八）
題言＝ナシ
人間＝(41)
家族＝(16)
人生の通義及び其職分＝(6)(20)
世の文明開化＝(18)(29)(30)(31)(37)(70)
貴賤貧富の別＝ナシ
世人相励み相競ふ事＝(19)
人民の各国に分るゝことを論ず＝(4)
各国交際＝(2)(45)
政府の本を論ず＝(35)
同・巻之二（①・四一九〜四四九）
政府の種類＝(1)(46)
国法及び風俗＝(7)(10)

政府の職分＝(25)(27)(38)(39)(40)(56)(59)
同・巻之三（①・四五一〜四八一）
人民の教育＝(30)(43)
経済の総論＝(13)(14)(15)(17)(20)(22)(30)(32)(34)
私有の本を論ず＝(24)(47)
私有を保護する事＝(20)
私有の利を保護する事＝ナシ
二編・巻之一（①・四八五〜五二三）
例言＝(64)
備考人間の通義＝(5)(43)(62)(69)
収税論　一国の公費を給するの法を論ず＝(21)
公費を給するに二法あるを論ず＝(28)
収税の主意を論ず＝(20)
一国の財を費す可き公務を論ず＝(21)(35)(51)(55)
同・巻之二（①・五二五〜五五六）
魯西亜　史記＝(42)
政治＝(3)(23)
海陸軍・銭貨出納＝ナシ
同・巻之三・巻之四（①・五五七〜六〇八）

仏蘭西　史記・政治・海陸軍・銭貨出納＝ナシ

（b）『学問のすゝめ』（③・二一〜一四四）

初編＝(48)(64)
二編　端書＝(49)
　人は同等なる事＝ナシ
三編　国は同等なる事＝ナシ
　一身独立して一国独立する事＝(46)
四編　学者の職分を論ず＝ナシ
五編　〔前書〕・明治七年一月一日の詞＝ナシ
六編　国法の尊きを論ず＝(11)
七編　国民の職分を論ず＝ナシ
八編　我心を以て他人の身を制す可らず＝(65)(67)
九編　学問の旨を二様に記して中津の旧友に贈る文＝(16)
十編　前編の続、中津の旧友に贈る＝ナシ
十一編　名分を以て偽君子を生ずるの論＝ナシ
十二編　演説の法を勧るの説＝(57)
　人の品行は高尚ならざる可らざるの論＝ナシ
十三編〜十七編＝ナシ

（c）『文明論之概略』

巻之一（④・九〜五〇）

第一章　議論の本位を定る事＝ナシ

第二章　西洋の文明を目的とする事＝(46)(60)(61)

第三章　文明の本旨を論ず＝ナシ

巻之二（④・五一〜八一）

第四章　一国人民の智徳を論ず＝(41)(52)

第五章　前論の続＝ナシ

巻之三〜巻之六（④・八三〜二一二）＝ナシ

右三著の他に、対照箇所で関連を認められる福澤著作は次の通りである。

「交通論」（⑲・六六六〜六六九）＝(12)　一八八〇年十一月五日付『交詢雑誌』二十八号掲載。

『時事新報』論説（⑧⑨⑩の「売薬」に関する九篇）＝(33)　一八八二年十月三十日付より、一八八五年十二月二十六日付迄。

『日本婦人論』（⑤・四四五〜四七四）＝(65)(68)　一八八五年六月四日〜十二日迄、『時事新報』社説として発表。

『日本婦人論後編』（⑤・四七五〜五〇七）＝(65)(66)　一八八五年八月刊。

『日本男子論』（⑤・六〇七〜六三九）＝(68)　一八八八年一月十三日〜二十四日迄、『時事新報』社説として発表。

「御時務の儀に付申上候書付」（⑳・三〜六）＝(41)　一八六五年末（慶応元年十月）。写本。

右の通り、対照箇所の多くの部分は『西洋事情』の中でも、特に外国書からの飜訳部分（外編及び二編・巻之一）に集中している。従って、その部分は重訳ということになる。一方、『学問のすゝめ』『文明論之概略』に拠った部分は、表面上は、著しく少い。次にこれらを、さらに詳細に検討してみたい。

(三)　(二)についての検討

まず、前項末に記した、福澤三著作の目次による分類を追って、「上疏」が採用した主要な内容の検討を行うこととする。

（a）『西洋事情』

初編・巻之一

備考・政治＝「欧羅巴政学家の説に、凡そ文明の政治と称するものには六ケ条の要訣ありと云へり」として掲げられているもの全部の採用 (50)(53)(59)(63)。第一条は自由平等思想、第二条、信教の自由、第三、四条は学問・教育の奨励である。

備考・兵制＝封建傭兵に勝利したナポレオンの、徴兵による近代的国民軍の評価 (41)。

備考・文学技術＝「西洋学術の大趣意」は「実学」にあるとする思想 (48)。これは『学問のすゝめ』初編の一要素である。

同・巻之二

合衆国・史記＝アメリカ独立宣言の前文⑹。

革命権の主張を含む、J・ロックの系統の社会契約論である。又⑹は、『西洋事情』で、「同一の人民を目的と為して強奪を恣にし悪俗を改めしめずんば」としているところを、「上疏」は「至不得保一身之安穏、不得為一身之自由、不得保私有之財物、失人生之大義」と直している。後述するが、これは、二編「人間の通義」からの引用である。

合衆国・政治＝アメリカ憲法への関心⑻⑼。

外編・巻之一

人生の通義及び其職分＝法の下における平等思想及び私有権の認識⑹。

世の文明開化＝自由論⑽。

世人相励み相競ふ事＝近代社会における私有権尊重の評価⒆。

各国交際＝国際法及び勢力均衡論への不信、すなわち西欧列強への警戒心⑵。人民の在り方と独立との関係についての認識㊺。

同・巻之二

政府の種類＝㊻は、『西洋事情』では、㊸と同様に、「文明」の政治を行うためには、知識のある人民が必要であることを説いた部分（『学問のすゝめ』『文明論之概略』の基本思想）であって、「文明」国民は、知識の力によって、自らがそうであるように政府も亦、「文明にして礼義を知る」ことを要求するとしており、「文明」に力点が置かれている。しかし「上疏」では「礼義」に力点を置いている。すなわち「智・徳」の本末が逆である。

国法及び風俗＝漸進的改革の思想⑺。

政府の職分＝自由経済思想（25）（27）、政府の義務としての遵法思想（59）。

同・巻之三

人民の教育＝前記(46)と同様の思想（43）。(43)では、前記(62)への代入部と同じ箇所が、『西洋事情』の「国法に従て私財を保つ所以の理を知らずして」と述べている部分に代入されている。

経済の総論＝経済学の役割の認識であるが、『西洋事情』で、経済学の目的を「交際学」（福澤の「交際」という訳語は、ほぼ「社会」に当る）と対比して述べた所を、「上疏」は「人之所重者」としている（13）。また、J・R・マカロックの、英国古典経済学の定義を引いている（14）が、ここで説明されている経済学の法則性が理解されているか疑わしい。すなわち、『西洋事情』が、「経済は畢竟一種の学文にて、之を法術と云ふ可らず」とするのに対し、「上疏」は「其法在於治家……」（傍点は引用者）としている。(15)、(17)は、自由貿易の礼賛論であるが、前記のように、古典経済学は、「上疏」執筆の一〇年以上前に、日本では影響力を失っており、崔益鉉の「上疏[46]」でも外国貿易警戒論が述べられている。これらを全く顧慮した跡が見られないので、当然、(2)の対外警戒論と矛盾する。また、A・スミスの『国富論』の紹介の部分（20）が採られている。

私有を保護する事＝勤労によって得た私有物の保護（20）。

二編・巻之一

例言＝自由の定義の採用（64）。但し、註45に記したように、『孟子』の「浩然之気」に拠ってこれを解釈しようとしている。

人間の通義＝前記の(6)と同様に、近代社会における法の意義が述べられている（5）。しかし、『西洋事情』では、(5)の部分に続けて、「正理を勧め」の「正理」とは権利（人の通義）であるとし、私有権の論議にまで及ぶ（前記(43)、(62)の代入部分）のであるが、「上疏」の(5)、(6)に続く一段では、右の論議はなく、「立法行罰、然必以仁義信為本」(傍点は引用者)としている。(69)は自由論であり、天賦人権論である。

収税論＝(21)、(28)ともに、納税は「保身家之幸安」「保国安民」のためであるとしているが、(5)(6)で法が権利を前提にすることを述べていないので、税の使途を公開するのは、「大致騒擾、而怨上」ことを避けるためであるという論理をとっている。(51)(55)は、義務教育と社会教育の奨励。

同・巻之二

魯西亜・史記、政治＝ロシアの歴史・政情に注目している(42)(3)(23)。『西洋事情』との関連部分で、特定の外国に関心が示されているのは、前記米国の場合と、この場合及び(4)の英国の政治についての評価、の三ヶ国のみである。福澤の三著作についてみると、これに、日本と英国(『文明論之概略』との関連部分)が加わる。

以上の対照箇所の中、外編に属するものがチ版『経済論』及びウ氏『経済論』、二編巻之一に属するものが、ウ氏『経済論』とブラックストーンの『イギリス法註解』の、それぞれ抄訳又は意訳に由来することは、(一)に述べた通りである。

そして、右に示した諸点を綜合すると、「上疏」において次のような西欧近代思想の摂取が行われたものと考えられる。

自由・平等・権利・義務の思想(天賦人権論)。近代化のためには人民教育が重要であるという考え方。法及び経済の基礎としての私有権の尊重。社会契約論(政府・人民両者についての遵法論・漸進的改革論・革命論)。近代国家における税の使途及びその在り方の認識。イギリス古典経済学の思想(経済法則の認識、自由貿易論)。近代的国民軍の認識。信教の自由。

しかし、これらの思想の体系的、且つ完全な摂取からは程遠いものであって、諸要素の断片的・不完全な摂取といわざるをえない。そして、それにも拘らず、近代国家の原理を希求する立場で一貫していることも亦、明瞭に認められる。

尚、西欧思想とは別に、対外警戒論及び、独立と人民の在り方との関係、及びロシアについての関心が示され、「実学」についての認識がある。

「上疏」に摂取された西欧近代思想は、右の他に、『学問のすゝめ』『文明論之概略』を経由する（後述）、次のものが認められる。

民権の伸長による専制君主制の改革（ここでは、立憲思想は明瞭に認めることができない）。男女・親子についての自由平等論。人民の智徳の向上が歴史の発展を左右するという歴史観。

これらによってみるならば、「上疏」の摂取したものは、十八世紀の、主として英米系の啓蒙主義であったと考えられる。

（b）『学問のすゝめ』

関連箇所は九ヶ所で、その中、七ヶ所が、「上疏」の「六曰」以後の部分に属する。まず、「六曰」以前の二ヶ所から検討してみよう。

その一つは、「二曰」にある「私裁」禁止の項目⑾であって、『学問のすゝめ』六編前半にあたり、遵法論の記述である。他の一つは「三曰」における、人間の社会性を述べた部分⒃であり、同書九編に属する（この部分は、A・スミス『国富論』第四篇第二章〈岩波文庫版『諸国民の富』㈢、五六頁〉の影響があると考えられる）。

残りの七ヶ所の中、初編に属するものは⒁、⒃である。

⒁は福澤の「実学」思想で『学問のすゝめ』初編における重要な一要素であり、かつ同書全体の基本思想であるば

かりでなく、福澤の思想の根本を支えるものでもある。彼がこの思想の端緒をウ氏『経済論』、チ版『経済論』から得たことについては既に記した。

福澤の「実学」については、既に早く、昆野和七氏が、「単純に実用に供しうる学問」の意に止まるものではなく、「学問における実証主義（論者或は実験的精神と云ふ）」であることを明らかにしておられる[47]。また、丸山真男氏に「福澤に於ける「実学」の転回」の論があり、「心学なり、水戸学なりの「実学」から、福澤の「実学」への飛躍は、そこでの中核的学問領域の推移から見るならば実に倫理学より物理学への転回として現れる[48]」と指摘しておられる。さらに伊藤正雄氏は右を参照して、次のように総括される。

福澤の「実学」は、（1）実行実践の学、（2）実利実益の学、（3）実験実証の学、の三者を含む。（1）は、「東洋の学問全体の伝統」であり、（2）は、（1）の道徳的・倫理的であるのに対して、多分に知識的・技術的である。そして、これは、「享保改革」以来奨励されてきた「実学（＝自然科学）」を指す。これらの伝統と、「西洋近代の合理主義、あるいは功利主義的な学問、特に英米流の実際的な学風」とが、その前半生の経歴の中で結びついて、福澤の実学が成立したというものである。

ここでは、朝鮮の「実学」と、福澤の「実学」を対比して詳論することを得ないが、朝鮮の「実学」は、右の（1）（2）の要素と同様のものを含むと考えられるから、朴泳孝の側に、福澤の「実学」に触発されるべき要素が備えられていたとみてよいであろう。すなわち、福澤の「実学」は、朴にとって、その儒教否定の面を除いては、きわめて受入れやすいものであったことが推測されるのである。そして、その受容及び受容の限界を示すものは、(48)、(49)に続く「棄其実、而取其華、則格物窮理、修身治国之学、一時弁廃、乃致浮華之風也」（傍点は引用者）という一文であろう。

さて、(64)は、福澤が苦心して作った「自由」の訳語に、朴が「当分」の語を附して「当分之自由」としたことの典拠を、ここに求めたものである。

二編と関連するものは、㊾である。「上疏」では、㊽の中間に入るもので、内容も同様である。

三編に関連する㊻は、国民国家における愛国心の指摘であり、国権確保の前提として民権の伸長を求めるものである。

八編に関連する㊼、㊼は、『学問のすゝめ』では、自由平等論に発する親子論・男女論である。ところが、㊼、㊼の大部分は『日本婦人論』及び『日本婦人論後編』に関連するものであり、㊽、㊽も、それぞれ『日本婦人論後編』及び『日本男子論』に関連する。これらの『学問のすゝめ』以後の男女論の源が『学問のすゝめ』八編、及び『西洋事情』外編巻之一・「家族」であることは、伊藤論文に拠って、㈠においてすでに述べた。従って、これらは、間接的に『学問のすゝめ』と関連するといってよいであろう。

十二編に関連する㊾は、演説の有用性を述べているが、福澤が「演説」の訳語をはじめて用い、又これを実地に奨励したことは、ひろく知られている。

以上、関連箇所は、実学論、自由平等論、民権を国権確保の基礎とする考え方、遵法論等を表現しているものといえよう。その『学問のすゝめ』との関連は、表面上は極めて少い。しかし、さらに検討すると、実質的には、その関連がきわめて密接であることが認められる。

すなわち、㊸の一部、㊺、㊻の一部、及び㊸の趣旨は、いずれも、『西洋事情』外編から、『学問のすゝめ』初編に書き移されているものであり、又、㊹の「政事の自由」の趣旨も『学問のすゝめ』二編にある。かつ、「六曰」にある朴の「修身斉家」の思想は、『学問のすゝめ』初編の「身も独立し家も独立し……」に対応すると考えられる。

以上を直接関連箇所に加えて、『学問のすゝめ』初編・二編の内容の順に排列すると、次のようになる。

初編＝㊼の一部、㊽、「修身斉家」、㊹の一部、㊺、㊸の一部、㊸の一部、㊻の一部

二編＝㊾、㊿の一部

すなわち、『学問のすゝめ』初編の大部分と二編の一部の内容とが「上疏」の「六曰」以下に採られていることになる。

かつ、「上疏」の㊿、㊿、㊿、㊿、㊿、㊿は、いずれも、学問の奨励（学校教育・社会教育）に関する内容である。三編以下の関連箇所である、⑪、⑯、㊻、㊼及び㊿、㊿、㊿、㊿については既に述べた。

これらを綜合すると、「上疏」の「六曰」の全部と、「八曰」の一部とは、『学問のすゝめ』初編を主要な軸とし、同書における福澤の論旨によって展開されたものと考えてよいであろう。『学問のすゝめ』初編に用いられた「才徳」の語を、「六曰、教民才徳文芸以治本」の中に採用しているのは、この章が、『学問のすゝめ』の初編にならって書かれたことを示しているかのように推察される。

尚、（a）で述べたように、人民と政府の関係を規定する「法」の基礎が、心身の自由と私有権にあるという考え方は、⑸、⑹、㉑、㉘では明確でなく、「六曰」以後の㊸㊿ではじめて採られている。すなわち、「上疏」は、近代思想について、より明確な論理をもつ後半と、そうでない前半とから成っており、このことは、執筆時期のズレを示すのではないかとも考えられるが、いずれにせよ、前半の論理の展開には、近代思想を包括しえなかった点が認められる。

ここで、『学問のすゝめ』の直接関連箇所の思想的由来を、㈠に従って考えると、次のようになる。

⑾＝ウ氏『修身論』

⒃＝前記のように、おそらくは、A・スミスの『国富論』の影響であろう。

㊽・㊾＝福澤の実学思想の一部は、ウ氏『経済論』及び、チ版『経済論』に由来する。

㊿＝不明

(65)・(67)＝チ版『経済論』、ウ氏『修身論』
(46)・(57)＝福澤

（c）『文明論之概略』

第二章に関連するものは、(46)、(60)、(61)である。(46)後半部は、英国の例を引いた立憲君主制の主張から採られている。(60)は、福澤の用いた「国体」の意味を使用している。(61)の前半は、福澤が日本の国体について論じ、君主制の「活用」と漸次的改革を説いた部分である（後半は、(46)の後半と同一箇所を採ったと考えられる）。

第四章に関連するものは、(41)、(52)である。前者は、人民の「気風、気力」が歴史を決定するという論、後者も、一国の治乱興廃を決定するものは、国民の智徳に基づく「気風」「時勢」であるという論に採られている。

しかし、福澤が『文明論之概略』において、ことにその儒教批判を激しくするのに反して、「上疏」は一貫して、儒教の範囲内にすべてを限ろうとしている。

以上五ヶ所の関連にみられる思想として、民権の伸長による専制君主制の改革意図（立憲君主制を志向するもののようであるが、国会開設・憲法等の言葉はない）及び、智徳の向上にもとづく人民の気風が歴史を決定するという歴史観等を認めることができよう。その思想的由来は、(46)が、チ版『経済論』又は、J・S・ミルの著作の影響である可能性が強く、(41)、(52)はH・T・バックルのそれに求めることができよう。(60)、(61)は、ほぼ福澤の思想といってよいかと思う。

さて、ここでも、直接の関連箇所は少いが、実質的な関連は、『学問のすゝめ』と同様に、密接なものが認められる。以下、「上疏」と対応させながら、『文明論之概略』の内容を追ってみることとする。

第二章、初段、「西洋の文明を目的とする」について、「外の文明はこれを取るに易く、内の文明はこれを求るに難」いから、内の文明＝文明の精神＝人民の気風を改めなければならない。亜欧「二洲の趣をして懸隔せしむるものは即ち此文明の精神なり」（「六曰」の(45)は、このことの一部に相当する）。そして文明をすすめるものは精神の活潑な働きであると説いた一段の後に、国体論(60)が続き、国体を保つためには「実威」のある政府が必要であるという一段に、(46)の後半、ついで(61)が含まれる。

第三章、初段の、文明の根本は智徳の進歩であると説いた部分に続いて、「西洋諸国文明の形勢を見るに、改革の第一着は必ず先づ貴族を倒すに在り、……近くは我日本に於ても、藩を廃して県を置き、士族既に権を失ふて華族も亦顔色なし、是れ亦文明の趣意ならん」という（「上疏」の「八曰」に「廃班、常、中、庶之等級也」という）(49)。しかし、君主や貴族の存在そのものよりも、「支那日本等」で「君臣の分」が永久に定まっていると考えることを、まず改めなければならない。「君は変じて臣たる可し。湯武の放伐、即是なり」。この後、アメリカ建国から独立戦争のことに触れ（「八曰」の(62)は、独立宣言である）、南北戦争（「八曰」に「故美政府、以禁奴之事、為大戦遂禁之」という）の記述が続く。

第四章、初段に、文明の状態は、「周ねく其国民一般に分賦せる智徳」によって定まると説く(46)前半は、ほぼこれに相当する）。これに続いて、(52)、(41)の一部の順に、論が進められる。

第五章は、「衆論」についての「二箇条の弁論」で、その第二条に、「人々に智力ありと雖ども習慣に由て之を結合せざれば衆論の体裁を成さず」として、「集議」と「徒党」についての論がある(60)の間接的関連部分として(二)で付記した）。

以上みてきたことによって、「上疏」の「六曰」以下は『文明論之概略』（第二〜五章）と、かなりの程度、その論旨が対応することが認められる。一方、同じ箇所は、『学問のすゝめ』（主として初編・二編）の論旨とも同調するものであった。

従って、この「六曰」以下の部分は、『学問のすゝめ』と『文明論之概略』の論旨の組合せと考えられるのである。

それは『文明論之概略』における、前記の「三段階論」の形では採られていないが、主として『学問のすゝめ』の趣意を最大限に摂取し、近代的変革の前提として、人民の意識・学問・教育を考えようとする、強い志向を跡づけることができる。

そして、この志向は、「六曰」以前の部分にも、例えば「一曰」の末尾で、認めることができる。

「古昔盛時、非不文明、然至于近代、却譲欧洲者何也、蓋諸邦之政府、視民如奴隷、不導之以仁義礼智、教之以文学才芸」（二九七頁上段3〜5行、傍点は引用者）

又「三曰」では、「滅人弱国」の原因を「此人民無識而百具欠乏之所致」（二九九頁上段14〜19行）と述べて、国の盛衰は人民の知識の有無によるものとしている。

右の二例の中、前者などはすでにしばしば述べた、近代思想を儒教思想の枠内に収めようとする、朴泳孝の努力の典型的な表現ということができよう。

このようにしてみると、近代化に関する「上疏」の方法論は、明らかに福澤における『西洋事情』の段階に止まるものではなくて、『学問のすゝめ』『文明論之概略』のそれに移行しつつあるものと考えられるのである。

全文の構成については、他日詳論の機会を得たいが、ここでは、一応右の判断を下しておく。

結　論

以上述べたところによって、次のことがいえるであろう。

第一に、朴は、西欧近代知識を摂取するにあたって、福澤のいうところの（前記『西洋事情』初編「小引」）、「洋外の文学技芸」を後とし「其各国の政治風俗」を先として、「経国の本」を定めようとした。このことは、『西洋事情』から「上疏」に採られたものを、その目次に徴してみるとき、ことに明らかである。

右のような基本的立場の採択によって、当時出版されていた多くの書物の中から、『西洋事情』が選ばれることになった。尚、その他に、この書が明治維新において果した役割も顧慮されたであろう。一八八八年迄に発行された膨大な出版物、ことに福澤の多くの著作から、この書が選びだされた意味については、尚考えるべき余地が大きいが、ひとまず、このように考えておく。

彼はここから、チ版『経済論』・ウ氏『経済論』、またブラックストーンの『イギリス法註解』等の説く、十八世紀の英米系の啓蒙思想・古典経済学の思想を摂取した。

当時の朝鮮知識人が、日本語からの重訳によって、これらの思想を伝えようとしたことは、少しも不自然ではない。清末においても、黄遵憲の『日本国志』（一八九六年頃出版）が、変法派の梁啓超によって、「日本のみならず、英仏の政治を伺うべき書」と特記されるような状態であり、康有為は「日本に移植された西洋学を中国に重訳して、変法の基礎たらしめようとした(50)」のであった。

第二には、これらの思想を、朝鮮の現実に即して摂取するための、具体的な方法論が必要となった。そのために彼は、人民の知識、ことに近代的な社会意識の開発を、凡ゆる近代化の方策の基本に置かねばならないとする福澤の思想を採るに至った。すなわち、『西洋事情』初編「小引」の思想から『学問のすゝめ』『文明論之概略』への移行である。この二書から朴が得たものは、この福澤独自の思想のみではなく、本来、ウ氏『修身論』及び『経済論』、バックルの歴史観等に由来する要素も指摘できるが、それとても、右の福澤の思想の素材であり、やはり、前者のもつ意義が、圧倒的な比重を占めるものと考えざるを得ない。

右二点に関しては、ほぼ論証し得たものと思う。それ故、西欧思想の明瞭な影響を、日清戦争以後の時期に認めようとする従来の説は改訂を要するであろう(51)（因みに、今日伝えられている朴殷植の思想は、「上疏」と同じ傾向にあったことが察せられる[52]。

また、日本思想史の問題としては、のちに梁啓超等に影響を与える福澤の思想が[53]、それより一〇年以上前に、すでに朝鮮近代思想に影響を与えていた事実を明らかにし得たと考える。

第三に、朴は、右の思想を摂取するにあたって、儒教を基礎とする自己の思想を捨てようとは全くせず、その最大限の拡張解釈の中に、新思想を包括させようと試みた。福澤が『学問のすゝめ』『文明論之概略』に記した儒教批判の千言万句は一もこれを採るところがないのである。このことに関しては、ここでは未だその一部を示しえたにすぎないが、「上疏」は、以上の三要素を合して成立したと考えるものである。

そして、彼が、新思想を受容する上で、おそらくは伝統的な実学思想がその助けとなったであろうし、同時にその儒教思想としての枠組が、完全な摂取の妨げとなったと考えられる。㈢において示した、いくつかの不徹底な認識や、前半部（「六日」以前）と後半部の矛盾は、これを明らかに示す例である。

尚、「上疏」の背後には、ここに明らかにし得なかった他の伝統思想、歴史的経験、及び個人的体験が、さらに多く存在するであろう。それ故、ここで「外部的原因は内部的原因を通じて作用する」という思想[54]を想起しておきたい。特に気づいたものは註記したが、この点に関しては、本節はまことに貧寒である。のちに行う予定の「上疏」の歴史的由来の検討の際に考えたいが、ことに朝鮮人研究者の指摘を待つものである。

次に、「上疏」の思想が、朴の思想そのものであるか、あるいは「上疏」という形式・目的のために、保守的に修正されたものであるかという疑問に関しては、左のように考える。

すべてを儒教の枠組の中で論ずることは、「上疏」の形式として不可欠であろうけれども、「放伐」の伝統思想があるとはいえ、革命権を明示するアメリカ独立宣言までが採録されていることを考えると、その特殊な条件によって、本来の思想が大きく修正されているとは考えにくい。従って、「上疏」は朴泳孝の思想と、近似的に等しいと考えることにしたい。ただし「上疏」が甲申政変の際の思想よりも進歩的又は保守的に変化しているか否かについては、現在のところ、判断の手がかりがない。

以上の諸点をもとに、ここで次の問題について考えてみたい。

周知のように、清末の政治思想は、洋務論・変法論・革命論の順を追って進化発展する。変法論の「洋務論と異るところは、軍備よりも内政を遥かに重く見ることであって、政治の革新が根本的な先決の問題となっている」。それは、「西政に対する関心」が「経書に溯って改革の原理を探ろうとする傾向と緊密に合致することによって」成立する。すなわち、「経書と西政は、変法論を支える二つの欠くべからざる支柱である」(55)。

「上疏」は明らかに、右の清末変法論の規定に合致するように思われる。そうであるならば、朝鮮変法論の成立は、清のそれに先立つこと約二〇年ということになる。しかし、清の洋務派の支配を克服しようとしていた開化派にとって、それはきわめて必然的な成行きではなかったろうか。また、福澤はいう、「支那人が俄に兵制を改革せんとして西洋の風に倣ひ、巨艦を造り大砲を買ひ、国内の始末を顧みずして漫に財用を費すが如きは、余輩の常に悦ばざる所なり」（④・二〇）。

清末政治思想の発展と、李朝末期のそれとの間には、もとより異る要素も存在するであろう。しかし儒教を精神的支柱とする東アジア封建社会が、西欧近代思想を摂取して変化をとげようとする場合、異る国の近代思想の間に、同一類型が出現することを期待するのは、不当とは思えない。福澤の『西洋事情』初編「小引」の思想も亦、儒教的要素を含まない〝変法論〟の特徴を示すものであった。

開化派は、思想的に福澤と結びつく過程で、洋務論から変法論へ発展したのではなかろうか、また、開化派と他とを分つべき指標の一つは、変法論に求められるべきではなかろうか。

これが、本節の結果として得られた新たな設問である。もし、開化派を「変法派」とよぶことができるならば(56)、おそらくその前後に、洋務派と革命派を見出し得るであろう。

従って、次の段階としては、まず「上疏」全文の思想構造の検討に進まなければならない。それに続くべきものは、「上疏」に掲げられた政策、及びその歴史的由来の検討であろう。

以上で、朴泳孝「上疏」研究の第一段階を終ることとする。

註

(1) 外務省編纂『日本外交文書』第二十一巻（日本国際連合協会、一九四九年）、二九二〜三一一頁に、「朝鮮国内政ニ関スル朴泳孝建白書」として収録。

(2) 김희일「갑신정변의 력사적 지위」『김옥균』（사회과학원출판사、一九六四年）、四六〇頁以下。邦訳＝渡部学訳編『金玉均の研究』（日本朝鮮研究所、一九六八年）、二七三頁以下。

(3) 丁仲煥「朴泳孝　上疏文（資料）」『亜細亜学報』第一輯（亜細亜学術研究会、一九六五年十二月）、七二〇頁。

(4) 和田博徳「中国における福澤諭吉の影響」『福澤諭吉全集第十九巻附録』（岩波書店、一九六二年）、一頁、「アジアの近代化と慶應義塾」『慶應義塾大学商学部創立十周年記念・日吉論文集』（慶應義塾、一九六七年九月）、五頁、「「日本大儒福澤諭吉語録」について」『三田評論』第六七〇号（慶應義塾、一九六八年四月）、四四頁。川本邦衛『ベトナムの詩と歴史』（文芸春秋、一九六七年）、三九九〜四三三頁。

(5) 昆野和七「解説」『学問のすゝめ』（岩波書店、一九四二年）、二〇五頁。

(6) 伊藤正雄『福澤諭吉の研究』甲南大学紀要・文学編Ⅰ（甲南大学、一九六六年八月）。

(7) 富田正文「後記」（①・六一七）、「この外編は、表紙見返しに「慶応三年丁卯季冬」と印刷してあるが、実際に上梓発売せられたのは、慶応四年五月以降であつたやうである」。

(8) 伊藤正雄前掲書二〇四頁所収の『日本文学大辞典』所引・坪谷善四郎編「五十家訪問録」中の言葉。

(9) 「〔西航手帳〕」（⑲・六六）。

(10) 高橋誠一郎「解題」『福澤諭吉経済論集・福澤選集第四』（一九四三年、慶應出版社）、四五八頁。

(11) 同右、四六六頁。

(12) 板倉卓造「学問のすゝめとWayland's Moral Science」『福澤諭吉の人と思想』（岩波書店、一九四〇年）、七四頁。伊藤正雄前掲書所引。

(13) 富田正文「後記」（③・六五〇、⑲・二一八）。「一身の自由を論ず」はウ氏『修身論』第二編“Of the Nature of Personal Liberty”の前半の訳で、八編前半はこれを敷衍したものであるという。

(14) 丸山真男「福澤諭吉の哲学」『国家学会雑誌』第六十一巻三号（一九四七年九月）。

(15) 遠山茂樹「諭吉を理解するために」『文明論之概略』（岩波書店、一九六二年改訂版）巻末。

(16) 唯物論研究所編『西洋近世哲学史・フランス篇』(ナウカ社、一九五〇年)。
(17) 小泉信三「解題」『福澤諭吉選集』第一巻(岩波書店、一九五一年)、三八二〜三八三頁。
(18) 唯物論研究所『西洋近世哲学史、ルネッサンス・イギリス・アメリカ篇』(ナウカ社、一九五〇年)、三二一、三二四頁。
(19) 石河幹明『福澤諭吉伝』第一巻(岩波書店、一九三二年)、六三二頁。小沢栄一「文明史と福澤諭吉」『福澤諭吉全集第十三巻附録』(岩波書店、一九六〇年)。
(20) 『岩波西洋人名辞典』(岩波書店、一九六一年)。
(21) 同右書。
(22) 前掲『西洋近世哲学史、ルネッサンス・イギリス・アメリカ篇』、三二一〜三二二、三三四頁。
(23) 津田左右吉「解題」前掲『文明論之概略』(岩波書店、一九三一年)、二六七〜二九五頁。
(24) 高橋誠一郎前掲論文、四六二頁。
(25) 同右、四六五頁。
(26) 同右、四七〇〜四七一頁。
(27) 高橋誠一郎『福澤諭吉』(実業之日本社、一九四四年)、七〇頁、伊藤正雄前掲書一七四頁所引。
(28) 高橋誠一郎前掲論文、四六七頁。
(29) 板倉卓造前掲論文、七六頁。又、『西洋事情』外編巻之一「世の文明開化」(①・三九五)に、「或人以為らく、上古蛮野の人、水草を逐て処を移すに、其出処進退を妨る者なかりしに、人間交際の道世に行はれてより、或は却て人の性情を矯ることあれば、人生最大の自由は蛮野の世に在りと。然れども是れ其一を知て其二を知らざるの論なり」とあるのは、おそらくルソーを指していつたものと考えられる。
(30) 津田左右吉前掲論文、二七九頁。
(31) 『南塘集』に「法久則弊生、物極必反、……法雖王所作、久則従弊、而極則生乱」(鄭鎮石・鄭聖哲・金昌元著・宋枝学訳『朝鮮哲学史』〈弘文堂、一九六二年〉、三〇〇、三三四頁所引)とあり又李圭景の思想に「事物の変化発展が極限点に到達すると、事物はその対立する面に転化する」としたものがある(朝鮮民主主義人民共和国社会科学院歴史研究所編・日本朝鮮研究所訳『朝鮮文化史』〈亜東社、一九六六年〉下巻、二〇九頁)。本来的には、この二著に典拠があると思われるが、一応、記載する。
(32) 党争以来、酷刑の弊害が甚しく、朴泳孝の家族もその被害者であるから、他から触発されることを要さない。しかし米国に親近感をもっていた朴が、「文明国」の憲法にその定めがあることに注目したのではないかと考えて採録した。末尾の補註参照。
(33) 註(32)と同様である。
(34) John Ramsay McCulloch (1789–1864) と思われる。彼は、J・S・ミルと共にリカードの直弟子として、リカード学説の普及と擁護に献身した(岩波書店版『経済学辞典』、一九六五年による)。現在の片仮名表記では、マカロックである。
(35) 「行暴於他、而利己之事」の前に、「有」が脱落していると考えられる。
(36) Adam Smith (1723-90), "An Inquiry into the Nature and Causes of the Wealth of Nations", (1776).

(37)『湛軒書』内集・巻四・「林下経綸」に「有才学、則農賈之子、坐於廊廟、而不以為僭、無才無学、則公卿之子、帰於与儓、而不以為根」とみえ（前掲『朝鮮哲学史』、二二九、二七五頁）、丁茶山「田論」六にも同趣旨の文がある。これらとも関連を有するであろう。

(38) この対照は、あるいは間違っているかも知れない。しかし、この「三日」の章は「経済の総論」から採るところが極めて多いので、記載しておく。

(39)「地券」の語は、当時の日本では、福澤著作に拠る必要のない常識であったろうが、「私有保護」のための行政手段として着目したのではないかと考え、採録する。

(40) 註（39）と同じく、書物の知識を要することではないが「西洋諸国」の設備として認識したのではないかと考え採録する。「上疏」全文を通じて、野蛮―文明の比較という発想が、極めて多いからである。

(41)「上疏」のいう「売買之規則」は商法を意味するのではないかと思われる。日本の商法公布は一八九〇年四月であるが、この頃、既に世上の論議にのぼっていたであろう。

(42) ここに記されている二人の「或人」が同一人であるのか、別人であるのか不明であるが、註（29）に記したように、少くとも前者はJ・J・ルソーを指すもののように思われる。「上疏」の文は、両者を組合せたのではないだろうか。

(43) 註（39）、註（40）と同じことがいえる上、朴は漢城判尹の時、治道局を設けて、既に道路行政を行っている。しかし、この「政府の職分」からの引用は非常に多いので、ここでも、道路行政を近代的な政府の仕事として確認したものと考え採録した。

(44) この文は写本として伝わっているものであり、しかも候文であるので、典拠として択ぶことがためらわれる。しかし内容は、まことに相似たものであるので、採録した。

(45)「浩然之気」は『孟子』第三巻「公孫丑章句　上」の「我善養浩然之気……是集義所生者」から採ったものであろう。

(46)『高宗実録』巻十三、丙子正月二十日の条。

(47) 昆野和七前掲論文、二〇〇頁。

(48) 丸山真男「福澤に於ける「実学」の転回」『東洋文化研究』三号（東洋学会、一九四七年三月）、一～二〇頁。

(49) 姜在彦「開化派・開化思想・金玉均」『日朝関係の史的再検討』朝鮮史研究会論文集4（極東書店、一九六八年）、九八頁に、一九三一年三月『東光』誌所載の朴泳孝の言葉「燕岩集の貴族を攻撃する文章で、平等思想を身につけた」が引用されている。筆者は、この種の、朴泳孝の思想発展の内因を無視しているわけでは全くない。この場合、『燕岩集』は内因であり、福澤著作は外因といえよう。

(50) 小野川秀美『清末政治思想研究』新訂版（みすず書房、一九六九年）、七八～七九頁。

(51) 前掲『朝鮮哲学史』三五一頁以下、及び李瑄根『韓国史』現代篇（乙酉文化社、一九六六年）、八二四頁。

(52) 前掲『朝鮮哲学史』、三六一・三八一頁。

(53) 小稿の冒頭に述べたように、和田博徳氏は、梁啓超の思想に福澤の影響があることを指摘しておられる。その中「新民説」におけるそれとして「自尊」の項の「独立自尊之義・十四条」が指摘されているが、その影響はこれに止まらないのではなかろうか。小野川氏前掲書によれば、『新民叢報』の標榜する三綱目の中、(2)は「教育を主として政論を従とし……国家思想を養うこと」である。又「新民説」は「制度・政府・国家を新たにするよりも、民を新たにすること」を基本とする。小野川氏は、「新民説」を進化論及び天賦人権論に基づくものとしておられるが、右に引いたところは、まさに福澤の説いた、近代化に関する三段階説と同一である。さらに、「新民説」における自由論――古人・世俗・境遇・情慾の奴隷たることを排するという――は、福澤の「智力発生の道に於て第一着の急須は、古習の惑溺を一掃して西洋に行はるゝ文明の精神を取るに在り」（『文明論之概略』④・三二）を連想させるものであり、一九〇六年の「開明専制論」は、福澤の「文明開化の特権」（『西洋事情』①・五四〇）と同義である。これらのことについては、後日、考証を行いたいが、とりあえず疑問点の一、二を記しておく。

(54) 毛沢東選集刊行委員会編訳『毛沢東選集』第二巻（三一書房、一九五六年）、二一二頁。

(55) 小野川秀美前掲書、三～四頁。

(56) 開化派を以って変法派に擬することは、既に早く、一九五八年の金日成演説に、これを見ることができる。梶村秀樹「朝鮮近代史と金玉均の評価」『思想』五一〇号（岩波書店、一九六六年十二月）、六三頁所引、金日成「朝鮮労働党中央委員会一九五八年三月総会結語演説」。

〔補註〕 註（32）に関するもの。川路聖謨は次のようにいっている。「福澤諭吉の著述西洋事情と云書をみる。……華盛頓が定めし法度、寛にして尽せり。漢土に彼がごとき人を見ず。古来稀なる大人なり。謀反人にても罪其身に止り闕所などのことなし。実に寛仁と云うべし」。前掲石河幹明『福澤諭吉伝』第一巻、四七二頁所引。

〔後記〕 小稿は、東京都立大学における一九六七年度の旗田巍教授の講筵に侍して端緒を授けられ、その御指導を得て成ったものである。ここにその学恩を深謝する次第である。

編註

＊1　アルバート・クレイグの研究により、ジョン・ヒル・バートンの著作と判明した（Albert M. Craig, "John Hill Burton and Fukuzawa Yukichi"『近代日本研究』第一巻、一九八五年）。

＊2　(※)は、著者の後の調査により対照箇所が見出され、本書III―八の初出掲載時に補遺として追加された。

八　朴泳孝の民本主義・新民論・民族革命論

──「興復上疏」に於ける変法開化論の性格

まえがき

前節「朝鮮開化思想と福澤諭吉の著作──朴泳孝「上疏」における福澤著作の影響」を本誌〔『朝鮮学報』第五二輯〕に掲載して頂いてから既に多くの歳月が経ってしまった。(1) 本節は、前節の続編であり、(2) この前節と併せて提出した修士論文第二部の「朴泳孝「上疏」の清末変法論的特徴について」の大幅な改稿である。

提出した初稿に於いては、㈠「上疏」(3)の要約及び引用儒書について、㈡儒書の引用に認められる特徴、㈢新時代の変法論、1近代思想としての「上疏」、2清末変法論と「上疏」、㈣朝鮮思想史における変法改革論と「上疏」、という構成で、前節の末尾に述べた、「上疏」が明らかに清末変法論の規定に合致すると思われる旨の予想を実証し、また「開化派は、思想的に福澤と結びつく過程で、洋務論から変法論へ発展したのではなかろうか」という自問に答えようとした。当時、その目的は一応達したように思われたが、時日の経過と共に考究の不完全さを感じるようになったため、再び同一のテーマを追って倍量近くまで改稿し、初稿とは些か異る結論を得たものである。

但し、前節の発表以降に公刊された近代思想史の文献は数多いにも拘らず、身辺の事情からこれを全面的に検討することができないので、参考文献は前回同様の一九六九年末までのものに限らざるを得なかった。御宥恕を願う次第である。

なお、前節発表後に、これについて論評された唯一の先学である姜在彦氏に対しては、「付論」に於いて、筆者の意のある所をお答えし、併せて姜氏の御労作中にある、開化派の「変法思想」という語の使用に関する若干の疑問のみを呈出させて頂いた。

本節では、まず㈠で、「上疏」中に引用されている古典を原典から抽出して、本文と対照する。㈡では、この対照に基づいて、「上疏」の古典引用の特徴を明らかにし、次いでこれを、前節に記した福澤著作の影響と併せて考察して、小野川秀美氏が明らかにされた清末変法論に於ける二つの支柱、「経書と西政」が、「上疏」に於いても同じく認められるところから、これを「変法論」と呼び、且つ梁啓超の「新民説」との類似が著しいために、「新民論」とも呼び得ることを述べる。また、古典の引用に見られる特徴から、『明夷待訪録』『日知録』との類似性にも触れる。

㈢は「上疏」全体の構造及び内容の検討である。ここでは、福澤の思想の基本が採用されていることを考証し、また「上疏」の根本目標が、清の支配を排除し、政府の専制的支配及び伝統的不平等を廃棄することに在り、これが「亟図興復」の一句に集約されているところから、この「上疏」を、例えば康有為の「公車上書」などの呼称にならって、「興復上疏」と呼ぶことを提案する。

さらに、「興復」を大前提とすることは、清の洋務政策を排除して「変法論」的政策をとることを意味するので、開化派中の甲申政変参加者を主として「変法派」、非参加者の多くを「洋務派」と呼ぶべきことを言う。

また、「甲申日録」の政綱と、「興復上疏」との比較考証を行い、両者が基本的に一致すること、従って「興復上疏」は甲申政変の改革内容を継承していることを言う。そして、この改革を、岡義武氏の定義に従って「民族革命」と呼ぶ。

なお、この場合、西洋文明の完全摂取を容易ならしめるために、儒教至上主義の教育が否定されたこと、教育による国民意識の高揚が中心課題とされたことをも併せて述べる。

㈣は、歴史的由来の検討である。ここでは先学の業蹟に多くを依拠しつつ、朴泳孝の思想もまた十四・十五世紀以来の改革思想に由来し、直接的には実学思想の継承であることを、やや文献的証明を混えて述べる。次いで十九世紀六〇年代より八〇年代にかけて現れた洋務政策の流れを追い、一方に、これと異る金・朴等の変法政策の底流があることを見る。

㈤では、朝鮮変法論が、何時頃から、どのようにして形成されたかを追う。まず、朴珪寿・呉慶錫・劉鴻基の三人が、洋務論に於ける優れた先覚者であったことを考察し、彼等の思想を「洋務開化論」と呼ぶ。続いて一八八〇年代に、福澤との接触や客観情勢への対応によって、李東仁の行動を嚆矢とする「変法開化論」が形成されることを述べる。

㈠「上疏」と古典との関連

以下、朴泳孝の一八八八年の「上疏(4)」と古典との関連を検討する。

〔前文〕

(1)【二九四頁上段4〜6行】荐経兵革、而漸来衰弱、及於近世、乃至極度、凡物動極而静、々極而動、亦天地之至理也、豈有極而不変者乎、

○【易経・繫辞下伝】神農氏没、黄帝堯舜氏作、通其変、使民不倦、神而化之、使民宜之、易窮則変、変則通、通則久、（窮・極は同義である。）

(2)【二九四頁上段13〜14行】百姓転乎丘壑、散離四方、父母兄弟妻子、不得相見、

ⓐ【孟子・梁恵王篇・下（十九）】兇年饑歳、君之民、老弱転乎溝壑、壮者散而之四方者、幾千人矣、（以下、

『孟子』の章分けに関しては、すべて金谷治『孟子』〈朝日新聞社、一九六六年〉に依拠する。）

ⓑ【孟子・梁恵王篇・下（八）】吾王之好鼓楽、夫何使我至於此極也、父子不相見、兄弟妻子離散、

(3)【二九四頁上段15～16行】此所謂「為阱於国中也」、

○【孟子・梁恵王篇・下（九）】文王之囿方七十里、……与民同之、民以為小、……臣始至於境（斉の国境を指す――引用者。以下同）、問国之大禁、然後敢入、臣聞、郊関之内、有囿方四十里、殺其麋鹿者、如殺人之罪、則是方四十里、為阱於国中、民以為大、不亦宜乎、

(4)【二九四頁上段18行～下段1行】「庖有肥肉、廐有肥馬、民有飢色、野有餓莩、此率獣而食人」、孟子之所訓也、

○【孟子・梁恵王篇・上（四）】右と同文の後に「獣相食、且人悪之、為民父母行政、不免於率獣而食人、悪在其為民父母也」と続く（滕文公篇・下（六十）にも(4)と同文がある）。

(5)【二九四頁下段1～2行】「作宰治民、而田野荒蕪、人民減少、而行賂求誉」、斉王之所怒也、

○【呂氏春秋・巻十一・仲冬紀・至忠篇】二曰、至忠逆於耳、倒於心、非賢主、其孰能聴之、故賢主之所説、不肖主之所誅也、人主無不悪暴劫者、而日致之、悪之何益、……斉王疾痏、使人之宋迎文摯、文摯至、視王之疾、謂太子曰、……非怒王、則疾不可治、怒王則摯必死、……文摯、因出辞以重怒王、王叱而起、疾乃遂已、……文摯乃死、夫忠於治世易、忠於濁世難、（(5)の括孤内の言葉が見出せないので、誤まりかもしれないが、文摯が斉王を怒らせた言葉の内容ではないかと考える。）

(6)【二九四頁下段2～5行】「強大之国、鄰於左右前後、而相無道、将無能、法令不行、賞罰不明、兵衆不一、士卒不練、民不与上同意、而不可与之死、不可与之生、不畏吾令、反畏隣国」、孫呉之所憂也、

ⓐ【孫子・計篇】道者令民与上同意（也、故）可（以）与之死、可（以）与之生、而民不（畏）危、……曰、主孰有道、将孰有能、……法令孰行、兵衆孰強、士卒孰練、賞罰孰明、吾以此知勝負矣、（金谷治『孫子』〈岩波書店、一九六三

年〉による。)

ⓑ【呉子・治兵篇】武侯問曰、兵何以為勝、起対曰、以治為勝、又問曰、不在衆寡、対曰、若法令不明、賞罰不信、金之不止、鼓之不進、雖有百万、何益於用、

(7)【二九四頁下段11〜13行】必将反其所不親、而向其所親、何也、姜太公所謂「邦国非帝王之邦国、乃人民之邦国而《(ママ)》帝王治邦国之職也、故同邦国之利者得邦国、擅邦国之利者失邦国」、(太公望呂、尚は姜姓。)

○【六韜・文韜篇・文師】文王曰、立斂何若、而天下帰之、太公曰、天下非一人之天下、乃天下之天下也、同天下之利者、則得天下、擅天下之利者、即失天下、(「天下非一人之天下、天下之天下也」という言葉は、『六韜』の武韜篇発啓や『呂氏春秋』巻第一・孟春紀・貴公篇にも見える。)

(8)【二九四頁下段15〜17行】夫政府之趣的者何也、保民護国是耳、是以成湯討桀、而夏民喜悦、周武伐紂、而殷人不非、湯武得之々故、愛民也、桀紂失之々故、虐民也、

ⓐ【孟子・梁恵王篇・上(七)】保民而王、莫之能禦也、

ⓑ【孟子・梁恵王篇・下(十一)】方命虐民、飲食若流、

ⓒ【呉子・図国篇】故、成湯討桀、而夏民喜説、周武伐紂、而殷人不非、挙順天人、故能然矣、

(9)【二九四頁下段17行〜二九五頁上段3行】孟子云「今王鼓楽於此、百姓聞王鐘鼓之声、管籥之音、挙疾首蹙頞、而相告曰「吾王之好鼓楽、夫何使我、至於此極也」此無他、不与民同楽也、今王鼓楽於此、百姓聞王鐘鼓之声、管籥之音、挙欣々然有喜色、而相告曰「吾王庶幾無疾病与、何以能鼓楽也」此無他、与民同楽也、」

○【孟子・梁恵王篇・下(八)】「至於此極也」の後の六十五字が省略され「此無他」に続く。また「何以能鼓楽也」の後の四四字が省略され「此無他」に続く。他は全く同文。

(10)【二九五頁上段3〜4行】凡帝王無道失位、雖欲求為庶民、而不得、諸侯有道御民、雖地方百里、而王於天下、

ⓐ【孟子・梁恵王篇・上（五）】孟子対曰、地方百里而可以王、王如施仁政於民、……可使制梃以撻秦楚之堅甲利兵矣、……彼陥溺其民、王往而征之、夫誰与王敵、

ⓑ【孟子・離婁篇・上（六十四）】三代之得天下也以仁、其失天下也以不仁、国之所以廃興存亡者亦然、天子不仁、不保四海、諸侯不仁、不保社稷、

(11)【二九五頁上段10行】書云「民維邦本、々固邦寧」、

○【書経・夏書・五子之歌篇】其一曰、皇祖有訓、民可近、不可下、民惟邦本、本固邦寧、予視天下、愚夫愚婦、一能勝予、

(12)【二九二頁上段12〜13行】同其甘苦者、謂施仁義之政於民、……夫上下同甘苦而衆反、臣未之聞也、

○【孟子・梁恵王篇・上（一・二）】未有仁而遺其親者也、未有義而後其君也、王亦曰仁義而已矣、何必曰利、……古之人与民偕楽、故能楽也、

(13)【二九五頁上段13〜17行】昔趙之尹鐸、守晋陽、三国之軍、囲而灌之、城不浸三板、竈中産蛙、而民無反意、此尹鐸得衆之故也、故治国家者、必先教百姓、而親万民、是以賢聖教之以道、理之以義、動之以礼、撫之以仁、此四徳者、修之則興、廃之則亡、

ⓐ【史記・趙世家】趙襄子懼、乃奔保晋陽、……三国攻晋陽歳余、引汾水、灌其城、城不浸者三版、……群臣皆有外心、礼益慢、唯高共不敢失礼、

ⓑ【呉子・図国篇】呉子曰、昔之図国家者、必先教百姓、而親万民、……是以、聖人綏之以道、理之以義、動之以礼、撫之以仁、此四徳者、修之則興、廃之則衰、

(14)【二九五頁下段18行】曾子曰「日三省吾身」、

○【論語・学而篇】曾子曰、吾日三省吾身、為人謀而不忠乎、与朋友交而不信乎、伝不習乎、

⒂【二九五頁下段19行〜二九六頁上段1行】孟子曰「愛人不親、反其仁、治人不治、反其智、礼人不答、反其敬、行有不得者、皆反求諸己」、
○【孟子・離婁篇・上（六十五）】右と同文で、この後に「其身正而天下帰之」と続く。
⒃【二九六頁上段8〜9行】「行非常之事、然後有非常之功」、
○【司馬相如・喩巴蜀之父老檄】蓋世必有非常之人、然後有非常之事、有非常之事、然後立非常之功、
一曰、宇内之形勢
⒄【二九七頁上段2〜5行】臣按亜洲、天下霊気所蘂之処也、故儒、仏、耶蘇、及回々教之祖、皆出於此土、古昔盛時、非不文明、然至于近代、却譲欧洲者何也、蓋諸邦之政府、視民如奴隷、不導之以仁義礼智、教之以文学才芸、
ⓐ【大学章句序】蓋自天降生民、則既莫不与之以仁義礼智之性矣、……一有聡明睿智能尽其性者、出於其間、則天必命之以為億兆之君師、使之治而教之、以復其性、……三代之隆、其法寖備、然後王宮国都、以及閭巷、莫不有学、……此古昔盛時、所以治隆於上、俗美於下、而非後世之所能及也、及周之衰、賢聖之君不作、学校之政不修、教化陵夷、風俗頽敗、
ⓑ【孟子・離婁篇・下（九十二）】君之視臣如土芥、則臣視君如寇讎、
⒅【二九七頁上段7〜8行】中庸云「凡事予則立、不予則廃、言前定則不跲、事前定則不困、行前定則不疚、道前定則不究」、
○【中庸章句・第二十章】右と同文（「究」を「窮」とするものもある）。
二曰、興法紀安民国
⒆【二九七頁上段11〜12行】法律者、人民処身結交之規矩、而勧正理、禁邪悪、故其行之也、無偏無党、只弁是非曲直之理、而治之、

ⓐ【呂氏春秋・巻之一・孟春紀・貴公篇】昔聖王之治天下也、必先公、……故鴻範曰、無偏無党、王道蕩蕩、無偏無頗、遵王之義、……天下非一人之天下、……
ⓑ【書経・周書・洪範篇】無偏無陂、遵王之義、無有作好、遵王之道、無有作悪、遵王之路、無偏無党、王道蕩蕩、無党無偏、王道平平、
⒇【二九七頁上段16～17行】大学云「子曰「聴訟吾猶人也、必也使無訟乎」、無情者不得尽其辞、大畏民志、此謂知本」、
○【大学章句・伝四章】右と同文、「子曰」の部分は論語・顔淵篇。
(21)【二九七頁下段3～5行】故撫人以仁、治人以義、安人以信、明此三道而無失、則恩威幷行、而法不弛、治隆於上、而俗美於下矣、
ⓐ【呉子・図国篇】是以、聖人綏之以道、理之以義、動之以礼、撫之以仁、此四徳者、修之則興、廃之則衰、
ⓑ【大学章句序】此古昔盛時、所以治隆於上、俗美於下、而非後世之所能及也、
(22)【二九七頁下段16～18行】三曰、省刑罰、薄税斂、使民免於艱苦、四曰、勧農桑、興工商、使民免於飢寒、五曰、修文徳、治武備、使民安而国泰」、
ⓐ【孟子・梁恵王篇・上（三・五）】五畝之宅、樹之以桑、五十者可以衣帛矣、……百畝之田、勿奪其時、数口之家可以無飢矣、……黎民不飢不寒、然而不王者未之有也、……地方百里而可以王、王如施仁於民、省刑罰、薄税斂、……可使制挺以撻秦楚之堅甲利兵矣、……故曰仁者無敵、王請勿疑、
ⓑ【呉子・（序文）】昔承桑氏之君、修徳廃武、以滅其国、有扈氏之君、恃衆好勇、以喪其社稷、明主鑒玆、必内修文徳、外治武備、
(23)【二九七頁下段8行～二九八頁上段3行】雖百下　聖喩、百姓不信、而相語曰「吾王、又欲欺我也」夫如此、令必

不行、而乱起於不虞、……一曰、作善者、有才徳者、雖賤賞之陟之、二曰、作悪者、無才徳者、雖貴罰之黜之、……立誓之後、必先立信於宮中、以及於朝廷、立信於国中、以及於天下、則邦内必無犯法之人、天下亦無背約之国、……凡治国立法之要、以信為重、故信者、治天下之至宝也、

○【呂氏春秋・巻之十九・離俗覧・貴信篇】凡人主必信、信而又信、誰人不親、故周書曰、允哉允哉、以言非信則百事不満也、故信之為功大矣、信立則……六合之内、皆為己府矣、信之所及、尽制之矣、……君臣不信、則百姓誹謗、社稷不寧、……賞罰不信、則民易犯法、不可使令、

(24)【二九八頁上段3〜4行】臣聞「法貴順俗而治之」則率由旧章、而漸就良道、

○【孟子・離婁篇・上（六十二）】孟子曰、……詩云不愆不忘、率由旧章、遵先王之法而過者、未之有也、

(25)【二九八頁上段10行】廃孥戮之典、只治原犯、而不可及父母兄弟妻子事、

ⓐ【書経・虞書・大禹謨篇】皐陶曰、帝徳罔愆、臨下以簡、御衆以寛、罪弗及嗣、

ⓑ【孟子・梁恵王篇・下（十二）】王政可得聞与、対曰、昔者文王之治岐也、……罪人不孥、

三曰、経済以潤民国

(26)【二九九頁下段6〜7行】孔子曰「邦有道、貧且賤焉恥也、邦無道、富且貴焉恥也」、

○【論語・泰伯篇】右と同文。

(27)【二九九頁下段7〜10行】大学云「生財有大道、国無遊民則生者衆矣、朝無幸位則食者寡矣、不奪農時則為之疾矣、量入為出則用之舒矣、而財恒足矣、仁者散財以得民、不仁者亡身以殖貨」、

ⓐ【大学章句・伝十章】生財有大道、生之者衆、食之者寡、為之者疾、用之者舒、則財恒足矣、仁者以財発身、不仁者以身発財、

ⓑ【大学章句・伝十章朱注】呂氏曰、国無遊民則生者衆矣、朝無幸位則食者寡矣、不奪農時則為之疾矣、量入為出則用

之舒矣、（呂氏は呂大臨、北宋の儒学者、字は与叔、はじめ張横渠に学びのち二程を師とした。――『東洋史辞典』〈東京創元新社、昭和四十二年版〉による。）

ⓒ【大学章句・伝十章朱注】発、猶起也、仁者散財以得民、不仁者、亡身以殖貨、

(28)【二九九頁下段10～13行】又云「君子先慎乎徳、有徳此有人、有人此有土、有土此有財、有財此有用、徳者本也、財者末也、外本内末、争民施奪、是故財聚則民散、財散則民聚、是故言勃而出者、亦勃而入、貨勃而入者、亦勃而出」、

○【大学章句・伝十章】右と同文（「勃」は同義の「悖」を用いる）。

(29)【二九九頁下段14～16行】若不知此理而図富、則雖労心焦思、反致究困耳、蓋不治其本、而治其末之故也、夫一人致富之本、則節用勤労、一国致富之本、則保民而不聚財也、

○【大学章句・伝十章朱注】愚按、此因有土有財而言、以明足国之道、在乎務本而節用、非必外本末内而後財可聚也、

(30)【二九九頁下段16～17行】人無恒産、而懶惰、不労心役力、而以食人之労役、此奪人之功也、

○【孟子・梁恵王篇・上（七）】若民、則無恒産、因無恒心、苟無恒心、放辟邪侈、無不為已、【孟子・滕文公篇・上（四十九）】もほぼ同文。

(31)【三〇〇頁上段6～10行】夫人民出税奉公之本志、欲保身家之幸安也、故為政府者、宜任賢良、而保民護国、有識君子列於上大夫、無知小人、列於下隷、……然下隷厚俸、而上大夫薄禄、則此大学所謂「其所厚者薄、而其所薄者厚也」、

ⓐ【大学章句・伝十章】長国家而務財用者、必自小人矣、彼為善之、小人之使為国家、菑害並至、雖有善者、亦無如之何矣、

ⓑ【大学章句・経】其本乱而末治者、否矣、其所厚者薄而其所薄者厚、未之有也、

(32)【三〇〇頁上段13～14行】且人之性情、随窮達而変者也、窮則多思、故致達、達則無思、故致窮、
〇【易経・繫辞下伝】易窮則変、変則通、通則久、（窮通と窮達は同義である。）
四曰、養生以健殖人民
(33)【三〇二頁上段16～18行】孔子、食饐而餲、魚餒肉敗、不食、色悪臭悪、不食、失飪不時、不食、肉雖多、不使勝食気、惟酒無量、不及乱、
〇【論語・郷党篇】食不厭精、膾不厭細、食饐而餲、魚餒而肉敗、不食、色悪不食、臭悪不食、失飪不食、不時不食、……肉雖多、不使勝食気、唯酒無量、不及乱、
(34)【三〇二頁下段17行】設法救窮困之鰥寡孤独、及身体不具之民事、
〇【孟子・梁恵王篇・下（十二）】王曰、王政可得聞与、対曰、昔者文王之治岐也、耕者九一、……老而無妻曰鰥、老而無夫曰寡、老而無子曰独、幼而無父曰孤、此四者天下之窮民而無告者、文王発政施仁、必先斯四者、
五曰、治武備、保民護国
(35)【三〇三頁下段18～19行】是以制国治軍、宣教之以礼、励之以義、使兵民有恥也、夫人有恥、大足以戦、小足以守、
〇【呉子・図国篇】呉子曰、凡制国治軍、必教之以礼、励之以義、使有恥也、夫、人有恥、在大足以戦、在小足以守矣、
(36)【三〇四頁上段1～4行】若反是、将相行暴於上、而不知安危、軍民思反於下、……雖有百万之師、必倒戈而走、何可足以恃也、故呉起、対魏侯曰「在徳不在険」、……主愚而驕、則亡国、帥愚而驕、則覆軍、
ⓐ【呉子・治兵篇】武侯問曰、兵何以為勝、起対曰、以治為勝、又問曰、不在衆寡、対曰、若法令不明、賞罰不信、金之不止、鼓之不進、雖有百万、何益於用、
ⓑ【孫子・計篇】一曰道、二曰天、三曰地、四曰将、五曰法、……凡此五者、将莫不聞、知之者勝、不知者不勝、故、

校之以計、而索其情、曰主孰有道、将孰有能、……吾以此知勝負矣、
ⓒ【史記・呉起伝】「在徳不在険」、
(37)【三〇四頁上段19行～下段5行】且至　本朝、……雖盛大於高勾麗、而反不及者、将相軍民、皆忘其恥辱故也、
……而恥心乃復、以致剛勇、
ⓐ【孟子・尽心篇・上（百八十二・百八十三）】孟子曰、人不可以無恥、無恥之恥、無恥矣、
孟子曰、恥之於人大矣、……不恥不若人、何若人有、
ⓑ【中庸章句・第二十章】子曰、好学近乎知、力行近乎仁、知恥近乎勇、
六曰、教民才徳文芸以治本
(38)【三〇五頁下段16～17行】此所謂「禍防於未然也」与救貧於既貧之後、制罪於已犯之後、其利害善悪、不啻霄壌也、
若政府、只有罰人之政、而無教人之政、則此所謂「駆民入阱也」、
ⓐ【孟子・梁恵王篇・上（七）】若民、則無恒産、因無恒心、苟無恒心、放辟邪侈、無不為已、及陥於罪、然後従而刑
之、是罔民也、焉有仁人在位、罔民而可為也、
ⓑ【史記・太子公自序】夫礼禁未然之前、法施已然之後、
(39)【三〇六頁上段13～18行】朱子云、「王宮国都以及閭巷、莫不有学、人生八歳、則自王公以下至於庶人之子弟、皆入
小学、而教之以灑掃応対進退之節、礼楽射御書数之文、及其十有五年、則自天子之元子衆子以至公卿大夫元士之嫡
子、与凡民之俊秀、皆入大学、而教之以窮理正心脩己治人之道」、
○【大学章句序】三代之隆、其法寖備、然後王宮国都……、（以下右と同文。）
(40)【三〇六頁上段18～19行】大学云「大学之道、在明々徳、在新民、在止於至善」、
○【大学章句・経】右と同文。なお、この後に次のような朱注がある。「程子曰、親、当作新」、「新、革其旧謂也、既

自明其明徳、又当推以及人、使之亦有以去其旧染之汚」。また、伝二章には次の文がある。「康誥曰、作新民、詩曰、周雖旧邦、其命惟新」。この「作新民」は「人民をして振い起させて自己革新に進ませる」の意に解されている（島田虔次『大学・中庸』、六三頁）。

(41)【三〇六頁上段19行～下段4行】「古之欲明々徳於天下者、先治其国、欲治其国者、先斉其家、欲斉其家者、先修其身、欲修其身者、先正其心、欲正其心者、先誠其意、欲誠其意者、先致其知、致知在格物、故自天子以至於庶人、壱是皆以修身為本、其本乱而末治否矣」、

○【大学章句・経】「致知在格物」に続く一節が省略されており、「自天子以至於庶人」以下はその後に続く。「故」の字はない。

(42)【三〇六頁下段4～10行】「所謂致知在格物者言《ママ》致其知、在即物而窮其理也、蓋人心之霊、莫不有知、而天下之物、莫不有理、惟於理有未窮、故其知有不尽也是《ママ》以使学者、即凡天下之物、莫不因其已知之理、而益窮之、以求至乎其極、至於用力之久、而一朝豁然貫通焉、則衆物之表裡精粗無不到、而其心之全体大用無不明矣、此謂物格而知之至也」、

○【大学章句・伝五章及び朱子補伝】此謂知本、（注朱）程子曰、衍文也、

　此謂知之至也、（注朱）此句之上　別有闕文、此特其結語耳、右伝之五章、蓋釈格物致知之義、而今亡矣、（注朱）此章、旧本通下章、誤而在経文之下、（朱子補伝）間嘗窃取程子之意、以補之、曰、所謂致知在格物者、言欲致吾之知、在即物而窮其理也、蓋人心之霊、莫不有知、而天下之物、莫不有理、惟於理有未窮、故其知有不尽也、是以大学始教、必使学者即凡天下之物、莫不因其已知之理、而益窮之、以求至乎其極、至於用力之久、而一旦豁然貫通焉、則衆物之表裏精粗無不到、而吾心之全体大用、無不明矣、此謂物格、此謂知之至也、

(43)【三〇六頁下段11～15頁】夫上古賢聖、所以設校教人人之深意如此、然及於近世、教化陵夷、風俗頽敗、不知格物

致知之本意、向但以玩弄文華、尋章摘句為要、若読誦四書三経及諸子百家之書、而能作文章、則雖愚痴之腐儒、乃称大学士、而列於上大夫、以誤民国、此即亜洲諸邦衰頽之源也、

○【大学章句序】夫以学校之設、其広如此、教之之術、其次第節目之詳又如此、……及周之衰、賢聖之君不作、学校之政不修、教化陵夷、風俗頽敗、……自是以来、俗儒記誦詞章之習、其功倍於小学而無用、……其他権謀術数、一切以就功名之説、与夫百家衆技之流、所以惑世誣民、充塞仁義者、又紛然雑出乎其間、使其君子不幸而不得聞大道之要、其小人不幸而不得蒙至治之沢、晦盲否塞、反覆沈痼、以及五季之衰、而壊乱極矣、

七曰、正政治、使民国有定、

(44)【三〇八頁上段18〜19行】古曰「人心惟危、道心惟微、維精維一、允執厥中」、此治国平天下之本也、

ⓐ【中庸章句序】蓋自上古聖神、継天立極、而道統之伝、有自来矣、其見於経、則允執厥中者、堯之所以授舜也、人心惟危、道心惟微、惟精惟一、允執厥中者、舜之所以授禹也、……夫堯舜禹、天下之大聖也、以天下相伝、天下之大事也、以天下之大聖、行天下之大事、而其授受之際、丁寧告戒、不過如此、則天下之理、豈有以加於此哉、

ⓑ【書経・虞書・大禹謨篇】人心惟危、道心惟微、惟精惟一、允執厥中、

(45)【三〇八頁上段19行〜下段2行】故君賢吏良、而無偏無党、愛民如己、教民如子、則民国乃安、君暴吏汚、而寵奸嬖邪、視民如讎、治民如獣、則民国乃危、

ⓐ【孟子・離婁篇・下（九十二）】君之視臣如土芥、則臣視君如寇讎、

ⓑ【呂氏春秋・巻之一・孟春紀・貴公篇】四曰、昔聖王之治天下也、必先公、公則天下平、……其得之以公、其失之必以偏、凡主之立也、生於公、故鴻範曰、無偏無党、王道蕩々、（……天下非一人之天下、天下之天下也、）

(46)【三〇八頁下段2〜4行】大学云「詩云「節彼南山、維石巌々、赫々師尹、民具爾瞻」、有国者不可以不慎、辟則為天下僇矣」、

○【大学章句・伝十章】右と同文であり、その朱注に言う。「詩小雅節、南山之篇、……言者、在上者、人所瞻仰、不可不謹、若不能絜矩、而好悪徇於一己之偏、則身殺国亡、為天下之大戮矣」（「僇」は「戮」の別体、はじ）

八曰、使民得当分之自由、以養元気、

(47)【三〇九頁下段4行】天降生民、億兆皆同一、而稟有所不可動之通義、

○【大学章句序】蓋自天降生民、則既莫不与之以仁義礼智之性矣、

(48)【三〇九頁下段6行】孔子曰「三軍之帥、可奪、匹夫之志、不可奪」、即此之謂也、

○【論語・子罕篇】子曰、三軍可奪帥也、匹夫不可奪志也、

(49)【三〇九頁下段8〜11行】故政府保其義、好民之所好、悪民之所悪、則得其威権、若反是、戻其義、悪民之所好、好民之所悪、則民必変革其政府、而新立之、以保其大旨、此人民之公義也、職分也、

ⓐ【大学章句・伝十章】詩云、楽只君子、民之父母、民之所好好之、民之所悪悪之、此之謂民之父母、……詩云、殷之未喪師、克配上帝、儀監于殷、峻命不易、道得衆則得国、失衆則失国、

ⓑ【大学章句・伝十章】好人之所悪、悪人之所好、是謂払人之性、菑必逮夫身、

また、孟子には次の文がある。【孟子・離婁篇・上（七十）】孟子曰、桀紂之失天下也、失其民也、失其民者、失其心也、得天下有道、得其民、斯得天下矣、得其民有道、得其心、斯得民矣、得其心有道、所欲与之聚之、所悪勿施爾也、

ⓒ【大学章句序】其学焉者、無不有以知其性分之所固有、職分之所当為、而各俛焉以尽其力、

(50)【三一〇頁上段2〜4行】其他識字弁理、労心達道者、為上流而重之、不知文字、而力役者、為細民而軽之耳、

○【孟子・滕文公篇・上（五十）】故曰、或労心、或労力、労心者治人、労力者治於人、治於人者食人、治人者食於人、天下之通義也、

(51)【三一〇頁上段4〜5行】然則為政府謀者、不得不使人民得当分之自由、以養浩然之気、

○【孟子・公孫丑篇・上（二十五）】敢問、何謂浩然之気、曰、難言也、其為気也、至大至剛以直、養而無害、則塞于天地之間、其為気也、配義与道、無是餒也、是集義所生者、非義襲而取之也、

(52)【三一一頁上段4～6行】似此浅見、孰不知之然行之者、知之者也、不行之者、不知者也、

○【書経・商書・説命篇】非知之艱、行之惟艱、王忱不艱、允協于先王成徳、惟説不言有厥咎、

(二)「上疏」の「変法論」「新民論」的性格

1　古典の引用に見られる特徴

まず、「上疏」と古典との関連に於ける特徴を知るために、（一）で行った五二ヶ所の対照を分類整理してみよう。

◇孟子

梁恵王篇・上

（一・二）＝(12)、（三・五）＝(22)～ⓐ、（四）＝(4)、（五）＝(10)～ⓐ、（七）＝(8)～ⓐ、(30)、(38)～ⓐ

梁恵王篇・下

（八）＝(2)～ⓑ、(9)、（九）＝(3)、（十一）＝(8)～ⓑ、（十二）＝(25)～ⓑ、(34)、（十九）＝(2)～ⓐ

公孫丑篇・上（二十五）＝(51)

滕文公篇・上（五十）＝(50)

離婁篇・上（六十二）＝(24)、（六十四）＝(10)～ⓑ、（六十五）＝(15)

離婁篇・下（九十二）＝⒄—ⓑ、⒂—ⓐ
尽心篇・上（百八十二・百八十三）＝(37)—ⓐ

◇書経
虞書・大禹謨篇＝(25)—ⓐ、(44)—ⓑ
夏書・五子之歌＝⑾
商書・説命篇＝(52)
周書・洪範篇＝⒆—ⓑ

◇大学章句
序＝⒄—ⓐ、(21)—ⓑ、(39)、(43)、(47)、(49)—ⓒ
経＝(31)—ⓑ、(40)、(41)

伝四章＝⒇
伝五章＝(42)
伝十章＝(27)—ⓐ、(27)—ⓑ、(27)—ⓒ、(28)、(29)、(31)—ⓐ、(46)、(49)—ⓐ、(49)—ⓑ

◇中庸章句
序＝(44)—ⓐ
第二十章＝⒅、(37)—ⓑ

◇論語
学而篇＝⒁
泰伯篇＝(26)

子罕篇＝(48)
郷党篇＝(33)
◇孫子
計篇＝(6)〜ⓐ、(36)〜ⓑ
◇呉子
序文＝(22)〜ⓑ
図国篇＝(8)〜ⓒ、(13)〜ⓑ、(21)〜ⓐ、(35)
治兵篇＝(6)〜ⓑ、(36)〜ⓐ
◇六韜
文韜篇・文師＝(7)
◇呂氏春秋
巻之一・孟春紀・貴公篇＝(19)〜ⓐ、(45)〜ⓑ
巻之十一・仲冬紀・至忠篇＝(5)
巻之十九・離俗覧・貴信篇＝(23)
◇易経・繫辞下伝＝(1)、(32)
◇史記　趙世家＝(13)〜ⓐ
呉起伝＝(36)〜ⓒ
太子公自序＝(38)〜ⓑ
◇司馬相如・喩巴蜀之父老檄＝(16)

右の一二書の中、史記と司馬相如の文とは、思考様式の検討のためには不要なので省き、残りの一〇書を対象として考えてみたい。

以下、古典との関連を認めて対照のために抽出した「上疏」の文を「対照箇所」と呼び、これと関連する古典の文を「関連箇所」と呼ぶことにする。対照箇所は、関連箇所と同一またはほぼ等しい場合もあるが、関連箇所の編集である場合（筆者が推定した箇所については誤り無きを期しがたいが、ひとまず正しいものと考えておく）もある。しかし、後者の場合も、いくらかの例外を除き、大意に於いては変りがない。

さて、関連箇所が最も多いのは『孟子』で、二二ヶ所である（同一箇所が重複している場合もあるが、出現の度に一ヶ所と数えておく。以下各書とも同様）。これに次ぐものは、大学章句の二〇ヶ所である。続いて『呉子』の七ヶ所、『書経』の五ヶ所、『論語』『呂氏春秋』の各四ヶ所、『中庸章句』の三ヶ所、『易経』『孫子』の各二ヶ所、『六韜』の一ヶ所という順になっている。

この数字を見ると、第一に、『孟子』及び『大学章句』との関連の深いことが予想される。また、『孟子』と『大学章句』には、後に示すように、共通の論旨が含まれており、一方「『書経』の中にみられる周初の政治思想を継承して、それを一層はっきりした形で強調したのが孟子(5)」であるから、この三書に共通する思想と関連の深いことも予想されるわけである。

第二に、朱子学的観点の存在することが認められる。関連箇所の多少は別として、『大学』『中庸』『論語』『孟子』という、朱子学の聖典とされる「四書」が揃っている。また、対照箇所の中には、『大学章句』の本文と朱注が一文に編集されているものや、朱子補伝の引用などがあるので、朱子の論が採用されていることは明白である。

また、『易経』『書経』の二書も関連古典の中に入っており、これに対照箇所(46)の『詩経』の引用を加えると「三経』が揃っているわけであるし、その他『孫子』『呉子』『六韜』は「武経七書」と呼ばれる広義の儒教古典であり、『呂氏春秋』も、雑家ではあるが、儒家特に曾子・子思派の思想を根幹とすることが認められているから、単に朱子学的観点というに止まらず、広く儒教的観点が存在することは申すまでもない。

第三に、戦国時代に於ける思想を述べた『孟子』『孫子』『呉子』『呂氏春秋』が取り上げられていることも、一つの特徴といえよう。『孟子』は、戦国時代の中期、BC三二〇～三〇五年頃に各国を遍歴した際の言行が主体であるし、従来、『孫子』の著者とされてきた（後の発掘で否定されているようだが）孫臏もBC三四〇年頃を活躍期としており、『呉子』の著者とされる呉起もBC四〇〇年前後に活躍した兵法家である。また、『呂氏春秋』は秦の宰相・呂不韋の編でBC二四〇年頃の作とされ、戦国末期の思想を知る上で重要な文献といわれている。従って、「上疏」に「方今宇内万国、猶昔之戦国也」（二九六頁上段15行）とあり、また「凡制国治軍之道、時異事同、古今無殊」（二九四頁下段5行）と述べていることは単なる形容ではなく、十九世紀の「戦国時代」に対処するために、「昔之戦国」――富国強兵に成功した大国が小国を併呑して七雄を称し、小国は如何にして国を保つかに腐心していた時代の思想を検討したことが知られる。

以下、各書の関連箇所の大意・思想を見ることにしたい（括弧内はその対照箇所の番号を示す）。

（a）『孟子』『書経』

『孟子』(6)の関連箇所は、特に「梁恵王篇」に集中している。この篇は、孟子が梁・斉・鄒・滕の諸国を遍歴した際の、王たちとの対話である。この動乱の時代に孟子が諸王に説いたのは、速効性のある富国強兵策ではなく、仁義を基本とする「王道論」であった。

『孟子』は、人間が皆「人に忍びざるの心」（他人の不幸や苦痛を見すごせない同情心）を持っているとし、「先王有不忍人之心、斯有不忍人之政矣、以不忍人之心、行不忍人之政、治天下可運之掌上」という。そしてこの「不忍人之心」は、人間の自然な感情である「惻隠之心」に基づくものとしている。さらに、人間には惻隠（あわれみいたむ）の心の他に、羞悪（はじにくむ）、辞譲（くだりゆずる）、是非（よしあし）の心があって、この「四端」が仁義礼智の徳に発展することを説く（以上はいずれも公孫丑篇・上〈二十九〉）。また「仁人心也、義人路也」（告子篇・上〈百五十一〉）ともいい、仁を実践するには、親疎・貴賤などの差別相に応じた態度を決定する徳、義に従わなければならないとしている。

さて、『孟子』はまず梁の恵王に、君主は人民と苦楽を共にする仁義の政を行うようにせよと説く(12)。第一に人民の経済生活を安定させ、次いで学校教育を行って親に孝、長上者に悌という道徳を教え、精神生活の安定をはからなければいけない。このような政治を行って民心を得ていれば、小国と雖も天下無敵であるが、逆に人民の生活を破壊して省ることなく、己れ一人逸楽に耽っていれば国を保つことはできない(22)～ⓐ、(4)、(10)～ⓐ)。

斉の宣王に対しても「保民」——人民の生活の安定こそが王道政治の要訣であることをいい、人民が罪を犯すのは一定の経済生活が保証されていない場合であるから、刑罰によって人民を服従させることを考えずに、人民に罪を犯さなくてもすむような経済生活を与えよと説く(8)～ⓐ、(30)、(38)～ⓐ)。

また、ここでも繰返して、君主は人民と苦楽を共にせよといい、先王の例を引いて戒める(2)～ⓑ、(9)、(3)、(8)～ⓑ)。周の文王の政治は、まず第一に窮民の生活を保護し、税を軽くし、刑を寛大にするものであったこともいう(25)～ⓑ、(34))。

鄒の穆公の「人民が戦争の際に長官を捨てて逃げてしまったのを、どう処置したらよいか」という問に対しては、平生から極度の搾取を行っているためだと答え(2)～ⓐ)。人民はこのような方法で支配者に返報するものだが、それは当然と思わなければならぬ（夫民今而後得反之也、君無尤焉）と付言する。

「公孫丑篇」の関連箇所は「浩然之気」の説明であり、この気は、自分の心の中の「義」によって生育するものとしている(51)。

「滕文公篇」の関連箇所は、孟子の社会構造論で、精神労働者が治者、肉体労働者が被治者とされている(50)が、但しこの考え方は、治者が政治を行うために非常に大きな努力を払うことを前提にしている。

「離婁篇」では、政治の規準を「先王之法」に求めるべきことを説き(24)、三代の聖王は仁によって天下を得たのだから、今の君主も不仁であれば国を保つことはできないという(10)~ⓑ)。続けて、支配者が人民を責めることなく、常に自己反省を旨としていれば天下の人は自ずから帰服するだろう、と周の文王を例に引いて戒める(15)。

さらに、君臣関係は絶対的なものではなく、君主の態度如何によって臣下の態度は決る(17)~ⓑ、(45)~ⓐ)といい、「寇讎何服之有」という激しい言葉を吐いている。

「尽心篇」の関連箇所は、「恥」を重視する孟子の思想である(37)~ⓐ)。前述のように、「恥」については「羞悪之心、義之端也」とされており、また「浩然之気」については「是集義所生者」としているのであるから、孟子の考え方は、恥→義→浩然の気、という順序で発展するもののようである。

次ぎに『書経』を見よう。(7)

「虞書」は、堯・舜の事蹟を記したもの。その「大禹謨篇」では、舜とその臣下の禹・皐陶などの問答を記す。その中に、皐陶が舜の政治を頌えて、その治法は極めて寛大であり(25)~ⓐ)、民を愛してその生活を全うさせる(好生之徳)ということが知れ渡っている、と述べた一節がある。続いて、舜は禹の治水の功績を賞めて譲位すると告げ、帝位に在る者の心得を教える。まず、人欲の混った心は危うく、絶えず逸脱の危険をはらんでいる。道そのものであるような心はあまりに微かで把握しがたい。それ故、精細な透察力と集一的な道徳性をもって中という原理(中庸の道)を維持してゆかねばならない(44)~ⓑ)と解されている内容を述べ、次いで「可愛非君、可畏非民、衆非元后何戴、后非衆罔与守邦、欽哉、愼乃有位、敬修其可願、四海困窮、天禄永終」――人民を愛し畏れ、その願いを聞くように心がけなければならない。天下の民が生活に苦しむような時は、君主はその地位を失うだろう、と述べる（この部分は、『論語』「堯曰篇」には「允執其中、四海困窮、天禄永終」と簡潔に記されている）。

「夏書」は夏の記録。「五子之歌篇」は、夏の三代目の王・大康の失政を歎いた五人の王弟の歌を記したもの、禹が、人民に親しみこれを国の本とすれば国は安泰である、といったことを述べ⑾、人民の怒りが積れば、王弟の自分でも打ち倒すことができる、と歌っている。

「商書」は殷の記録。「説命篇」は、二二代目の王・武丁（高宗）と賢相の伝説について記す。関連箇所は、伝説の高宗に対する進言の末尾で、王がその進言を賞め「それを実行しよう」といったのに対し、伝説が「良いことだと知るのはやさしいが実行は難しい。しかし本当に実行するならば、先祖の湯王の徳を承け継ぐことができよう。このような進言をしなければ、輔弼の臣としての責任を怠った罰を受けねばならぬ」と答えた部分である㊾。

「周書」は周の記録。「洪範篇」は、殷を打倒した武王が「殷の三仁」といわれた紂王の一族・箕子に天下の大法（洪範）を問うたことを記す。箕子は禹が天から授かったという「洪範九疇」について述べるが、その第五項に「皇極」があり、君主は常に政治の根本となる公平中正の道を守らなければならぬことをいう⒆〜ⓑ。

以上の『孟子』『書経』の関連箇所の所説を要約すると、次の通りである。

君主が動乱の時代に国を保つためには、先王の法に則り、仁義の徳に基づく民本主義を行わなければならない。まず第一に君主は公平中正な精神を持ち、自らは貪欲であることなく、常に人民の経済生活の安定に留意し、法律の施行には寛大であることが要求される。関連箇所では、それに次いでは教化を行わねばならぬとするが、この二書の対照箇所の方には、そのことは見えない。

第二に、君主の絶対性が否定されている。政治が悪ければ、人民の協力は得られず、臣下は君主を寇讎と思い、その結果として国を保つことができず、君主はその地位を失う。これは、消極的ながら民衆の抵抗の権利を認めたものといいえる。対照箇所には、このことが現れていないが、それは「上疏」という形式のためであって、行間には明らかにこの意味が含まれていると考えてよいであろう。

(b)『大学章句』『中庸章句』『論語』

『大学』『中庸』(8)は、もとはどちらも『礼記』の一篇であった。『中庸』の著者は古くから孔子の孫・子思とされてきたが、『大学』の著者を曾子とその門人たちとしたのは朱子である。『大学章句』『中庸章句』は朱子による注釈書で、『論語集注』『孟子集注』と共に四書集注と呼ばれ、朱子学における経典解釈の最高権威とされている。また、彼の筆になる「大学章句序」・「中庸章句序」は、『大学章句』の「伝五章」、『中庸章句』「首章」と共に、朱子学概論中の一章として重視されているという。

『大学章句』の関連箇所は、「序」と「伝十章」(治国平天下)に集中している。しかし、「序」の関連箇所と対照箇所とは、(39)を除き、かなり異なっている。

「序」はまず、人間は生れながらにして仁義礼智の性を天から与えられているという。そして、聡明睿智でこの性を完全に維持・発揮できるような者が出現すると、天は彼を天子として政治と教化を行わせ、人々が仁義礼智の性を発揮できるようにする。このようなわけで、太古の昔から聖人は天子となって教化を行ってきたのであるが、夏殷周三代の世にはこの教化の制度が完備し、大都会から片田舎に至るまで学校が作られた。そして貴人も庶民も八歳になると小学に入り、一五歳で大学に入り、大学では窮理正心修己治人について学ぶ。このように教育が普及していたので政治はよく行われ、人民の風俗は美しく、後世の及ぶ所ではなかった。

しかし、周の衰退期に入ると賢聖な天子が現れなかったので、学校という重要な政務が等閑に付され、そのために教化は衰え、風俗（風は上の教化、俗は下のならわし）は崩れた。わずかに孔子が先王の法を伝え、曾子、次いで孟子がそれを継いだが、孟子の死でこの伝統の継承は中断され、正しい儒教に代って俗儒と異端の学がはびこり、そのために治者は聖人の教えを知らず、被治者は善政を受けることができなくなった。この傾向は十世紀の五代に至って絶頂に達した（⒄〜ⓐ、㉑〜ⓑ、㊴、㊸、㊼、㊾〜ⓒ）。しかし宋の世になってから二程子が現れて、途絶えていた道統を継承し、『大学』を尊んで校訂を施し、その所説を明らかにしたものを朱子が継承した。

右のように、この「序」は、先王の法とは、仁義礼智の性を発揮させるための教化を政治の中心とすることであり、このような政治の盛衰が中国の盛衰をもたらしていることを述べている。しかし対照箇所⒄では、それを広くアジア全体に推し拡げ、その文明の衰退は、虐民を行い、仁義礼智の徳と学問技術（文学才芸）をおろそかにしたためであるとしている。対照箇所㊸でもアジア全体の盛衰を主題としており、正しい儒教の伝統が滅んだという意味の一節の代りに「不知格物致知之本意」という言葉を挿入して、それ以下の文を大きく変えている。

対照箇所㊼は、人間は本来仁義礼智の性を与えられているという文を転用して、権利について述べている。同㊾は、関連箇所㊾〜ⓒの「職分」の語を転用して義務の意味に用いたにすぎない。

さて、次ぎに、「経」では「三綱領」について述べる。即ち、成人の学問とは、天から与えられた仁義礼智という立派な徳性を発揮し（明明徳）、それによって俗習になずむ民衆を革新し（新民）、その双方に関して最高の境地に止まるようにすることである（㊵）という。そして、天下の人々にその天与の徳性を発揮させて天下を平らかにしよう（明明徳於天下）と欲した三代の聖人は、まず物事の道理をきわめ（格物）、充分な認識を得（致知）、事実の意念を持ち（誠意）、心を正し（正心）、一身を修め（修身）、家を整え（斉家）、国家をよく治める（治国）という順序で実践した（㊶）。そこで天子から庶民に至るまで皆一身を修めることを根本とする。根本が乱れていて末端がうまくいくなどということはありえない（㉛〜ⓑ）。

右の「八条目」の中、格物・致知・誠意・正心・修身が自分の明徳を明らかにすること、斉家・治国・明明徳於天下（平天下）が、その明徳によって新民を行うことで、『大学』の内容はこの三綱領・八条目に尽きるとされているが、対照箇所(40)、(41)はこれを原文のまま引用している。

次の「伝一章」「伝二章」「伝三章」は、明明徳・新民・止至善の解釈であるが、この部分には関連箇所はない。「伝四章」は「本末」の解釈である。例えば、訴訟を明敏に裁判するというようなことは末であって、君主（支配層）の明徳が輝いていれば虚偽の申立てなどはできなくなるから、裁判などは自然になくなる（従って新民が行われる）(20)という。(20)はその原文のままの引用である。

「伝五章」は、格物・致知の解釈で、朱子はこれが欠落しているとして、自ら筆を加えた。即ち朱子補伝（格物補伝）である。格物・致知とはどういうことかを説明し、それは明明徳の基本となることなので、昔の『大学』では、その第一段階として（大学始教）、既知の「理」を手がかりとして推究し、「理」の極致にまで到達するようにさせた、云々としている(42)。対照箇所の方は、「大学始教」の四字を落す他、多少の異同はあるが、ほとんど全文を引用している。なお、『大学章句』にはほとんど記されていない「敬」と、この格物致知とは朱子学の二本柱であるという。

「伝六章」「伝七章」「伝八章」「伝九章」は、誠意・正心・修身・斉家・治国などを説くが、関連箇所はない。「伝十章」は、治国・平天下を説く。まず、「絜矩之道」――自分の心を基準として人の心を推量し、己れの悪む所を人に施さない、という精神が必要であるという（これは、「伝九章」にいう「恕」と同義という）。従って、君主は人民と好悪を同じくして民心を得、それによって国を保たなければならぬ(49)～ⓐ)。これに反し、もし自分一人の好悪に従って政治を行っていれば、我が身は殺され国は亡ぶ、と周の十二代の王・幽王とその太師尹氏の悪例を引いて戒める(46)。

次いで、財政について述べる。明徳を明らかにする政治を行っていれば民心を得ることができ、従って国土が完全に掌握できるから、税その他によって国庫が富み、従って利用厚生が盛んに行われる。このように徳と財とは本末の関係にあるのだから、徳に先んじて財を集めようとしてはならない㉘。人の悪む所を好むような貪欲な行為は不仁の甚しいものであるから、必ず災難を招くことになる㊾〜ⓑ。

続いて、財政収支の方法について、生産を拡大して消費を抑えるべきであると述べ、仁の徳を保持して人民から収奪しないようにしていれば、民心が得られるから君位は安泰であるという㉗〜ⓐ、ⓑ、ⓒ、㉙。そして、君主が小人に国政を委ね、収奪を事としていれば、天災、人災が相ついで襲うことになろうと警告を重ねて㉛〜ⓐ、結びとする。

以上、原文のままの引用が多いが、関連箇所㊾に於ける、君主が徳を保って民心を得るという論は、その対照箇所に於いては、政府の義務と民衆の権利についての論に置き換えられている。即ち、㊾〜ⓐの「道得衆則得国、失衆則失国」と、㊾〜ⓑ「菑必逮夫身」とは、「民必変革其政府、而新立之」と変えられている。

以上の『大学章句』に於ける関連箇所の所説は、次のように要約される。

三代の世に、『大学』で行われた学問は、格物・致知・誠意・正心・修身の順で行う明明徳（哲学と倫理学）と、それを基礎にして、斉家・治国・平天下の順で行う新民（政治学）である。そして、唐虞三代の政治とは、この方法で修身を実践して自己を革新した者が君主となって他者を革新し、また革新するのを助けることであり、これが政治の模範である。

このような先王の法を範とする君主は、人民と好悪を同じくし、財政を豊かにするために苛刻な収奪を行うようなことは決してしない。また、人民の教化を目標とするから、法の施行などは末節のこととする。こうした政治を行えば民心を得て国を保つことができるが、その逆を行えば、君主は殺され国は亡ぶ。

即ち、政治とは、人民の生活を保証し、教化して新民を行うことであるから、民本主義政治を意味し、また民心を失った者は殺されるというのであるから、君主の絶対性は否定されているわけである。

次ぎは『中庸章句』である。この書は、主として前半に「中庸」を説き、後半に「誠」を説く。「序」の冒頭に、太古の聖人以来伝えられている道の内容を明確に表現した言葉として、堯が舜に授けた「允執厥中」と、舜が禹に授けた「人心惟危、道心惟微、惟精惟一、允執厥中」が挙げられている（後者は、『書経』の「虞書・大禹謨篇」に見える言葉で――前述の関連箇所(44)〜ⓑ――「虞庭の伝心訣」と称して、朱子学では根本的な重要性をもつ聖句とされているという）。そして、聖人が天子の位を譲るという大事に際して、この短い言葉しか述べなかったのだから、この二つの言葉には、一切の哲理が包含し尽されている、と解されている（(44)〜ⓐ）。

「第二十章」は、全篇が孔子の言葉の引用で、誠を主題にしている。まず、世界中に通用する道（天下之達道）として、君臣（の義）、父子（の親）、夫婦（の別）、兄弟（の序）、朋友（の信）を挙げ、この五者を実践する知・仁・勇の三徳を世界中に通用する徳（天下之達徳）とし、その基本になるものは誠であるという。そして、知・仁・勇を身につけるために、好学・力行・知恥から始めよと説く（(37)〜ⓑ）。また、政治を行うための九原則（九経）を挙げ、それらを実践する基本も誠であるという。

さらにこれを説明して、右の五達道・三達徳・九経のどれを行う場合でも、あらかじめ誠によって立場が確定しているのでなければ実現しない。言葉も、前以て誠実な立場で確定していわれたものは内容があるから失敗することはない。仕事も、前以て確定してとりかかれば苦労しない。行為も、前以て確定して行ったことは疚しい思いはしない。道も、前以て確定して実践すれば行きづまることはない（(18)）と説く。

関連箇所の所説は、要約すれば、三代以前から伝えられている「道」の内容が、最も集約的に言えば「中」であるということ、及び、一切の実践の基礎は「誠」であるということである（「誠」については、それが倫理的な価値規範であると同時に宇宙原理であることなど、詳細な議論があるが、関連箇所には述べられていないので、ここでは省く）。

次ぎは『論語』である。

全体としては仁を根本の思想とし、孝・悌をその実践倫理として強調し、また徳治主義とその具体的表現としての礼楽を説くが、個々の章は断片的である。

「学而篇」の関連箇所は、曾子が忠・信について実践しているか否かを毎日反省すると述べた言葉である(14)。忠は自己を内省して自らを偽らない(＝欺かない)こと、信は約束を確実に履行して他人を欺かないことであり、誠の両面である(対照箇所に於いては、この文の直前に、「此自欺於己、而欺於人也」云々の一節があり、また『大学章句』「伝六章」には「所謂誠其意者、毋自欺也」、同「伝十章」には「是故君子有大道、必忠信以得之、驕泰以失之」とある。後者は、為政者が国を保持する基準は、忠信の徳によって民心を得ることである、との意に解せられている)。

「泰伯篇」の関連箇所は、道義の尊重を説いて、政治家は道義を尊ぶ国に於いては仕官し、道義の乱れた国に於いては隠退すべきことをいう(26)。「子罕篇」の関連箇所は、弱い一個の人民でも、決心していると暴力でその意志を曲げることはできないと述べている(48)。「郷党篇」のそれは、孔子の養生法である(33)。

右の関連箇所の所説の中、重要なものは「学而篇」のそれ(14)で、仁を実践するためには忠信でなければならぬとする、孔子の思想の核心に触れた点である。

(c)　『孫子』『呉子』『六韜』

『孫子』(9)の関連箇所のある計篇は、全篇の序論として、開戦前に考慮すべき事項を述べる。即ち、まず五つの事項について考え、七つの事項を比較考量せよというものである。五つの事項とは、道・天・地・将・法で、この中、道とは人民と支配者の心を一つにさせ、生死を共にすることを疑わせないようにさせる政治のこと、としている。そして、この五事を真に理解している将軍は勝つ、と述べ、さらに、比較考量すべき七事として、君主はどちらが道を体得して人心を得ているかということを初めとして、将軍の有能さ、法令の徹底性、軍隊の強弱、兵士の訓練状態、賞罰の公平さを挙げる(6)〜ⓐ、(36)〜ⓑ)。

即ち、この関連箇所では、戦争に勝つための第一の条件を、君主が道を体得してよい政治を行うこととしている。次ぎは『呉子』(10)である。呉起は曾子の弟子で、魏の文侯と武侯に仕えた。『呉子』の「序文」は、呉起が儒者の服を着て文侯に会うところから始まる。関連箇所はその一節であり、外敵を防ぐためには、内政と武備の双方に努力せねばならぬことをいう(22)〜ⓑ)。次いで、第一章の「図国篇」の冒頭に、昔の聖人は政治を行うに当って、人民を教化し、いつくしむことを第一にしたといい、戦争をする前には、国内が和していなければならぬと説く。

続けて、君主は、聖人が道・義・礼・仁の四徳に基づいて政治を行ったのを範としなければならぬ(13)〜ⓑ、(21)〜ⓐ)、もしそうしなければ、支配者としての地位が危うくなるだろうと言い、殷の湯王が夏の桀王を討ち、周の武王が殷の紂王を伐った際に、夏の人民も殷の人民もこの放伐を非とせずに却って喜んだのは、それが暴君を滅すという天理と人心に叶った行動だったからであると述べている(8)〜ⓒ)。さらに、国内政治・戦争を秩序を保って遂行するためには、まず人民を礼・義の徳で教化して、恥を知るという精神を持たせることが必要であると説く(35)。

また、「治兵篇」では、戦争に勝つ秘訣は何かという魏の武侯の問に、整治練磨された軍隊を持つことだと答え、兵力の多少が第一の鍵ではないかという重ねての問に、軍法・軍令が徹底し、信賞必罰が行われていなければ、大兵を擁していても勝つことはできないという(6)〜ⓑ、(36)〜ⓐ)。

右の関連箇所の所説は次のように要約される。戦争に備えるためには、まず内政に心を注ぎ、君主は徳を保って仁政を行い、教化を行って人民に礼義の徳を得させる。こうして上下の心が一致し、人民が恥を重んじ、政治と軍隊の秩序を信頼するようになれば、戦争に勝利できる。また、徳治主義を強調する結果として、民心を失い天理に背いた君主の放伐を認める。

次ぎは『六韜』である。太公望呂尚の作と伝えられてきたが、実は後漢以後の著作であるという。『孫子』『呉子』と同じく武経七書の一であり、政治思想と軍略が記されている。

関連箇所は、その巻頭、「文韜篇」の第一章「文師」にある、周の文王と太公望との初対面の会話の一部である。文王の「どのような方法で民心を得れば天下を得られるだろうか」という問に、太公望は、天下はすべての人の天下であるから、万民と天下の利を共にせよ、天下の利を独占する者は君主の地位を失う、と答え（7）、続けて、天下の人は、仁・徳・義・道に基づく政治を行う者に服するという。その所説は、やはり徳治主義であり、民本主義である。

なお、(7)の対照箇所に於いては、「天下」はすべて「邦国」及び「人民」、「一人」は「帝王」と直されていることに注目しておきたい。

(d)　『呂氏春秋』『易経』

『呂氏春秋』「貴公篇」は、公（正しくて偏頗がない、無私）の重要性を述べる。三代聖王の時代には、君主は公ということを第一に考え、それによって天下をよく治めた。公を失えば天下を失うといい、『書経』「洪範篇」の言葉（前述、⒆〜ⓑ）を引用し、次いで「天下非一人之天下」云々という言葉（＝『六韜』の関連箇所(7)）が続く（⒆〜ⓐ、㊺〜ⓑ）。なお、『大学』の経の「止於至善」の朱注に、明明徳と新民に於いて至善に止まるとは、「天理の極を尽くすこと有りて、一毫も人欲の私なきなり」——天理が完全に実現されて、人欲という私的なものが全くないような人格に至ることである、という。これは朱子学・陽明学の根本的なスローガンであるというが、右の「公」は、このことを一語に表現したものと思われる。

「至忠篇」の関連箇所と措定した部分には、対照箇所(5)の括弧内の言葉がないので、省略する。

「貴信篇」の関連箇所では、信の重要性が説かれている。君主が信を重んじなければ、臣下も人民も不信感に陥って国家は危うくなるというものである(23)。勿論この「信」は、論語にいう「忠信」の「信」であり「忠」が仁を直覚する主観的な工夫であるのに対して、仁を社会的に実現する第一要件とされる。

以上の関連箇所の所説は、君主の「公」と「信」の徳を強調し、君主がこれを失えば国家は危うい、とするものである。

次は『易経』である。その「繋辞伝」は孔子の作とされている。関連箇所は、黄帝・堯・舜が、易の「窮則変、変則通」という原理に基づいて、行き詰まった生活様式を変えて、人民が倦怠することのないようにしてやった、というものであり(1、32)、先王に範を求め、社会が閉塞的な状況を呈した時は、自然現象の変化にならって、政治のやり方を変えるべきことを説いている。

以上の関連箇所全部の所説を、一体の論として見ると、次のようなことが認められる。

（1）論全体の中軸となるものは、『大学章句』の新民論と『孟子』の王道論＝徳治主義・民本主義であり、この語旨が、他の八書によって補強されている。

即ち、政治とは、先王の法を範とし、人民を教化して社会の革新(新民)を行うことであり、その基盤には、格物を出発点として修身に至る、個人(殊に君主及び為政者)の修養がなければならない。

そこでまず、君主(及び為政者)は、徳を保ち、道義的心情に基づく政治を行って人民の経済生活を安定させ(保民)、法の施行は寛大にし、次いで人民の教化を行い、精神生活を充実させる。

このような政治によって民心を得て、君主と人民が一体となっていれば、戦国時代に於いても国を保つことができ、また外戦に勝利することもできる。徳治主義を行わずに富強を図ってはならない。

さらに、徳治主義と民本主義の建て前からして、君主が徳を失って暴政を行うならば、民心が離反するのは当然であり、そのような君主は暴力革命によって打倒してもよい、とされている。即ち、君主の地位は絶対的なものではなく、人民の抵抗権が承認されている。

なお、『孟子』には、以上の関連箇所以外に、教化・修身を重視し、徳を本とせずに富強を図ることを戒める点で、『大学』の論旨に通ずる次のような論があることに注目しておきたい。

○【滕文公篇・上（四十九）】（治国安民の方策を述べた後に続く）設為庠序学校、以教之、……皆所以明人倫也、人倫明於上、小民親於下、……詩云周雖旧邦、其命惟新、文王之謂也、子力行之、亦以新子之国、

○【離婁篇・上（六十二）】域郭不完、兵甲不多、非国之災也、田野不辟、貨財不聚、非国之害也、上無礼、下無学、賊民興、喪無日矣、

○【離婁篇・上（六十六）】人有恒言、皆曰天下国家、天下之本在国、国之本在家、家之本在身、

○【告子篇・下（百六十九）】今之事君者、曰我能為君辟土地充府庫、今之所謂良臣、古之所謂民賊也、君不郷道、不志於仁、而求富之、是富桀也、我能為君約与国、戦必克、今之所謂良臣、古之所謂民賊也、君不郷道、不志於仁、而求為之強戦、是輔桀也、

（2）　論全体は朱子学の立場から説かれている。このことは、次の理由によって明らかである。

（i）　朱子は四書の読み方を、『大学』を読んで規模を定め、『論語』を読んで根本を立て、『孟子』によってその発展を知り、『中庸』によって古人の微妙の点を知る、としている。この論に於いても、『大学章句』の三綱領・八条目及び『朱子補伝』によって、「規模」が定められ、『論語』の根本精神の仁を実行するための忠信が述べられている。そして『孟子』の論を多く採ってその「発展」を述べ、『中庸章句』からは、道の内容を集約的に表現する「中」と、一切の実践の基礎となる「誠」を挙げている。且つ、右の事項はいずれも朱子学に於いて最も重要とされるものであ

る。

(ii)　この論は、政治に於ける君主の徳と道義的心情を重視し、また常に先王の法を範とし、君主の絶対性を否認しているので、忠恕派の思想と考えられる。忠恕派とは、朱子が「大学章句序」及び「中庸章句序」で、孔子以後に先王の法を伝えた者として挙げている曾子・子思・孟子である。忠は前述の通りで、恕は『孟子』の「惻隠の心」、『大学』の「絜矩の道」などと同義で「思いやり」であり、孔子は仁を実践する上での内面的な要素を忠恕とし、外面的な要素を礼とした。忠恕派は、この前者を強調するものであるから、君主の道義的心情を重視する。また、忠恕の心によって自らの性(仁義礼智)の内容を自覚し実践することは、先王の道に従うことであるから、先王の法を範とする。そして、先王とは、「聡明睿智にして能く其の性を尽くす者」が天意によって天子の地位についたものであるから、現存の君主も、徳を失い民意を失えば、天意が去ったものとして放伐することが認められる。『孟子』には、天意は民意によって示されるとする、次のような論がある。

○【万章篇・上(百二十七)】天与之、人与之、故曰天子不能以天下与人、……大誓曰天視自我民視、天聴自我民聴、此之謂也、

これに対して、子游・子夏を経て荀子に至る礼学派は、礼制(階級秩序)を強調し、後王(現在の制度を定めた主権者)を絶対化して、君主権の尊厳を擁護する。天意というものを認めず、従って民意も尊重しないのである。

結局、「上疏」の「対照箇所」は、古典、主として『孟子』と『大学章句』から、次のような論を採り、これを朱子学の立場に於いて主張するものということができる。

先王の法を範とし、君主の徳と道義的心情に基づき、保民と新民を目標とする政治を行い、これによって上下の心を一つにし、富強を致し、戦国時代に於いて勝者たらんとすること。

2　古典及び福澤著作との関連によって認められる「変法論」「新民論」的特徴

(一)に於いて、古典との関連を認めて抽出した「対照箇所」の多くは、別稿に於いて示した福澤三著作との対照箇所と、密接な関係を有している（後者は、西欧近代政治思想、西欧政治事情、及び福澤の思想を述べた部分であるが、いま便宜上これを一括して「西政[12]」叙述と呼ぶことにする）。次ぎに、両者の相関関係を見ることにしたい。

（ⅰ）「対照箇所」が「西政」叙述とほぼ重なる場合（以下、別稿の「西政」叙述に関する対照番号を、例えば「別(1)」の如く記し、次ぎの括孤内に、これと関連する福澤の著作を記すが、単に初編・外編・二編としたものは、いずれも『西洋事情』である）。

(25)—別(9)（初編）、(32)—別(22)（外編）、(34)—別(35)（二編巻之一・外編）

（ⅱ）「対照箇所」が「西政」叙述と部分的に重なって、それを説明または強調する役割を果している場合。

(1)—別(1)（外編）、(19)—別(5)（二編巻之一）・(6)（外編）、(24)—別(7)（外編）、(30)—別(20)（外編・二編巻之一）、(31)—別(21)（二編巻之一）、(36)—別(41)（外編・初編・「諸文集」・『文明論之概略』）、(38)—別(43)（外編・二編巻之一）、(43)—別(47)（初編・『学問のすゝめ』）、(47)—別(62)（初編・二編巻之一）、(49)—別(62)、(50)—別(63)（初編）、(51)—別(64)（二編巻之一・『学問のすゝめ』）

（ⅲ）「対照箇所」が「西政」叙述と近接して存在し、これを類比の型式で説明または強調している場合。

(26)—別(19)（外編）、(27)・(28)・(29)—別(20)（外編・二編巻之一）、(33)—別(30)（外編）、(35)—別(41)（前出）、(36)・(37)—別(42)（二編巻之二）、(39)—別(43)（前出）、(42)—別(47)・(48)（いずれも前出）、(49)（『学問のすゝめ』）、(44)—別(59)（外編・初編）、(48)—別(62)（前出）

右のように、「対照箇所」五二ヶ所の半数、二六ヶ所が「西政」叙述を説明または強調して、「西政」は古典に述べられている事柄と同義であることを示している（この「上疏」は、「西政」にならって改革を行うことを訴えるものであるから、残りの半数も、間接的には、西欧的改革を促すものということができる)。

ここに挙げた「西政」叙述と関連のある福澤著作は、右に記したように、その大部分が『西洋事情』外編及び二編巻之一であり、そのほかに、同書初編及び『学問のすゝめ』『文明論之概略』が、少数の箇所に含まれている。外編はチェンバース版『経済論』及びF・ウェーランド著『経済論』、二編巻之一は、同じくF・ウェーランド著『経済論』とW・ブラックストーン著『イギリス法註解』のそれぞれ抄訳であること、初編は、数種の西洋書籍と自己の体験を基に福澤が編集したものであることについては、別稿に記した通りである。[13]

ここで、これまで考察したことを基に、さきに別稿の結論に於いて述べた「上疏」の清末変法論的特徴について、改めて考えてみたい。

小野川秀美氏が考察された清末の洋務論と変法論の特徴は、次の通りである。[14]

清末の洋務論と変法論は共に自強論であるが、洋務論は軍備を内政よりも重視し、「西洋の機器と技術、すなわち西学」によって「軍備の充実によって自強を図ろうとする」ものであり、内政の改革を併せ説く場合も、「清国建国以来の法度、すなわち成法の枠内」でこれを行おうとする。

これに対し、変法論は「軍備よりも内政を遥かに重く見」て、「自強の根本は、君民を一体、上下を一心の関係におくことである」とし、「制度の根本に関する改革を主張する」。そして、このような政治を行うために「経書に原理を求めながら、現実は範を西政（西洋における政治の在り方――引用者）にとる」。「経書と西政は、変法論を支える二つの欠くべからざる支柱である」。

しかし、変法論には「清朝の肯定がその前提としてあり」、「専制政体の打破という点で、革命論とその目標を同じくする」が、「排満を第一前提とする革命論」とは根本的に相違する。

また、「義和団の乱以後の変法論において注目されることは、政体の問題と共に、新たに倫理の問題を革新の対象として採り上げていること」であり、「その代表的なものが梁啓超の「新民説」」である。そこでは「民族性の改造と社会倫理の新たなる設定が、当面の課題として論議されて」おり、「孔子と経書は表面的にはなおその権威を失ってはいない」が、「その絶対性は否定された」。

一方、「上疏」に関しては、次ぎのことを知り得ている。

「上疏」が古典から採るものは、先王の法を範とし、君主の徳と道義的心情に基づいて、保民と新民を目標とする政治を行い、これによって上下の心を一つにする自強策であること。

右のような古典の記述の過半は、「西政」を説明するために用いられていること。

別稿に於いては、次のことを明らかにした。

「上疏」は、主として『西洋事情』から、自由・平等・権利・義務・私有権の尊重・社会契約論・専制君主制の変革・イギリス古典経済学・近代的国民軍・信教の自由等の西洋近代思想を採り、『西洋事情』の序文にいうように、「各国の政治風俗」＝「西政」を「経国の本」としていること。

さらに、「六曰」・「八曰」では、教育による人民の意識の変革を近代的改革の基本と考える『学問のすゝめ』『文明論之概略』の論旨を採っていること。

そこで、「上疏」の所説は、さきの小野川氏の清末変法論の定義になぞらえていうならば、ほぼ次のように要約できる。

「上疏」は、自強の根本は軍備ではなく、上下を一心の関係に置くことであるとし、専制政体の変革という、制度の根本に関する内政改革と、教育による人民の意識の変革を主張する。且つ、そのような政治原理を経書に求め、範を「西政」にとる。

儒教に関しては、古典との「対照箇所」に限って見れば、朱子学の立場から論じていることが判っている。排満思想に関しては、まだ検討を行っていない。

以上のように、「上疏」は、清末変法論とほぼその特徴を等しくしており、殊に、梁啓超の「新民説」との類似が著しい。従って、ひとまずこれを近代思想としての「変法論」、「新民論」と呼ぶことが許されると思う(儒教思想の古典的な「変法論」と違うことはいうまでもない)。

3 『明夷待訪録』『日知録』との類似性

最後に、「先王の法」、君主の絶対性否定、教育を、それぞれ重視する点で、「上疏」と同様の特徴を持つ著名な他の著作を比較検討しておきたい(「先王の法」「三代の法」という言葉は、「上疏」の文中にはないが、既に見たように、「先王の法」〈実際には「西政」〉を範とする意味を持つ箇所は極めて多い)。

このような特徴が顕著に認められるのは、まず、黄宗羲(一六〇九~一六九五)の『明夷待訪録』(一六六三年)である。黄は陽明学者で、明の滅亡に際し、義勇軍を組織して抵抗したが、清朝の確立以後は著作に専念した。『明夷待訪録』はその時期の所産である。

小野和子氏は、この書の特徴として次の二点を挙げておられる。[15] 即ち、「三代と三代以後を鋭く対立させ」、「三代を理想化」して、これを「現実を批判する有力な武器」としたこと。及び、太祖が「孟子節文」を作って君主の尊厳性を損う文を除かせた明代の人であるにも拘らず、「民本主義的立場を先鋭に理論化した」ことの二点である。

黄は、君主について、次のようにいう。

「古者以天下為主、君為客」、(堯舜禹は)「不以一己之利為利、而使天下受其利」。しかし「後之為人君者不然」、「我以天下之利尽帰于己」、「今也、以君為主、天下為客」、「今也、天下之人怨悪其君、視之如寇讎、名之独夫、固其所也、而小儒規規焉以君臣之義、無所逃於天地之間、至桀紂之暴、猶謂湯武不当誅之、而妄伝伯夷叔斉無稽之事、……豈天地之大、於兆人万姓之中、独私其一人一姓乎、是故武王聖人也、孟子之言、聖人之言也」（「原君」）。

朴泳孝はいう。

「姜太公所謂「邦国非帝王之邦国、乃人民之邦国而帝王治邦国之職也、故同邦国之利者得邦国、擅邦国之利者失邦国」、……是以成湯討桀、而夏民喜悦、周武伐紂、而殷人不非、」（二九四頁下段11〜16行）、「人間立政府之本旨、欲固此通義也、非為帝王設者也」（三〇九頁下段7〜8行）。

また、黄は三代の法について、次のようにいう。

「三代以上有法、三代以下無法、何以言之、二帝三王知天下之不可無養也、為之授田以耕之、……知天下之不可無衣也、……為之学校以興之、……此三代以上之法也、……後之人主、既得天下、唯恐其祚命之不長也、……以為之法、然則、其所謂法者、一家之法而非天下之法也、……三代之法、蔵天下於天下者也」（「原法」）。

さらに、宰相を置くべきことを説いて「天下不能一人而治、則設官以治之、是官者、分身之君也」（「置相」）という。朴は「不可　親裁万機、而各任之其官事」、「択賢相、専任政務事」（三〇八頁下段18〜19行）という。

朴が極めて重視する教育については、黄は「学校は単に教育機能だけでなく政治機能もあわせもつ」べきことを唱え、朴以上に重視する。

以上のように、『明夷待訪録』と、これと二世紀以上隔たる「上疏」の基本的観点とは、不思議にも極めて類似している。

また、同時代の朱子学者で、同様に清朝支配に抵抗した顧炎武（一六一三〜一六八二）は、政治・経済・社会・学問などの広汎な領域にわたる実証と史的考察の書『日知録』（一六七〇年、初刻）を著したが、『明夷待訪録』の発刊に際し書を寄せて「炎武以管見為日知録一書、窃自幸其中所論、同於先生者十之六七」と述べている。従って、この書も「上疏」と基本的観点を同じくするものと考えてよいであろう。個々の点については次のような類似の箇所がある。

「上疏」は、後に述べるように、独立確保の基盤を、国民意識の形成と高揚に求めるのであるが、『日知録』にも、次のように述べられており、それは「治者（士大夫）と被治者（庶民）とを截然と区別してきた」伝統的観念を破る「近代的な民族意識の崩芽」と評価されている。(16)

「有亡国、有亡天下、亡国与亡天下奚弁、曰易姓改号、謂之亡国、仁義充塞、而至於率獣食人、人将相食、謂之亡天下、……保国者、其君其臣、肉食者謀之、保天下者、匹夫之賤、与有責焉耳矣」（巻十三・正始）。

教育については、次のようにいう。

「今日所以変化人心、蕩滌汚俗者、莫急於勧学奨廉二事」（巻十三・名教）。「羅仲素曰、教化者、朝廷之先務、廉恥者、士人之美節、風俗者、天下之大事、朝廷有教化、則士人有廉恥、士人有廉恥、則天下有風俗」（巻十三・廉恥）。

また、「礼義廉恥」、殊に「廉恥」について、次ぎのようにいう。

「五代史馮道伝論曰、礼義廉恥、国之四維、四維不張、国乃滅亡、善乎管生之能言也、礼義治人之大法、廉恥立人之大節、……然而四者之中、恥尤為要、……吾観三代以下、世衰道微、棄礼義、捐廉恥、非一朝一夕之故」（巻十三・廉恥）。

「古人治軍之道、未有不本於廉恥者、呉子曰、凡制国治軍、必教之以礼、励之以義、使有恥也、夫人有恥、在大足以戦、在小足以守矣」（巻十三・廉恥）。

一方、「上疏」には次のようにいう。

「凡人進文明、則知服従於政府之義及不可服従之義、而亦知不可服従於他国之義、此無他、知礼義廉恥之故也、」（三〇六頁上段4～6行）。

「是以制国治軍、宜教之以礼、励之以義、使兵民有恥也、夫人有恥、大足以戦、小足以守、」（三〇三頁下段18～

19行)。

「雖盛大於高勾麗、而反不及者、将相軍民、皆忘其恥辱故也、是以臣愚謂方今之急務、莫先於教人民以国史、……而恥心乃復、以致剛勇、始与之同事也、」(三〇四頁下段1〜5行)。

『明夷待訪録』『日知録』の二書と「上疏」との、右のような類似点を見れば、当然、何らかの関連が予想されるわけであるが、この点に関しては、㈣の「上疏」の歴史的由来の検討の際に譲ることとし、その前に、「上疏」全文の検討に進むことにしたい。

㈢「興復上疏」全文の構造と内容

1　「上疏」発表の背景

この「上疏」には、前文の末尾に「開国四百九十七年正月十三日」(＝一八八八年二月二十四日)と記されているので、おそらくこれが執筆を完了した日付けであろう。即ち、甲申政変に失敗し、日本に亡命してから三年余り後のことである。亡命地にあって、公式には上疏を呈出する手段も資格も持たない朴泳孝が、どのような具体的な意図の下にこれを起稿したのかは判らない。ただ、その一般的な意図は、本文によって知ることができる。列強の中でも殊にロシアの脅威を、当面する最大のものと看なし、これと対抗するために、まず清から完全に独立して「変法論」的内政改革を行い、国力を充実させるということである。そして、この意図は、当然のことながら、甲申政変以後三年間余の朝鮮政局及び国際環境の推移を反映している。

甲申政変の翌一八八五年四月には、英露の緊張の余波を受けて、巨文島が英艦隊に占領され、それは一八八七年二月まで続く。一方同じ頃に、高宗、及び閔氏一族を背景とする外交顧問メルレンドルフの両者が、政府には知らさぬまま、それぞれ別個に第一次朝露秘密協定を画策した。

画策は、その秘密性の故に失敗に終ったが、この「引俄反清」の企図に刺戟された清は、閔氏一族を牽制する目的をもって、八五年十月、大院君を釈放して帰国させる。そして、その護送の任に当った袁世凱は、十一月、駐剳朝鮮総理交渉通商事宜の地位を与えられ、宗主国代表としての権力を行使して、朝鮮のあらゆる政務に干渉することとなった。一八八六年夏、袁は、閔氏一族中の親露派が画策した第二次朝露秘密協定を未然に防止すると共に、国王の廃位を企てるに至った程である。また八七年夏には、駐米・駐欧大使の派遣を執拗に妨害した。

右のような状況を異国に在って観察した朴泳孝は、親露政策の推進が、一方に於いてロシアに併呑される危険を伴い、他方、朝鮮の自主的発展を阻害する清の宗主権強化を招いたことを深く憂慮し、高宗及び閔氏一族の失政を糾弾すると共に、自主政策の採択を強く勧告するに至ったものと考えられる。

しかし、実行手段を持たない単なる理想論を、袁世凱が事実上朝鮮の政権を掌握している事態に対置させることは、現実的には殆んど意味のないことである。従って、そこには何らかの具体的な意図が伏在していたのではないかと想像されるのであるが、筆者はそれを知ることができない。已むを得ず、思想史的文献としての側面のみを考察する所以である。

なお、「上疏」所載の『日本外交文書』の解説には、林外務次官が一八九四年七月中旬に、これを「某氏ヨリ借覧」し、外務省記録課機密部に写しをとらせたことが記されている(17)。林外務次官とは林董（一八五〇〜一九一三）のことであり、「某氏ヨリ借覧」の「某氏」とは、林が福澤諭吉の次男捨次郎の舅であるところから考えると、あるいは福澤であるかもしれない。また、一八九四年七月中旬という時期は、甲午更張の開始（七月二十七日）、豊島沖海戦（七月二十五日）、朴泳孝の帰国（八月六日東京発）の直前に当ることも注目しておきたい。甲午十二月十二日（一八九五年一月七日)、憲法に代えて発せられた「洪範十四条」を含む独立誓告文は、朴泳孝等の意見を反映したものというが、その母体は、この「上疏」であったのではないかと想像されるのである。

そして、些事に属するが、「上疏」が、国際関係・法・経済・衛生・軍備・教育・政治・自由の順に八条に分けるのも、箕子の「洪範九疇」(二八一頁参照)の第三、「八政」になぞらえたためではないかと類推される。「八政」とは、食・貨・祀・司空(土地・人民の官)・司徒(教育の官)・司寇(司法・警察の官)・賓(外交官)・師(軍官)の各官に分掌させて政治を行うことであるが、「上疏」の各章は、八曰と「祀」を除き、一曰―賓、二曰―司寇、三曰―貨、四曰―食、五曰―師、六曰―司徒、七曰―司空のように対応するのである。

2　その構造の基本的性格

さて、「上疏」は、国の衰微が「及於近世、乃至極度」という現状認識の上に立って、「豈有極而不変者乎」といい(二九四頁上段4～6行)、改革を要望するものであるが、その改革の基本は「六曰」の一文の中に、一応、要約されていると考えられる。

「誠欲期一国之富強、而与万国対峙、不若少減君権、使民得当分之自由、而各負報国之責、然後漸進文明也、」(三〇六頁上段11～12行)。

即ち、改革の目的は、列強に対して独立を保つために、国を富強ならしめることである。そのためには、①(西洋の)文明(国と同様の状態)に進まなければならない。そのためには、②人民に報国の責務を持たせなければならない。③そのためには、専制君主制を変革して、人民に(一定の)自由を与えなければならない、というものである。

右の趣旨を理解するために、この文の少し前に置かれている一文を参照しよう。

(文明国では、法と教育を政治の二つの眼目としている。教育は一国繁栄の基である、と述べて、「文明」に於ける教育の役

割を強調した後に）「凡人進文明、則知服従於政府之義及不可服従之義、而亦知不可服従於他国之義、……開明識理之民英慧剛毅、故不服束縛之政而動之、」（三〇六頁上段4〜7行）。

文明国の人民は、教育を受けているから、自国政府に対する権利と義務の意識を持っていて、不当な政治には服従しない。従ってまた、外国に服従することもない。即ち自主独立を主張する精神を持っている、というものである。

この文のあとに、前者の文が続くのであるから、前者に於ける、③人民に自由を与えることと、②人民に報国の責務を持たせる、ということの中間には、人民に教育を与える、という内容が省略されているわけである。また、前者の②と、後者に於ける、自主独立を主張する精神を持つということとは、表現上、受身と能動の相違はあるが、ほぼ同義と考えてよいであろう。そこで、両者を綜合すると、人民に教育を与えて、国の独立を主張する精神を持たせることが、文明に進む前提、または文明の第一段階である、ということになる。

このことは、福澤の『学問のすゝめ』『文明論之概略』に於ける所論の核心であるので、次にこの二著を参照してみよう（前節では、「上疏」の「六曰」、「八曰」の二章が、『学問のすゝめ』初編〜二編、及び『文明論之概略』第二章〜五章の論旨を、かなりの程度受け継いでいると述べたが、それは不充分なものであった）。

「されば今世界中の諸国に於て、仮令ひ其有様は野蛮なるも或は半開なるも、苟も一国文明の進歩を謀るものは欧羅巴の文明を目的として議論の本位を定め、この本位に拠て事物の利害得失を談ぜざる可らず。本書全編に論ずる所の利害得失は、悉皆欧羅巴の文明を目的と定めて、この文明のために利害あり、この文明のために得失ありと云ふものなれば、学者其大趣意を誤る勿れ」（『文明論之概略』・巻之一・第二章〈④・19・1〜4行〉）。

（現下の急務は）「目的を定めて文明に進むの一事あるのみ。其目的とは何ぞや。内外の区別を明にして我本国の独立を保つことなり。而して此独立を保つの法は文明の外に求む可らず。今の日本国人を文明に進るは此国の独立を保たんがためのみ。故に、国の独立は目的なり、国民の文明は此目的に達するの術なり」（『文明論之概略』・巻之六・第十章・自国の独立を論ず〈④・二〇七・8〜11行〉)。

「国の文明は形を以て評す可らず。学校と云ひ、工業と云ひ、陸軍と云ひ、海軍と云ふも、皆是れ文明の形のみ。この形を作るは難きに非ず、唯銭を以て買ふ可しと雖ども、こゝに又無形の一物あり、……この物あらざれば彼の学校以下の諸件も実の用を為さず、真にこれを文明の精神と云ふ可き至大至重のものなり。蓋し其物とは何ぞや。云く、人民独立の気力、是なり」(『学問のすゝめ』・五編・明治七年一月一日の詞〈③・五八・11〜15行〉)。

「欧羅巴の文明を求るには難を先にして易を後にし、先づ人心を改革して次で政令に及ぼし、終に有形の物に至る可し」(『文明論之概略』・巻之一・第二章・西洋の文明を目的とする事〈④・二二・2〜3行〉)。

「国中の人民に独立の気力なきときは一国独立の権義を伸ること能はず」(『学問のすゝめ』・三編・一身独立して一国独立する事〈③・四三・9〜10行〉)。

「自国の権義を伸ばし、自国の民を富まし、自国の智徳を脩め、自国の名誉を燿かさんとして勉強する者を、報国の民と称し、其心を名けて報国心と云ふ」(『文明論之概略』・巻之六・第十章・自国の独立を論ず〈④・一九一・10〜11行〉)。

日本の独立を保つためには、「文明」に進まなければならない。そのためにはまず、「人民独立の気力」＝「文明の精神」を持たなければならない(『学問のすゝめ』三編には「一身独立して一国独立する事」という)。それに次いで政令を改革し、「有形の物」(学校・工業・軍備)を備えるというものである。なお、「報国心」というのは、同じく「文明の精神」であるが、右の「人民独立の気力」を、より強調したものであることが認められる。

福澤がこのように力説したのは、次の理由によるものである。

「今日本の有様を見るに文明の形は進むに似たれども、文明の精神たる人民の気力は日に退歩に赴けり。……古の政府は力を用ひ、今の政府は力と智とを用ゆ。……古の民は政府を恐れ、今の民は政府を拝む。……人民既に自国の政府に対して痿縮震慄の心を抱けり、豈外国に競ふて文明を争ふに遑あらんや」（『学問のすゝめ』・五編・明治七年一月一日の詞〈③・五九・9行〜六〇・9行〉）。

「これを概すれば日本には唯政府ありて未だ国民あらずと云ふも可なり」（『学問のすゝめ』・四編・学者の職分を論ず〈③・五二・15行〉）。

即ち、福澤は当時の日本の、国民国家に於ける「国民」という意識の欠如、従ってまた愛国心（報国心）の欠如を深く憂慮したものである。

朴泳孝は、この日本の轍を踏むまいとして、福澤の所論の核心を採り、独立を保つために「文明に進む」ことを主張し、且つ、「文明の精神」たる報国心をそのための前提としたものと考えられる。

また、人民の自由について、福澤は次のようにいう。

「天より人に生を与れば、又従て其生を保つ可きの才力を与ふ。然れども人、若し其天与の才力を活用するに当て心身の自由を得ざれば、才力共に用を為さず。故に……人々自から其身体を自由にするは天道の法則なり。即ち人は其人の人にして猶天下は天下の天下なりと云ふが如し」（『西洋事情』・外編巻之一・人生の通義及び其職分〈①・三九二・3〜6行〉）。

（この部分に続く「法」についての一節が、「二曰」に採られている。——別稿の対照番号(5)(6)参照）

さらに、『学問のすゝめ』の冒頭には「天は人の上に人を造らず人の下に人を造らずと云へり」と述べ、『文明論之概略』では、西洋文明と自由とは切離すことができないものであること、専制政治またはその遺風の下では人民の心が萎縮しているから、西洋の文明国と同じ状態に進むことは不可能であることを強調して次のようにいう。

「昔は政府、法を設けて人民を保護せしもの、今日は人民、法を設けて政府の専制を防ぎ、以て自から保護するに至れり。……今の世界に居て一国の文明を進め其独立を保たんとするには唯この一法あるのみ」（『文明論之概略』・巻之四・第七章・智徳の行はるべき時代と場所を論ず〈④・一三一・3～7行〉）。また、専制政府の下では、身分制度のために「人々才力を有するも進て事を為す可き目的あらざれば、……所謂敢為の精神を失ひ尽すに至れり」（『文明論之概略』・巻之五・第九章・日本文明の由来〈④・一七一・6～7行〉）、従って人間の活動は低調となる。西洋の文明諸国には自由があるから、精神の働きが活潑で思想も豊かであり、従って「世間に発明もあり工夫も起り、工商の事も忙はしく学問の道も多端」である。「今の西洋諸国の如きは正に是れ多事の世界と云ふ可きものなり」（『文明論之概略』・巻之一・第二章・西洋の文明を目的とする事〈④・二三・10～11行〉）。

朴泳孝が、専制政治の変革——人民の自由を、「文明に進む」ことの基本に据えたのは、自らの体験・考察の他に、理論面に於いて右の論に拠る所があったものと考えられる（以上述べたことについては、別稿と併せて参照して頂きたい）。右を綜合して、改革内容の要約を次のように理解したい。独立を保つためには、西洋の文明を摂取してこれと同様の域に進まねばならない。そのためには、「文明の精神」たる人民独立の気風・報国心を養わねばならない。さらにその基礎として、専制君主制の変革と、人民の自由（及び教育）を必要とする。そして、この構想は、大学に於ける「新民」の思想を内因とし、『文明論之概略』に集約された福澤の思想の核心を外因として形成されたものと考えられる。

なお、参考のために、「文明」についての福澤の定義を挙げておこう。

「第二（農業が盛んに行われ、「都邑」があり、外形は一国であるが）……文学盛なれども実学を勤る者少く、……事物の理を談ずるときには疑を発して不審を質すの勇なし。模擬の細工は巧なれども新に物を造るの工夫に乏しく、旧を脩るを知て旧を改るを知らず。人間の交際に規則なきに非ざれども、習慣に圧倒せられて規則の体を成さず。これを半開と名く」、「第三　天地間の事物を規則の内に籠絡すれども、其内に在て自から活動を逞ふし、人の気風快発にして旧慣に惑溺せず、身躬から其身を支配して他の恩威に依頼せず、躬から徳を脩め躬から智を研き、……学問の道は虚ならずして発明の基を開き、工商の業は日に盛にして幸福の源を深くし、……。これを今の文明と云ふ」（『文明論之概略』・巻之一・第二章・西洋の文明を目的とする事〈④・一七・7～16行〉）。

3　全文の構造の概観

さて、次に、右の改革内容の要約を念頭に置いて、全体の構成を概観してみたい。

「〔前文〕」と「一曰」は、国内外の状況の検討である。「〔前文〕」では、苛酷な収奪が人民を疲弊させていることを痛論した後、政府の目的は「保民護国」であるといい、「仁義之政」を行って上下甘苦を同じくし、以て列強の脅威に備えるべきことをいう。

即ち、列強の脅威への対策として採られるべきものは性急な富強策（＝覇道、洋務政策）ではなく、（国王の明明徳によって）内政を改革し、保民を行う「王道」政策であることが、まず明らかにされるのである。

次に「一曰」では、列強の世界侵略、ことにロシアのそれが強調されるが、この危機に当って最も憂慮すべきものは、国民意識、愛国心の欠如であるという（「人民蠢愚無恥、雖見領於他、而不知為恥、禍乱将至、而不能覚」）。そして、この欠陥は、専制政治（「視民如奴隷」）及びそれに伴う人民の智徳の欠如によって生じたアジア文明の衰退の一表現と看なされる。即ち、西洋文明諸国の富強は、立憲政治と人民の智徳、及びそこから生ずる国民意識に基礎づけられるものであって、専制政治の下で行われる単なる保民によって到達できる目標ではないことが暗示されるわけである。

（なお、右の論旨も『文明論之概略』に拠るものと考えられる。さきに述べた所を補足すると、同書では、第三章・文明の本旨を論ず、に於いて、「文明とは結局、人の智徳の進歩と云て可なり」といい、以下、第四章・一国人民の智徳を論ず、第五章・前論の続、第六章・智徳の弁、第七章・智徳の行はる可き時代と場所とを論ず、として、同書の大部分を、文明の盛衰が政体及び人民一般の知識の多少に関するという論に充てている。）

このように、さきに見た改革の要約は、既に「一曰」に於いて暗示されている。しかし、「二曰」～「五曰」までは、直接に政体の変革と自由について触れることはない（重要な改革事項としては、「二曰」に於いて、法の下の平等・司法権の独立・近代的裁判制度の採択・苛酷な旧法の廃棄、「三曰」に於いて、財産の不可侵・「定君主之禄事」などが挙げられている）。そして、「二曰」～「四曰」までは、それぞれ法・経済・衛生に関する「文明」の政治の在り方（＝「西政」）を挙げ、これを範として、仁義の政により保民を行うべきことを、主として説く。且つ、経済・衛生の基礎は人民の知識にあるといい、法に関しては、その本来の目的は「化民成俗」であるという。「化民成俗」は即ち新民であるから、これも当然、教育を行うことを意味している（後に「六曰」に於いて、教育によって遵法精神を養うことをいう）。「五曰」では軍事を説くが、章末の実施要求事項を除いては、精神論に終始する。即ち、軍人に仁義礼を教えて「恥」を知らしめ、これを拡大すれば愛国心になるといい、また、「軍民之同心」を強調し、国史教育を説くなど、教育を行って国防の基本となる国民意識を涵養すべきことをいうのである。

以上の、主として「文明」の在り方を説くいわば「第一部」に対して、「六曰」以下の「第二部」は、「文明」を基礎づける条件について述べる。「第一部」ではこの条件については殆んど触れないので、どの条項も君主の徳に基礎づけられており、従ってその内容は、「第二部」の所説と併せて理解する他はないわけである。このような構成をとったのは、高宗以下朝廷の人々及び儒者を説得するための手段と考えられる。

さて、「六曰」では、「教民才徳文芸以治本」と表題して保民に続く新民について述べる。第一段～第二段に、教育を受けた人民の自主的な判断による遵法精神が、国民意識・独立精神に発展することをいい、これがなければ独立を守ることはできないから、「君権之無限」を制限して人民に「自由」を与える他はないとして、ここにさきの改革の要約が示される。但し「自由」の語は初出で、前後に説明はない。

第三段には、教育の理念として『大学』の三綱領八条目を示し、その基本が「格物」に在るとする『大学』の説に拠って、「格物窮理之学」を重視しなかったためにアジアが衰退したといい、「実用」の学問を勧める。

しかし、これまでに述べられてきた「文明」はすべて西洋文明であり、殊にこの「六曰」では、そのような「文明に進む」ことが独立確保の道であると明言するのであるから、ここにいう「格物窮理之学」「実用」の学は、近代自然科学に代表される西洋の学問を指すものであって、儒教にいう「格物窮理」、または儒教の影響下にある「実学」ではないと考えられる。「自格物窮理之学、至於平天下之術、則与当今欧美方盛之学同也」といい、また「学者、勿論東洋西洋、先其実用」として新羅の古例を引用するのは、さきに引いた小野川氏の清末変法論についての所説、及びこの「上疏」の特徴――「経書に原理を求めながら、現実は範を西政にとる」「西政をいうのに必ず本を古に推して、その合致の迹を求む」[18]形式の一つと見るべきであろう。このことは、以上の一節に続けて、政府が「奨励文学技術、以開窮理発明之路」ことを怠ったために文明が衰退したのであるから「今日之急務」は「大興学校」、「明天地無窮之理」ことであると述べていることによっても明らかである（但し、「天地無窮之理」を「天理」と解すれば、儒教的解釈が可能になる。他の箇所でも、このような語は、両様の解釈ができるように、細心の注意を払って用いられている）。

従って、彼はここで、徳を修めること、即ち倫理学を学問の基本とすることを廃して、自然科学に代表される西洋の学問を基本とすること、即ち学問に於ける儒教至上主義の否定を、極めて婉曲な表現で主張したものと考えられるのである。西洋の学問を自然科学で代表させるのは、「根本的には近代的自然科学を産み出す様な人間精神の在り方」[19]（傍点は丸山真男氏）が「文明に進む」ために必要であるという認識に基づくものであろう。

前段で人民の独立精神をいい、この段で自然科学に代表される西洋の学問の奨励をいうのは、福澤の次のような考え方に拠るものと考えられる。

慶應義塾設立当初の教育方針を述べて、「元来私の教育主義は自然の原則に重きを置て、数と理と此二つのものを本にして、人間万事有形の経営は都てソレカラ割出して行きたい。……扨国勢の大体より見れば富国強兵、最大多数最大幸福の一段に至れば、東洋国は西洋国の下に居らねばならぬ。国勢の如何は果して国民の教育より来るものとすれば、双方の教育法に相違がなくてはならぬ。ソコデ東洋の儒教主義と西洋の文明主義と比較して見るに、東洋になきものは、有形に於て数理学（筆者註――『学問のすゝめ』・二編・端書に、「心学、神学、理学〈＝哲学のこと〉等は、形なき学問なり。天文、地理、窮理、化学等は、形ある学問なり」という）と、無形に於て独立心と、此二点である」（『福翁自伝』〈⑦・一六七・6～15行〉）。また、福澤が「文明」の定義に実学（実用の学問、または実験・実証の学＝自然科学）と発明を強調するのは、さきに見た通りである。

第四段では、前段で、儒学者との論戦に応じられるような極めて婉曲な表現で、学問教育に於ける儒教至上主義を否定したのを承けて、儒教を宗教の一つに引き下して、その絶対性を明白に否定し、これを人民の自由信奉に任せるという。即ち「宗教者人民之所依、而教化之本也」「嗚呼使儒教復熾、以修文徳、則国勢亦因而之復盛、可期而待焉、然凡事有時運、不可以力挽、故凡宗教者、任民自由信奉、而政府不可関渉者也」というのである。

実施要求事項では、この意図がさらに明白にされる。即ち、高等教育施設（＝壮年校）で、「政治・財政・内外法律歴史地理、及算術、理化学大意等書」を漢文または諺文に訳して教え、これらの課目につき、「科挙之法」を行って文官に任用することをいう。右の科目からは、経義を中心とする意図は全く認められず、名は「科挙」であるが、その実体は全く異るのである。「訳」の中には中国・朝鮮の古典（殊に朝鮮史・朝鮮地理・前代の善政を定めた法律等）も含まれるであろうが、その多くは西洋の書籍と推定される。

また、「先教人民以国史及国語国文事」という項もある。その注に、朝鮮の文章と歴史の教育を本とし、「清国之歴史、文章」を末とすべきことをいう。しかし、朝鮮語文・朝鮮史を中心とすれば、必然的に、清のみならず、明及びそれ以前の中国の学問、即ち「経史」を末とすることになる。彼の儒教至上主義否定（それは殆んど儒教主義の完全否定に近い）は、ここに至って極めて明瞭に認められるのである。

このような儒教至上主義否定は、直接的には、西洋の学問を摂取して「文明に進む」ためであるが、それを可能ならしめる国民意識の形成と高揚及び内政改革自体が、儒教の説く天下的王朝体制（「非天子不議礼、不制度、不考文」『中庸』・第二十八章）と相容れないものだからでもある。従って、既に第二段にもこの意は蔵せられていると見るべきであり、「教民才徳文芸以治本」と題する全章は、新しい思想と学問に基づく新民が改革の基本であることを述べたものと解すべきであろう。

「七曰」は、「正政治、使民国有定」と表題し、まず「政府之職分」は、これまでに挙げた「文明」の政治を確実に行って独立を保つ（「無隣国之侵侮」）ことであるといい、章末の実施要求事項に「不可　親裁万機」、「択賢相、専任政務」、地方議会設置などを挙げ、改革の要約にいう「少減君権」や人民の自由の具体的な内容を示す。そして、国の独立を保つ方途を論議する結社、政党の存在を当然とする（ここに重要な論題が隠されているが、それについては後に述べる）。また、地方議会について述べた箇所では、「民有自由之権、而君権有定」ことが「文明之法」であるという。

右のように、政党の存在をいう以上、そこには当然、何らかの中央議会の存在が想定されていることになる。また、地方議会の説明に「君権有定」とあるところから考えると、表題の「民国有定」は、「君民有定」、即ち憲法またはこれに代るもの（国是・洪範など）の制定を暗示する言葉であることが推察される。これらについて明確な表現を避けたのは、客観的情勢を顧慮したためであろう。

次に、「八曰」で、初めて「自由」の内容が明らかにされる。その表題に「使民得当分之自由、以養元気」といい、自由は「元気」の源とされる。「元気」とは「万物を生成する根源的な精気」であり、後に「使人民得当分之自由、以養浩然之気」と述べているように、「浩然之気」と同義に用いられている。且つ「浩然之気」は、『孟子』によれば「至大至剛之気」で、これが人間に宿ると何物にも屈しない道徳的勇気となるとされている。また、「浩」は「天の和気」を指すともいうから、後に「如此則男女貴賤之勢、必漸至均一、而和気満国也」と述べているのは、「元気」「浩然之気」と同義であろう。以上を綜合すると、この「気」は、独立自主の国民意識・「文明の精神」を意味するものと考えられる（このことは、福澤が「文明の精神」の説明に際して、『孟子』の「浩然之気」の説明〈本節の対照(51)〉を模して「其物たるやこれを形容すること甚だ難し。これを養へば成長して地球万物を包羅し、これを圧抑すれば萎縮して遂に其形影をも見る可らず」〈『文明論之概略』・巻之一・第二章・西洋の文明を目的とする事（④・二〇・12～13行）〉と述べていることによっても知られる）。

この章は、第一段の冒頭に「アメリカ独立宣言」を引き（前節の対照(62)に記載）、「自由」が、「保生命」「希幸福」「保私有之財物」と共に、天賦にして「不可動」の「通義」（＝権利）であること、及びこれが侵害された場合には、人民に抵抗権（「公義」「職分」）があることをいう。「通義」の語は初出ではないが、ここで初めて明確な意味で用いられているわけである（「職分」は、日本では主として「義務」の意味に用いられたが、ここでは、権利の意味で用いられている）。

次に、これらの自由権の享受を妨げている二種類の要素を挙げて、その廃絶をいう。第一は、政府の専制的支配、及び清の支配（但し、その表現は暗喩に止まる。後述）であり、第二は、封建的身分制度・職業の世襲制・男女差別などの伝統的不平等である。

従って、「六曰」の改革の要約に述べられていた人民の自由とは、最も基本的には、ここにいう身体の自由・財産の不可侵などの、国家権力からの自由、即ち自由権の一部と、平等権を指すものと考えられる。

しかしまた、「六曰」には、学問・思想・宗教の自由（儒教は宗教の一つとされ、宗教の「自由信奉」をいい、東西の実学を学ぶべきであるとする）、言論・集会の自由（実施要求事項に、演説会の開催を許すという）、「七曰」には、結社の自由・参政権（「政党」の存在すべきことをいう）、を主張する。さらに参政権の主張は他にもある（「七曰」に、「民有自由之権、而君権有定」という）。

右によって見れば、朴泳孝のいう「自由」とは、完全ではないにせよ、近代憲法に規定されている自由権の全部と平等権及び参政権を含むものであるから、結局、近代の基本的人権の殆んどすべてを、その内容としているわけである。

さきに、自由権を損う要素として、政府の専制的支配及び伝統的不平等と共に、清の支配が暗喩の形式で挙げられていると述べた。そこで、次にこのことを検討しなければならない。「八曰」の第一段は、ほぼ「アメリカ独立宣言」の重訳であるが、勿論、それについて文中に触れているわけではない。その前半にまず、政府が自由権を侵害する時は「民必変革其政府、而新立之、以保其大旨、此人民之公義也、職分也」といい、次に「是以公法不以国事之犯為罪人、而反護之、此文明之公義、而承天之至理也」という自作の文を続ける。この文は、「〔前文〕」に於いて甲申政変に触れて「近世文明之国」の法によれば「臣不当以逆名処罪」と述べたことを、自由権の主張によって再び強調したものに他ならない。且つ「是以」の語で文を続けているから、それ以前の叙述は、甲申政変の本質を述べたものと考えられる。

次いで後半では、再び「アメリカ独立宣言」の文を借りて、自由権が奪われれば革命の起ることは必然であるとし、この一節を「故美因英之苛政、而動之、遂成自由之邦」という文で結ぶ。前半と後半の文意はほぼ同じであるから、後半の文も甲申政変の本質を述べていることになる。

一方、甲申政変の政綱として「甲申日録」[20]に記されている一四項の中、第一項に「大院君不日陪還事、朝貢虚礼議行廃止」、第二項に「閉止門閥、以制人民平等之権、以人択官、勿以官択人事」という。

また、井上角五郎の「漢城迺残夢」[21]には、新たに「陛下」「勅」「朕」などの語を用いることによって「独立国の君主たるの儀礼を具備」したという。さらに、改革の「要旨」は、外国と「対等の交際」を行うために、「国民をして上下貴賤の別なく、一意国の為めに忠を尽くさしめ、業を励ま」せることであり、「就中両班の専横を抑えて常民の権利を高くし、……人材登用の道を開くことを期し」「支那に対しては急に使臣を送り大院君の還幸を促がすこと、定め、以て所謂本属の関係を絶たんとしたり」ともいう。

右の記述によれば、甲申政変の目的は、国民意識を形成して「報国心」を涵養することであり、そのために、内には平等権を確立し、外に対しては、宗属関係を廃棄するという二大施策を改革の根幹としたことが窺われる。そこで、「甲申日録」の政綱第一項・第二項の記載順序は、そのまま重要度を示していると考えられる。

甲申政変の目的と改革構想をこのようなものとすれば、さきの、甲申政変の本質を述べたと考えられる部分の末尾の「故美因英之苛政」云々の記述は、朝鮮と清の関係を指すものと考えてよいであろう。この「上疏」が、朱子学を倫理規範とし従来の宗属関係を踏襲しようとする朝廷の人々や儒者を説得し論破するために、例えば、近代自然科学の尊重を説く場合に修身の基となる格物窮理を論拠とし、儒教の絶対性を否定する場合に、これを宗教として「自由信奉」に任せるといい（「六曰」）、また憲法や中央議会の明記を避けるなど（「七曰」）、極めて婉曲な表現手段を用いていることは、既に見た通りである。

また、朝鮮と清との宗属関係は、甲申政変を経てさらに強化されたものであるから、この「上疏」が甲申政変の改革意図を継承するものである限り、宗属関係の廃棄が主要な目標となるのは当然である。

以上によって、「八曰」の第一段は、政府の専制的支配及び清の支配は自由権を侵害するものであるから、甲申政変の目的を継承してこれを打倒せねばならぬとの趣旨を述べたものと考えることにする。これに続く第二段以下には、封建的身分制度・職業の世襲制・男女差別などの伝統的不平等が、自由権侵害の第二の要素として挙げられている。

結局、「八曰」全体としては、国家としての「自由」獲得と、人民の自由権と平等権の確保によって、「元気」（「浩然之気」「和気」）＝国民意識の形成並びにその高揚を図ることをいうものである。このことは、さきに見た甲申政変の目的及び改革の基本と完全に一致する。

即ち、「故美因英之苛政」云々の文を、清と朝鮮との関係と解することによって把握し得た「八曰」の所説に基づいて、逆に、甲申政変の改革構想の基本を確認することもできるわけである。
そこで次に、「上疏」が甲申政変をどのように見ているかについて検討したい。

4　「興復上疏」と甲申政変

「上疏」が、直接に甲申政変に言及しているのは三ヶ所、さきに触れた「〔前文〕」の冒頭及び「八曰」の第一段と、「七曰」の第二段である。
「〔前文〕」に於いては「然其由実因於忠君愛国之心、而不因於簒逆乱国之意矣」として、私欲に基づく権力奪取ではなく、国家利益のために行ったことを強調している。
「七曰」に於いては、次のようにいう。

「然前日之党、無大関於国体、則彼可謂「朋党」也、至於年前、党派又分為二、「就新自立、守旧依頼」、是也、而臣等見国勢汲々、不可虚延時日、故欲亟図興復、至敢行残酷罔状之挙矣、然此有大関於国体、則此可謂「政党」也、伏願　陛下、弁其是非、而護其忠国之党、以保国体安民命、如不然、即招禍之道也」

右の文を検討する前に、まず文中の「国体」「興復」の二語の意味を確定しておきたい。「国体」は、古義によれば「国の在り方、国家の根本体制」である。そして、「大関於国体」という箇所は、古義によっても理解できるが、末尾の「以保国体安民命」という箇所は、古義では理解しにくい。また、この語は「七曰」の実施要求事項の最後の項にも「一　与外国交、勿失主権、損国体事」として用いられているが、これも古義によっては理解しにくい。そこで、別稿に触れた、福澤がこの語に与えた新義を参照してみたい。

「国体とは、一種族の人民相集て憂楽を共にし、……一政府の下に居て自から支配し他の政府の制御を受るを好まず、禍福共に自から担当して独立する者を云ふなり。西洋の語に「ナショナリチ」と名るもの是なり」(『文明論之概略』・巻之一・第二章・西洋の文明を目的とする事〈④・二七・3〜6行〉)。

「此時に当て日本人の義務は唯この国体を保つの一箇条のみ。国体を保つとは自国の政権を失はざることなり。政権を失はざらんとするには人民の智力を進めざる可らず。……智力発生の道に於て第一着の急須は、……西洋に行はるゝ文明の精神を取るに在り」(同前第二章・西洋の文明を目的とする事〈④・三二・9〜11行〉)。

右のように、彼の新義は、その一貫した論理の展開の中で用いられた特殊なものであり、現代用語の「民族的独立、独立」と同義である。(英和辞典にも、nationality = national independence とされている) この新義を採れば、さきに挙げた箇所は、いずれも理解しやすいので、国体＝独立と考えることにする。

次に「興復」の語は、『漢韓大辞典』(東亜出版社辞書部編・同社一九六六年版) の見出語にはなく、「光復」＝失った国権を取り戻すこと＝興復、とされている。また『大漢和辞典』(諸橋轍次著) には、「光復」＝前の事業を再興する、旧業を恢復する＝復興＝興復＝再び盛んにする、とされており、「興復」の用例として、次の文が挙げられている。

「昔三王之道衰、而五覇存其政、率諸侯、朝天子、正天下之化、興復中国、攘除夷狄、故謂之覇也」(『白虎通義』)。

三王の政は衰えたが、それが五覇に存せられ、その政によって中国を興復し夷狄を攘除した、というものである。そして、十九世紀末葉の朝鮮の代表的な朱子学者・崔益鉉にとっても、清は「是止夷狄耳」であり、朝鮮は「是箕聖之故疆、大明之東屛、太祖大王以来、用夏変夷、制礼作楽、彝倫丕叙之邦域」[22]であった。

また、この「上疏」が、朱子学の立場をとり、先王の法によって改革を説いてきた(但し、文中に「三代」「先王」の語はない) ことは、既に見た通りである。

従って、さきの文中の「興復」の語は、「七曰」の実施要求事項に「致謹於清」とあるにも拘らず、先王の法に基づいて夷狄である清を攘除し国権を回復すること、即ち、清との宗属関係廃棄＝「就新自立」を意味するものと考えられる。

以上によって、さきの文は、次のように解することができよう。

「国の独立確保に関する政策を持たずに党派をなすものは「朋党」にすぎない。近年の二党は、清との宗属関係廃棄を唱えるものと、その維持を主張するものとに分れて、それぞれ党派を結んだ。我々（就新自立派）は、（列強の脅威を支えるに足る）国力が乏しいのを見て、これ以上時日を遷延できぬものと考え、早急に国力疲弊の原因となっている宗属関係廃棄を行うために甲申政変を行った。しかしこれは、国の独立確保のために是非必要だと判断した結果の行動であるから、「政党」としての（当然の）行為というべきである。陛下は、我々の政策を採用して国の独立を保ち、人民を安んずることを考えて頂きたい。云々」。

即ち、この「七曰」の第二段は、表面上は結社の自由を唱えるものと見せて、実は、政治的変革の最重要事項が宗属関係の廃棄であることをいうものであった。そして、甲申政変の目的が「興復」の一語に集約されること、この「上疏」が、政変の目的を継承することを明らかにしている。

さきに「八曰」で見た改革の基本は、政府の専制的支配と清の支配の打倒、及び伝統的不平等の廃絶であり、それらは並列されていた。しかし、ここでは、その中の清の支配の打倒が最重要事項とされている。これは何故であろうか。

清の支配が自主的な改革の阻害要因となることは自明である。しかし、宗属関係の廃棄が最優先されるためには、改革が清の支配と決定的に両立し得ない理由が存在しなければならない。その理由は、政治原理の相違に求めることができよう。

既に述べたように、朴泳孝の改革の原理は「変法論」である。独立確保の基礎は国民意識の形成と発揚にあるとして、それをもたらすために、先王の法＝「西政」を範として制度の根本に関する内政改革を行い、また儒教至上主義否定の下に新しい教育を行おうとする。

これに対して、清の洋務派政権（及びそれと同調する朝鮮の政治家）は、独立確保の手段を、成法の枠内に於いて、西洋の機器と技術＝「西学」によって軍備を充実させる道に求め、且つ、朝鮮が藩属国であることを当然とする。従って、清朝洋務派の支配下に在っては、朴泳孝等の改革は不可能である。清に先んじて「変法論」的政策を実現し、国民意識の形成を図るためには、まず第一に、宗属関係の廃棄を行わざるを得ない。

（この点に於いて、朴泳孝等の「変法論」は清末変法論と異る。清末変法論は満漢不分・君民合治を説き、その革命論は排満共和を説くが、(23) 朴泳孝等の「変法論」は、前者の君民共治と後者の排満＝民族革命をその構成要素とするものである）。

従って、「興復」とは、単に宗属関係廃棄の意味に止まらず、それを不可欠の前提とする「変法論」的改革という意味を併せて含む場合が多いものと考えられる。「亟図興復」という場合は、この意味に解すべきであろう。

また、「興復」の語は、他の箇所にも見られるので、それらの用例を検討しておきたい。

ⓐ【〔前文〕二九四頁上段7〜8行】陛下承嗣此衰微之後、危乱之際、宵肝　憂慮、欲図興復、而事姑不成、必有禍

ⓑ【〔前文〕二九四頁上段16〜18行】然　陛下不黜其奸相貪吏、而図国之興復、雖尽　陛下之聖慮、事終無成、而反

ⓒ【〔前文〕二九六頁上段1〜5行】伏乞　聖上、日三省　聖躬、……然後親賢遠奸、以安民国、亟図興復、以光四海、

ⓓ【〔一曰〕二九六頁上段17〜19行】故波蘭土耳其、本非微弱之国、然皆因自国之困乱、或見裂、或見削、無復興復之日、

ⓔ【〔一曰〕二九六頁下段16〜18行】故我人民、一安其便、則更不楽我　朝之興復也、

右の中、ⓓとⓔは、「国権（独立）の回復」の意味である。ⓐに、「危乱之際、宵旰　憂慮」といい、次いで「欲図興復、而事姑不成」というのは、壬午軍乱の際に宗属関係廃棄を考慮した、という意味のように思われる。ⓑに、「不黜其奸相貪吏、而図国之興復」といい、次に「事終無成、而反必有禍」というのは、一八八五年の第一次朝露秘密協定に失敗して、袁世凱の中国代表としての駐在、宗主権の強化を招いたことを指すものと思われる。従って、宗属関係の廃棄を意味するものであろう。ⓒは朴泳孝の高宗に対する請願の言葉であり、「七曰」の甲申政変の表現「亟図興復」と同じ句であるから、「七曰」の「興復」と全く同じ意味と考えられる。

以上の推定が正しければ、宗属関係の廃棄を前提とする改革は、一八八二年の壬午軍乱以来、朝鮮政治史上の最も重大な懸案であったことになる。また、「興復」は、甲申政変及びこの上疏の改革意図を、朴泳孝自身がこの一語に托して表現しているように、最も簡明直截にその特徴を示すものであるので、この「上疏」を「興復上疏」と名づけ、以下そのように記したいと思う。

さて、右によって、甲申政変及び「興復上疏」の改革構想が、共に国民意識の形成と高揚を独立保持の基礎とするものであり、そのために、宗属関係の廃棄、政体の改革、人民の自由権・平等権の確保を必須の条件とし、特に宗属関係の廃棄を大前提とすること、及びそれらが、同じく「亟図興復」という一句によって集約的に表現されていることを知り得た。そこで、さらに両者の異同を検討し、二つの改革構想の性格を考察したい。

「甲申政変政綱」（以下、「政綱」と略記）には、第一項に宗属関係の廃棄を挙げる以外に民族主義的主張はない。しかし、これに伴って、陛下・勅・朕などの名称の採用があったことが「漢城迺残夢」の記載によって知られる。一方、「興復上疏」にも、このような民族主義的主張は極めて多く見出される。

「〔前文〕」・「一曰」・「二曰」＝「陛下」や「聖恩」「宝算」等の「聖」「宝」の文字を付した熟語、「竜興」・「宵肝」・「帝王」・「朕」など、いずれも天子のみに用いられる語、及び李朝開国紀年の使用。「五曰」＝「三国之盛時」以来の戦史を記し、国史研究の必要を提唱（三〇四頁上段16行〜下段5行）。李舜臣の「亀艦」・李長孫の「震天雷」を讃え、開国以来、国のために戦死した者の霊を祭り且つその子孫に特典を与えるべきことをいう（三〇五頁上段6〜11行・同頁上段14〜15行）。「六曰」＝国史・国語教育を本とし、経史教育を末とすること（三〇七頁下段9〜11行）。また、国民意識の形成と高揚を独立確保の基礎とすることが、「一曰」「五曰」「六曰」「八曰」に述べられていることについては既に述べた。

政綱第二項の「閉止門閥、以制人民平等之権、以人択官、勿以官択人事」と同趣旨の記述を「興復上疏」に求めると、その主なものは次の通りである。

「八曰」＝士農工商の職業の自由、及び職業・門閥による差別の廃止（三〇九頁下段17〜19行）、奴隷廃止、男性の蓄妾禁止、女性の離婚再婚の自由（三一〇頁上段11〜18行・同下段17行）、両班・常民・中人・庶子という身分制度の撤廃及び各身分間の通婚奨励、人材登用に際し身分差別をしないこと（三一〇頁上段15〜16行・同下段18〜19行）、その他。「七曰」＝老少南北の「四色」の対立と差別を止め、通婚させること（三〇九頁上段8行）。「二曰」＝法の下の平等の論（二九七頁上段11〜15行）。

政綱第三項「革改通国地租之法、杜吏奸、而抒民困、兼裕国用事」・第六項「各道還上、永々臥還事」・第十二項「凡属国内財由戸曹管轄、其余一切財簿衙門革罷事」は財政関係事項である。「興復上疏」の記述でこれに対応するものは次の通りである。「〔前文〕」＝「保民」を要求する記述（二九三頁上段8行〜二九四頁上段13行）、「二曰」＝高宗に求める五事の誓約の第三・第四項「省刑罰、薄税歛、云々」「勧農桑、興工商、云々」（二九七頁下段16〜17行）、「三曰」＝全部、ことに税の適正な徴収と使用の要求（二九九頁下段7行〜三〇〇頁上段6行）、及び実施要求事項中の「定君主之禄事、云々」「節浪費、汰庸官、云々」「改量地租、而設地券事」「薄税歛、寛其法、而無偏頗事」（三〇〇頁下段2〜3・7・12行)、税の使途の公開と適正な使用(三〇一頁下段18〜19行)。

政綱第八項の「急設巡査、以防盗窃事」と同趣旨のものは、「興復上疏」「二曰」の「廃捕盗庁、而於巡庁、増削其規例、置警巡之士二万、云々」(二九八頁下段4〜5行)である。

政綱第十一項の「四営合為一営、一営中抄丁、急設近衛事、陸軍大将、首擬世子宮」と同趣旨のものは、「興復上疏」「五曰」の「全国之兵、依旧例統属于兵曹、使之号令諸将、而全一軍制事」(三〇五頁上段2〜3行)、及び「七曰」の「崇　宗室、以固　宗社事」(甲申政変後、重要な地位に就いた二十三名中九名は宗室関係者)(三〇九頁上段1行)である。

政綱第四項の内侍府革罷、第七項の奎章閣革罷、第九項の恵商公局革罷、第十四項「政府六曹外、凡属冗官、尽行革罷、令大臣参賛酌議以啓事」に相当するものは、「興復上疏」「三曰」の「節浪費、汰庸官、云々」(前掲)、「七曰」の「凡職掌、当其職、治其政事」「使公卿大夫治務、而不可任小吏事」(三〇九頁上段2〜3行)であろう。また、奎章閣は内外戚、宦官の陰謀の巣窟であるだけでなく、本来、君主の絶対化に奉仕し、経史に基づいて政治の得失を論ずる文化機関であるから、その革罷は、「興復上疏」の「六曰」を中心に展開される近代的教育政策推進・儒教の絶対性否認に相当するものとも考えられる。

政綱第十三項の「大臣与参賛課日会議于閤門内、議政可以為稟定、而布行政令事」は、「興復上疏」「七曰」の「不可親裁万機、而各任之其官事」「択賢相、専任政務事」(三〇八頁下段18〜19行)に相当するであろう。

政綱第五項・第十項、腐敗官吏の処罰と政治犯釈放の件は、「興復上疏」には見出せない(但し腐敗政治に対する非難は、「(前文)」「二曰」「三曰」「七曰」「八曰」など、随所に記されている)。

以上によって、次のようなことが認められる。

政綱第一・第二項と同趣旨の記述は、「興復上疏」には極めて多く見出される。また、第三項に相当する記述も少なくない。さらに、以上三項目と同様に重要な第十一・第十三項の内容も、「興復上疏」に明瞭に認められる。

しかし、「興復上疏」に於いては、政綱第四・第七・第九項のように、具体的な名称（例えば「内侍府」など）を挙げてその廃止を述べたり、第五・第十項のように処罰や釈放を要求したりすることはない。これは、当面の課題を原理的な視点から論じ、無用の刺戟を避けて説得を目的とするためであろう。

従って、政綱と「興復上疏」の内容には、基本的な相違は全く認められず、「興復上疏」は甲申政変の改革内容を基本的に継承するものと考えられる。

但し、周知のように、「甲申日録」の信憑性に関しては論争があった。[24] また、朴泳孝は、「甲申日録」の記載が「当時の事実と相違すること、一二に止まら」ないと述べており、[25] 金玉均自身も「あれは故あって書いたが実録ではない」と述べたという記録[26]もある。さらに、甲申政変の改革内容については、さきに「甲申日録」と併せて引用した「漢城迺残夢」など、いくつかの資料がある。それ故、甲申政変の内容を完全に把握するためには、これらを、政変の経過を示す史料と共に包括的に検討しなければならない。しかし、政綱が甲申政変の改革構想を正しく表現するものと仮定して「興復上疏」と対照した結果、両者の内容が基本的に一致すること、及び「興復上疏」は政変の指導者の一人によって著されたものであり、且つその文中に甲申政変の意図を継承する旨を記していることの二点によって、少くともこの政綱だけは信憑性の高いものであり、政変の輪廓を示すものと考えてよいと思われる。

5　「興復上疏」の民族革命論的性格

さて、甲申政変及び「興復上疏」に共通して認められる改革の基本構想は、最小限度、次のようなものということができよう。

列強の脅威の下に独立を確保するため、近代的な民族国家・国民国家を樹立する。そのために、まず宗属関係と専制君主制を廃絶し、一方に於いて人民の自由権・平等権及び一定の生活水準を保証し、人材を登用する。また政治・

軍事の両面に於いて国家権力を統一し、王室にこれを代表させるが、政治は取り敢えず重臣の会議によって行う（「興復上疏」には、政党政治及び地方議会の設置が提唱されている）。その他、「興復上疏」の「政量地租、而設地券事」という記載によって、土地の普遍的私有を認める意図も窺われる。

右の基本点に関する限り、この改革は日本の明治維新に酷似するものということができるであろう。そして、明治維新の性格について、岡義武氏は、次のように述べておられる(27)。

列強の重圧が「わが国内に烈しい民族的反撥感と民族的危機感とを高揚させるとともに、外圧を契機とする朝幕の対抗関係の中から国家権力の二元化が現出」し、「西洋諸大国との接触が民族的危機感をいよいよ深まらせるにつれて、国家権力のこの二元主義《デュアリズム》を清算して国家的統一を強化し、それによって民族の独立を確保することが緊急切実な課題」となり、遂に新しい政治体制の樹立を見るに至った。従って、

「江戸幕府の瓦解・明治新政府の成立という巨大な政治的変革は、その一面においてはいわゆる民族革命であったということができる。ここにいう民族革命とは、民族の独立確保あるいは民族の対外的勢力拡大を目的としてなされる国内政治体制の変革をいう」。

そして氏は、「国家権力の一元化をはかり、それによって国家的存立を確固たるものにしようとする意図」を示す次のような史料を引用される。

「政令一途に出でずして何れの国か立ち可ㇾ申や。所詮自今の如く朝廷幕府並立致居候ては真実の攘夷も真実の和親も出来不ㇾ申候。断然幕府を廃し徳川氏は諸藩の列に加へられ、大政統一確乎不抜の制度を被ㇾ立度候、此挙固り勅語のみを以ては施行出来不ㇾ申、必ず極点は兵力を要し可ㇾ申と存候」（傍点は岡氏。慶応三年四月の岩倉具視の書翰。『岩倉公実記』中巻三三一〜三九頁より）。

「当今外国之交際日に盛なるにより愈朝権一途に出不ㇾ申候而者、綱紀難ㇾ立候間、従来之旧習を改め政権を朝

廷に奉レ帰、……同心協力共に皇国を保護仕候得ば、必ず海外万国と可二並立一候」（傍点は岡氏。徳川慶喜の大政奉還の上表）。

朝鮮に於いても、国家権力の二元化は外圧を契機として出現した。江華島事件以来、外交問題に関する清の宗主権行使が次第に始まり、それは一八八一～八二年の朝米条約締結交渉に至って殊に露骨となった。李鴻章は「宗主国たる清国の声誉や威信を守るために、自分が李朝政府に代わって[28]」交渉の任に当り、宗属関係を示す条項を省いた朝鮮政府案（開化派の李東仁の案）を退けた。米国政府の反対によって、宗主権を示す明文は削除されたが、朝鮮に於ける条約締結の立会人となった清の馬建忠は、清国政府の同意を得た条約草案を、朝鮮は「特別の理由がなければ、それを改めることはできない」と米国全権に告げたという。また、彼は、高宗に「「今後、貴国は、いかなる国と条約を結ぶ場合にも、北洋大臣李鴻章の同意を求めなければならない」」と伝え、以後「威圧や干渉は、さらに露骨になった[29]」。壬午軍乱以降、宗主権行使は内政にも及び、甲申政変を経て後は、朝鮮は殆んど属領同然の状態となった。しかも、宗属関係の維持、洋務論に基づく政治への追随が、西洋列強の侵略から免れる道でないことは、清仏戦争に於けるベトナムの運命や度重なる清の列強に対する敗北・屈従の例に徴して明らかである。

かくして、独立確保の道を「変法論」的改革に求める開化派にとっても、まず国家権内の二元主義を清算することが、緊急切実、且つ不可避の課題となった。

このように見ると、さきに要約した如き改革によって、新しい政治体制の下に国家的統一の強化を企図した甲申政変は、岡氏の定義された意味での「民族革命」であり、その意図を継承した「興復上疏」は「民族革命論」と呼ぶことができると考えられる。なお、さきに、開化派の「変法論」が清に対する民族革命の要素を持つことを述べたが、申すまでもなく、この狭義の「民族革命」は、ここにいう「民族革命」の一要素である。

右の定義は、岡氏が「一面においては」と限定して述べておられるように、権力の階級的移動の面から見たものではない。甲申政変については、この観点からする諸説があるが、本稿は「興復上疏」の分析を主題とするものであるので、その点にまで触れることができない。但し、甲申政変及び「興復上疏」の改革意図が、西洋の近代にならったものであり、封建制の政治的要素を廃棄するものであることは明白であるので、この意味に於いては、ひとまずブルジョア的改革と呼んでおくことが可能であろう。しかし、土地問題に関する明確な構想が認められない点には、留意を要する。

なお、甲申政変に参加した開化派の人々は、従来「独立派（独立党）」とも呼ばれてきたが、この名称の持つ意味は重視されておらず、便宜的俗称のように看なされてきた。しかし、「事大」に対する「独立」、即ち「興復」は彼等の意図する「変法論」的改革にとって必須不可欠の前提であるから、明治維新の推進者が「倒幕派」と呼ばれるのと同様に、これは当を得た他称ということができよう。しかし「独立」という語は、一般的な意味と混同されやすいから、むしろ「興復派」と呼ぶ方が、この派の性格を一層正確に表現できるように思われる。

また、同じく「開化派」と呼ばれながら、甲申政変に参加しなかった魚允中、金允植等は、宗属関係の廃棄を独立確保のための改革の不可欠の前提とは考えず、少くとも清朝洋務論という政治原理に疑いを抱かなかったわけであるから、ひとまず、彼等を「洋務派」と看なすことができよう。このことについては、後に触れたい。

6　内容の考察の補足

以上が「興復上疏」の構造の概観であるが、なお、これまでに触れることのできなかった点を補足しておきたい。

「〔前文〕」

○「臣所謂一国之慶者何也」（二九三頁下段9行）として、次のような理想を述べる。「国治而富強、民信而安楽、教化時新、上下無塞、人々各得其所、一載二載、与天地同休」。――富強より内政が先である。保民を行えば政治に対する人民の信が生ずる（それが国民意識の基礎である）。次いで新民を行って人民が志す所を行えるようにする、と解すれば、ほぼ後にいう所を尽くしているわけである。なお、人民の信を重んじるのは、古典に関しては、例えば次のような思想に拠るものであろう。

「子貢問政、子曰、足食足兵、使民信之矣、子貢曰、心不得已而去、於斯三者、何先、曰去兵、曰必不得已而去、於斯二者、何先、曰去食、自古皆有死、民無信不立」（『論語』「顔淵篇」）。

○　また続いて（二九三頁下段15～19行）、「政有道、而法不弛、則永代不亡」「至於本朝　興亡盛衰、亦在治与不治、況今当万国之注意於　本朝之時、何可不一日講此道乎哉」という。「政有道、而法不弛」は勿論「治与不治」の「治」に相当する。内政が良く行われていれば「永代不亡」であるから、万国の注視するこの時に、まず第一に内政を改革せねばならぬというのである。

○　「邦国非帝王之邦国、乃人民之邦国而帝王治邦国之職也」として、私欲を貪れば国を失うといい、次に重ねて殷周革命の正当性を述べる（二九四頁下段12～17行、古典との対照(7)・(8)参照）。これは「八曰」の「アメリカ独立宣言」と呼応するものであろうが、その他の箇所にも、悪政は帝位を危うくするという意味の古典がしばしば引用される。これは、単なる引例や警告ではなく「改革ならざれば革命」という意味を含んでいるように感じられる。この点については、李瑄根氏も別の史料に関して述べておられるが[(30)]、しばらく疑問のまま、保留したい。

○　隣国（日本）は土地・物産とも朝鮮と大差がないが、行うことは違う。「彼已就開明之道、修文芸、治武備、幾与富強之国、同馳」。しかし、朝鮮は「癡愚酔狂之国也」。（『大学』にいうように、国を治めようとする者はその意を誠にしなければならない。且つ「欲誠其意者、先致其知」、「知至而后意誠」、「所謂誠其意者、毋自欺也」である。従って、この事実を認めないことは）「此自欺於己也」。王たる者は、この事実を認めるような「誠」を持って欲しい。そして、誠を尽くすことは「忠・信」の二面に於いてなされなければならないが、まず、仁を直覚する主観的な「忠」を行うことが必要である（二九五頁下段5行〜二九六頁上段1行、本節三〇六頁参照）。

（「二曰」に、これを対応させて「信」を説く。新民に関してだけではなく、『大学』の様々な箇所を援用する一例である。）

「一曰、宇内之形勢」

○　世界情勢は、「猶昔之戦国也」。そして国際法も勢力均衡政策も結局は役に立たないから「自立自存之力」に頼る他はない。「大凡欧人、口称法義、心懐虎狼」。列強は既に世界の九割を併呑したが「尚耽々虎視」。その中でも、最大の脅威はロシアである。ロシアが沿海州から進んで「咸平両道」を侵略し、日本海と黄海の制海権を奪えば、日本・朝鮮・清は決定的に不利となる。ことに「我邦之事已去矣」（二九六頁上段15行〜下段15行）。

○　しかし、朴泳孝の注目するのは武力ではなく、専制君主国であるロシアの「政治法紀」が朝鮮に勝る点である。（虐政の下に在って国民意識に乏しい）朝鮮人民は、一度併呑されればロシアの政治に満足して「更不楽我　朝之興復也」（二九六頁下段15〜18行）。以下にいう所は、新しい方法による保民に加えて新民を行わなければ国民意識は形成されない、との意に解せられる（二九六頁下段18行〜二九七頁上段7行、本節三〇六頁参照）。

○　なお、列強の脅威を説いて、「此亜洲東部興亡盛衰之秋、而我同族奮起排難之時也」と断じ、次いで「然我亜洲之族、云々」といい（二九六頁下段9〜10行）、この章を「為亜洲諸政府謀者、豈可苟安消日哉」と結ぶ所から察すると、アジア、ことに日朝清三国の連帯を意図するもののようである。

「二曰、興法紀安民国」

○　第一段に、法の下の平等を説き、さらに、法権力の行使よりも「化民、成俗」（＝教育による遵法精神の涵養）を重んずべきことを述べ、仁義信の徳に基づいて法を用いることが「文国開明之政也」という（二九七頁上段11行〜下段5行、本節三〇七・三一八〜三一九頁参照）。

○　これを受けて第二段で説かれる人民の「信」の重要性（二九七頁下段6行〜二九八頁上段3行）は、遵法精神及びそれに基づく国民意識の形成の基本と考えられるが（「立信於国中」「治国立法之要、以信為重」という）、同時に「〔前文〕」で述べた君主の自己反省、「忠」に対応させたものでもあろう。まず高宗に五事を誓約することを求め、これを固く守って「信」の形成を図るべきことをいう。その第一・第二項は身分に関係なく賞罰黜陟を行うこと（＝平等権の確立）、第三項は「省刑罰、薄税歛」、第四項は「勧農桑、興工商」で、共に保民を行うこと、第五項は「修文徳、治武備、使民安而国泰」として、教育と軍事力の重視をいう。記載の順序は、改革の構造を示している。まず平等権を確立し、内政を改革して人民の生活を安定させ、その後に、独立を保つための二大支柱・教育と軍備を充実するというものである。

○　法は「率由旧章、而漸就良道」という（二九八頁上段3～4行）。この「旧章」は、「先王之法」（本節の対照(24)参照）と当時の伝統的な法律との双方を指すものであろうが、前者の意味が強いように思われる。続けて「若有大益民国、而大勝旧法者」は「果決断行」すべきことをいう。

○　実施要求事項の重要なものは既に記した（本節三〇六～三〇七・三一九～三二〇頁参照）。

「三曰、経済以潤民国」

前段と後段とに大別される。

○　前段の第一節は、農工漁業・牧畜の振興、「金銀銭貨」の製造（金本位制・銀本位制などの意味か?）、商社銀行の設立、海陸交通網の整備をいう（二九八頁下段14～19行）。第二節（二九九頁上段2～11行）は、前半に貿易の効用を説く。攘夷風潮を説得するためであろう。後半は、国民経済を成立させて経済の封鎖性を除去するという論のようである。第三節（二九九頁上段11～19行）では人民が智識を有し道具の備わっている文明国では、経済が盛んであるから、人口が多く寿命が長いという。第四節（二九九頁上段19行～下段7行）は財産権の不可侵を説く。

○　後段は、財政・税について述べる。その第一節（二九九頁下段7～18行）は、『大学』を引用して、封建的な収奪の廃止を唱え、保民が富国の基礎であるという。第二節（二九九頁下段18行〜三〇〇頁上段6行）はこれを受けて、税の有効な使用を説き、第三節（三〇〇頁上段6〜13行）は、官吏の選び方と人件費の適正な使用をいう。

○　従って、この章の実施要求事項四十四項は多彩である。産業の振興と治山・治水・開拓・交通・郵便事業等が三〇項、その中特色のあるものは、京城開市を止め「外国之人」を「送出」すること、都賈の禁止、負債の返済を本人に限ること（族徴・洞徴の禁）などである。通貨関係は四項目、「救当五銭之幣事」の他、流通貨幣の安定性を求める。税・財政に関するものは八項目、「改量地租、而設地券事」、減税、税の使途の公開、戸籍の製作、度量衡の制定、官吏の淘汰と官禄の改定、「定君主之禄事」、売官の禁止。

「四曰、養生以健殖人民」

人民の健康を保ち、人口を増加させるという表題通りの内容であり、殊に後者に重点が置かれている。この「上疏」に極めて多く引用されている『孟子』「梁恵王篇」、王道政治による保民を説く一段（その中に「養生喪死無憾、王道之始也」という）は、人口問題に関する王の問で始まるが、金谷治氏はその解説で次のようにいわれる。「富国強兵には、労働力の確保からしても、また兵員の充実からしても、人口は一人でも多い方がよい[31]」。古代から現代に至るまで、この点に関しては変りがないわけである。実施要求事項十八項目はいずれも保民に関するもので、単なる政策ではなく、朴泳孝のヒューマニズムをよく表している。

「五曰、治武備、保民護国」

○　第一段に、フランス革命が創り出した徴兵制度による国民軍の愛国心（別稿の対照(41)参照）を範とし、兵士に「恥」の心を涵養させてこれを愛国心にまで拡大させることをいう（三〇三頁下段12行〜三〇四頁上段1行）。次いで第二段に、有能な高級将校の養成及び国民的支援を背景に持つ統一された軍事力の必要性を説く（三〇四頁上段1〜16行）。

○　第三段に、高句麗以来の戦史を述べ、国史教育を盛んにして、恥心を養うべきことを説き、第四段に、軍の移動を「神速」にすることを加える。実施要求事項一〇項の主なものについては、既に述べた（本節三一八～三一九頁参照）他には、特記すべきものはない。「於咸平両道、教閲兵士、以備西北事」というものは、主として「一曰」で述べたロシアの脅威に備えるためであろう。

「六曰、教民才徳文芸以治本」

四段からなる全体の概要は、既にほとんど述べたが（本節三〇一・三〇七～三〇八・三一一頁参照）、なお若干補足しておきたい。

○　第一段（三〇〇頁上段17行～三〇六頁上段4行）、知識のない人民は、養生の方法・生計を立てる方法も知らず、法が「護身家、保私有」のためにあることも知らないから遵法精神がない。人民が教育を受ければ、このような欠点がなくなるから、「罰人之政」の他に、是非とも「教人之政」がなければならぬ、という。「八曰」及び「二曰」の所説と呼応するものである。これを受けて、第二段に、遵法精神が国民意識に発展すること以下をいう。

○　第三段（三〇六頁下段4行～三〇七頁上段13行）、及び第四段（三〇七頁上段13行～下段3行）についてはは既にほとんど述べたが（本節三〇七頁以下・三一一頁）、これについて補足すると、第二段に『大学』を引用して教育の普及を述べたのを承けて、第三段でも重ねて教育の普及をいう――「上自　春宮殿下、以至於庶人之子弟、使就校受学、以明天地無窮之理、則文徳才芸、燦然復盛也」。また実施要求事項には、「設小中学校、使男女六歳以上、皆就校受学事」として義務教育を提唱し、その他、法律・財政・政治・医術・窮理などの外人教官の雇傭及び東西語学の修得、出版印刷業・博物館・演説会・新聞業などの一般教育の手段の奨励、宗教の自由を認めることなどがある。

「七曰、正政治、使民国有定」

○　前段（三〇八頁上段13～19行）にいう「政府之職分」は、福澤が『西洋事情』（初編・外編）に述べた「文明の政治」の「要訣」及び英国で認められている「政府の職分」である（その一項目に「教民以文徳才芸、而開窮理発明之道」とある）。後段では、「寵奸嬖邪」＝閔氏の専横を攻撃しつつ、政党論に入り、「興復」をいう。

○　実施要求事項には、既に述べたものの他に次のようなものがある。外国人への授官廃止（メルレンドルフの悪例と、その後も海関総税務司に外人が任命されていたことを指すものであろう）。県会の設置を唱えて「民有自由之権、而君権有定、則民国永安」というのは、英国の立憲君主制を念頭に置くものと考えられる（前節の対照(61)参照）。

外交問題に関しては、三項目が挙げられている。その第一は国際関係に於ける平和主義――清・露・米・日、及び英・独・仏（以上一括）の順に記され、それぞれに対し、「致謹」・「慎而和」・「倚托」・「親交」・「結」という関係が示される。宗属関係廃棄後は、清を大国として重んじて挑発しないように注意し、且つロシアに対しては、侵略の脅威を警戒しつつ平和関係を維持するという趣旨が、「謹・慎」の字義から察せられる。次いで、米国との同盟関係、日本との友好関係をいうのは、これによって、北方の二強国の脅威に対して力の均衡を図るという趣旨であろう。日本との同盟をいわないのは、甲申政変失敗の経験に徴するものと解せられる（英独仏との「結」は、単に条約を結んで外交関係を保持するという程度の意味であろう）。外交に関する他の二項目は、条約の厳守、及び既に締結された条約の不平等性に対する反省を述べる。

その他に関しては、既に述べた（本節三一〇・三二〇頁参照）。

「八曰、使民得当分之自由、以養元気」

この章については、ほとんどその全部を述べた（本節三一〇～三一六・三一九頁参照）。第二段（三〇九頁下段17行～三一〇頁上段10行）の末尾に、アメリカが南北戦争によって奴隷制を廃止したことを讃え、高宗が「公私之奴婢」を禁じたことを喜ぶ言葉があるが、これは一八八六年の奴婢の世襲禁止令を指すものであろうから、不正確な報道による誤解でないとすれば、奴隷の完全廃止要求の婉曲な表現と見るべきであろう。

○　第三段には（二一〇頁下段6～16行）、自由の定義を述べ、また、法律は、「蛮野之自由」を消滅して「処世之自由」を増加させるようなものでなければならぬことをいう。「蛮野之自由」とは、「雖犯罪而不蒙罰、以力恣暴虐」ことである。

7　まとめ

以上で、その歴史的由来を除き、「興復上疏」の検討を全て終えた。前節及び本節に於いてこれまで考察した所を要約すると、次の通りである。

（1）「興復上疏」は、列強に対して独立を確保するために、西洋文明にならって国内政治体制と教育体制を根本的に改革して、近代的な国民国家・民族国家を樹立し、富強を図ろうとする民族革命論である。

（2）改革のために不可欠な前提条件は、「興復」——列強の重圧を契機として出現した国家権力の二元化を清算し、清朝洋務政権の支配と絶縁することである。

（3）改革の基本は、西洋文明の完全摂取を容易ならしめるための、国民意識の形成とその高揚（独立自主の精神・報国心）である。

（4）以上を実現するために、二種類の措置がとられる。

ⓐ　国内政治体制の変革

(i)　専制君主制を廃止し、中央政治は首相の下に各官が政務を分担し、且つ政党の存在を認める。従って、何らかの形式の中央議会設置と憲法類似の基本法の制定とが企図されていると考えられる。地方政治は県会によって行われる。但し、これらの政治権力は王室によって代表される。以上は、完全な立憲君主制に移行するための過渡的措置と推察される。

(ii)　封建的身分制度を廃止し、法によって基本的人権を保証する。且つ、司法権は独立させる。法の保障する基本的人権は、次の通りである。自由権（身体の自由、職業の自由、財産の不可侵、学問・思想・宗教・言論・集会・結社の自由、女性の再婚の自由）、平等権、参政権の一部。

ⓑ 国民教育。儒教至上主義を否定する立場で行う。

(i) 学校教育は、義務教育・高等教育に分ける。朝鮮語文・朝鮮史教育を中心とし、経史中心の教育を止める。高等教育では、西洋の社会科学・自然科学を大幅に取り入れ、儒教を対象とした科挙を廃止する。

(ii) 社会教育に於いては、権利・義務の意識に基づく遵法精神を涵養し、これを国民意識・愛国心に発展させる。

（5） その他、国民の経済生活を安定させ経済力を増大する諸措置、衛生生活の改善、軍備の充実を行う。

（6） また、このような論は、次の点で清末変法論、殊に梁啓超の「新民説」と共通の性格をもつので、「変法論」、「新民論」と呼ぶことができる。

自強の基盤を、成法の枠内に於ける西洋式軍備に求めることなく、制度の根本的変革、及び思想の変革（儒教至上主義否定）を前提とした教育による国民意識の形成と高揚に求める点、立論の原理を経書に求め、現実には範を「西政」に採る点、但し、彼の「変法論」は、清末革命論に於ける民族革命の要素を併せ持つ点で、清末変法論とは異る。

（7） 立論の原理とされる古典は、主として『孟子』と『大学』であり、「西政」は英米系書籍の翻訳（『西洋事情』）と、福澤の『学問のすゝめ』及び『文明論之概略』に依っている。前者は、朴泳孝の思想の内因、後者はその外因と考えられる。

（8） 改革の方法論は、福澤が『文明論之概略』に述べた所を全面的に採っている。福澤の説く「文明に進む」順序は、専制を止め自由の気風を生ぜしめて、「人民独立の気力」「文明の精神」を養い、教育によって人民の智力を進めつつ政令・法律の改善を行い、これらを基礎にして工業・学校・軍備等の「文明の形」を摂取する、というものである（別稿に於いて、筆者はこれを「三段階論」と名づけた）。朴が、君権を少減し人民に自由を与え「元気」を養い、教育を普及させつつ、法政・経済・軍事の改善を行って「文明に進む」ことを説くのは、これと全く同一である。且つ、福澤が儒教主義を否定するように、朴も政治・学問・教育に於ける儒教至上主義を否定する。両者の異る所は、朴が反対派を説得するために、朱子学の教理を表面上の論拠として用いている点だけである。

(9)　また、「興復上疏」は、甲申政変の改革意図を基本的に継承するものと認められる。従って甲申政変は、「変法論」的改革を目指す民族革命であり、清朝洋務政権との宗属関係廃棄を不可欠の前提とするが故に、暴力的に行われたものと解される。

以上で要約を終るが、ここで、前節で述べた誤まりを訂正させて頂く。

ⓐ　朴泳孝が儒教を基礎とする思想を保持し、福澤の儒教思想否定を全く採っていないとした点（前節二五三頁）――一見そのように見えるが、実際は儒教至上主義を否定しており、古典に原理を求めるのは、説得・粉飾の手段、及び彼自身の新思想受容の軌跡を示すものと考えられる。

ⓑ　福澤の思想受容に関しては、『西洋事情』に於ける内政を優先させる思想、及び『学問のすゝめ』『文明論之概略』に於ける、人民の知識・学問・教育を近代的改革の前提とする思想の二つを採ったものとしたが（前節二五一頁）、以上の他に、その改革の基本方針に、『文明論之概略』に於ける「三段階論」を採っていることが判った。

ⓒ　近代思想に関して「より明確な論理をもつ後半」（六曰以下）とそうでない前半とから成っているのは、「執筆時期のズレを示すのではないか」と考えたが（前節二四八頁）、これは、説得のための故意の構成であることが判った。このことは、『西洋事情』（外編・巻之一・人生の通義及び其職分・〈①三九二・3～13行〉の自由及び法の下の平等の叙述を二分して、前者を「八曰」で述べ、後者を「二曰」で述べていることによっても明らかである。

ⓓ　その他の点に関しても、前節と本節との間に相違がある場合は、本節に記す所を正しいものと考えて頂きたい。

㈣　歴史的由来の検討

1　前近代思想との関連

まず、朝鮮前近代思想史に於ける政治改革思想、殊に儒学に基づく古典的変法論の潮流を概観しそこから、「興復上疏」に挙げられている改革事項と同種のもののみを摘記することにしたい。右については、主として、鄭鎮石・鄭聖哲・金昌元の三氏の共著『朝鮮哲学史』(32)に依拠するものであり、その学恩を深謝する次第である（以下、括弧中に頁数のみを記すものは、同書日本語版のそれである）。

◇三峯・鄭道伝（一三三七?〜一三九八）

王道政治を唱え「人性皆善、羞悪之心人皆有之、盗賊豈人之情哉、無恒産者、固無恒心、飢寒切身、不暇顧礼儀、多迫於不得已而為之耳」（『三峯集』巻八）と述べた（六四・七三頁）。『孟子』に基づく政治批判の初めであろう。

◇佔畢斎・金宗直（一四三一〜一四九二）

仁政を主張し、その基本は、「孝悌忠信」を教える教育にあるとして「一邑之治忽実関於郷校也、不惟一邑、雖天下皆然」（『佔畢斎集文』巻一）と述べた（八三・一七八頁）。

◇静菴・趙光祖（一四八二〜一五一九）

王道論を強く主張し「自古人君多好覇功、鮮行王道、尚覇者、雖易致国富、兵強之効、豈復有仁義之道乎、行王道、雖未見朝夕之効、悠久而大成矣」（『静菴集』巻四）と説き（八八・一七九頁）、また「君臣者為民而設也、上下須知此意、昼夜以民為心、則治道可成」（『静菴集』巻三）と民本主義思想を述べている（八九・一七九頁）。さらに、「国家の法制は、軽率に変更することはできないが、当然補充すべきものは補充し、削除すべきものは削除しなければならない」（『静菴集』巻三）として変法思想を述べ（八八・一七九頁）、「敬大臣而任出政也、君未嘗独治、而必任大臣而後治道立焉」（『静菴集』巻二）という君権制限の思想をも唱えている（八七・一七八頁）。また、王道論の建て前から、「刑法は政治の補助手段にしかなり得ない」（『静菴集』巻四）ともいう（八九・一七九頁）。具体的に保民に関する改革を行い、「一部の奴婢に良人になれる道をひらき、《庶孼《しょげつ》》……制度に反対し、その法を一部改正」した（九〇頁）。

◇晦斎・李彦廸（一四九一～一五五三）

「趙光祖に比べると保守的であった」が、やはり王道論を主張し「書曰、民惟邦本、本固邦寧、伝曰、民依於国、国依於民、不愛其民而能保其国、未之有也」（『晦斎集』巻十二）と述べ（九七・一八一頁）、国防に関しても、その基礎となるのは民心の安定であると説いた。

◇梅月堂・金時習（一四三五～一四九三）

支配階級に対する激しい批判を持った哲学者として知られる。彼は「有国者、不可以暴劫民、民雖若瞿瞿以従、内懐悖逆、積日至月、則堅氷之禍起」（『金鰲新話』）として暴政を糾弾したが（一〇六・一八二頁）、一面、名分を尊重し、各々その分を尽くすことによって善政が招来されると説いた（一〇七頁）。

◇花潭・徐敬徳（一四八九～一五四六）

『大学』を学び、格物の重要性を悟って、「朱子学と相反する先進的な唯物論思想をおもに研究し、とりいれた」（一一〇頁）という。しかし、墓地経営と賦役制度の弊害を指摘するなど（一一七頁）の他には、特に具体的な政策提起は行わなかったようである。

◇栗谷・李珥（一五三六～一五八四）

李珥は、趙光祖の社会改革の意図を承け継いだ（九一頁）。即ち、人民生活の苦難を強調して「民無恒産、夫其本然之心、飢寒切身、不顧廉恥、起而為盗、夫豈本心哉」(『栗谷全書』拾遺巻六) と述べ (一七二・一九三頁)、「たとえ、聖賢の法であっても、時間が過ぎ対象が変われば弊害を生ずるから、変法をしなければならないと主張した」(『栗谷全書』巻五・巻六) (一七四・一九三頁)。

その変法の内容は、土地の無制限な占有禁止、一部の奴婢の解放、嫡庶差別の廃止、胥吏らの暴行と搾取の禁止、言論の自由、人材登用などであるという (『栗谷全書』巻七) (一七四・一九三頁)。また当面の五大弊害として「一族切隣、進上煩重、貢物防納、役事不均、吏胥誅求」を挙げ (『栗谷全書』巻十五) (一七一・一九三頁)、常備軍十万の設置、震天雷・戦艦の建造をも提唱した (『栗谷全書』巻三十八・同拾遺巻四) (一七六・一九四頁)。

このような改革意図は「彼読書者、格致中一事耳、読書而無実践者、何異於鸚鵡之能言耶」(『栗谷全書』巻十五) (一九二頁) とする実践の重視に基づくものであり、彼の思想は、後の実学派に影響を与えたという (一七六～一七七頁)。

◇磻渓・柳馨遠 (一六二二～一六七三)

彼は、李睟光・韓百謙・金堉等に続く大実学者として、「政治・経済・文化の各分野にわたり、体系的な改革案を出した」(二〇二頁)。その内容は次のようなものである。田制の改革、耕作方法の改善、水利灌漑施設の整備拡張、山林河川の利用、工商蔑視・門閥制度・嫡庶差別・地方差別への反対、人材本位の登用、科挙・拷問・笞刑の廃止、租税の部分的金納化、及び国家支出や俸給支払の貨幣化、財産所得による単一税の実施、田税を実収量の十五分の一とすること、還子法・軍布法・内需司などの廃止、国王の俸祿を大臣の十倍に限定すること (二〇五～二〇八頁)。

◇星湖・李瀷 (一六八一～一七六三)

柳馨遠の衣鉢を継ぐ南人系の実学者として、儒学の他に、天文・地理・歴史・制度・風俗・軍事・文学の各領域、西洋の自然科学、キリスト教の研究も行ったという (二一〇頁)。

彼は格物について「以知言之則、今日格一物、明日格一物、格多則知進」（『星湖僿説』巻二上）（二一六・二七三頁）という実証的な立場をとっている。法に関しては「法久弊生、弊必有革、理之常也」と古典的変法論を唱えた（『星湖僿説』巻三）（二一八・二七三頁）。その内容は、班常の差別・門閥制度・嫡庶の差別・奴婢の世襲と売買・偏党の習俗・科挙などの廃止、田制の改革、下級官吏中心の合議制政治、国防力の強化等であり、また、愛国英雄の賛美（李舜臣等）を力説する（『星湖僿説』巻四）（二一八～二二〇・二七三頁）。

◇南塘・韓元震（一六八二～一七五〇）

李瀷と同年代の学者に、「李珥の変法思想をうけついで変法を主張した」韓元震がいる。彼は「法久則弊生、物極必反、理勢然也、……法雖王所作、久則従弊而極則生乱」と述べたのであった（『南塘集』巻三七）（三〇〇・三三四頁）。また、朱子学の立場からではあるが、「事事物物既皆有定理、則亦安得不就事物而窮其理也、吾心亦事物也、事物之理不可求、則吾心之理亦何為而求之耶」（『南塘集』巻二七）、「坐守良知而不務窮理、則淪於空寂矣」（同上）として、窮理の重要性を説いている（二九五・二九七・三三三～三三四頁）。内政に関しても、田制の改革・減税などを説いた（三〇〇～三〇一頁）。

◇湛軒・洪大容（一七三〇～一七八一）

朴趾源・朴斉家と共に、西人―老論系の実学者＝北学派の一人である彼は、赴燕使に随行して、「中国の政治、経済、文化と西洋の科学技術を鋭く観察し」「天文・数学に精通し、実学者のなかで科学知識がもっとも豊富であった」（二二一～二二二頁）。両班の遊民化を非難して「遊民多而、生之者少矣、財安得不窮而民安得不貧也、当厳立科条、其不係四民、而遊衣遊食者、官有常刑、為世大戮」といい、続けて、才能本位の登用を主張して「有才学則、農賈之子、坐於廊廟、而不以為僭、無才無学則、公卿之子、帰於与儓、而不以為根」（『湛軒書』内集・巻四）と述べている（二二九・二七五頁）。その他、八歳以上の者は能力に従って高等教育まで受けられるようにすること、田制の改革、内需司・宮房田・屯田制度・軍布制度の廃止、軍備の充実などを唱えた（二二九〜二三一頁）。

◇燕岩・朴趾源（一七三七〜一八〇五）

洪大容と親交をもち、やはり赴燕使に随行して彼地の文物を観察した。改革思想を唱え、また、学問の目的は利用厚生であるとした。彼の改革案は、田制改革・営農法の改善・車輛や船舶の使用、貨幣制度の整備強化、両班による搾取や嫡庶差別の廃止、中国の先進文化の搾取などである（二三二〜二四三・二七五〜二七七頁）。時流に擢んでた百科全書的天才であったらしい。

◇楚亭・朴斉家（一七五〇〜一八〇五）

朴趾源の弟子、三度赴燕使に随行して、中国及び西洋文化を研究した。そして、中国の先進技術に学んで、営農方法・労働の道具・車輛・船舶・住宅等を改善発展させ、商業を発展させるべきことを説き、「不知所以用之則不知所以生之、不知所以生之則民日窮」（『北学議』）と述べた（二四三〜二四八・二七七頁）。また科挙制度の改革を唱え、両班と門閥制度を非難し、且つ庶民の無教育を憂えて「在上之人、既貴而富、不親稽子事、甚者往往不弁菽麦、庶民又皆目不知書、無所受教、蠢蒙稚鹵、惟以筋力為事」と述べている（『北学議』）（二四八〜二四九・二七八頁）。

◇茶山・丁若鏞（一七六二〜一八三六）

南人派で、実学思想を集大成した。「李瀷の遺稿を読んで実学に心をひかれ」、その弟子・蔡済恭や権哲身に学び、朴趾源・朴斉家・李徳懋とも接触があった（二四九〜二五〇頁）。朝鮮及び中国・西洋の文化（キリスト教・自然科学・「西洋風俗記」等）を吸収し、あらゆる方面の改革を唱え、その一部を実践した。それは次のようなものである。

哲学・自然科学・地理・歴史・法律・政治・経済・文学・軍事を論じ、田制・税制・官制・法制・学制・兵制等に関する改革を説いた。それらの改革の基本には「閭田制」が置かれている。また、経書の新解釈（『易経』・『論語』・『孟子』・『大学』・『中庸』）を行い、『俗儒論』を著して、実用を無視し訓詁を事とする学風を攻撃し、両班の廃止・人材本位の登用を唱え、また、自ら城砦・起重機・橋梁・活字等の設計や製造を行ったことなどが挙げられる。

彼の政治的立場は徳治主義で、「刑法を倫理に従属させるよう主張し、徳を法の本源」とした。且つ「法をもって礼とした」後王の法を否定して「礼をもって法とな」す先王の法にかえるべきことを説き、統治者は人民のために存在するとして湯武の放伐を肯定する（二四九〜二六九・二七八〜二八一頁）。

◇恵岡・崔漢綺（一八〇三〜一八七九）

哲学・数学・自然科学などに通じており、「先進ヨーロッパの各部門の科学をとりいれて著述した『明南楼全集』数百巻をはじめ」多くの著書がある。儒教を固守することに反対して「至於国制風俗、古今異宜、暦算物理、後来益明、則師周公之通達大道者、将膠守孔子之遺跡而無所変通耶、抑将取法周孔之通達、時有所沿革耶」（『気測体義』）と述べ、王権の尊厳を否定して「尊一統者、為其治平家国天下也、若無関於治平、則是陳腐之尊統、若有害於治平、是戕賊之尊統」（同上）と説いている（三二六〜三二九・三三八〜三三九頁）。

このような改革思想の系譜から、次のようなことが認められる。

『孟子』によって政治批判を行う伝統は、既に李朝開始の前後から始まっている。殊に十五世紀の末から十六世紀半ばにかけての、士林派の勲旧派に対する闘争の過程では、王道論（徳治主義・民本主義）に基づく改革が強く主張され、同時に奴婢制度・庶孼制度の改革など、人間の平等に関する新しい問題も取り上げられるようになる。そして「士林前期の思想の理論的集大成者」（一五四頁）李珥に至ると、「亘古今而不可変者、王道也、仁政也、三綱也、五常也」（『栗谷全書』巻五）（一六九・一九二頁）といいながらも、その範囲内での変法を明らかに唱え、且つ、格物致知・実学の重要性を説くようになる。

十七世紀に入ると、その中葉に生涯の活動期を迎えた柳馨遠は、単なる王道論でなく、田制改革・人権の保護・人民の部分的平等を基礎とした農・工・商業の改善や行政改革を唱える。それは、壬辰・丁酉の倭乱、丁卯・丙子の胡乱という打続く外寇及びその後の内争による疲弊への対策であった。この改革案と「興復上疏」に挙げられている改革事項との間に多くの類似点が見られるのは、偶然の一致とのみ考えられないものがある。朴は「上疏」の「〔前文〕」に「東敗於日、而北降於清、荐経兵革、而漸来衰弱」と述べており（二九四頁上段4行）、当時の自己の立場をこの時代に比定して、柳の改革案を参照したのではなかろうか。ひとまず疑問としておきたい。

十八世紀前半に著作活動を行い、柳馨遠の意図をさらに発展させた李瀷の改革案に於いては、平等に関する主張はより充実したものとなる。これを承けて同世紀後半に活動した北学派の三人も、人民の平等と農工商業を充実発展させることを併せて説くが、その他に、彼等の特長として、外来文化摂取の主張の先駆をなしたことを数えるべきであろう。彼等より一世紀も後の「正統派」の儒者は、西学によって致財と農工の発展を図るべきことを説いた『朝鮮策略』に反論して、「夫財用農工、自有先王之良法美規」(33)と述べたのである。また、洪大容・朴斉家、殊に前者の主張には、人民の教育を重視する点のあることが注目される。

この三人よりやや遅れて世に出た丁若鏞は、実学を集大成して広汎な改革案を作ると共に、『易経』や四書の新解釈を行い、先王の徳治主義を基本として、「法をもって礼となす」後王の道を否定し、統治者は人民のために存在することを説くなど、政治と思想の根本に関する変革思想を抱いていた点で特徴的であり、この意味でも朴泳孝の先人と見なすことができよう。

また、丁若鏞より半世紀後に活躍する崔漢綺は、「国制風俗」と「暦算物理」、即ち社会・政治と自然科学を併列して、両者が変化するものであるが故に、儒教も「変通」の道を求めるべきであるとする点で、丁若鏞よりさらに大きな基本的観点の変化が認められる。

即ち、朴泳孝の改革案の構成要素として、遠く十四世紀に始まる王道論と古典的変法論、十七世紀の柳馨遠、十八世紀〜十九世紀の李瀷・北学派・丁若鏞・崔漢綺などの思想が予想されるわけである。そこで次に、これらと朴泳孝の思想との関連の一部を、学統の面から考察してみよう。

さきに㈡で、「興復上疏」と『日知録』『明夷待訪録』との間に類似点が認められることを述べたが、ここでは、些か唐突ではあるが、このことを手がかりにして検討を進めることにしたい。即ち、朴泳孝の思想が実学派のそれを継承しているとすれば、実学派の思想の中に『明夷待訪録』『日知録』の影響が認められはしないか、という観点から検討してみたいのである。

明末清初の学者と実学思想家との思想的関連については、既に「実学思想家は、中国の先進的思想家である黄宗羲・顧炎武・顔元らの実事求是の方法と、愛国主義思想を批判的に研究した」（一九八頁）という指摘もある。ここにいわれている「実学思想家」とは、右の三人の生没年及び『明夷待訪録』の著作年代（一六六三年）から考えて、北学派を含む、李瀷以降の実学者を指すものと思われる。

この中、南人系の実学者に関しては、洪以燮氏の次のような指摘(34)がある。即ち、李瀷の『藿憂録』と『明夷待訪録』の目次・内容・用語を対照すると、前者には後者の影響が認められる。且つ、李瀷の学統を継いだ丁若鏞に関しても、その著『経世遺表』及び『牧民新書』に先行し、それぞれの基本を為す「原政」と「原牧」には、『明夷待訪録』の影響が認められるというものである。

これに対して、北学派の学者には、『日知録』の影響の大きいことが察せられる。以下、藤塚鄰氏の指摘(35)に従ってこれを見よう。

北学派の一人である雅亭・李徳懋（一七四一〜一七九三）の惕斎・李書九（一七五四〜一八二五）への手紙には、次のように記されている。

「日知録、苦心して之を求む。経営三年、今始めて人の秘蔵を紬《マヽ》して之を読む。六芸の文、百王の典、当世の務、訂攷明析。嗚呼顧寧人は真に振古の宏儒なり。顧ふに今世足下に非ずんば、誰か之を読むべきぞ。……先づ持贈と為す」(『雅亭遺稿』巻六)。

また正祖二年(一七七八)、李徳懋・朴斉家の二人は、赴燕使に随行したが、この時、書状官・沈念祖が『顧亭林集』を入手して、李徳懋に次のように語ったという。

「左右嘗盛言顧亭林炎武之耿介、為明末之第一人物、購其集於五柳居陶生、陶生以為、当今之禁書、三百余種、亭林集居其一、申申托其秘蔵、帰来余於轎中尽読之、果然明末遺民之第一流人也、……余曰、亭林跡雖布衣、不忘本朝、不赴康熙己未博学宏詞科、此真大臣也、其所著日知録、可以羽経翼史、可見其淹博也」(李徳懋『入燕記』一七七八年)。

藤塚氏の指摘される所は以上であるが、朴斉家も、その著『北学議』(外篇・『北学弁』)の中に、中国文化人の優れた業績を挙げて『顧亭林之尊周』[36]をその一つに数え、また『六書策』に、推賞すべき書の一つとして『近代顧氏之音学五書』[37]を挙げている。これらによって、朴斉家の顧炎武に対する尊敬の念は浅からざるものがあったと考えてよいであろう。また、彼の文集中の「伯夷太公不相悖論」[38]に「伯夷之憂、万世之憂也、太公之心、天下之心也、……則為用雖殊、其義則同」と述べているのは、さきに引いた『明夷待訪録』原君篇に湯武の放伐を讃え、「小儒」が「妄伝伯夷叔斉無稽之事」としているのに対する反論ではないかと思われる。

以上のように、南人系実学者及び北学派は、それぞれ『明夷待訪録』と『日知録』の影響を受けていることが認められる。

また、姜在彦氏[39]は、南人系実学者と北学派との関係について、次のように指摘しておられる。

朴斉家は、李瑀の門下である重峰・趙憲(一五四四〜一五九二)が入燕後に記した二つの上疏を収める『東還封事』に感動させられたことを記しているから、北学論の祖は趙憲と考えられること。趙憲の文集は、柳馨遠によって、

『磻渓随録』にしばしば引用されていること。北学派の洪大容・朴趾源・朴斉家は、西人─老論系に属するにも拘らず、李瀷の『星湖僿説』を読み、南人系の学者（星湖の子孫と門弟）と「間接に「声気互流」」していたこと。

即ち、北学派には、南人系実学者の思想が流入しているわけであるから、『日知録』の影響に加えて『明夷待訪録』の影響も存在すると考えてよいであろう。

そして呉吉宝氏や姜氏の指摘(40)によれば、朴泳孝・金玉均等は、朴趾源の孫である朴珪寿の指導によって、「中国使臣たちの見聞とそのもたらす新思想」を吸収すると共に『燕岩集』を学んだという。

従って「興復上疏」に、『日知録』及び『明夷待訪録』との類似点が見出されることは、朴泳孝が北学派の思想を継承していることの、文献的証明の一部となる。また、朴泳孝の改革案の構成要素が、柳馨遠・李瀷・丁若鏞の思想の中に見出されることも、北学派が南人系実学者の思想を吸収したことを考えれば、極めて当然である。

証明はなお充分とはいえないが、以上によって、ひとまず、朴泳孝の思想は朝鮮の伝統的な民本主義思想・実学思想を継承するものと考えることにしたい。

2　十九世紀六〇年代以降の政治思想

次に、近代以降、十九世紀六〇年代より八〇年代に至る朝鮮政治思想の推移について、いくらかの素描を試みておきたい。もとより、この時期の思想については、まず正確な個別研究を行うことが必要であるが、今は取り敢えず、後日の作業のための覚書として記すものである。

十九世紀に入ると、外国艦船はしばしば沿岸に接近し、その一部は上陸して紛争を起すようになるが、この動きは、同世紀後半、一八六六年の丙寅洋擾、一八七一年の辛未洋擾、一八七五年の江華島事件などに至って明確な外圧の形をとって現れる。従って、六〇年代以降の政治思想は、当然この外圧への対応をめぐって展開されたはずである。

筆者は、さきに、朴泳孝等の開化派を、清末変法論と同様の内容を有するという意味で「『変法派』とよぶことができるならば、おそらくその前後に、洋務派と改革派を見出し得るであろう」と述べた（前節二五四〜二五五頁）。そこで、これを承けて、ここでは、六〇年代以降の政治思想に、清末洋務論的内容が認められるか否か、またそれが、どの時点で「変法論」的変化を現わし始めるか、という点についての考察を行うことにする。

小野川秀美氏による清末洋務論の規定を再び繰返すと、次のようである。

「洋務論は武力に西洋の優越を認め、これと関連する一連の機器と技術を採り入れ」「軍備の充実によって自強を図ろうとする自強論である」。そして、「内政の改革は中国の伝統により、軍備の充実は西洋の機器と技術、すなわち西学をもってする、しかも軍備を内政よりも重く見るというのが、洋務論者にほぼ共通する主張であった[41]」。

この清末洋務論の嚆矢とされるのは、魏源（一七九四〜一八五六）の『海国図志』（一八四四年初版、四七年増補、五二年の百巻本が定本）である。「阿片戦争の敗北に刺戟されて書かれ」、「世界の地理並びに各国の沿革に重きをおいている」が、「西洋事情及び西洋の機器に関する記述をもそれぞれに整めて収録し」「「夷の長技を師として夷を制するがためにして作」られたものである[42]」。

従って、朝鮮に於ける「洋務論」も、この書の輸入時期に形成された可能性が大きい。その輸入は「呉慶錫が訳官として活動していた一八六〇〜一八七〇年[43]」ともされているが、『海国図志』を齎し得る者は呉慶錫に限られるわけではないから、これより早い時期であるかもしれない。

いずれにせよ、丙寅洋擾の翌年、一八六七年（高宗四年）には、『海国図志』によって水雷砲を作った功により、訓練大将・申観浩が加資されている[44]から、朝鮮の、いわば前期「洋務論」は、既にこの年以前に、朝廷公認の政策として採用されていると考えてよいであろう。この前期「洋務論」が如何なる性格を持つものであるかは、四年後の辛未洋擾の際に朝廷で述べられた次のような高宗の言葉に示されている。

米国艦隊来襲の報を得て開かれた御前会議の席上、領議政・金炳学が、高宗の下問に答えて米国事情について述べ「此在海国図志矣」と付言したのに対し、高宗は「雖云交易、不可与外国相通、而若一相通、則邪学必熾、夫子之道、将淪也」と答えるのである。(45)

即ち、対中国関係を除き、鎖国を行っていた状況の下に形成されたこの時期の「洋務論」は、外交・通商、及びそれに伴って直接に流入する洋書・洋物等に対応する論議は含まれていない。しかし、小野川氏が「変法論に対している場合の洋務論」の「眼目」として挙げておられる、軍備の充実のための「西洋の機器と技術の導入」を、少くとも部分的に行う意図は明確にされているのであり、この点に於いて、北学派が声を大にして「夷狄」たる清の文化を輸入すべきことを説いた十八世紀後半の思想状況との間に、大きな違いが認められる。

北学派の歿後半世紀余のどの時点かに於いて、外来知識の受容に関する考え方が、大きく変ったものと見なければならない。それは、一八六三年以来の大院君執政期に始まるものではなかろうか。但し、その受容が、純粋な武器とその技術に厳しく局限されていたことは、例えば、国交樹立のために来訪する日本使節が汽船を用いることが問題とされた（一八七五年）ことからも察せられるのである。(46)このような前期「洋務論」の開始時期とその限界については、他日、検討の日を持ちたい。

これに続く本格的な（後期）「洋務論」の形成は、おそらく一八七六年の「日朝修好条規」締結以前のある時点に始まるものであろう。この会談の接見大官・申櫶（水雷砲を作った申観浩の改名）が、自己の見聞と日本全権団から聴取した所に基づいて高宗に啓言したところ、高宗は「即時日本国より優秀な新式兵器、並に農具その他の器械を輸入して、一躍して富国強兵を実現しようとせられた」(47)ともいうから、これが事実とすれば、その以前から高宗に本格的な洋務を理解させようと説いていた重臣か側近のいたことが想像されるのである。

いずれにせよ、第一回の修信使派日は早くもその年の内に行われ、次いで一八八〇年、第二回修信使に金弘集が任命され、同年秋に交渉を終えて日本から帰国する。彼がこの時齎した黄遵憲の『朝鮮策略』[48]は、ロシアの脅威に対抗すべく、「親中国・結日本・連美国」並びにその他の列強との外交関係を樹立すること、及び「於親中国則稍変旧章」、貿易・語学・自然科学・軍事・造機・造船等に関する留学生を中・日両国に派遣し、本国にも学校を設けて西洋人教師を招聘する等、西学による自強策をすすめるものであった。高宗は直ちにこれを重臣に諮問して、概ね異議のないことを確めた[49]。

右の内容は、いうまでもなく清末洋務派政権の政策であるから、これを朝廷に於いて容認したことは、本格的な(後期)朝鮮「洋務論」が成立したことを意味するであろう。また、これと同じ頃、高宗は「朝鮮の軍隊を近代化させ、近代的兵器を装備」させるために「留学生を天津に派遣し、清国の兵器製造工場で近代的科学技術を習得させ」、また清の軍官・技師を招聘する等のことを、清に要請した[50]。

翌一八八一年一月(庚辰十二月)には、清の総理各国事務衙門にならって統理機務衙門を設け、事大・交隣・軍務・辺政・通商・軍物・機械・船艦・理用・典選・譏沿・語学の十二司を置く。特に軍物・機械・船艦・語学等を専管する役所を置いて、西洋の機器・技術を採ろうとする態勢を明らかにしたわけである。その翌月、所謂「紳士遊覧団」がソウルを出発して日本への旅につき、彼等は二ヶ月半もの間、あらゆる施設・実情を調査した。

その一方、国内では日本の軍事教官を招聘して別技軍を養成し、さらに、紳士遊覧団の帰国と同じ月には、金允植が、天津の軍事工場で科学技術を学ぶ留学生団を率いて中国に向う。

このように、洋務政治路線がひとまず確定的となった一八八一年は、同時にまた、春から夏にかけて激烈な衛生斥邪論が捲き起った年でもあったが、その間に在って、郭基洛は洋務論的立場から次のように反論する(辛巳六月八日)[51]。まず「我聖朝、崇正学闢異端、以正万民、式至今日」と断わりつつ、日本は「洋夷」ではないし、「勁敵」を挑発するのは得策ではないから友好関係を推進すべきこと、及び「黄遵憲冊子」は「我国緊要敵情等事」(対露問題を中心とする国際関係）に関するものであるから、朝廷は然るべく「用捨施黜」をなすべきことをいう。

衛正斥邪論の強力さを憚って、その表現は極めて婉曲であるが、要するに黄遵憲の論を認める立場に在ることは、続けて述べる所から窺われる。即ち、政治の腐敗によって「国歩之艱難、民生之困瘁」が極まっているから、これを克服して「内修政化、外攘寇敵、而若其器械之芸農樹之書、苟可以利益、亦必択而行之、不必以其人而並斥其良法也、審也」というのである。

内政の腐敗についても、短いながら厳しい指摘があるが、「我国緊要敵情」という言葉からは、当面する最大の問題を外圧と考えていることが察せられ、これと対抗するために、日本との外交関係を推進しつつ、同時に、広く西洋の新知識・技術＝「西学」を採って自強を図ろうとする論であり、政治・思想に関しては「正学」の立場を守ることをいう。彼の論は、高宗から「説時弊頗有条理」云々という批判を受けて、その正当性を公認された。

郭基洛の論は、摂取の対象とする西学を軍事に限ってはいないが、以上のように、外圧に抗せんとする政府の施策は、内政の充実よりも、まず西洋の機器と技術の移植によって、軍備の充実を図ることを目指しており、一方、内政に関しては「正学」の伝統を守ろうとする。これは清末洋務論の性格と同一である。より多くの実例からその特徴を抽出すれば、清末洋務論との相異点が見出されるかもしれないが、一応、このように考えておく。

さて、翌一八八二年には、朝米・朝英修好条規が締結され（壬午年四月）、洋務政策は一層推進されるかに見えたが、洋務に目を奪われて内政の腐敗を放任していた報いは壬午軍乱となって爆発し、一頓挫を来した。軍乱が収拾され、王妃が還宮した後、多数の上疏(52)が呈出されたが、それらは軍乱の原因となった内政の改革をいうものが多く、二、三の例外を除いては、未だ帰趨の知れない洋務政策について触れることはほとんどなかった。しかもそれらの内政改革案は「崇正学、立紀綱」「復祠宇、崇聖学」などを前提として、「薄税歛、禁奢侈」「修武備、軽租賦、崇節倹、禁包苴」「親賢臣、遠倭人」等の定り文句を連ねるのみで、僅かに「国家用人、勿限貴賤」というのが目立つ程度である。

その中に在って、幼学・池錫永の上疏（壬午八月二十三日）だけは、極めて異彩を放っている。彼の論の眼目は「目下大勢、莫先於安民心」「民若不安、国安得治乎」という明確な民本主義であり、具体的には人民教育＝新民を説くものである。

即ち、人民は従来、外交とか条約などを知らず、偶々「外務」に意を用いる者があれば、これを「染邪」の徒として罵る。このような「時勢」を知らない人民を啓蒙するために、一院を設け、『万国公法』『朝鮮策略』『普法戦紀』などの政治・軍事の書や、『博物新編』『格物入門』『格致彙編』などの自然科学書（以上外国書）、及び『箕和近事』（金玉均所輯）、『地球図経』（朴泳教所撰）、『農政新編』（安宗洙訳）、『公報抄録』（金景遂所録）など、すべて「時務」を明らかにする本を集め、また一方、各国の水車・農器・紡織機・蒸気機関・兵器などを置く。ここに全国各地から優秀な「儒吏」を集めて、一人二ヶ月宛、次々と送って教育し、能くその知識を修得し、その技術に達した者は官に登用し、また、書を著わした者には著作権を、発明を行った者には特許権を与えてこれを保護する。このようにすれば、人々は新知識の有用性を悟り、「化民成俗之捷径」となる。即ち新民が行われ、「利用厚生」の道が広まるであろう。

――人民の識見・技能の向上による保民・新民こそが富国強兵の基礎であるという考え方が行間に窺われる。それは単に軍事に関する「西学」を吸収して国家権力の強化を図ろうとする「洋務論」とは全く類を異にするものであり、これに政治制度に関する「変法論」が付加されれば、後の「興復上疏」の思想となる。彼の思想の由来が何であるかは判らないが、それ以前の渡日の経験から考えると、あるいはその一部は、『西洋事情』に、特に「蔵版の免許」「発明の免許」を明記した福澤であるかもしれない(53)。

ところで、軍乱収拾以後の政府の洋務政策は、清の洋務派官僚の直接の指揮下に進められていった。まず清軍の将領が訓練の任に当る左右両営が設置され（壬午九月）、翌月には、民間の蒸気船購入が許される。続いて、軍乱で廃止された統理機務衙門を再建拡充して、統理衙門（通商外衙門、後に統理交渉通商事務衙門と改称）及び統理内務衙門（後に統理軍国事務衙門と改称、通商内衙門）を置き（壬午十一月）、強弁交渉通商事務に、李鴻章の推薦したドイツ人メルレンドルフが任命された。

また、清から機器局建設のための機材を購入し、漢訳の物理・化学・数学・航海・採鉱などの各書や設計図の寄贈を受け、且つ銃砲の貸与を受けた（同じ頃、日本からも銃と弾薬の寄贈を受けた）[54]。翌一八八三年に入ると、メルレンドルフとその部下たちによって税関事務が開始され、機器局では武器の製造が始まる（癸未五月）。このようにして、一八八〇年秋から始まった政府の洋務政策は確立され、それは一八九四年の甲午更張に至るまで続くようである。

しかし、一方に於いて、このような主流の洋務政策とは異る動きも始まっていた。以下そのことについて見ることにしよう。

右に述べた時期に於いて、李朝「洋務派」政権＝閔氏政権は、中国との宗属関係について異議を表明することはなかった。この点では、「開化派」の一人に数えられている金允植でさえ同様であった。彼は、李東仁作製の属邦規定を含まない朝米条約草案を李鴻章に斥けられても敢て異を唱えず（「該陪臣翕服無異詞」[55]）、壬午軍乱に際しては、清の介入により大院君を排除することを要請し[56]、朝鮮の鉱山開発に関しては、日本には開発権を与えないが、清の「援助を仰ぎそれを採掘したい」と述べている[57]。

ところが、壬午軍乱後の修信使に任ぜられた朴泳孝は、国王の内諾を得て、日本に向う船中で国旗の図案を作って決定し、上陸以後は機会ある毎にそれを使用して[58]（翌年、癸未正月に正式決定）、独立した民族国家の代表としての意識を表明した（黄遵憲は、この二年前に金弘集に手交した『朝鮮策略』の中で「海陸諸軍襲用中国竜旗、為全国徽旗」と勧告している）。

また、滞日中に福澤門下の教育関係者三名（牛場卓蔵・高橋正信・井上角五郎）を、軍事関係者と共に招聘することを決定し、帰国後、漢城府判尹に任ぜられると、治道・警巡・博文の三局を新設し、博文局では、福澤の勧告を受入れて、新聞発行を初め教育事業を行おうとした（彼の「履歴書」によれば、学校経営を行うことの方が主眼だったようである）。しかし、この三局新設は「元老諸大臣」の忌諱に触れて漢城府判尹を免ぜられ、広州府留守兼守禦営使に転出させられた(59)。

国旗を用いるのは、勿論、宗属関係の否定であり、教育事業を行おうとするのは、独立確保のために、人民教育＝新民が不可欠の条件であるという福澤の考え方を採ったものと考えられる。列強の脅威に対処するためには、武力の他に、内政の中でも最も時間を要する教育が必要であるという思想を、直ちに自家薬籠中の物として、政策の上で実行した朴泳孝の俊敏さは、驚嘆に価するものといえよう。この態度は、金允植が清に対する臣従を事とし、武器製造を学ぶ留学生を率いて清に赴き、後に機器局を主宰した洋務論者的行動と、極めて対照的である。

もっとも、金允植も偏狭な洋務論者的感覚に終始していたわけではなく、彼は、朴泳孝の左遷によって流産の憂き目を見るはずであった博文局を、井上角五郎の要請を受け入れて、従兄弟の金晩植の主導下に復活させてやり、新聞は無事に発行されることになる(60)（癸未十月一日）。

広州府留守兼守禦営使となった朴泳孝は、今度は壮丁を募集し、且つ日本に留学中の軍事留学生を召還して、日本式訓練による新式軍隊を創設し始めたが、これも半年余りの後、その職を解任されて挫折してしまった。中央に於いて、清が「属国」としての軍隊を養成し、これを、当時は未だ清の出先官憲と密着していた閔氏政権が私兵化していたのに対して、朴の企図は、民族国家確立の日に備える武力の育成にあったものと想像される。

一方、金玉均に関しては、次のような言動が見られる。

彼は、後藤象二郎に宛てた手紙（その内容からして、甲申政変前——おそらく一八八三年七月〜八四年四月の第三回滞日中——に書かれたものであろう）にいう。「以玆四百年積累之頑俗、猝無以化矣、勢不得不有一番大更張、改革政府、然後君権可以尊、民生可以保矣」、且つ清の「属国」となっている限り「国無振作之望」として、民族革命を行う決意とその方法について述べている。[61]

また、政変の直前、高宗に対して次のように述べたという話も伝わっている。

一八六〇年代に南ベトナムを侵略したフランスは、八三年八月に至って北部・中部ベトナムを攻略、これが、八四年六月からは（実質的な）清仏戦争に発展していたが、金はこの動きに言及して、清の必敗を予言し、且つフランスの次の攻略目標は朝鮮であると断言する。

一方、ロシアの脅威も切迫し、また日清間に戦争発生の可能性も大きく、この場合は「朝鮮は戦乱の巷と化すべきは必然なり。……四囲の形勢斯くの如くにして、旧態の墨守を許さざるに拘らず、……その失政は日に重な」り、閔氏政権は清と密着して「国情寒心すべき」状態である。このような情勢下に在っては「励政図治あらせられ、内に制度を革新して民力を養成し、外に独立を宣告して門戸を開放し、以て開化文明を摂取」すべきである、と。[62]

右の陳述は、ある種の「甲申日録」本にも記載されているというが（静嘉堂文庫本には「励政図治……」以下はなく「千言万語有不可記」とある）、後に朴泳孝は「甲申日録」の真実性を否定して「甲申政変は、当初より大君主と合謀決行したるものの如く記せるも、これは、事実全くなく、錯誤の最も重要なるものに候」と述べているし（右の箇所は「大君主と合謀」する部分である）、この記述では、対話の最中に関妃が入ってくることになっているのが如何にも不自然で、対話全体の実在性を疑わせる。[63]

しかし、朴泳孝も、「履歴書」の中で甲申政変の目的を「改革政府、排清独立」としていることから考えると、この対話そのものは実在しなかったとしても、右の内容が、金玉均の意図に近いものであることは事実と考えてよいであろう。

以上のような朴泳孝・金玉均の言動に示された思想を綜合すると、次のようになる。

列強の脅威が迫っている状況下に実行すべき方策は、まず第一に、洋務政策を採ってそれを朝鮮支配にも適用している清との宗属関係を破棄し、近代的な民族国家を樹立することである。第二に、国内では「大更張」の名に値するような制度の革新を行って、民力を養成する。第三に、教育を普及して国民意識を育成し知識水準を高め、西洋文明を摂取する。――ここでは、外圧に対抗するための軍備の充実や、内政改革の基本原理としての「崇正学、立紀綱」ということは、優先事項とはされていない。宗属関係を破棄し、清の洋務派政権の支配下では行い得ないような根本的な制度の革新を行い、(西洋の)文明を摂取することが先決の問題とされている。従って、先に「興復上疏」の分析を通じて見た朝鮮「変法論」の性格を、同様に認めることができる。

何故、彼等が「変法論」を採るに至ったかという理由の一つは、当然のことながら、その体験に求められるであろう。

彼等は、一八八〇年に本格的に開始された洋務政策が、壬午軍乱という破綻を齎したのを見た。開国と「西学」の摂取は、少しも「民力を養成」することや国防には役立たず、一戚族政権の維持に利用されたのみであり、しかも内政の破綻は、宗属関係の強化を招いて国家権力の二元化を出現させ、それがさらに内政を悪化させている。――この体験は、彼等の目を内政に向けさせずにはおかない。

「変法論」者となった第二の理由は、この現実を解明して新しい展望を開くに足る政治理論を発見したことであろう。その理論によって、彼等は、腐敗と沈滞の基本的原因が、君主専制政体という制度そのものにあるという判断と、これを「西法」にならって「一番大更張」せねばならぬという決心に到達したものと思われる。このような影響を及ぼした政治理論の主体が福澤であるか否かについての論は㈤に譲りたい。

いずれにせよ、彼等は、最も危機の迫ったと思われる時期に、民族革命と内政改革を断行しようとした。当時にあっては、「強大国」清の庇護の下に留まる政策の方が〝常識的〟であり、その羈絆を脱しようとする政策は〝非常識〟

であったに違いない。しかも彼等はそれを行う道を選んだのである。これは極めて特徴的なことである。小野川氏は「清末変法論の特色」として、「列強の侵略の脅威を強く認めながら、それに対する直接の抵抗よりも、国内の革新を遥かに重く見」、「脅威が強ければ強いほど、それだけ革新が急となる」(64)点を挙げておられるが、朝鮮変法論にも、同じ特色が認められるようである。

また、清末革命論者の章炳麟（一八六八〜一九三六）は「同族が相代るのを革命といい、異族が攘窃するのを滅亡という。同族を改制するのを革命といい、異族を駆除するのを光復という。今中国はすでに逆胡に亡ぼされて、まさに謀るべきものは光復である。革命ではない」と説き、鄒容（一八八五〜一九〇五）は「同胞に自主性なく、国家意識なく、民族意識なく、自立性なきを哀しむ」ことを述べた(65)というが、朝鮮変法論者の排満思想も、ほぼこれに類似したものではないかと考えられる。

(五)　洋務開化論と変法開化論

1　初期開化思想の性格

さて、右のような朝鮮変法論は、何時頃から、どのようにして形成されたものであろうか。それが、所謂「初期開化思想」の発展したものであることは、容易に想像されるところである。

金玉均・朴泳孝等の開化思想が、北学派の流れを汲む朴珪寿（一八〇七〜一八七六）と、ややこれに後れる劉鴻基（?〜一八八四?）・呉慶錫（一八三一〜一八七九）に啓発・教育されて、十九世紀六〇年代、または七〇年代前半頃に形成されたものであることが、既に指摘されている(66)。しかし、朴・金等が三人の先人から受け継いだ思想の具体的内容、及びその後の変化については、必ずしも明らかではない。そこで、まずこの三人の開化思想の先駆者に関する、先学の考察を見ることにしたい。

朴珪寿に関する呉吉宝氏の指摘は、次のようなものである。

朴珪寿は、祖父朴趾源の「実学思想と学風を継承した」が、その見解は実学思想の「単純な継承とか質的に同じもの」ではなく、その「継承発展としての、つまり近代的な性格を帯びた開化思想」[67]である、と。そして、このような「彼の見解を確証する諸事実」として、次の点を挙げておられる。

彼は官途に就いてから、地方官を歴任して内政の実状を把握し、その改革の必要性を主張した。一八六一年、第二次アヘン戦争の直後に熱河副使として、熱河に蒙塵中の清帝の許に赴き、欧州列強の弱肉強食の政策を認識して「富国強兵」の急務たることを確信した。「一八六二年晋州農民暴動当時には嶺南按覈使として」苛政を指摘した。一八六六年、平安道観察使在任中、来襲した米船シャーマン号を火攻によって沈めた経験に基づき、「武備を至急に整えることを力説」し、また同号を引揚げてその運転法を研究した（この部分は、姜在彦氏の記述では、同号を引揚げて「ソウルにおくってその船制および運転法を研究するよう上奏した」[68]となっている）。さらに、「内務と外交に努力することを積極的に主張し」、内治に関しては苛税の改革と清銭の通用廃止をいい、外交に関しては「自主的な開国」を行って「先進文物制度をとり入れ社会を改革しなければならないと主張した」。また、金允植を初めとする「青年たちを開化思想で教育訓練した」。

以上の呉吉宝氏の指摘の中、嶺南按覈使として苛政を指摘したこと、シャーマン号事件の措置、及び苛税の改革と清銭の通用廃止を主張したこと以外には、引用文献が示されていないので、文献的に追認しにくい。但し、内治・外交に努力すべきことを主張した、というのは、別の箇所に引用されている『瓛斎集』の一文——世界情勢が激動している時期であるから「内治外交の機会を失なわないで、その機会をよくつかめば、自衛が可能であり、そうでなければ愚昧で弱い国になることは当然な理屈である」[69]――によるものと思われる。また、日本に対する開国問題では、消極的ながら開国派であったことは、『高宗実録』にも見える。[70]

次は、朴珪寿に関する姜在彦氏の指摘である。

「金玉均らの開化思想」は、実学派、殊に朴趾源等の「北学論の流れをくみながら、その革新思想としての骨組みができあがった」。そして「実学派の北学論と金玉均らを結節させたのは」朴珪寿である、[71]と。

彼の言動について姜氏は、呉吉宝氏の指摘の他に、次の諸点を挙げておられる。

一八七二年にも冬至正使として清に入国していること。六一年の訪中から帰国して、清が列強の角逐の場になっていることを「国王との問答のなかでつぶさに報告」した。一八七四年、右議政となり、その「対外策にかんする主張は、世界の大勢に順応できるよう、自強策を基本とする開国論者として、政府内部における進歩的立場を代表し」、七五・七六年の対日交渉には、その威嚇を憤りつつも平和政策を主張した（以上は『高宗実録』よりの引用）。また、金玉均・朴泳孝・洪英植・徐光範等を私宅に集めて「燕岩文集を講議したり、中国使臣たちの見聞とそのもたらす新思想を鼓吹した」。このことを、後に朴泳孝は「この新思想は私の親戚にあたる朴珪寿宅の舎廊で出現した」と述懐している（雑誌『東光』よりの引用）。

さらに姜氏は、『燕岩文集』を通じてこれら青年達が学んだこととして、次の三点を指摘される。第一に「北学論にみられる華夷思想の名分論の克服」、第二に平等思想、第三に実学の尊重である。そして、これらの影響が、例えば興復上疏中の、法の下の平等の思想や、金玉均の『治道略論』中の文に現れているといわれる。

そして、結論としては、「金玉均らの開化思想は、実学思想を継承しながら、より高い次元において近代朝鮮の未来をになう思想として成長した」として、実学思想が「儒教のしがらみから脱却できないままの反封建思想」で、「ブルジョア的志向は十分に成熟していなかった」ことと対比し、[72]鄭鎮石氏の所論――「開化思想はすでに封建社会の限界を克服した先駆的な近代ブルジョア思想であった」[73]――を引用し、同意を与えておられる（ここにいう「開化思想」とは、「金玉均を中心とする開化派の政治勢力が依拠した思想的潮流をさ」すと、鄭鎮石氏は右論文の冒頭に記しておられる）。

ところで、一八七二年の朴鳳彬・七三年の朴珪寿の帰国報告は、『承政院日記』によれば次の如くである（これは、不正確ではあるが菊地謙譲『朝鮮近代史』大陸研究所、一九三七年、上巻二九四～三〇〇頁にも抄録がある）。即ち、壬申四月三十日に帰国した冬至使書状官・朴鳳彬は、高宗の「洋夷之侵犯中国、恭親王為内応而然云、果然乎」という問に、「然矣」と答え、高宗が重ねて「恭親王以皇上之叔、洋夷不為禁制、而乃反通貨、其為害民、漸至浸染、豈可如是耶」と言うのに対し「恭親王、利其賄賂、陰護洋夷、朝野雖有禁制之心、莫敢誰何云矣」[74]と答えている。

高宗のこの非難は、一八六〇年以来一二年間の清の洋務政策に向けられたものである。即ち、恭親王は、熱河に蒙塵した文宗に代って、一八六〇年、北京条約の締結（八港の新たな開港・公使の交換・九竜半島割譲・巨額の賠償金支払・関税自主権の喪失等の内容）に当り、翌六一年、総理各国事務衙門を創設してその首班となり、六二年から李鴻章等を用いて洋務政策（兵器製造・鉱山開発・鉄道建設・汽船会社設立・電信郵便事業・製鉄業・紡織業・外国語習得等）を推進した。六二年以降設立された軍需その他の工場は数多く、また、六四年には太平天国運動の鎮圧に成功し、中国の伝統的体制を回復した。この新政は、周知のように同治中興と呼ばれる。七〇年、李鴻章は直隷総督兼北洋大臣に任ぜられて中央で洋務の指揮をとり、同じ年、天津器機局が設立され、七二年には輪船招商局（海運・造船・航海術習得）が設立されている。

朴鳳彬には、以上のように展開された洋務政策を全く理解することができなかったようであり、勿論、高宗も同様である。ところが、同じく壬申十二月二十六日、進賀兼謝恩正使として帰国した朴珪寿の報告[75]は、朴鳳彬の報告とは趣きを異にしている。

その報告は「以年形言之、関外関内、沿路所見、頗為豊登、而未知何故、百物価騰、民間、以是為患」と、農事が豊作であること、及びその理由は判らぬがすべての物価が上り、人民がこれに苦しんでいるという人民生活の安定度から、まず語り始める。続いて「洋夷尚在城内乎」という高宗の問に促されて「依前留在都下、……比前何如、而大抵不如前日之横行矣」と答え、しかし欧州では、終結後間もない普仏戦争に至るまで、戦争が絶えないという、中国の遺外使節の報告を伝える。「蓋其各国、互相攻撃、争戦不息、即其俗習、而今亦有布法相戦之事」。そして、その影響によるものか、「故其留在中国者、亦似不暇於交易売買之務、而稍歛其横行縦恣之気」と、世界情勢が互に連関しているという角度からの見解を述べる。

さらに、洋務政策の成果を暗に肯定して次のように言う。「大抵洋夷之来居都中、今既多年、而当初則洋貨売買甚盛矣、近日則中国人、皆覚洋物之徒眩人眼、不中実用、故不甚与之交易、洋人、以此失利、向於江南用兵時、中国、多買洋砲、用於戦陣、而洋人、以造砲得利矣、近日則中国、倣造洋砲、極為便利、不買彼砲、洋人、又為失利、向来則中国商賈、貰用大輪船、故洋夷、以此得利矣、今則中国、亦倣造火輪船、而不復貰用、彼又失利、向来則彼以鴉片烟得利矣、今則中国、亦種花製烟、故彼又失利」。以下、貿易の衰退によって洋人は「退去之勢」があるとする都中の観測を紹介しつつも、必ずそうなるかどうかは、判断し難いとする。

右の発言中の洋務政策の評価は、さきに一八六一年に熱河副使として訪中した際の見聞及びその後の経験によって、彼の心中に萌した問に対する答と考えてよいであろう。

即ち、さきの訪中の前年、大清帝国の首都北京は洋夷たる英仏軍により占領され、清帝は遠く熱河に蒙塵し、ロシアは調停の代償として、さきに五八年の愛暉条約で奪取した黒竜江以北の土地に加えて、ウスリー江以東の土地を領有する。一方、一八五一年以来の太平天国軍鎮圧は、一〇年もの歳月を費して漸く成功の兆しを見せ始めていた。このような事実を身近に見聞した朴珪寿の聡明な頭脳には、大国清の内憂外患を他山の石として、まず内憂を去り、強兵とそれを裏付ける富国とを行う方途についての考慮が深く広く繰り拡げられていったものと考えられる。

そして、彼はこの教訓を胸に秘めて、翌六二年の晋州民乱に対処し、さらに六六年、シャーマン号事件に際会して、列強の武力に対抗するための軍備の充実を急務と考えたことであろう。続く七一年の辛未洋擾には、中央政府に在って、以上の考え方を一層深めたに違いない。彼が一〇年の歳月を隔てて二度目の訪中を行ったのは、その翌年のことである。

そして、彼は前回の訪中後間もなく開始された洋務運動による同治中興の「成果」を親しく見聞して、これに大きな評価を与えずにはいられなかったものと考えられる。また、彼が鎖国に反対するようになったのも、清の無謀な鎖国方針が何等の効果もあげ得なかったばかりか、却って甚しい国威の失墜を招いたこと、その開国以後の洋務運動が国力を増進させていると判断したことによるものであろう。

以上のような朴珪寿の思想をまとめてみると、次のようにいえると思う。

列強の外圧に屈して、天津、北京条約を締結し、また太平天国運動という内乱に苦しんでいた一八六〇年代初の中国の状況は、彼の政治思想に強烈な衝撃を与えた。その衝撃は、同様な自国の経験――晋州民乱・丙寅洋擾・辛未洋擾――によって、彼の内部でさらに深化され、七二年の中国再訪に伴う同治中興の「成果」の認識によって、確固たる新思想となった。即ち洋務論者としての出発である。彼は、圧倒的に優勢な列強の軍事力に対抗するためには、中国と同様に開国を行い、西洋の機器（洋砲・火輪船等）を採用することが捷径であると考えるようになった。

また、少くとも中国再訪後、国際的視野を以って状況を観察するようになる。即ち、列強が中国への侵入を緩和したかと思うと、欧州では普仏戦争が起り、「互相攻撃、争戦不息、即其俗習」という報告を紹介するのである。そして、このような時期には、西洋諸国はやや「横行縦恣」を控えて、貿易のみに励んでいるという。

さらに、太平天国運動・丙寅邪獄・晋州民乱等の実例によって、富国を裏づける善政、即ち民本主義思想を確立し、それは、帰国報告冒頭の「以年形言之、関外関内、沿路所見、頗為豊登、而未知何故、百物価騰、民間、以是為患」

というような鋭い観察となって現れている。

右のような彼の思想が、諸家のいわれるようにその祖父・朴趾源の思想の発展的形態であることは、ほぼ疑いのない所であろう。しかし、それが、呉吉宝氏のいわれるように「近代的な性格を帯びた開化思想」と言えるか否か、また、これを甲申政変頃の金玉均等の思想と同質のものと考えられるか否かについては、多分に疑問の余地があると思う。この点については、呉慶錫・劉鴻基の思想の検討を行ってから、併せて考えることにしたい。

では次に、呉慶錫・劉鴻基に関する呉吉宝氏の指摘を見よう(76)（論文集『金玉均の研究』では他の研究者もこの二人について若干言及されておられるが、特に注目すべきものはないので省略する）。

両人は共に一八三〇年代に訳官の家に生れ、外国書籍・李朝実学派の諸書を読み、殊に「丁茶山の著書を深く研究」した。また、劉は学究的で、儒教・仏教の教理にも明るかった。一八六〇年代から呉慶錫は訳官としての活動を始め（姜在彦氏の指摘では「清語訳官として一八五三年いらい北京・天津に往来し(77)」たとされている）、中国及び中国に伝来した欧州文明を学び、帰国に際しては、『海国図志』『瀛環志略』（余継畬著、一八四八年刊、世界地理書）などの新刊図書を購入し、これを劉鴻基にも提供した。二人は、例えば欧米の政治制度、英国の商工業、西洋列強の侵略性を紹介して西洋式軍備導入の必要性などを説く『海国図志』のような本によって、資本主義制度を深く研究し「新しい時代的思想を形成するようになった」。

以下、菊池謙譲の記述に係る「金玉均の思想系路を説明したる呉世昌の談話(78)」（呉世昌は慶錫の息）によって、二人の行動が説明されている。即ち、

「中国に滞在中、世界各国の角逐する状況を見聞し、大に感ずるところあり。後列国の歴史や各国興亡史を研究して、自国政治の腐敗や世界の大勢に失脚せることを覚り、何時かは将来必らず悲劇の起るべきを覚り、大に慨嘆する所ありたり。是を以て其の帰国に際して各種の新書を持参したるものなり。……父呉慶錫が中国より新

思想を懐いて帰国するや、平常尤も親交ある友人中に大致劉鴻基なる同志あり。……相会すれば自国の形勢実に風前の灯火の如き危殆に瀕するを長嘆し、何時かは一大革新を起さざる可らざることを相議しつつありたり。或時劉大致は呉慶錫に問ふて曰く、我邦の改革を如何にせば成就するを得べきか。呉答へて曰く、先づ同志を北村……の両班子弟中に求め、革新の気運を起すにありと」。

右の記述について呉吉宝氏はいわれる。呉慶錫の活動は、一八五〇年代から一八六〇年代の初め頃に始まったと考えられる。その頃、ここにいう「世界各国の角逐する状況を見聞し」、国の将来を憂えて「各種の新書を持参し」、これを劉鴻基と共に研究して次第に開化思想を形成した。さらに進んで「自国の形勢実に風前の灯火の如き危殆に瀕するを長嘆し、何時かは一大革新を起」さねばならぬと考えるに至ったのは、六〇年代前半から後半にかけてとみられる。次いで、「同志を北村……の両班子弟中に求め」たのが六〇年代末であり、当時金玉均は二〇歳前後であった、と。

また、一八七二年、呉慶錫は朴珪寿の中国再訪に、首席通訳官として同行したことも述べておられる。以上の指摘の中、呉慶錫が持来した「新書」の中に『海国図志』等があったことは、菊池謙譲の記述（『金玉均伝』(上)、五一頁）に拠ったものと思われる。呉・劉の活動時期やその発展の順序等は、呉吉宝氏の推定であろう。外国書籍や李朝実学派の書を読み、殊に丁茶山の著書を研究した、とあるのは典拠不明である。

呉はまた、一八七六年の日朝修好条規締結当時も、司訳院堂上として交渉団の一員となっている。このことについても呉吉宝氏は指摘しておられるが、氏の『日本外交文書』からの引用には若干の不正確さがあるのでこれを原文に徴し、併せて、必要と思われる箇所を抄録してみよう。(79)

対談の日付は一八七六年一月三十日、日本側は、外務省の宮本大丞と森山権大丞。通訳を介し、日進艦上で行われ、日本側の末松謙澄の筆記に係るものである。朝鮮側は、呉慶錫の他に、司訳院訓導・玄昔運がいるが、ここでは、呉の発言のみを抽出しておく（濁点・句読点・送り仮名を付加する）。

「是レハ打明ケテ御咄（シ）申ス事ナルガ、某ハ数度清国ニモ至リ、其事情ヲモ目撃シ、我国モ到底外交ヲ開（カ）ザル可ラズ、孤立ノ久（シ）ク堪（エ）ザル事ヲ屢と朝廷ニ上言シ、貴国ト交誼ヲ全（ウ）セザル可（カ）ラザルヲ陳スト雖ドモ、毫モ之ヲ採用スル事ナク……」

「未年、阿米利加船ノ来ルヤ、大院君恰モ全権最中ナリ。爾時、某ハ君ニ説（ク）ニ、到底外交ヲ開（カ）ザル可（カ）ラザル所以ヲ以テセリ。然ルニ米船ハ僅々ノ砲発ヲ受ケテ其儘ニ退去セシニヨリ、爾来、某ヲバ目スルニ開港家ト云フヲ以テシ、何等ノ事ヲ陳スルモ、更ニ採取セラル、事ナシ」

「思フニ海外各国ヨリ早晩手ヲ我国ニ出スニ相違ナシ。一体ハ我国ヨリコソ交ヲ貴国ニ修メ、緩急ニ際シテ斡旋ヲモ願フベキ筈ナリ。其レニ引替ヘ今日ノ現況ナリ。歎ズ可シ」

以上の呉の発言によって、彼が鎖国政策に反対して、「開港家」と呼ばれていたこと、日朝提携して西洋列強に当る構想を抱いていたことが判る。以下は、これに続く「開化」についての宮本・森山との問答である。

（宮）「日本京城（東京の意——引用者）ニ至レバ世界ノ事情悉ク知ルベシ。各国ノ人在ラザルハナシ」

（呉）「某善ク其（ノ）然ルヲ知ル」

（森）「火船開ケテヨリ、貴国ノ如キハ直チニ隣並ノ如シ」

（呉）「誠ニ然リ。……」

次に通訳が飜訳できなかったらしく、呉が「電字ヲ手書ス」とある。

（我）「然リ、電信機ハ全国ニ縦横シテ網ノ如シ。東京ヨリ上海ト一日中ニ坐談スベシ。……」

（呉）「左様ナリ、左様ニアリテコソ人間ノ住スベキ世界ト云フベケレ。」「……我国ニ火船ヲ備フル様ニ立チ至ルハ中々程長キ事ナルベシ。何時《イツ》トモ之ヲ見ルノ日アランカ。」……「去リナガラ、世界中ニテモ我国抔ハ殊ニ迂遠ノ国ナレバ如何セン」

(宮)「石炭アリヤ」

(呉)「有リ。而モ之ヲ掘リ、又ハ之ヲ用フルノ法ヲ知ラズ」

(宮)「石炭アレバ大（イ）ニ好シ」

(呉)「然リ。我国モ鉄ト石炭ヲ掘ル事ヲ知ラバ、国必ズ富マン。」「……開化ノ人ニ遇ヒ、開化ノ談ヲナス。情意殊ニ舒ブ」

即ち、呉は日本が開国して国内に外国人が居り、また西洋の機器を取り入れていることを知っていた。そして、殊に電信に強い魅力を感じていたようであり、電信設備のあるような所こそ「人間ノ住スベキ世界」であるという。また、石炭・蒸気船・蒸気機関・鉄製機器などが、列強の「富国」の状態の基本をなすものと見ている。彼のいう「開化」とは、このような西洋の機器類を具備することを意味するものと解してよいであろう。

なお、ほぼ同様の問答が、同年二月十三日より呉慶錫と日本側外務書記生との間に行われており[80]、これに関する朝鮮側の記録「沁行日記」があるが、そこでは、多分呉と考えられる人物が「電線謂何物」と問うている等、いくつかの点で右の記録と若干相違する。しかし、これらの相違に関しては、より進歩的な思想を記している前者の記録を採ることにする。前者の記録は「内話」を伝えたものであり、後者は「内話」ではなさそうなので、前者の方が率直な呉慶錫の発言を伝えていると考えられるからである。

さて、呉吉宝氏は、これらの事実に基づいて、二人の思想を次のようなものと考えておられる。

劉・呉は、購入した「新書」と世界の大勢の研究によって「社会制度としての資本主義を理解するようになり、この点から」朝鮮が立ち遅れたことを知り、それを「清算するための「一大革新」の不可避性を把握するようになった。資本主義の方向にすすむ世界大勢に相応ずるよう国家の政治経済文化生活を革新しようということ――まさにこれが開化思想の基本的内容であり、以前の時期のすべての進歩的思想と区別される質的な相違点である」[81]。

右の総括の下に続けて、呉吉宝氏は「質的に新しい初期開化思想」の「形成当時から」の基本的内容として、次の三点を挙げておられる。

第一は「封建制度をくつがえして資本主義制度を樹立し、近代的国家を建設しようとすること」である。この判断の根拠は、さきの呉世昌談話中に、「自国政治の腐敗」を自覚して「一大革新」を図ろうとしたとあること、及び劉が「我邦の改革」の方途を呉にたずねていること、また同談話の続きに、劉が金玉均と知り合ってから「熱心に世界の大勢を説き、韓国改造の急なる旨を力説せり」とあることなどに求められており、これら「一大革新」「改革」「改造」の語の意味するところは、先行者たちの「改革」思想とは「質的に区別されるもの」であり、金玉均の後藤象二郎宛の手紙（三五〇～三五一頁）にある「不得不有一番大更張」という言葉と同様、「封建性を革新しようという思想」であるという。

第二は、西洋列強の侵略に対して独立を守ろうとする「愛国的自主的な思想である」。これは、呉世昌談話中に、清の前例に徴して「何時かは将来必らず悲劇の起るべきを覚り」といい、また「自国の形勢実に風前の灯火の如き危殆に瀕するを長嘆し」という記述のあることを根拠としている。

第三は「新しい経済思想である」。これは、一八七六年の呉慶錫の言葉に、汽船を欲するという内容や、鉄・石炭を利用すれば富国になり得るという内容のあることを根拠としている。それらは、「単純ないわゆる技術導入に局限されるようなものでなく」近代的商工業による富国政策、資本主義的改革を目指すもの、と解釈されているのである。

なお、呉吉宝氏は、開化思想全般を「封建主義崩壊期に発生発展した資本主義的関係を土台として発生し、そういう関係を代表する社会的勢力すなわち大商人・資本家の利益を代表して出現した」[82]ものとされ、その「立場と要求を、代弁することのできる位置にあった」中人層の二人の思想を、朴珪寿のそれよりも重要視しておられるようである。

次に、姜在彦氏は、呉・劉について、呉吉宝氏の指摘以外に次の点を挙げておられる。

同氏はまず「朴珪寿をつうじて継承された北学論」が開化思想の「原型」であるのに対して、「中人出身」の二人の思想は「金玉均らの新思想形成において、実学思想の枠をのりこえた重要な転換点となった」[83]としておられる（これについては、金玉均が二人から大きな影響を受けた、とする菊池謙譲の記述を引用しておられる）。そして、呉は実学派の命脈を守り続けた秋史・金正喜（一七八六〜一八五六）の影響をかなり受けたものと推定される。一方、劉が訳官の家に生まれて医者となった等の紹介は、大部分菊池謙譲の記述によっておられるようである。

次に、さきの呉世昌談話を引用して、二人は「かれらが到達した中人層の思想を、思想の域にとどまらず、何らかの形で政治に反映させ、資本主義列強の侵入に対応する救国の道として、北村の両班子弟たちのなかに開化勢力を扶植させることを計画した」。そして、開化思想は、「一八七〇年前後からはじまって江華島条約以前の時期に」、一方では「北学論の流れを継承発展させながら」、他方ではこの二人を「介して北京をつうじて世界列強の新動向と近代社会の新しい擡頭に注目して」、それによって発生したものであり、「その思想的同志が次第に開化派という政治勢力に成長してい」った。

この中、中人層の二人の思想は、「十九世紀の七〇年代前半において、朝鮮社会内部においておこりつつある新しい変動（とくに常民層の中の変動）、清国をつうじてみた世界の新動向を反映して」作られたものであり、「その先導的役割によって、金玉均ら両班子弟たちは、封建的しがらみから脱却したブルジョア改革思想によって結ばれた開化派の形成に到達した」[84]（傍点は姜氏）とされている。

呉慶錫・劉鴻基に関する以上のような呉吉宝・姜在彦両氏の指摘を比較してみると、若干の異同が認められる。

まず、呉吉宝氏は、呉慶錫・劉鴻基・朴珪寿の三人を（初期）開化思想家と呼び、「劉大致、呉慶錫などによって創始された開化思想は、金玉均によって継承されさらに体系化されて、ここに成熟した政治思想として発展し[85]」たと後に述べてはおられるものの、劉・呉等は、少くとも一八八〇年代前半の金玉均等の思想と同質の開化思想をもっていたとしておられる。且つ、金玉均等の思想は、七〇〜八〇年代にかけて質的変化を遂げていないものと考えておられる。

これに対して姜在彦氏は、右の三人を直ちに開化思想家とは呼ばず、朴珪寿の思想を、前代の実学思想と開化思想との「結節」、または「原型」、他の二人のそれは、金玉均らの「新思想形成において実学思想の枠を」のりこえさせた「重要な転換点」という表現を用いておられる。それは、おそらく過渡期の思想家という意味であろう。そして、一八七〇年前後から、江華島条約（一八七六年）以前の時期に金玉均等によって形成された思想を、開化思想と呼んでおられる。

一方、金玉均等の思想には、七〇〜八〇年代にかけて大きな質的変化は見られないと考える点、及び呉・劉両人の金玉均等に対する影響を、朴珪寿の影響よりも重要視する点では、両氏はほぼ同一の見解をとっておられる。

ここで、右の事柄を再検討してみたい。

まず朴珪寿の思想であるが、これは、従来の実学思想の延長線上にあるとはいえ、さらにそれを大きく一歩前進させたものであることは確かであろう。彼が、西洋列強の侵入という危機に直面して、清から導入される西欧文物の摂取だけでなく、自強のために、直接に西洋の機器を採用したいと考えていたこと、中国を中心とする華夷秩序によって国際情勢を見ることなく、世界的視野によって見ていたことが、前掲の帰国報告の中で認められるからである。即ち、彼は、さきに述べたように、洋務論者であったと推定される。そして、この主張がどれほど大胆且つ画期的な思想であったかは、清に於いて、洋務運動の開始より四半世紀余り後の一八八七年に、保守派が洋務派の一掃を図ったことを思い合わせれば、容易に理解することができよう。

その思想は、華夷思想の絶対性を否定し「西学」を導入するという意味で画期的だったのであり、筆者もその限りに於いて、呉吉宝氏の言われるように実学派の「単純な継承とか質的に同じもの」とはいいえないと考える。まさしくそれは、姜在彦氏の指摘されるように「自強策を基本とする開国論者」の立場であった。しかし、開化思想を「すでに封建社会の枠をのりこえた近代ブルジョア思想」と定義する限り、朴珪寿の思想は「近代的な性格を帯びた」ものと断定することはできないと思われる。より正確な朴珪寿の思想の検討は、他日、『瓛斎集』に従って行うこととし、ここでは以上に止める。

次に呉慶錫・劉鴻基である。この二人は著作を全く残していないために、一九四四年に至って発行された『金玉均伝』(上)の中の呉世昌談話（以下、「談話」と略記）と、一八七六年に日本使節団と交された呉の会見記録（以下、「会見記録」と略記）の二つの文献によって判断する他はない。

右の「談話」で注意しなければならないのは、『金玉均伝』(上)の発行年代が遅く、且つそれが当時の「日鮮融和」という植民地政策に沿って書かれたものであり、さらに、その文体が口調のよい「講談調」で書かれていることである。「談話」が語られたのが何時であったかも不明であり、特定の政治目的に沿って書かれていて、実際、他の部分に不正確な記述が多く見られる点、さらに「講談調」で書かれている結果、誇張を含むおそれの大きいこと等の諸点は、この文献の正確度が余り高くないことを告げている。

従って、「談話」は「会見記録」と併せて考慮せねばならない。「会見記録」の方は、朝鮮の内情を告げた「内話」であるから、当時既に貴重な資料としてかなり注意深く記録されたものと推定し得る。且つ、その筆記者が、後に大部の綿密精細な記録『防長回天史』の編著者となり、また『源氏物語』の抄訳者ともなった末松謙澄であることから考えても、その筆記はあまり粗雑なものとは思われず、ある程度、正確度の高いものとみてよいと思う。

そこで、「会見記録」を見ると、さきに述べたように、呉の発言は、彼が開港派であること、汽船・電信等を備えている社会であってこそ「人間ノ住スベキ世界ト云フ」ことができるとしていること、鉄と石炭の利用が「開化」にとって必要なものであることを知っていること、「開化ノ人ニ遇ヒ、開化ノ談ヲナス」のを楽しんでいること等である。即ち、彼の考えている「開化」の内容は、外交関係の開設（反鎖国）、及び汽船・電信の使用、石炭・鉄の利用等を指しており、法律・政治体制の変革には言及されていない。

それ故、「談話」に於いて、呉慶錫が歴史を研究して、朝鮮が「世界の大勢」に遅れたことを知り、「将来必らず悲劇の起るべきを覚り、大に慨嘆」した結果、「一大革新」「改革」を「起さざる可らざること」を劉鴻基と相談したというその内容は、概ね右の「開化」の内容と考えてよいであろう。即ち、開国と祖法の範囲内に於ける西洋の機器・技術の採用である。

且つ、彼が中国から持ち来した書籍が、清末洋務運動の先駆となった『海国図志』『瀛環志略』であったことから考えても、その「開化」とは、洋務を行うことであったと判断せざるを得ない。『海国図志』は、中国のみならず、日本に於いても〝洋務論〟を生む母胎となった書物である。また、日本・中国に於いては、共に洋務論から変法論へという政治思想の発展（日本史では、この用語を用いないが）が認められる。これらの点から考えても、封建制末期の朝鮮に於いて、新思想の先駆として出現したものは、洋務論と見てよいであろう。

従って、筆者は、朝鮮の近代思想が洋務論の時期を経ずに、直ちに「社会制度としての資本主義を理解するようにな」り、「封建制度をくつがえして資本主義制度を樹立」することを目指したと判断される呉吉宝氏の見解には、到底同意することができない。前代の思想との「質的な相違点」は、「財用農工、自有先王之良法美規」とする思想からの脱皮という「一大革新」に求められるべきであろう。それは、一八八三〜八四年頃の金玉均の手紙に記されている「一番大更張」と決して同じ内容ではなく、また「単純ないわゆる技術導入に局限されるようなものではな」い「新しい経済思想」と断定する根拠に乏しい。当時は、単純な技術導入を行うこと自体が、実に驚天動地の革新思想だったのである。

以上の論考によって、筆者はひとまず、朴珪寿・劉鴻基・呉慶錫という三人の先駆者の思想を、清末洋務論と略々同様の性格を持つ洋務論と看なす。そして、後代の開化論と区別して、これを「洋務開化論」と呼ぶことにしたい。

但し、同じく洋務開化論者であっても、中人層に属し、朴珪寿よりも三〇年ほど若く、屢々中国に赴いて外国事情に詳しかった呉慶錫と、彼からその知識を吸収し、且つ自らも「世界の趨勢を北京・天津並に上海よりの密輸書史により知り、国政の改造を企図しつつあ」ったという劉鴻基の思想（前出『金玉均伝』（上）、四七頁）が、朴珪寿の思想よりも視野が広く融通に富んだものであり、若干の変法思想を含んでいたかも知れぬことは、容易に想像し得るところである。しかし筆者は、中人層の二人が形成した洋務開化論が、「大商人・資本家の利益を代表して出現した」（呉吉宝氏）、「一九世紀の七〇年代において、朝鮮社会内部においておこりつつある新しい変動」を反映して作られた（姜在彦氏）、というように断定することには、躊躇を覚えるものである。それは、知識階級の知的判断によるものと見るべきではなかろうか。しばらく懸案としておきたい。ともかく右の三人の十九世紀七〇年代の思想は共通した性格のものであって、その間に本質的な違いはないと考えられる。但し、朴珪寿は一八七六年、呉慶錫は一八七九年に相次いで世を去っているので、その思想家としての生涯を洋務開化論者として終ったのではないかと思われるが、ひとり劉鴻基のみは、少くとも甲申政変まで在世している。「甲申日録」には、見舞いに来た金玉均等の早期政変決行論に同意した旨が記されており、政変後は「改革敗亡を知るや、飄然家を出て行く処を知らず」[86]、その終焉の時期が確認されていない。従って、劉は漸次その思想に変化を生じ、金玉均等と、八〇年代の開化思想——筆者はこれを変法開化論と呼ぶことにしたい——を共有したものと思われる。

次に洋務開化論の成立時期であるが、筆者はこれについて、直ちに判断を下す手がかりを持たない。開化思想が少くとも七〇年代前半迄に成立したと見る説は、従来開化派（党）、または独立党と呼ばれてきた、甲申政変に参加した政治的党派に強く重点を置いているようであるが、開化論は、所謂〝開化派〟人士の思想に限られるものではない。

前述の郭基洛・池錫永や、魚允中・金允植・金弘集などは、遂に甲申政変に加わることがなかったが、しかしその思想は当然開化論と呼ばれるべきものであろう。また、閔氏一派に属する閔泳翊なども、その行動から見て、開化論者ということができよう。

そこで筆者は、変法開化派の中、甲申政変の直接参加者のみを指す場合には、(三)に述べたように、「独立党」または「興復派」と呼んで他と区別したいと思う。これに対して、思想的立場から開化派という場合は、洋務開化派・変法開化派のすべてを含めてはどうか。郭基洛・池錫永・魚允中・金弘集・金允植・閔泳翊等は、すべて洋務開化派の範疇に入るものと考えられ、その中に様々の厚薄濃淡の違いがあって、例えば、前掲の上疏呈出頃の池錫永などは、かなり変法論者的色彩が濃いものといえよう。

これらの人々の中、金允植は朴珪寿の弟子であり、魚允中は劉鴻基と親しい間柄であったというから[87]、その思想の形成は、ほぼ金玉均・朴泳孝等と期を同じくするものと思われるが、郭基洛の思想的系譜は不明であるので、思想の形成時期も判らない。池錫永についても同様である。金弘集については、若い時、金玉均と交際があったというが、詳細は不明である(後出)。

また、八〇年代に於いて変法開化論者として立ち現れる金玉均・朴泳孝等は、七〇年代に於いては、三人の先駆者の弟子であったのであるから、彼等も亦、当初は洋務開化論者であったと考えられる。そして、内面的な思考と外界の刺戟を受けて、変法開化論者へと発展的な変化を遂げたのであろう。呉吉宝・姜在彦両氏のように「金玉均らの思想」として、これを、質的に終始変らぬものと考えるのは、妥当とは思われない。

以上により、筆者は、洋務開化論の成立時期を、一八七二年の朴珪寿訪中の頃と、暫定的に考えておくことにしたい。

2　変法開化論の成立

次に、右のようにして洋務開化論者として出発したと思われる金玉均等のその後の言行を追って見よう。

金玉均は、高宗九年壬申二月（一八七二年）科挙に及弟、同十一年甲戌二月（一八七四年）、特旨を以て弘文館校理に任ぜられ、同年五月には司諫院正言となっている。呉吉宝氏は、この頃既に「金玉均らが……開化派の政治的勢力を糾合したという事実」(88)を「甲申日録」の記述によって断定しておられ、一方それを疑う見解もあるが、(89)筆者はこれを、確固たる「独立党」の結成とは考えずに、洋務開化論者の仲間が存在したというように解しておく。

一方、劉鴻基は「仏教を信じ、仏典の講学に深」い人であったことから、僧李東仁と親しく、ある時、彼を金玉均に紹介し、二人の関係が密接になったと伝えられる。(90)これもおそらく一八七四〜五年頃のことではなかろうか。

李東仁は一八七八年末から、日本の東本願寺の釜山別院と接触し、次いで金玉均等から学資と旅費の調達を受けて七九年十一月に渡日、さらに京都東本願寺の紹介で、翌八〇年三月、東京の同寺浅草別院に行き、ここで福澤門下の僧・寺田福寿と知り合う機会を得た。(91)彼はその案内で「福澤先生の知遇を被り、先生の教を受くるもの頗る多大」、「又福澤先生の教により、各方面の名士と交はり、日本の形勢を親しく目撃し得た(92)」。

第二回修信使・金弘集は、渡日した一八八〇年、現地で李東仁と初めて会い、その優秀さに驚いたという。(93)呉吉宝氏の指摘(94)によると、金弘集は、金玉均と若い時から親交があり、開化思想を身につけたという。李東仁は、金弘集の帰国と前後して帰国している。

この頃のことについて、徐載弼の次のような記録（日本語訳）が伝えられている。(95)

「日本の外交使節が朝鮮に渡来したる前の数年間、少数なる朝鮮の知識分子は、日本に往来して日本語に通暁する聡明なる一僧侶（東小門外興国寺僧侶李東仁——訳者注）を通じて日本と秘密なる交渉をしたのであつた（一八八〇年十二月、花房公使がソウルに常駐した時以前の数年間、の意と解するにしても、この記述は既に述べたところと合致しない。あるいは、現在知られているよりも早く李東仁は日本に来ていたのかもしれない――引用者)。そして彼の僧侶は日本から、欧米文明に関する多数書籍を持ち来りて、これを昼夜兼行、耽読して以て、朝鮮といふ鉄柵以外の世のことを、段々解るやうになつたのである。この若き知識階級一団の指導者は、いふまでもなく、故金玉均であつた。……彼は祖国が清国の宗主権下にある屈辱感を禁ぜずして、何とかして朝鮮をも世界各国中に於ける自由平等の一員となすべきか、昼々夜々これのみに労心焦思したものである。……而して新知識を注入し、新技術を採用して以て、政府若しくは、一般社会の旧套的因襲を一変しなければならない必要を痛感したのである」

また、姜在彦氏の引用される徐の回顧談[96]では次の通りである。持来された書籍は「歴史あり、地理あり、物理、化学のようなものもあっ」たが、それらは「邪学」の書とされているので秘密裡に読み「一年余、それらの本をすべて読了した。それらの本は日本語で書かれているけれども、漢字を拾い読みすれば意味はほぼ通じた。このようにして本を読了したところ、世界の大勢がほぼわかるようになった。そこでわが国でも他国のように人民の権利をうちたててみようという考えがわいてきた。これがわれわれをして開化派として登場させる根本になった」。

李東仁は滞日中に福澤の教えを受けた人であるから、この多くの本の中に、福澤の三著作『西洋事情』『学問のすゝめ』『文明論之概略』が含まれており、それは、これら開化派の人々にとって重要視されたものと推定し得る。

また、次のような徐の回顧談[97]も伝えられている。甲申政変について特記すべきことは「下記二ケの場合と酷似することである。すなはち、一二一五年、英国の貴族群がジョン王を脅迫して、ラニミカド《ママ》野原に於て、彼の有名なる大憲章（マグナ・カルタ）を署名せしめたると、一八六七年、薩摩、長州、土佐、肥前の大名等が、十五代将軍の王侯的権力を奪ひ、諸侯大名に藩籍を奉還せしめたることである。甲申十二月、朝鮮の改革運動者は、疑ひなく以上二つの前例に霊感を受けたるものであった」。

この回顧談もまた、彼等洋務開化論者が、王権の絶対性及び封建的権力を排除するという目的を明確に見出すことによって、変法開化論者に転化したことを示していると考えられる。

これらを、この間に於ける政府派遣の使節の報告と比較してみよう。

一八七六年の第一回修信使・金綺秀の国王に対する帰国報告[98]は、次のようなものである。日本では「其所謂文学、則不主経伝、専尚富強之術矣」、「養兵耕田、則皆用洋術」、「軍兵器械甚壮」、「電線・火輪・農器」を「第一急務」としているようである。別の箇所にも「電信」「鉄路」の建設を「一大事務」としていると述べている。その他、「大砲」「水雷砲」の発射を見て感銘したことも挙げている。

また、一八八〇年の金弘集の詳細な報告には次のような内容が見られる[99]。日本は明治維新を境にして様相が一変したこと。現在「清使及日本人」はロシアの南下問題を「時日急切之憂」としている。そして、高宗の問、「自強、是富強謂乎」に対して「非但富強、将自強修我政教、保我民国、外衅無従、此実自強第一先務」と答えているのは、大いに注目に値する。しかし彼は、黄遵憲との対話では「然所恃者、惟中朝庇護之力」とも述べている。総じてこの報告では、対露問題に関して、朝鮮は日清両国と提携する必要があるのではないかという点が核心となっているようである。

右の二人の報告に対して、一八八二年の修信使・朴泳孝の滞日記録『使和記略』は、毎日の出来事を詳細に述べているが、その思想を窺うに足るような事実は見出されない。ただ、全般的に見て、日本人の各界各層の人々、及び在日外国使臣との会見が極めて多い点が注目を惹くのみである。また、彼の国王に対する帰国報告[100]は比較的短いもので、特別な意図を見出すことはできない。

従って、以上三人の政府派遣使節の記録には、洋務開化論から変法開化論への転換の過程を求めることはできない。

しかし右のように、開国と同時に始まった政府自体の志向とは異なる金玉均等の別途の行動があった。金玉均等は、既に開港以前から、ある程度まで外国の事情を承知していたためであろう、その関心の焦点は、「それを可能にした条件は何か」という所にあったようである。そして、このような問に答えるための先駆者となった者が李東仁であろう。

李東仁は日本に来て、まず明治以後、日本が維新によって大変貌を遂げたことを認識したことは疑いない。そして、彼がこのような日本社会で直ちに接触したのは、教育界の第一人者として知られる福澤であった。従ってさきに述べたように、福澤の主要著作三冊を特に重視して人々に推薦したであろうことは、かなりの確度をもって推定してよいであろう。

前節にも述べたように、右の三著作は、その中で最も刊行年次の古い『西洋事情』でさえも「変法論」の書である。それ故、明治維新による日本の西欧文明摂取、ことに富強策の採沢を「可能にした条件は何か」という疑問を抱いていたと考えられる金玉均等にとって、この三冊の書は、いわば改革の基本原理の指導書となったのではなかろうか。

――この推定を可能にするものは、その後の金玉均一派の福澤との関係の深さである。

李東仁が帰国した年の翌年、一八八一年には、所謂紳士遊覧団の日本視察が行われた。そして、一行中の朴定陽・魚允中・洪英植等は福澤を訪問し、直ちに兪吉濬・柳定秀の二人を慶應義塾に入学させている(101)。

金玉均と徐光範が、渡日のため出発したのはこの年の末で、翌一八八二年春に、さきに李東仁を福澤に紹介した寺田福寿に伴われて、初めて福澤に面会している(102)。また、この滞日中、彼等は福澤家に寄宿していた。金はその年の夏、一旦帰国したが、再び同年秋、修信使・朴泳孝に随行して、徐光範と共に渡日した。この度も福澤との接触は密接だったようで、この年の暮に帰国する朴泳孝等は、福澤門下の牛場・高橋・井上の三人を同行させている(103)。

しかし、金玉均・徐光範はこの時に同行帰国せず、翌一八八三年春まで留まった(104)。そして朝鮮から約三〇〔六〕名の留学生が慶應義塾に入学したのは、金の帰国後間もない同年六～七月のことである。金玉均は、この同じ年の夏、三度渡日し、翌一八八四年春まで滞日している。[105]この間、博文局が設置され、八三年秋には、『漢城旬報』が、福澤門下の井上角五郎の協力を得て、同局から発行されている。そして、一八八四年の甲申政変失敗の後、金玉均・朴泳孝等は亡命して福澤の庇護を受けた。

以上のように、一八八〇年から八四年までの、金玉均一派と福澤との関係は極めて密接である。この密接さは、何に由来するものであろうか。福澤が在野の思想家、教育家であったこと、彼の政府に対する影響力は、その名声に比べてはるかに弱いものであったことを考えると、金玉均一派が福澤から専ら得たものは、思想・知識であったと考える他はない。そして、福澤の思想・知識の中核をなすものは、さきに挙げた三冊の著作である。

一方、前掲の徐載弼の回顧談の中には「新知識を注入し、新技術を採用して以て、政府若くは、一般社会の旧套的因襲を一変しなければならない必要を痛感したのである」、（李東仁のもたらした本を読んで）「世界の大勢がほぼわかるようになった。そこでわが国でも他国のように人民の権利をうちたててみようという考えがわいてきた。これがわれわれをして、開化派として登場する根本になった」とある。

これらの言葉と、福澤の三著作の内容とは合致するものである。そこで、「富強策を可能にした条件は何か」という金玉均一派の疑問に働きかけて、洋務開化論から変法開化論へと発展させた外因は、福澤の三著作であると考えざるを得ないのである。そして、本稿及び別稿に於いてこれまで考察してきた朴泳孝の「興復上疏」の分析は、この判断を可能にするものといえよう。「興復上疏」は一八八八年に書かれたものではあるが、既述のように甲申政変政綱と一致する趣旨をもつものであり、一八八〇年来の変法開化派の思想の集大成と看なして差支えないものと思われるからである。

また、金玉均については、㈣に引いた後藤象二郎宛の手紙に、その変法開化論者としての思想が表現されていると見てよいであろう。また、従来しばしば金玉均執筆と伝えられている『漢城旬報』第三号（癸未〈一八八三年〉十月二

十一日付）所載の「会社説」（서울大学校出版部、一九六九年覆刻版、五一頁）が、実際に金玉均の執筆であるとすれば（彼の執筆でないとすれば、変法開化派の誰かの執筆であろう）、これも、『西洋事情』の影響の濃いものであるから、少なくとも変法開化派に対する福澤の影響を認めうる一つの文献的証拠と見てよいはずである。以下に両者を対照させてみよう（福澤の文は、『西洋事情初編』巻之一・備考・商人会社」にあるもので、引用には『全集』①の頁数・行数のみを頭記する）。

▽彼泰西則不然、有一人之不能独貿独換者、則必十人共之、有十人不能者、則必千百人共之、

▽【二九六頁16〜17行】西洋の風俗にて大商売を為すに、一商人の力に及ばざれば、五人或は十人、仲間を結て其事を共にす。之を商人会社と名づく。

▽会社之中、有為鉄道以便国内之輸運者、有為船舶以通外国之往来者、有為製造専尚物品者、有為開墾専務土地者、他常行事業、皆結社以議之、且自政府奨励其業、使之日進盛大、故如各国政府、認真会社之有益於国家、則奨励之方甚多、而其最要者有二、一則政府与会社相約、若会社有受大損、及有欠本銭、則政府必償欠損、使社員常不失本銭、

▽【二九七頁7〜10行】商人会社を結ぶに、其政府に告げ官許を受けざれば行ふべからざるものあり。即ち鉄路を造り伝信線を通じ通船の川を掘る等、総て其国の土地に関るもの是なり。此類の事を為す者は、先づ政府に願ひ官許を受けて後、初て手形を売る可し。官許を受たる商社は分散するを得ず。若し此商社分散するときは、其売たる手形の代金を政府より償ふの法なり。

▽今西洋諸国、海駛輪船、陸馳火車、陲設電線、街懸煤灯、以洩造化莫名之機、括兵出四海、通商万国富甲天下、威視鄰邦、以開古今未有之局面者、皆会社而後始有此事也、

▽【二九八頁2〜4行】右は西洋各国に行はるゝ商社の通法大略なり。総て商船を造て外国と交易し、飛脚船を以

て世界中に往来し、為替問屋を設て各国と互に取引を為し、鉄路を造り製造局を建て瓦斯灯を設る等の大商売より、国内の諸商売に至るまで、皆此商社の為す所なり。

▽第一款、議剏設会社者、広告主旨於世人、求其同志、而即将会社之組織、股本之総額、利条之多寡、通盤核計而登諸新聞、咸使世人知其会社之有益、而後乃発售股票、如会社本銭要百万両、則作股票千張、毎一張定価十両、使世人任其来買、名曰社員、

▽【二九六頁17行～二九七頁3行】既に商社を結めば、商売の仕組、元金入用の高、年々会計の割合等、一切書に認めて世間に布告し、「アクション」と云へる手形を売て金を集む。其法、例へば商売の元金百万両入用なれば、手形百万枚を作り、一枚の価を一両と定め、自国他国の人に拘はらず、此手形を買ふものには商社より年々四五分の利息を払ひ……。

▽第四款、議社員中、如有欲抽本銭要他殖貨、而已之股票私売於他人者、自社中元無可禁之例、且股票私売之規、随会事盛衰低昂、其価也、如会社毎年利益、稍致綽裕、則股票価昂、初雖十両股票、必価漲十一二三四五六七八九二十両、亦不難也、

▽【二九七頁4～7行】手形を買たるものは商社より随意に元金を取返すことを得ずと雖ども、若し一時に金の入用あれば世間相対にて手形を売るべし。且其商売よく繁昌して年々定式の利息の外に別段の割合多ければ、手形も自から高価となり、最初百両にて手形百枚を買たるものも、世間売買の相場にて百三四十両にも売るべし。

▽或数人所出本銭、不足充会社本股、則必発売票巻、以充其額、然社員与買票者、約毎年分利、且還附本銭於幾年以内也、如売票千張、約二十年内、全還本銭、則毎年抽籤、使得籤者、還受五十張本銭、而因脱会社、故此等会社、二十年之後、尽帰数人所有也、

▽【二九七頁12～17行】又商社に自分の元金あれども商売を企るに足らずして、其不足丈けを手形に作り金を集る

ことあり。其法手形を買たる者に定りの利息を払ひ、年々別段の割合を与ふるは上に云へるものと異なることなしと雖ども、此商社は既に金を集めて事を始れば、其時より年々手形の元金を返す。譬へば手形千枚を売れば年々五十枚宛の元金を払ひ、二十年にて元金皆済となり、商売の株は全く商社の有となるなり。手形の元金を払ふ法、手形千枚あれば千枚に番号を附て毎年鬮を取り、此鬮に当る者は初め手形を買たる丈けの元金を受取り商社の組合を離る。

右のように「会社説」に対する「商人会社」の影響が認められるわけである。

尚、兪吉濬の『西遊見聞』（一八八九年脱稿、交詢社、一八九五年発行）は、その目次を見ただけでも、前記福澤の三著作の影響の極めて大きいことが察せられるが、これについては別に考証を行う時まで暫らく措きたい。

以上によって、洋務開化派が変法開化派に発展したのは、一八八〇年〜八四年までの間であり、その外因として、福澤の三著作が強く作用したものと考える次第である。

結論

以上をまとめると、朴泳孝の「興復上疏」の思想は次のようなものとなる。

彼の近代的改革思想＝変法開化論は、『孟子』と『大学』に基礎を置くものであり、その淵源は遠く十四〜十六世紀に遡るものである。このような思想の潮流は、十八・十九世紀になると、李瀷及び丁若鏞によって一層の発展を見、また黄宗羲の『明夷待訪録』の影響を受けて強化される。一方、北学派の朴趾源・朴斉家等が南人派の思想を吸収し、また他方、顧炎武の『日知録』の影響を受け、さらに清国からの外来文化を摂取して、近代思想の温床が形成される。そして、これが朴趾源の孫・朴珪寿にまで伝えられた。

朴珪寿・呉慶錫・劉鴻基の時代になると、アヘン戦争以来の清末洋務論の影響を受け、また自国に対する外国勢力の侵入に鑑み、朝鮮の洋務開化論が形成され始める。この洋務開化論は、一八七六年の「日朝修好条規」締結の前後から一層の高まりを見せて次第に政府の政策となり、一八八〇年代には、衛正斥邪論の抵抗を受けながらも、政府当局の手でさらに継続される。

しかし、一方では、政府の洋務開化政策を追い抜いて、さらに進歩的な思想――変法開化論が生じつつあった。それは、金玉均等が派日した僧・李東仁のもたらした外国書籍の購読によって本格的なものとなり、一八八二年の壬午軍乱以後の清の圧制への反撥によってさらに高まり、また福澤諭吉との交流によって、その三著作『西洋事情』『学問のすゝめ』『文明論之概略』の影響を受けつつ完成されたものと考えられる。

この変法開化論の実現、即ち、本節で詳論した「興復」を目指して行われた政変、岡義武氏の所謂「民族革命」が甲申政変であるといえよう。そして、政変失敗の後に書かれた「興復上疏」は、この甲申政変の目的を、さらに詳細且つ系統的に集大成したものと推定される。

「興復上疏」の思想の基本は、一応儒教古典に基づき、朱子学の体裁を整えてはいるが、実際には、独立確保のために西洋の近代文明を摂取することを目標とし、そこに至る方法として、福澤の所論を採用する。即ち、専制君主制を変革して人民に一定の自由を与え、民生の向上を図る（民本主義＝保民）。次に教育によって「新民」を行い、近代的な国民意識を形成・発展させ、これと共に政治・法律の改革と軍備の充実を行う。そして、このような政策の自由な展開を妨げている清朝の圧制を排して、完全な独立をかちとることを第一の目標に掲げるのである。この排清という点において、朝鮮の変法開化論は、その洋務開化論とも、清末変法論とも異る。

右のような思想は、朝鮮近代思想の嚆矢をなす画期的なものといってよいであろう。また、一八七四年当時の日本に於いて、福澤が深く憂慮していた「文明の形は進むに似たれども、文明の精神たる人民の気力は日に退歩に赴けり」という状態が日本の明治維新の一大欠陥であることを知って、「新民」の問題を「上疏」「六曰」で強調した朴泳孝の見識は、当時の東アジア世界の近代思想として、抜群のものであったと考えられるのである。

なお、本節に於いて、全文の内容を殊更に詳細に分析したのは、「興復上疏」が、数少い開化思想の文献の中で最重要なものの一つであること、および朝鮮近代思想史の中、どの一点かを徹底的に分析して、その性格を確定しておかないと他の諸点の解明に極めて不都合だからである。徒らな煩瑣に似た以上の作業は、他日の個別研究の際に活用できるものと考える。

註

(1) 『朝鮮学報』第五十二輯（朝鮮学会、一九六九年）、三五～九二頁（本書Ⅲ—七、一九五～二六〇頁）。
(2) 以下本節中で「前節」と称するのは、すべてこの論文のことである。
(3) 以下本節中で「上疏」と記すのは、すべて一八八八年の「上疏」のことである。また㈢の途中から、これを「興復上疏」と称する。
(4) 外務省編纂『日本外交文書』第二十一巻（日本国際連合協会、一九四九年）、二九二～三一一頁。
(5) 金谷治『孟子』（岩波書店、一九六六年）——以下これを金谷治前掲書（a）と略記する——一〇七頁。
(6) 以下、『孟子』に関してはすべて、金谷治前掲書（a）と共に、金谷治『孟子』（朝日新聞社、一九六六年）——以下これを金谷治前掲書（b）と略記する——に負うものである。
(7) 『書経』に関しては、塚本哲三『詩経書経易経』（有朋堂書店、一九二二年）ほかに負う所が大きい。
(8) 『大学』『中庸』、及び朱子学の解釈に関しては、すべて島田虔次『大学・中庸』（朝日新聞社、一九六七年）に負うものである。
(9) 『孫子』に関しては、金谷治『孫子』（岩波書店、一九六四年）に負う所が大きい。
(10) 『呉子』に関しては、久保天随『七書』（上）（博文館、一九一三年）ほかに負う所が大きい。
(11) 以下は、金谷治「中国古代の思想家たち」『諸子百家』（中央公論社、一九六六年）、三九～四四頁、ほかによる。
(12) 小野川秀美『清末政治思想研究』（みすず書房、一九六九年）、四頁、「経書と西政は、変法論を支える二つの欠くべからざる支柱である」による。
(13) 前節、三九～四一頁。
(14) 小野川秀美前掲書、三～六頁。
(15) 小野和子「明の遺老といわれる人々」『胎動するアジア』（平凡社、一九六六年）、六四～六五頁。
(16) 小野和子前掲論文、七五頁。

(17) 前掲『日本外交文書』第二十一巻、二九二頁。
(18) 小野川秀美前掲書、五頁。
(19) 丸山真男「福澤に於ける「実学」の転回」『東洋文化研究』第三号（東洋学会、一九四七年）、八頁。
(20) 国立国会図書館分館・静嘉堂文庫写本「甲申日録」十二月五日条。
(21) 井上角五郎「漢城迺残夢」『風俗画報』第八十四号（東陽堂、一八九五年）、一三頁。
(22) 宋相燾『騎驢随筆』（国史編纂委員会、一九五五年）、九八〜九九頁。
(23) 小野川秀美前掲書、五頁。
(24) 山辺健太郎「甲申事変について㈠㈡」『日本の韓国併合』（太平出版社、一九六六年）、九七〜一八六頁。これに対する、例えば金英淑「開化派の政綱について」朝鮮民主主義人民共和国社会科学院歴史研究所編『金玉均の研究』（日本語版、日本朝鮮研究所、一九六八年）、二二六頁以下の反論など。
(25) 「朴泳孝氏の手紙」雑誌『古筠』二号（古筠会、一九三五年）、六頁。
(26) 大喜多義城「隠れたる義人・須永元翁回顧録㈡」前掲『古筠』二十三号（古筠会、一九三七年）。
(27) 岡義武『近代日本政治史Ⅰ』（創文社、一九六二年）、八八〜八九頁。
(28) 彭沢周『明治初期日韓清関係の研究』（塙書店、一九六九年）、一〇〇〜一〇一頁。
(29) 以上は、彭沢周前掲書、一〇三〜一〇四頁。
(30) 『新東亜』一九六八年七月号、『統一朝鮮新聞』三八七号（統一朝鮮新聞社、一九六八年）に訳載。
(31) 金谷治前掲書（b）七頁。
(32) 宋枝学訳『朝鮮哲学史』（弘文堂、一九六二年）、原本の初版は一九六〇年で、一九六一年発行の第二版『朝鮮哲学史（上）』の日本語訳であるが、この日本語版は、第二版の原文に一部修正加筆されているとのことである（同書「訳者のことば」）。
(33) 「嶺南儒生万人疏」『高宗実録』巻十八、辛巳二月二十六日条。
(34) 「実学에 있어 南人学派의 思想的系譜」『人文科学』第十集（延世大学校人文科学研究所、一九六三年）、『韓国史의 方法』探求新書（探求堂、一九六八年）に収録、同書九五〜一〇五頁。
(35) 「李朝の学人と乾隆文化」『朝鮮支那文化の研究』（刀江書院、一九二九年）、二八三〜三三二頁。
(36) 『貞蕤集附北学議』韓国史料叢書第十二巻（韓国史学会、一九六一年）、四三七頁。
(37) 前掲『貞蕤集』、二八八頁。
(38) 前掲『貞蕤集』、二五九〜二六〇頁。
(39) 「朝鮮実学における北学思想」『思想』五四六号（岩波書店、一九六九年）、五六〜五八頁。
(40) 呉吉宝「開化派の形成とその初期の活動」前掲日本語版『金玉均の研究』、一一四頁、『湖岩全集』三巻二六七頁より引用。姜在彦「開化思想・開化派・金玉均」『日朝関係の史的再検討』（極東書店、一九六八年）、九七〜九八頁、一九三一年三月『東光』（雑誌）より引用。

(41) 小野川秀美前掲書、三〜四頁。
(42) 小野川秀美前掲書、八〜一〇頁。
(43) 前掲呉吉宝論文、九四頁。
(44) 『高宗実録』巻四、丁卯四年九月十一日条。
(45) 『承政院日記』、高宗八年辛未四月二十日条。
(46) 田保橋潔『近代日鮮関係の研究』（覆刻版、文化資料調査会、一九六三年）上巻、三六四頁。
(47) 田保橋潔前掲書、上巻、七四〇頁。
(48) 前掲『日本外交文書』第十三巻、三八九〜三九四頁。
(49) 田保橋潔前掲書、上巻、七四五〜七四六頁。
(50) 彭沢周前掲書、三六〇頁。
(51) 『高宗実録』巻十八、辛巳十八年六月初八日条。
(52) 『高宗実録』巻十九、壬午十九年七月二十五日条より九月初六日条まで。
(53) 李弘稙編『国史大事典』（知文閣、一九六八年）によると、池錫永は、一八七九年に、釜山にあった日本の済生医院に学び、一八八〇年には金弘集の一行に加わり日本に渡って研究している。
(54) 以上は彭沢周前掲書、三六九〜三七〇頁。
(55) 彭沢周前掲書、一一四頁。
(56) 彭沢周前掲書、一八九〜一九二・二一二頁。
(57) 彭沢周前掲書、三七七頁。
(58) 朴泳孝「使和記略」『修信使記録』（国史編纂委員会、一九五八年）、一九七頁。
(59) 日本政府宮内庁蔵「朴泳孝履歴書」（補註参照）及び井上角五郎『福澤先生の朝鮮御経営と現代朝鮮の文化とに就いて』（非売品・一九三四年）、五〜一五頁。
(60) 井上角五郎同右書、一〇〜一五頁。
(61) 山辺健太郎前掲書、一二〇〜一二二頁。
(62) 林毅陸編『金玉均伝』（上）（慶應出版社、一九四四年）、三一九〜三二〇頁。
(63) 前掲雑誌『古筠』二号、六頁。
(64) 小野川秀美前掲書、一六三頁。
(65) 小野川秀美前掲書、三一六・三〇八頁。
(66) 前掲呉吉宝論文、前掲姜在彦論文。
(67) 前掲呉吉宝論文、一〇二頁。

(68) 前掲姜在彦論文、九七頁。
(69) 前掲呉吉宝論文、一二二頁。
(70) 『高宗実録』巻十三、丙子正月二十日条。
(71) 前掲姜在彦論文、九六頁。
(72) 前掲姜在彦論文、九九頁。
(73) 鄭鎮石「金玉均の哲学および政治経済思想」前掲『金玉均の研究』、一九〇頁。
(74) 『承政院日記』、高宗九年壬申四月三十日条。
(75) 『承政院日記』、高宗九年壬申十二月二十六日条。
(76) 前掲呉吉宝論文、九二～一〇一頁。
(77) 前掲姜在彦論文、一〇一頁。
(78) 前掲『金玉均伝』(上)、四八～四九頁。
(79) 前掲『日本外交文書』第九巻、二七～三八頁。
(80) 田保橋潔前掲書、上巻、四九四頁。
(81) 前掲呉吉宝論文、九八頁。
(82) 前掲呉吉宝論文、九一～九三頁。
(83) 前掲姜在彦論文、一〇一頁。
(84) 前掲姜在彦論文、一〇三～一〇四頁。
(85) 前掲呉吉宝論文、一〇八頁。
(86) 前掲『金玉均伝』(上)、五二頁。
(87) 前掲『金玉均伝』(上)、五一～五二頁。
(88) 前掲呉吉宝論文、一〇九頁。
(89) 梶村秀樹「朝鮮近代史と金玉均の評価」『思想』五一〇号（岩波書店、一九六六年）、六七頁。
(90) 前掲『金玉均伝』(上)、一三三頁。
(91) 大谷派本願寺朝鮮開教監督部編『朝鮮開教五十年誌』(朝鮮開教監督部、一九二七年)、一三七～一四〇頁、石河幹明『福澤諭吉伝』(岩波書店、一九三二年) 第三巻、二八八頁。
(92) 前掲『金玉均伝』(上)、一三四頁。
(93) 前掲『朝鮮開教五十年誌』一四一頁。
(94) 前掲呉吉宝論文、一一二頁。
(95) 徐載弼「甲申改革を顧みて」前掲雑誌『古筠』二号、二八～二九頁。

(96) 金道泰『徐載弼自叙伝』、六四～六五頁、前掲姜在彦論文、一〇八頁所引。
(97) 前掲徐載弼「甲申改革を顧みて」、二七頁。
(98) 前掲『修信使記録』、一三〇～一三二、七〇、一二二頁。
(99) 前掲『修信使記録』、一五二、一五一、一五八、一七二頁。
(100) 『承政院日記』、高宗十九年壬午十一月二十八日条。
(101) 石河幹明前掲書、第三巻、二八八頁。
(102) 前掲『金玉均伝』(上)、一三九頁、および石河幹明前掲書、第三巻、二九〇頁。
(103) 前節一九四頁。
(104) ⑰五六五頁。
(105) ⑰五六〇、六五九頁。

〔補註〕 註(59)の朴泳孝「履歴書」は、宮内庁宮務課長・小川省三氏の御好意により複写させて頂いたものである。同「履歴書」には一九三九年の逝去の日までが記されているが、一九一〇年までの記載(漢文)が、整然とした筆致で、自筆または親近者の筆と見られるのに対し、それ以降は、乱雑な事務的筆致で日本文であるのが注目を惹く。ここには、「興復上疏」以前の記載のみを転写する。「開国四九六年」以降、年代の記載が誤まっているが、すべて原文のままとし、校訂は施さない(正字は略字とする)。

〔旧品勲〕 錦陵尉正一品上輔国崇禄大夫　〔原籍〕 全羅南道羅州郡潘南県　〔生年月日及年令〕 開国四百七十年六月十二日生　年五十一　〔生地〕 京畿道水原郡城内

〔官記辞令及其他事項〕 開国四百八十一年四月　尚哲宗章皇帝長女永恵翁主封錦陵尉正一品上輔国崇禄大夫、同八十七年二月　任五衛都総府都摠管同年辞免、同八十八年　任恵民署提調、同八十九年　任義禁府判義禁同年辞免、同九十一年八月　任特命全権大使因日本公使花房義質為清注意改為特命全権大臣兼修信使与副使金晩植前往日本東京交換批准続約兼弁塡補事宜申締友誼十二月復命任漢城府判尹与左尹朴定陽右尹趙秉稷新設治道警巡博文三局施行治道警察学校等事、同九十五年　以新設三局事因元老諸大臣反対而遞任三局事亦停止同年四月任広州府留守兼守禦営使以日本式新錬兵隊十二月辞免、同九十六年二月　欲往美国遊覧与美使相議日本外務卿井上馨聞此事送浅山顕蔵謂云方今東洋有事離国不可請止美行仍為停止与洪英植金玉均徐光範徐載弼等共謀改革政府排清独立与日本公使竹添進一郎協議援助十月挙事三日而敗亡命日本、同九十七年二月
　赴美国之桑港同年冬帰日本、

付論　姜在彦氏の論評と所説について

ここでは、前節について論評された姜在彦氏に対するお答えと、氏の「変法思想」についての御考察に限っての若干の疑問とを、併せて記しておく。

まず、筆者が前節に記したことについての誤解に基づく引用を訂正しておきたい。姜氏は、筆者が、「興復上疏」中の「以上のような外来思想の定着度については「〈上疏〉は朴泳孝の思想と、近似的に等しいと考えることにしたい」（傍点は姜氏）とのべ(1)」たとしておられる。しかし、筆者が当該部分に記した文は次の通りである。

「「上疏」の思想が、朴の思想そのものであるか、あるいは「上疏」という形式・目的のために、保守的に修正されたものであるかという疑問に関しては、左のように考える。……アメリカ独立宣言までが採録されていることを考えると、その特殊な条件によって、本来の思想が大きく修正されているとは考えにくい。従って、「上疏」は朴泳孝の思想と、近似的に等しいと考えることにしたい(2)」。

即ち、筆者は「興復上疏」の内容が「「上疏」という形式・目的のために、保守的に修正され」ているか否かを自問し、修正されているとは考えにくいと自答して、それが朴泳孝の本来の思想と「近似的に等しいと考え」たのであり、「外来思想の定着度」などという内容は、全く述べていないことを明らかにしておく。

元来、筆者は「外来思想の定着度」というような問題については、特に深くは考えない。時代が激しく移り変る際に、多くの外来思想を摂取するのは当然であり、自国の必要に応じてそれを我が物とすれば、摂取してからの時間が二ヶ月であれ三ヶ月であれ、自家薬籠中のものとした瞬間から、それは当該国の思想として数えられるべきであろう。敢えて「定着度」などということを論ずる必要はあるまいと思うのである。

姜氏はまた、筆者が、朴泳孝に対する福澤の影響から考察を始め、歴史的由来その他を後にしたことは「たんなる技術的問題にとどまらず、すぐれて方法＝史観の問題とかかわる」と評しておられる。しかし、筆者は、このようなやり方が「史観の問題とかかわる」か否かについては、論争する興味をもたない。ただ、感想を述べるならば、こうした考え方を余りに厳格に適用すると、本来明確になることまでが不明確になってしまう場合のあることを危惧する、ということである。且つ、日本には様々な学風があって、互いにその長短を補い合っているのであり、そのような学風の問題とお考え頂きたいと思う。

また、筆者に対する直接の論評ではないが、「朝鮮の開化思想は、福澤諭吉のそれとは思考パターンにおいて異質である」[3]という文を中心に述べておられる内容については、既に本文に於いて詳細に述べたので、敢えて再び論ずることはしない。本稿では、福澤と朴との思想的関係について「過大に評価」してはいないはずであるし、また過小に評価してもいない。考察し得る限りの事実を、できるだけ正確に追跡したつもりである。然るべく御検討を願えれば幸甚である。

次に、姜氏の論文中の「変法思想」という語の使用方法に関して、若干の疑問を呈出させて頂きたい。

氏の著『朝鮮近代史研究』（一九七〇年刊）[4]、『近代朝鮮の思想』（一九七一年刊）[5]には、開化派に関して「変法思想」の語をしばしば見るが、筆者には、その使用法が明瞭に理解できないのである。

以下、右の二著を発行年の順に（a）（b）と略記する。

まず、「変法思想」の語が初出するのは、（a）三五頁、「朝鮮実学における経世思想＝「新我之旧邦」の変法思想」のようである。これは、儒学の範囲内で、現在の法律を改めるという意味に用いられていると思われる。

しかし、（a）五七頁になると、「両班子弟を中核とする開化派」が「急進的変法思想に傾斜していった」とあり、同頁の表では、李東仁や甲申政変参加者達が開化派の「急進派」とされ、金允植・兪吉濬が「穏健派」とされている。

この場合は、小野川秀美氏が『清末政治思想研究』で明らかにされた、西欧列強が東洋侵略に乗り出してから起った政論、洋務論・変法論・革命論の三者（同様の政論は、日本でも起ったが、この用語は用いられず、「開港派」「倒幕派」等とされている）の中の「変法」とほぼ同様に理解してよさそうだが、姜氏の解説はない。また、ここでは「急進派」「穏健派」の別は、甲申政変に参加したか否かが条件になっているらしいと推測し得るのみで、これにも解説はない。（a）八〇～八一頁に至ると、開化派が「中央集権的君主権」を「ブルジョア改革のための立憲的君主権」に変えようとし、「「あらゆる因習と弊風を改革するための新勅令」をもって近代改革を推進すること」を画策していた、とあるので、その「変法」の内容はほぼ推測し得るが、「変法」派の定義は述べられてない。

次いで、（a）一〇二頁以下に、一八八五年の金玉均の上疏、及び一八八八年の朴泳孝の「上疏」（興復上疏）の紹介がある。金玉均の上疏は「近代的政治改革と産業および国防の建設による「内修」を行うために、両班階級を「芟除」することを訴えたとされている。そして「これらの諸文献に一貫して流れるものは、「内修自強」を基本とするブルジョア改革思想である」と述べておられるが、これと「洋務」「変法」の定義とを関連させてはおられない。（a）一一二～一一三頁では、甲申政変に示された開化思想が「明治維新の思想、十九世紀末期の清国における康有為らの変法思想にくらべても……けっして遜色のない、立憲的君主政体の形成をめざした自主的なブルジョア革新思想であった」としておられるので、前に用いられた「変法」の意味がかなり明確になるが、この「開化思想」と他の論との相違は示されていない。

次に、（b）六頁では、「はしがき」で既に「……より現実的な時務策の学的体系としての実学思想、それをうけつぐ開化思想は、儒教教理のなかに近代思想受容のための合理性を追求し、しだいに変法思想へと変容していった」と述べられている。そして（b）五四～五六頁では、朴珪寿の思想を評して、その「開国論の根柢には、天主教にたいする「東教」の優越性を確信しながらも、外国のすぐれた利用厚生のための「器」を学び、摂取して民族産業の近代化に資すべきであるとする思想があった」として、「清国の洋務運動にたいするかれの評価」を記録しておられる。

また朴珪寿は「西洋の長所を積極的に習得して「内修」することが、その勢力の浸透をふせぐ「外攘」策であるという結論」に達していた、とも記されている。

（b）六〇〜六一頁では、崔漢綺の思想に言及され、彼が技術・産業のみならず「法制之善」をも外国から摂取すべきであるとしたことを挙げて「これは近代的変法を志向するもの」とされているが、儒教文化圏に発生した「近代的変法」についての解説はない。続いて（b）六八〜七一頁で、『海国図志』が朝鮮に与えた影響について詳述されているが、これを受容した朝鮮思想に洋務思想が発生したとは述べておられない。

（b）九四頁には、一八八三年に尹学善が上疏して「われわれが時勢の激変に応じて変えようとするのは、「道」にあらずして「器」である」と述べたことが紹介されている。そして、先進的な儒者達が「「東道西器」の論理」を発見した、といわれる。

（b）九九頁に至ると「金玉均を中心とした開化派（急進派）の思想は……「東道西器」というものではなく、「政府と一般社会の旧套因習を一変」させるための変法的開化思想である」と述べられ「金允植らの開化派（穏健派）の「東道西器」的＝改良的開化思想との間に一定の断層があった」（傍点はいずれも姜氏）とされる。そしてこの「思想的断層」は「継続的に呉慶錫、劉鴻基の影響をうけてきた金玉均と、そうでなかった金允植との思想的環境の差異に由来するものと考えられる」といわれる。

さて、右の摘記によって、「金玉均を中心とした開化派」が存在したのと同時代、及びそれ以前から「東道西器」的思想があったことは明らかである。そして、それぞれの内容は、小野川氏が定義された清末洋務論・変法論とほぼ同様の性格のように考えられる。

しかし、何故一方を「変法思想」と名づけながら、他方を「洋務思想」またはこれに代る定義語で呼ぼうとされないのであろうか。また、呉慶錫・劉鴻基及び「金玉均を中心とした開化派（急進派）」だけが、初めから変法思想をもっていたような記述がなされているが、これはどういう理由によるものだろうか。総じて朝鮮思想史における、清末洋務論・変法論のような定義を明確に提出されていないために、整然と理解しにくいのである。さらに、甲申政変以前の福澤と開化派との交流に於いて、本質的な思想摂取がなされていないと判断されることについては、どういう根拠があるのだろうか。この点について殆んど触れておられないのは不可解である。

以上が、筆者の疑問である。

註

（1）姜在彦『近代朝鮮の変革思想』（日本評論社、一九七三年）、一二七頁。
（2）別稿、九〇頁。
（3）姜在彦同右書、一二六頁。
（4）姜在彦『朝鮮近代史研究』（日本評論社、一九七〇年）。
（5）姜在彦『近代朝鮮の思想』（紀伊国屋書店、一九七一年）。

〔追記〕本稿には、もとより多くの不備や誤まりがあることと思うが、脱稿後に筆者が気づいた重要な一点のみを追記させて頂く。それは朴珪寿の位置づけの問題である。本稿では、ほぼ定説とされている先学の業績に自己の考察を加えて、朴珪寿を洋務開化論者と推定したが、その後、後ればせながら『瓛斎集』を閲読した処、必ずしもそのようにはいえない点を見出した。或いは彼は、最後の北学論者と呼ばれるべき人ではないかと、現在は考えている。もしそうであるとすると、例えば日本の佐久間象山に当る人は誰であろうか。それは崔漢綺であるかもしれないと思う。

九　福澤諭吉・朴泳孝・梁啓超の新民論

——東アジア近代思想の相互関連性

はじめに

本節の目的とするところは、副題に示したように、東アジア近代思想が相互に関連していることの実例をあげて、十九世紀中葉から二十世紀初頭にかけて、儒教文化圏の国々がどのような関連の下に西洋近代思想を受容し、自らの近代思想を形成するに至ったかを、未だ一試論の段階ではあるが、歴史的に考察することである。

そのために、㈠に於いて、1福澤と朝鮮開化派の関係を略述し、2朴泳孝の「興復上疏」[1]（後述）に於ける福澤著作の影響をあげて、「興復上疏」が新民論の性格を有することを述べ、これを承けて3に『学問のすゝめ』と『文明論之概略』を新民論と見なし得ることを記す。㈡では、1梁啓超と福澤の関係を述べ、次いで2「新民説」に於ける福澤著作の影響の一部を考証する。㈢には、1朴泳孝・梁啓超の新民論の歴史的由来を略述し、終りに3福澤の思想の歴史的由来を考察する。

なお、筆者は先年、「朝鮮近代思想と『西洋事情』」（『三田評論』六八一号）[2]にその一端を述べ、続いて「朝鮮開化思想と福澤諭吉の著作」（『朝鮮学報』第五二輯）[3]に於いて、この点を詳述した。また昨秋脱稿し、本年七月・明年一月付発表（『朝鮮学報』第八〇・八二輯）の拙稿「朴泳孝の民本主義・新民論・民族革命論」（本書Ⅲ—八）は前論の続編であり、前稿を基礎とし、これを拡大して論じたものである（以下、右の三稿を①②③と略記する）。③では、小野川秀美

『清末政治思想研究』の学恩を蒙って、梁啓超の「新民説」と朴泳孝の「興復上疏」とが、ほぼ軌を一にする新民論（変法論の進化した段階）であることを述べ、梁の「新民説」その他が、福澤著作の影響を受けていることにも触れた。但し、梁については、右拙論が長文となり、また朝鮮史研究として記したため、付論として略記したに止まる。なお、本節を記すに当り、やむをえず、①②③、ことに③と重復する部分が生ずることをあらかじめお断わりし、御宥恕・御諒察を願う次第である。

(一) 朴泳孝の新民論と福澤諭吉の新民論

1　朝鮮開化派と福澤諭吉

朴泳孝（一八六一〜一九三九）は、その履歴書によると、京畿道水原郡に生れ、全羅南道羅州郡潘南県を原籍とする。一二歳の時、李朝二五代国王哲宗の長女と形式上の結婚をしたため、王族待遇と中枢府上輔国崇禄大夫の官を授けられ、長ずるに及んで開化派の政治家として要職を歴任し、李朝末期に重要な役割を果した。一九一〇年、日本の韓国併合の後、日本の侯爵に叙せられ、以後、旧朝鮮総督府中枢院副議長に三度任ぜられ、一九三二年には日本の貴族院勅選議員にもなった。(4) 併合後のこの経歴のため、今なお本国人から白眼視されているが、彼の立場で取り得る一種の叛骨を終生維持した人らしく、その貴族院議員勅選は、永年懸案とされていたという。いずれにせよ、少くとも一八八〇年代から一九一〇年までの三〇年間、その高位高官と長年の亡命生活にも拘らず、開明的政治家として業績を残したことは、歴史的事実として評価さるべきであろう。

彼と福澤との直接の接触は、一八八二年（明治十五）、壬午軍乱の修信使として来日した時に始まる。この軍乱は、その主動者とも言い得る大院君（二六代国王高宗の父）が、王妃閔氏一派の後楯であった清の洋務派政権に拉致されることで終局したが、その際の排日運動により、日本公使館員は全員退避出国のやむなきに至り、また日本人死傷者も出たので、日本政府は朝鮮政府に迫って済物浦条約を締結せしめた。朴の来日はその直後に当る。

しかし、開化派と呼ばれる一群の革新政治家と福澤との接触は、朴の来日より二年ほど先立つ。一八八〇年秋、朴及び開化派の領袖・金玉均（一八五一～一八九四）の旨を承けて、傑出した僧・李東仁（?～一八八二?）が福澤邸を訪れたのが、その最初である。次いで翌年、魚允中（一八四八～一八九六）等多くの人が視察来日した際に、魚等は福澤に面会し、その結果、一行中の兪吉濬（一八五六～一九一四）、柳定秀（?）の二人はそのまま慶應義塾に留学した。一八八二年春には、金玉均が初めて三田邸に姿を現わし、一旦帰国したが、同年冬に修信使・朴泳孝と共に再度来日する。

朴は、福澤の「人民教育を根本とする文明開化」の方針に深く同意したもののようで、帰国に当り、福澤門下の井上角五郎他二人を教育関係顧問として同伴した。帰国後、漢城判尹に任ぜられた朴は、直ちに治道・警巡・博文の三局を設けて、道路・警察・学校を整備しようとしたが、この新政は高官層の反対によって挫折し、彼は広州府留守兼守禦営使に左遷された(5)。このため、井上以外の二人は絶望して帰国、井上のみ止まって、一八八三年秋、朝鮮最初の新聞『漢城旬報』の発行実現に尽力した。また同年六～七月〔六〕、約三〇名の朝鮮人が慶應義塾に留学、同じ七月、金玉均が三度来日、翌年春まで滞在している。

一八八四年十二月、金・朴等の開化派が武力によって甲申政変を敢行、閔氏一派の親清派を殺害して政権を掌握したが、結局三日天下に終り、彼等は日本に亡命した。以来、一八九四年の金の遭難死亡と朴の帰国まで、福澤との関係は極めて密接なものがある。甲申政変に福澤が相当程度関与していたことは、これまでにしばしば述べられているが、ここには、従来引用されたことのない資料を掲げて参考に供する。但し、甲申政変の全貌は極めて複雑なものがあり、またこの引用資料も、どの程度史料批判に堪え得るかは即断できないことを付記する。

(a)一八八一年末、金玉均の初渡日直前の頃、三田に住む福澤と、高輪に住む後藤象二郎（一八三八～一八九七）の「二人の人がどうしても日本の国を独立させなければならない。日本を独立させるには如何にしたら宜からうと云ふことを殆んど隔日の如く出会って話してゐる。……吾々はこの島に窒息せられて世を終ることはどうも残念だ。なんとかして独立の基礎を鞏固にし度いものであると頻りに相談せられて居った[6]」。

(b)初めて福澤を訪れた金玉均に、福澤は「朝鮮は完全に独立せねばならず、支那に付属して、それと最後の運命を共にするは、朝鮮の為に愚と云はざるべからずと申聞かされたるに、金も亦固より其の志を有するものなれば、意気投合して談話は早く進み、先生は、その最後の目的たるや、東洋三国の提携して、欧勢東漸の侵略に当るが為であると云はれ、又其の成就の手段は、朝鮮人民の知識を開発して、自国を思ふの念を増さしめねばならぬといはれて……[7]」。

(c)甲申政変の際の改革案は「……両班の専横を抑へて常民の権利を高め、就中教育を振作し、産業を奨励するを期待したものだった。同時に国師を聘して開国進取の策を立つるの議を決し、国王殿下より伯爵後藤象次《ママ》郎を招けとの内意を示された。私（井上角五郎――引用者）はこの内意を承はるや、人を陸路より釜山に馳せて、伝達するの手続を取ったのである[8]」。

右によれば、「欧勢東漸」の秋に於いて、「日本を独立させるには如何にしたら宜からう」と憂えていた福澤は、中国から完全に独立し、「人民の知識を開発して、自国を思ふの念を増さしめ」た朝鮮と、中国と「三国提携」して事に当ることを望んでいた。ところがそこに出現した金が「固より其の志を有する」政治家であったため、両者の関係が親密になったのは自然の成行きであったろう。

また、筆者が②③に於いて考察したところでは、朝鮮の開化派は大体十九世紀七〇年代まで清末洋務派と同様の思想段階にあり、西洋列強に対抗するために、武器・技術の導入を主眼としていた。しかし、福澤説の摂取によって、後に述べるように、『大学』の説く「新民」の歴史的伝統を再認識し、「人民の知識を開発」するという基本方針を定めるに至り、筆者の所謂「洋務開化論」から「変法開化論」(9)に転化した。このことが、単なる政治的結び付き以上に、朝鮮の変法開化派（従来、単に開化派〈党〉または独立党と呼ばれてきたが、筆者は一八八〇年代以降、開化派の中に生じた変法論者を、他と区別してこのように呼び、その中の甲申政変参加者が「独立党」に相当すると考える）と福澤とが密接な関係を持ち得た理由であると考えられる。

2　福澤著作の「興復上疏」に於ける影響

さて、筆者が「興復上疏」と呼ぶ一八八八年の朴泳孝の「上疏」が、甲申政変後三年余のこの時期に、亡命地にあって、どのような契機・目的を持って著されたかは不明であるが、③に於いて考察したところでは、その内容は骨子に於いて、甲申政変の際に発表された「政綱」と全く同趣旨である。従って、その全文も、甲申政変時の政治的展望とほぼ同一のものを示していると考えられる。

かつて筆者は、①②で、これに対する『西洋事情』の影響が大きく、全体の四分の一以上の大部分は『西洋事情』のかなり忠実な漢訳であり、また内容的には『学問のすゝめ』『文明論之概略』の影響も少なくないと述べた。しかし、その後考察の不足に気づき、③では、『学問のすゝめ』『文明論之概略』の基本思想を完全に自家薬籠中のものとしていること、従って表面的には完全に朱子学の範囲内で論ずると見せて、実は儒教（朱子学）至上主義を否定していることをも見出した。以下この要点を略記する。「六曰、教二民才徳文芸一以治レ本」の章に「誠欲下期二一国之富強一而与二万国一対峙上、不レ若丙少二減君権一、使下民得二当分之自由一、而各負中報国之責上、然後漸乙進文明甲也、夫如レ此、則民安国泰、而宗社君位、并可二以永久一也」(10)という、「上疏」全文の基本的観点を要約した一節がある。この章の冒頭からこの一節までの第一段は、殆んど全文が『西洋事情』（初篇、外篇）『学問のすゝめ』『文明論之概略』の漢訳で、人民教育の必要を論じたものであるが（その中でも特に注目されるのは、「凡人進二文明一、則知下服二従於政府一之義及不レ可二服従一之義上、而亦知下不レ可三服二従於他国一之義上」という独立心の必要性の主張である）、右の一節を第一段の末尾に置いたことは、朴が福澤の思想の基本を全面的に摂取したことを示しているものと考えられる。即ちその意味する所は、「当代朝鮮の緊急の目的は、富強の国となって独立を確保するに足る実力を備えることである。そのためには、中世的な君主専制政治を廃絶して、人民に自由の権利を与え、「西洋に行はるゝ文明の精神」（④・三二）を基礎にして人民を教育し、「人民一般の智徳」（④・二一）を発生させ、「人民独立の気力」（③・五八）、権利義務の意識を養い、これを一国に推し広めて近代的な国民意識とし、愛国心を持たせるようにする。このようにして人心を改革し、「文明の精神」を養いつつ次第に「政令法律」を改め、次いで「衣服飲食器械住居」など「有形の物」（④・二一〜二二）に関する西洋文明を摂取する道をとれば、民生も安定し、独立も確保され、その象徴としての君位も安泰である」。

右の一節をこのように解したのは、全文と福澤の三部作とを詳細に検討した結果であり、誤まりはないと思う（拡張解釈の疑いを持たれる向きは、②③を参照されたい）。

ところで朴は、この第一段に続き、第二段に朱子の『大学章句』序、夏殷周三代の世には「王宮国都以及二閭巷一、莫レ不レ有レ学」の文に始まる一節を引き、さらに続けて『大学章句』経第一節の「大学之道、在レ明二々徳一、在レ新レ民、在レ止二於至善一」という「三綱領」と、格物、致知、誠意、正心、修身、斉家、治国、平天下の「八条目」を述べた第四節を引用する。「八条目」の格物から修身までの五つは「三綱領のうちの明明徳に属する事項であり、斉家、治国、平天下（明徳を天下に明かにする）の三者は、新民に属する事項である」[11]。

そして、小野川秀美氏が清末変法論に関して述べておられる特徴の一つに、次ぎのようなことがある。

「「西洋の致強は実に経義の精」すなわち経書の根本義「と暗合するもの」であり、「西政をいうのに必ず本を古に推して、その合致の迹を求む」べきことが主張された[12]」。
「興復上疏」に於いても、この点は正しく清末変法論と同様であることは、右の例だけでなく全文にわたって認められる。そして西洋文明国にならって人民の生活と国力を高めるべきことが随処に説かれているが、それを述べるに当って、しばしば『大学章句』が引用される。且つ、この「六曰」の表題は「教民才徳文芸以治本」とされている。

以上によって、「文明の精神」に基づいて近代的な「新民」を行うことが、富強の国となって独立を確保するための基本政策であるという全文の趣旨が理解され、筆者はこの「上疏」を、新民論と考えるのである（但し、その他に『孟子』による民本主義論、及び民族革命論の性格も有する）。

さて、『大学』を引用した第二段に続き、第三段では、まず『大学章句』伝五章の「格物補伝」を引用し、その後に続けて、『西洋事情』『学問のすゝめ』の中の文を少しずつ摘出して、これを『大学章句』序の文と混合して一文とし、そのなかで、次のように言う。「若棄二其末一取二其本一、而自二格物窮理之学一、至二於平天下之術一、則与二当今欧美方盛之学一同也」。

このように説くのは、儒教至上主義の李朝朝廷に提出する上疏だからである。これが全く儒教的粉飾であること（同時に彼自身の思想進展の軌跡でもあろうが）は、次の第四段で、儒教は仏教・キリスト教・回教と同じく宗教であり、宗教であるからには、人民の「自由信奉」に任せるべきだと説いていることからも察せられる。

そして第一・二段で、人民の独立心の必要と新民を論じ、第三段で「格物窮理之学」を基本とすべきことをいうのは、福澤の「東洋の儒教主義と西洋の文明主義と比較して見るに、東洋になきものは、有形に於て数理学と、無形に於て独立心と、此二点である」（⑦・一六七）という考え方を採ったものと考えられる。勿論『福翁自伝』は晩年の作であるから、この福澤の真意は、朴との対話で述べられたものであろう。

以上の「六曰」の基調は、次の「七曰、正二政治一、使二民国有一レ定」で、まず第一に清国からの完全独立を行うべき旨の提言となって展開される（「故欲㆔亟図㆓興復㆒」）。この「興復」は上疏の前文でも強調され、一切の改革の前提条件として「興復」が説かれているので、筆者は例えば康有為の「公車上書」等の呼称にならって、「興復上疏」と名づけるのである。また、この章では、国王の「親裁万機」を「不可」と断定し、次章は「八曰、使㆘民得㆓当分之自由㆒、以養㆗元気㆖」と題して、冒頭に福澤訳のアメリカ独立宣言を引用する（読者には「英之苛政」の語が清を指すことが察せられる）。右の「元気」の原義は「万物を生成する根源的な精気」で、文中に「浩然之気」と同義であると述べられているが、これが「文明の精神」「人民独立の気風」、近代的な国民意識の意であることは、「六曰」の考察によっても明らかである。

3　福澤著作の新民論的性格

右の2に於いて記したところとやや重複するが、『学問のすゝめ』『文明論之概略』の特徴を一言にしていえば「新民論」と解される理由をここに述べておきたい。『学問のすゝめ』四編にいう。「近来窃に識者の言を聞くに、今後日本の盛衰は人智を以て明に計り難しと雖ども、到底其独立を失ふの患はなかる可しや、……と云て、これを問ふ者あり。或は其独立の保つ可きと否とは、今より二、三十年を過ぎざれば明にこれを期すること難かるべしと云て、これを疑ふ者あり。或は甚しく此国を蔑視したる外国人の説に従へば、迚も日本の独立は危しと云て、これを難ずる者あり」（③・四八）。また、『文明論之概略』にいう。「鎌倉の時代には幸にして魯英の人もなかりしと雖ども、今日は現に其人ありて日本国の周囲に輻奏せり。……此時に当て日本人の義務は唯この国体を保つの一箇条のみ。国体を保つとは自国の政権を失はざることなり。政権を失はざらんとするには人民の智力を進めざる可らず、……智力発生の道に於て第一着の急須は、古習の惑溺を一掃して西洋に行はるゝ文明の精神を取るに在り」（④・三二）、「兵備の工夫も実用に適せず、……然ば則ち之を如何んして可ならん。云く、目的を定めて文明に進むの一事あるのみ。其目的とは何ぞや。内外の区別を明にして我本国の独立を保つことなり。而して此独立を保つの法は文明の外に求む可らず。……故に国の独立は目的なり。国民の文明は此目的に達するの術なり」（④・二〇七）。

ここには、この二著が著わされつつあった一八七二〜七五年の時点に於いて、日本の独立確保が極めて危ういものであったことが明らかにされている。従って、二著が、清末政治思想と同様に、日本の独立確保という明確な目的のために執筆されたことはいうまでもない。

しかし、独立確保のために「兵備の工夫も実用に適せず」、「支那人が俄に兵制を改革せんとして西洋の風に倣ひ、巨艦を造り大砲を買ひ、国内の始末を顧みずして漫に財用を費すが如きは、余輩の常に悦ばざる所なり」（④・二〇）として、「清末洋務論」的な思想を完全に否定する。おそらく彼の思想の「洋務論」的段階は、一八五四年（十九歳）〜一八六〇年（二十五歳）までで終っていたであろう。

そして、これに続く第一回渡米と渡欧を含む一八六〇〜一八六五年（三〇歳）の時期は、過渡期と推定される。この時期を過ぎ、『西洋事情』初編を世に問うた一八六六年には、既に福澤は明確な「変法」論者として立ち現れる。それを立証するものが、②で指摘した「巻之一・小引」の一節である。「余窃に謂らく、独り洋外の文学技芸を講窮するのみにて、其各国の政治風俗如何を詳にせざれば、仮令ひ其学芸を得たりとも、其経国の本に反らざるを以て、啻に実用に益なきのみならず、却て害を招んも亦計るべからず」[13]（①・二八五）。

小野川秀美氏の所謂「西学」よりも「西政」が、「経国の本」だというのである。また同氏は、譚嗣同（一八六五〜一八九八）に関して次のようにいわれる。「列強の侵略を強く認めながら、それに対する直接の抵抗よりも、国内の革新を遥かに重く見るところに、清末変法論の特色がある。脅威は革新によって除かれ、排外によって除かれるのではない。脅威が強ければ強いほど、それだけ革新が急となる」[14]。このことは、一八六六年以降七五年に至る福澤の思考様式に関しても同様であり、一八五五年以降の横井小楠（一八〇九〜一八六九）についてもいい得ることである。[15] 但し福澤の「変法論」が、清末のそれとも小楠のそれとも異る点は、後者が「経書と西政」を「二つの欠くべからざる支柱」[16]とするのに対して、経書の要素がないことである。しかし、彼がこの段階に留まっていたのは一応一八七〇年（『西洋事情』二編の刊年）頃までと考えられ、一八七二年には早くも『学問のすゝめ』初編の刊行を見る。そして、一八七四年刊の同書四編にいう。「方今我国の形勢を察し、其外国に及ばざるものを挙れば、曰学術、曰商売、曰法律、是なり。世の文明は専ら此三者に関し、三者挙らざれば国の独立を得ざること……明なり。……事を行ふに当り如何ともす可らざるの原因ありて意の如くならざるもの多し。其原因とは人民の無智文盲即是なり。……政府は依然たる専制の政府、人民は依然たる無気無力の愚民のみ」「方今我国の文明を進むるには、先づ彼の人心に浸潤したる気風を一掃せざる可らず」「これを概すれば日本には唯政府ありて未だ国民あらずと云ふも可なり」（③・四九〜五二）。

続けて翌七五年の『文明論之概略』にいう。「或人は唯文明の外形のみを論じて、文明の精神をば捨てゝ問はざるものゝ如し。蓋し其精神とは何ぞや。人民の気風即是なり。……かの二州の趣をして懸隔せしむるものは即ち此文明の精神なり」「故に云く、欧羅巴の文明を求めるには難を先にし易を後にし、先づ人心を改革して次で政令に及ぼし、終に有形の物に至る可し」（④・二〇・二二）、「日本は古来未だ国を成さずと云ふも可なり」（④・一五四）。

焦眉の急たる独立確保のためには「人民一般の智徳を発生」させて近代的な国民意識を涵養することが必要なのであった。即ち『大学章句』にいう「新とは、其旧を革むるの謂なり。言うこころは、既に自ら其明徳を明かにす。又た当に推して以て人に及ぼし、之をして亦た以て其旧染の汚を去ること有らしむべし」となり、「新にするの民を作す」[17]――「新民」であった。ただし、福澤は「公智」「聡明の大智」という概念を「明徳」の代りに用いている。「公智」とは、丸山真男氏のいわれる「近代的自然科学を産み出す様な人間精神の在り方」[18]（傍点は丸山氏）であろう。

また、梁啓超の「新民説」に関して、小野川氏は述べておられる。「今日列国並立し、弱肉強食・優勝劣敗の時代において、国民たるの資格を欠くならば、決して天地の間に自立することは出来ないであろう。このような立場から、制度・政府・国家を新たにするよりも、民を新たにすることが根本であると考えたのであった。……改革論はここに新たな段階に入ったといって差支えない[19]」。

福澤の思想についても、一八七二年以降、「新たな段階に入った」と考えてよいであろう。それを示すのが即ちかの二著であり、筆者はこれを新民論と呼ぶ。

(二)　福澤著作の「新民説」に於ける影響

1　梁啓超と福澤諭吉

梁啓超（一八七三〜一九二九）は福澤逝去の三年前、一八九八年に戊戌変法に敗れて日本に亡命した。福澤との直接の接触はなかったであろう。その福澤思想の摂取は、ちょうどこの亡命の年に刊行された『福澤全集』（全五巻）によるものと思われる。「新民説」は一九〇二年に横浜で創刊された『新民叢報』に、同年から一九〇四年まで連載された[20]。あるいは一九〇一年の福澤逝去に対する日本朝野の追慕の情に触発されて、その著作を研究したのかもしれない。この連載の途中、彼は一九〇三年初めから秋にかけて、アメリカに旅行した。

「そしてこの頃からその主張は次第に後退の傾向を辿ってくる。まず前年に引続いて『新民叢報』に連載された「新民説」は、前年度に公徳に端を発して、権利と自由と進歩を強く説いたのに対して、光緒二十九・三十年（一九〇三・四）には、義務思想に始まって、尚武・私徳及び政治能力の諸項目を論じ、ことに私徳に重点がおかれた[21]」。

従って、福澤の影響を強く感じさせるのは、どちらかといえば一九〇二年までに発表された部分であるが、その後の部分でも、ことに「論民気」などの章にはその影響が少なくない。

ところで、福澤の思想が、梁啓超・呉汝綸・陳独秀等に与えた影響については既に和田博徳氏の御指摘があり[22]、これについては②③に記したが、ここに重ねて摘記する。即ち、梁啓超については「自由書」「新民説」「論学術之勢力左右世界」「論教育当定宗旨」「日本大儒福澤諭吉語録」にその影響が見られるというものである。「論学術之勢力左右世界」では、有史以来、人間世界に最大の影響力をもつ「独一無二之大勢力」は知恵と学術であるといい、啓蒙思想家として大功のあった者として、ヴォルテール、福澤、トルストイの名を挙げ、中国の学者もこの三者のような役割を果すことを求めている。「論教育当定宗旨」では教育の目標を定めるべきことをいい、福澤が終始一民間人としてあったにも拘らず「日本教育界之主動者」であったと賞讃し、「哀哉、吾中国至レ今無二一福澤諭吉其人一也」と歎ずる。さらに「新民説」の「論自尊」の章で「日本大教育家福澤諭吉之訓二学者一也、標二提「独立自尊」一語一、以為二徳育最大綱領一」云々と述べている。

一方、「新民説」に於ける外国思想の影響については、小野川秀美氏の次のような御指摘がある[23]。「「新民説」の基礎となっているものは、「進化生存競争の理により、民族の時勢に適応しないものは、自存することができない」、という考え方である」。また「ある場合には天授人権論に拠っている」が、これは「ルソーの『民約論』の影響というべく、また自由がこれまでにも増して、権利と並び強調されてくるのも『民約論』に刺戟されるところがあったからであろうと思われる。然しながら天授人権論はなお補助的な意味をもち、進化論が依然として支配的な傾向であったことは疑うことが出来ない」。且つ、その「自由の主張は『民約論』に由来するものではない。ただ『民約論』と関係づけられることによって、その主張がより積極的となったことを認むべきである」。

いうまでもなく、右の御指摘は正確なものである。「新民説」は全篇にわたって常に進化論を引いて説かれており、その間に天授人権論が混入している（しかし、自由に関しては、あるいは福澤経由の W. and R. Chambers 版の “Political

"Economy, for use in schools, and private instruction" 及び W. Blackstone "Commentaries on the Laws of England", F. Wayland "The Elements of Political Economy", "The Elements of Moral Science" などの影響もあるかもしれない[24]。

しかし、儒教文化圏が近代に移行する時期に、「西洋富強の根底に軍備以上のもの」「すなわち西政」があると考え、「制度の根本に関する改革を主張」[25]したものは必ずしも少くないが、「新民論」といい得る説を、早くも十九世紀の七〇年代までに唱えていたのは、前記のように日本の横井小楠と福澤諭吉のみである。そして十九世紀の末に来日した梁は、和田氏の御指摘のように、福澤を極めて高く評価するようになり、ことに「新民説」中の「論自尊」の章でそのことを特筆大書する。且つ、小野川氏の御指摘中には、「梁啓超はハワイへの紀行で、日本に来てから広く日本の書物を読んで「脳質これがために改易し、思想言論は前に較べると別人に出づるがようである」と自ら記している[26]」とある。また、梁自身の述べる所によると、「幼年時代、文章をつくるには、漢末・魏・晋のものを学んで、すこぶる技巧をたっとんだ。しかしこのときになって（日本亡命後のこと——引用者註）みずから解放されて、つとめて平易潤達なる文章をかき、……自由に筆をふるって、およそ束縛されることがなかった。学生たちは争ってそれをまね、新文体と称した」ということであり、これについて小野和子氏は「毛沢東もまた、『新民叢報』を読んでその文章を暗誦し、そのご新民体といわれた梁啓超ばりの文章をつくった、といわれている」と註されている[27]。ところが「新民説」を読んで、福澤の文章に似ていることに驚かされるのは、筆者の素朴な生理的実感である。筆者はひそかに、梁の「新文体」が福澤に範を取ったように感じている。但しこれは証明の方法がない。

以上によって、筆者は、梁が来日四年目にして執筆したこの説で、初めて「制度を改め機構を易える」主張から、「更にその前提として新民すなわち国民たるの資格をおく[28]」主張に変化した契機を福澤の思想に求めるものである。福澤が、西洋文明を儒教文化圏に摂取する真の方法を開拓した最初の東アジア人であったことを思うと、このように考えることは無理とは思えないが、以下の考証によって、大方の御批判を乞う次第である。なお、紙幅の関係上、考証は「新民議」(一九〇二)と「新民説」の「四、就二優勝劣敗之理一以証二新民之結果一、及二取法之宜一」までに限り、余は他日発表の機会を得たいと思う。全体を対象としない為に証明の不充分な点をあらかじめお詫びする。

2　福澤著作の「新民説」に於ける影響(一部)

梁啓超の文の頭記は『飲冰室文集』(新興書局、一九六八年)第一巻の頁数であり、福澤の文の頭記は、①は『西洋事情』、③は『学問のすゝめ』、④は『文明論之概略』である(筆者の一身上の理由により、善本でない新興書局本を用いることをお許し頂きたい。但し、本稿で扱う部分までは誤まりはないようである)。

新民議

〇【一一八頁】理論而無レ益二於実事一、不レ得レ謂二之真理論一、雖レ然、理論亦有二二種一……宗教哲学等、可レ謂二之理論之理論一、政治学、法律学、群学、生計学等、可レ謂二之実事之理論一、

ⓐ【③・三〇】されば今斯る実なき学問は先づ次にし、専ら勤むべきは人間普通日用に近き実学なり。

ⓑ【③・三六】学問とは広き言葉にて、無形の学問もあり、有形の学問もあり。心学、神学、理学等は形なき学問なり。天文、地理、窮理、化学等は形ある学問なり。

新民説

(1)【一、叙論、一頁】国也者、積レ民而成、……則亦未レ有下其民愚陋怯弱、渙散、混濁、而国猶二能立一者上、……欲二其国之安富尊栄一、則新民之道、不レ可レ不レ講、

ⓐ【③・四四】もと此国の人民、主客の二様に分れ、主人たる者は千人の智者にて、よきやうに国を支配し、其余の者は悉皆何も知らざる客分なり。……一旦外国と戦争などの事あらば其不都合なること思ひ見る可し。無智無力の小民等、……逃げ走る者多かる可し。……右の次第に付、外国に対して我国を守らんには自由独立の気風を

全国に充満せしめ、国中の人々貴賤上下の別なく、……各其国人たるの分を尽さゞる可らず。

ⓑ【③・九三〜九四】然りと雖ども他国の物を仰で自国の用を便ずるは、固より永久の計に非ず。……今我国内に外国の器品を買入るゝは、我国の工業拙なるが故に暫く銭と交易して用を便ずる者なり。……此品を買ふがために金を費すは、我学術の未だ彼に及ばざるがために日本の財貨を外国へ棄ることなり。……其智恵の鋒を争ふの相手は外国人なり、此智戦に利あれば則ち我国の地位も高くす可し。

(2)【二、論新民為今日中国第一急務、二頁】今日変二一法一、明日易二一人一、……吾未レ見二其能済一也、夫吾国言二新法一数十年而効不レ覩者何也・則於二新民之道一、未レ有下留二意焉一者上也、

ⓐ【③・四九】政府一新の時より、……事を行ふに当り如何ともす可らざるの原因ありて意の如くならざるもの多し。其原因とは人民の無智文盲即是なり。……今日に至るまで未だ実効の挙るを見ず、

ⓑ【③・五一】方今我国の文明を進むるには、先づ彼の人心に浸潤したる気風を一掃せざる可らず。

(3)【二、論新民為今日中国第一急務、二頁】若以二今日之民徳、民知民力一、吾知下雖レ有二賢君相一、而亦無上以善二其後一也、夫拿破崙曠世之名将也、苟授以二緑旗之惰兵一、則不レ能レ敵二黒蛮一

○【④・六六〜六七】今「ワシントン」を以て支那の皇帝と為し、……支那の軍勢を率ひて英国の兵隊と戦ふことあらば、其勝敗如何なる可きや。仮令ひ支那に鉄艦大砲の盛あるも、英の火縄筒と帆前船のために打破らる可し。是に由て観れば、戦の勝敗は……唯人民一般の気力に在るのみ。……方今日本の政府にて事務の挙らざるを以て長官の不才に帰し、専ら人才を得んとして此を登用し……之を試れども、事務の実に変ることなし。……古人は先づ君心の非を正だすを以て緊要事と為したれども、余輩の説はこれに異なり、天下の急務は先づ衆論の非を正だすに在り。

(4)【二、論新民為今日中国之第一急務、三頁】此責レ人不レ責レ己、望レ人不レ望レ己之悪習、即中国不レ能二維新一之大原

因、……「新民」云者、非二新者一人一、而新レ之者又一人也、則在二吾民之各自新一而已、孟子曰「子力行レ之、亦以新二子之国一」自新之謂也、新民之謂也、

○【③・四三】国中の人民に独立の気力なきときは一国独立の権義を伸ること能はず。……独立とは自分にて自分の身を支配し他に依りすがる心なきを云ふ。……人々この独立の心なくして唯他人の力に依りすがらんとのみせば、全国の人は皆依りすがる人のみにてこれを引受る者はなかる可し（③と対照させた福澤の文も参照）。

(5)【二、論新民為今日中国之第一急務、三～四頁】自二十六世紀一以来、……欧洲所三以発達一、世界所三以進歩一、皆由三「民族主義」(Nationalism)所二磅礴衝撃一而成、民族主義者何、各地同二種族一、同二言語一、同二宗教一、同二習俗一之人、相視如二同胞一、務二独立自治一、組二織完備之政府一、以謀二公益一而禦二他族一是也、此主義発達既極、馳至二十九世紀之末一（近二三十年）乃更進而為二「民族帝国主義」一(National Imperialism)、民族帝国主義者何、其国民之実力、充二於内一不レ得レ不レ溢二於外一、於レ是汲汲焉求下拡三張権二力於他地一、以為中我尾閭上、其下レ手也、或以二兵力一、或以二商務一、或以二工業一、……一用二政策一以指揮二調護之一是也、……今日欲三抵二当列強之民族帝国主義一、……惟有三我行二我民族主義之一策一、而欲三実二行民族主義於中国一、舎二新民一末レ由、

ⓐ【④・二七】故に国体とは、一種族の人民相集て憂楽を共にし、他国人に対して自他の別を作り、自から互に視ること他国人を視るよりも厚くし、……一政府の下に居て自から支配し他の政府の制御を受るを好まず、禍福共に自から担当して独立する者を云ふなり。西洋の語に「ナショナリチ」と名るもの是なり。……此国体の情の起る由縁を尋るに、人種の同じきに由る者あり、宗旨の同じきに由る者あり、或は言語に由り、……其趣一様ならざれども、最も有力なる源因と名く可きものは、一種の人民、共に世態の沿革を経て懐古の情を同ふする者、即是なり。

ⓑ【④・三二】故に国体は国の本なり。……鎌倉の時代には幸にして魯英の人もなかりしと雖ども、今日は現に其

人ありて日本国の周囲に幅奏せり。時勢の沿革、意を用ひざる可らず。此時に当て日本人の義務は唯この国体を保つの一箇条のみ。国体を保つとは自国の政権を失はざることなり。政権を失はざらんとするには人民の智力を進めざる可らず。

ⓒ【④・一九〇】国の国との交際に至ては唯二箇条あるのみ。云く、平時は物を売買して互に利を争ひ、事あれば武器を以て相殺すなり。……今の世界は商売と戦争の世の中と名くるも可なり。

⑹【三、釈新民之義、五頁】昔者吾中国有二部民一而無二国民一、非レ不レ能レ為二国民一也、勢使レ然也、……聖哲所二訓示一、祖宗所二遺伝一、皆使下之有中可三以為二一箇人一之資格上、……而独無下可三以為二一国国民一之資格上、……而以今日列国並立、弱肉強食、優勝劣敗之時代、苟欠二此資格一、則決レ無三以自二立於天壌一、……今論二者於政治学術技芸之大源一、……棄二其本一而斉二其末一、……故採二補所レ本無一、以下新二我民一之道上、不レ可レ不二深長思一也、

ⓐ【③・五二～五四】其不誠不実、斯の如きの甚しきに至る所以は、未だ世間に民権を首唱する実例なきを以て、……国民の本色を見はし得ざるなり。これを概すれば日本には唯政府ありて未だ国民あらずと云ふも可なり。……政府は恐る可らず近づく可し、疑ふ可らず親しむ可しとの趣を知らしめなば、人民漸く向ふ所を明にし、上下固有の気風も次第に消滅して、始めて真の日本国民を生じ、……学術以下三者も自から其所有に帰して、……以て全国の独立を維持すべきなり。

ⓑ【④・一五三～一五四】治乱興廃、文明の進退、悉皆治者の知る所にして、被治者は嘗て心に之を関せず、……元来敵国とは全国の人民一般の心を以て相敵することにて、……事々物々些末のことに至るまでも敵味方の趣意を忘れざるこそ、真の敵対の両国と云ふ可けれ。人民の報国心は此辺に在るものなり。然るに我国の戦争に於ては古来未だ其例を見ず。……今日に至ても未だ其趣の変じたるを見ず。故に日本は古来未だ国を成さずと云ふも可なり。

(7)【三、釈新民之義、六頁】故吾所レ謂新民者、必非レ如下心二酔西風者流一、蔑二棄吾数千年之道徳、学術、風俗一、以求上伍二於他人一、亦非レ如下墨二守故紙者流一、謂中僅抱二此数千年之道徳、学術、風俗一、遂上足三以立二於大地一也、

○【④・一九～二一】外国の文明を取て半開の国に施すには固より取捨の宜なかる可らず。然りと雖ども文明には外に見はるゝ事物と内に存する精神と二様の区別あり。外の文明はこれを取るに易く、内の文明はこれを求るに難し。……今この外形の事物のみを以て文明とせば、固より国の人心風俗に従て取捨なかる可らず。……東西隔遠なる亜細亜諸邦に於て悉皆西洋の風に傚ふ可けんや。……譬へば近来我国に行はるゝ西洋流の衣食住を以て文明の徴候と為す可きや。……決して然る可らず。……或人は唯文明の外形のみを論じて、文明の精神をば捨てゝ問はざるものゝ如し。蓋し其精神とは何ぞや。人民の気風即是なり。……今余輩が欧羅巴の文明を目的とすると云ふも、此文明の精神を備へんがために、これを彼に求るの趣意なれば、……。

（参考）【③・五八】この物あらざれば彼の学校以下の諸件も実の用を為さず、真にこれを文明の精神と云ふ可き至大至重のものなり。蓋し其物とは何ぞや。云く、人民独立の気力、即是なり。

(8)【四、就優勝劣敗之理以証新民之結果而論及取法之宜、九頁】白人之優二於他種人一者何也、……白種人不レ辞二競争一、他種人保守、白種人進取、以下故他種人祇能発上二生文明一、白種人則能伝二播文明一、……伝二播文明一者、恃二人事一也、

ⓐ【①・三九九】今家を出て世間を見るに、……人々自から我路を行き我職を務め我趣意を達せんとして先を争はざる者なし。是即ち世人相励み相競ふの性情にて、世のために益をなすこと少からず。

ⓑ【①・四六九】事物の変化する所以の理を窮めて……一旦此定則を発明するときは、凡庸の人物にても之を伝へ習うことを得べし。……一理を発明して之を隣人に告れば、忽ち其人の精心を動かして知識を生ず。……千は万に伝へ、万は億に伝ふ。殊に此発明を書に記して版本と為すときは、其伝習の倍加すること更に際限あることな

し。

ⓒ【④・九〇】徳義は一人の行ひにて、其功能の及ぶ所は先づ一家の内に在り。……智恵は則ち然らず。一度び物理を発明してこれを人に告れば、忽ち一国の人心を動かし、或は其発明の大なるに至ては、一人の力、よく全世界の面を一変することあり。

⑥【四、就優勝劣敗之理以証新民之結果而論及取法之宜、九〜一〇頁】若二夫条頓人一則其始在二日耳曼森林中一、為二一種蛮族一時、其箇人強二立自由之気概一、伝二諸子孫一而不レ失、

◯【④・一三四〜一三六】今の西洋の文明は羅馬滅亡の時を初とす。紀元三百年代の頃より……野蛮の種族八方より侵入して又帝国の全権を保つ可らず。此種族の内にて最も有力なる者を日耳曼の党と為す。……此時代に在て天下に横行する野蛮の種族なる者は、……此暗愚慓悍の内に自から豪邁慷慨の気を存して不羈独立の風あり。……後世欧羅巴の文明に於て、一種無二の金玉として今日に至るまでも貴重する所の自由独立の気風は、之を日耳曼の賜と云はざるを得ず（自由独立の気風は日耳曼の野蛮に胚胎せり）。

考証は一応、以上に止めるが、その他、一、二の例を摘記すれば、【五、論公徳、一〇〜一四頁】には、「我国民所最欠者、公徳其一端也」「公徳者、諸徳之源也」等と見え、これは『文明論之概略』第六章「智徳の弁」から採ったものと考えられる。また、【九、論自由、三六〜四六頁】に用いられている「文明之自由」「野蛮之自由」「一身自由」は『西洋事情二編』「人間の通義」の中の「蛮野人民の自由」「処世の自由」「一身の自由」を利用したものと思われる。

㈢　三者の思想の歴史的由来

1　朴泳孝・梁啓超の「新民論」の歴史的由来

既に見たように、朴泳孝の「興復上疏」の基本は福澤の新民論に置かれていたが、しかし、その一方、発想の基礎は『孟子』の民本主義と大学の新民論にあった。このことは、西政を説くために「本を古に推して、その合致の迹を求」める形式から、容易に知ることができる。

『孟子』によって政治批判を行うこの伝統は、既に李朝開始の十五世紀前後から始まっており、十五世紀末から十六世紀半ばにかけては、当時の政治状勢に対応して王道論（徳治主義・民本主義）に基づく改革が強く主張され、奴婢制度など、人間の平等に関する論議も行われるようになった。十六世紀の栗谷・李珥（一五三六～一五八四）はこのような変法論や、大学の格物致知、実学（実践の重視）の重要性を説いた代表的思想家として知られる。それは十七世紀の磻溪・柳馨遠（一六二二～一六七三）によって発展せられ、次いで、十八世紀前半に活動の舞台を与えられた星湖・李瀷（一六八二～一七六四）に引き継がれる。十八世紀後半には、北学派と呼ばれる燕岩・朴趾源（一七三七～一八〇五）等が中国の先進文物（輸入された欧州の文物を含む）を導入して、利用厚生を主眼とする実学を説く。そして、この北学派よりやや遅れて世に出た茶山・丁若鏞（一七六二～一八三六）が実学思想を集大成した。[29]

また、この朝鮮思想史の流れには、中国の異端思想が流入しているという。その一つは李瀷、丁若鏞に於ける明末の梨洲・黄宗義（一六〇九～一六九五）の『明夷待訪録』（一六六三年）の影響である。[30] 周知のように、この書は中国近代思想の萌芽と評価され、黄は中国のルソーとも呼ばれる。

一方、同書の完成に際し書を寄せて「窃自幸下其中所レ論、同二先生一者十之六七上」と述べた亭林・顧炎武（一六一三～一六八二）の『日知録』（一六七〇）は前述の北学派に極めて高く評価されている。(31) さらに、北学派の人々は李瀷の著書を読んでおり、李瀷の子孫や門弟と「間接に「声気互流」していた」という御指摘がある。(32) 筆者はそこに、北学派に対する『明夷待訪録』の影響を推定する。

ところが、朴泳孝の師の一人である朴珪寿（一八〇七～一八七六）は、北学派の朴趾源の孫としてその学統を継いでいる。今「興復上疏」を検討すると、その中には僅かではあるが『日知録』と殆んど同じ文章が含まれている。

また、同じく朴泳孝の師であった劉鴻基（?～一八八四?）・呉慶錫（一八三一～一八七九）は、清末洋務論の祖・魏源（一七九四～一八五六）の『海国図志』（一八四二年初版、一八五二年版に定本）その他を読んでその思想を摂取し、(33) 筆者が「洋務開化論」と呼ぶ政治思想を抱いていたものと考えられる。

以上によって、朴泳孝は朝鮮の古典的変法論の流れを汲み、また、明・清の政治思想を摂取した洋務開化論者の中の急進派であったものと考えられる。福澤の思想は、彼が、近代的変法を唱える「変法開化論者」に転化する引き金の役割を果したものといえよう。

次に、梁啓超の思想の由来であるが、これについては、小野川秀美『清末政治思想研究』に精細に述べられており、また梁自身の『清代学術概論』（一九二一年）があるので、ここに改めて述べる必要は殆んどない。

ただ、彼の師・康有為（一八五八～一九二七）が一八八一年頃、「……顧亭林の経世済民を以て学とした」(34) こと、及び梁は「師康有為の学説によって、荀子を退けて孟子を貴」(35) んだことに、特に注目しておきたい。

また、梁は前に引用したように、「新民説」の冒頭の「論新民為今日中国第一急務」の中で「在吾民之各自新而已、孟子曰「子力行之、亦以新子之国」自新之謂也、新民之謂也」と述べているが、ここに引用された『孟子』の言の直前には、治国安民の方策を述べた後に「設二為庠序学校一、以教レ之、……皆所三以明二人倫一也、……詩云周雖二旧邦一、其命惟新、文王之謂」（滕文公篇・上、四九）という文がある。これは、同じく『孟子』の「天下之本在国、国之本在家、家之本在身」（離婁篇・上、六六）の文と共に、『大学』の基本的理論との結節点である。これらのことによって梁の発想の基礎には、朴と同様に、『孟子』と『大学』のあったことが推定できる。

さらに、『清代学術概論』には、顧炎武と黄宗羲について、次のように述べられている。

「わたくしは、清初の大学者のなかでは、顧炎武・黄宗羲・王夫子・顔元をもっとも尊敬する」「だいたい清代の経学の祖としては顧炎武を推すが、史学の祖としては黄宗羲を推すべきである」「清初の学者は、みな「致用」を講じた。いわゆる「経世の務」がそうである。黄宗羲は、史学を根底としていたために、これを論じてとりわけくわしい。その近代思想にもっとも影響を与えたものは『明夷待訪録』である」「いご、梁啓超・譚嗣同らが民権共和の説を提唱したとき、その書物を節略したもの数万部を印刷して秘密裡に配布し、清末の思想の激変にあずかって大いに力があったのである[36]」。

「この反動期にあたって「黎明運動」に従事したのは、崑山の顧炎武が最初であった。顧炎武は明末の学風にたいしてはじめて猛烈な攻撃をあびせ、その罪は王陽明にあるとした」「顧炎武の著述のうち、……『日知録』は、つねづね精力を注いだものだが、備忘のノートであるにすぎぬ。……それでは顧炎武が、この学派の開祖としての名に価しうるのは、いかなる点にあるのだろうか？　すなわち研究方法を確立しえたという点にこそある」（以下に、一、独創を尊んだこと、二、博く証拠をあつめること、三、実践に役だたせること、の三項を研究方法確立の内容であるとしている[37]）。

以上により、顧炎武と黄宗羲は、朴泳孝の場合よりもさらに大きく、梁啓超に影響を与えていることが判る。なお、梁啓超の著作は一六歳（一九一〇年）の毛沢東にも影響を与え[38]、それが彼に「新民学会」を組織させた（一九一八年）契機の一つであるかもしれない。もしそうであるなら、福澤の思想の影響は、間接的に毛沢東にも及んでいるといえよう。

2　福澤の思想の歴史的由来

最後に福澤の思想の歴史的由来について考えてみたい。

その自伝によれば（⑦・一二）、一四〜五歳の頃、孟子の素読を行ったというが、この時の師は、別の自筆の文（⑳・四二五）によって、服部五郎兵衛と推定される。次いで野本真城、最後に照山・白石常人について学び、白石からは「殊に先生が好きと見えて詩経に書経と云ふものは本当に講議して貫て善く読みました」という。『書経』の内容の中心部は、殷をたおした周王朝がその革命の正当性を強調した記録」であり「政治は民衆のためにあるべきもので、それをなおざりにすると革命の危険があるという思想」を蔵している。且つ『書経』の中にみられる周初の政治思想を継承して、それを一層はっきりした形で強調したのが孟子であった[39]」。

一方、『詩経』の四章の中の一章「小雅」は「周室東遷（七七〇Ｂ・Ｃ）前後、暴虐な為政者の無道なまつりごとに、心ある者が民をあわれみ、世の行く末をおそれて、詩によって為政者をいさめようとした痛切な歌が多く」、「大雅」の章には「崩壊していく周朝の将来をおそれて、暴虐な為政者とそれらに誤らされた年若い王につよく反省を求める諷諭の詩が加えられている[40]」。

思うに白石は、幕末の失政批判の意を深くこめて福澤少年にこれらを教え、それはこの少年に強い印象を与えたのではあるまいか。『自伝』には、その他に習得した経書、独習した史書が多く挙げられているが、その中、『春秋左氏伝』を全巻一一回読んだという叙述は、読む者に異様な印象を与える。あるいは、ここに福澤思想の基礎となったものが含まれているのかもしれないが、筆者には判断がつかず、他日の検討を期したい。

『自伝』にはまた、「（中津の——引用者）一体の学流は亀井風で、私の先生は亀井が大信心」とあり、一方、父百助は「伊藤東涯先生が大信心で」、兄は全くの漢学者ではあるが「帆足万里先生の流を汲んで、数学を学んで」（⑦・九、

一二、一六）いた。さらに「中津の人気はどうかといへば、学者はこぞって水戸の御隠居様、すなわち烈公の事と、越前の春嶽様の話が多い」（⑦・一五）。即ち学者に政治を論ずる者が多く、改革の意を明らかにしていた二人の大名の評判が良かったというわけである。この風潮を福澤の一四～五歳頃のこととすると、一八四九年（福澤が一四歳）には、越前藩士・三寺三作が、「大儒を探せ」という春嶽の意を受けて横井小楠の許に来ており、熊本実学党の成立は、それより六年前である。[41] 一応このことに留意しておきたい。

以上の福澤自身の記録を念頭に置きながら、叙述の便宜上、溯及の方法を採らず、時代を下りつつ、前代の人々の学統を追ってみることにする。

まず、わが国近世朱子学の祖、藤原惺窩（一五六一～一六一九）とその弟子林羅山（一五八三～一六五七）は共に朝鮮渡来の書籍によってその学識を養われ、李退渓を尊敬していたが、影響を受けた点は少ないという。[42] 退渓・李滉（一五〇一～一五七〇）は、前記の栗谷・李珥と並んで、朝鮮朱子学の最高峰とされる人である。そして、羅山よりやや遅れる山崎闇斎（一六一八～一六八二）は、「李退渓を尊信し、これに傾倒」して大きな影響を与えられた。[43] 崎門の三傑に数えられる佐藤直方（一六五〇～一七一九）や浅見絅斎（一六五二～一七一一）、及び闇斎の弟子ではなく、絅斎より一世代遅れる大塚退野（一六七七～一七五〇）なども、退渓の学を極めて高く評価している。[44] また「絅斎の門流であり、同時に、大塚退野に兄事した西依成斎に学び、のちに大坂で尾藤二州・頼春水と交わり」のあった古賀精里（一七五〇～一八一七）[45] は『李退渓書抄』を刊行してその学に傾倒し、彼の門下には福澤百助の親友、野田笛浦がいる。精里の同時代人で、古文辞学から朱子学に転じた江戸後期朱子学の関西の重鎮、菅茶山（一七四八～一八二七）の「廉塾」は全国に知られ、彼は、寛政の三博士の中に数えられる古賀精里・尾藤二州とは親交があったという。[46] つとにこの茶山の学徳を慕い、その門に入ることを望んだのが（それは果されなかったが）福澤百助（一七九二～一八三六）で、願書提出は彼の二五歳の年であった。[47]

右のように見てくると、百助は、李退渓の大きな影響を受けた崎門学派の流れを汲むか、またはこれに強い親近感をもつ儒者という一面のあったことが推定される。同時に、この願書提出の前後と思われるが「同藩の儒者野本雪巌に従学」さらに「豊後日出の碩学帆足万里にも師事[48]」し、大阪に出てからは、前記のように、古義学派として父仁斎の学統を守り荻生徂徠と拮抗した伊藤東涯（一六七〇～一七三六）の遺風を慕っていたという。

筆者がこのように煩瑣な探索を行うのは、父百助の死後、諭吉に残された一五〇〇冊の蔵書が、彼の二一歳の年（兄三之助の死の年）まで家蔵されており[49]、経学を学び始めてから長崎に赴くまでの数年間、それは手を伸ばせば届く所にあったという事実のためである。『左伝』を一一回読む人が、どうしてこれに無関心であったと考えられよう。その中から面白そうなものを取出して読み、その影響を受けた可能性をどうして否定できよう。従って、迂愚を極めたやり方を今少し続けたい。

諭吉の祖父・兵左衛門は、三浦梅園（一七二三～一七八九）の門をたたいたことが伝えられているという[50]。「吉宗の禁書解禁の後、長崎を通じて入ってくる天文学その他の自然科学の知識を利用し得る状況において、非常な大胆さと徹底性をもって自然哲学の再構成を試みた[51]」梅園の学問は、門下の脇愚山（一七六四～?）を経て、帆足万里（一七七八～一八五二）に受け継がれている。また梅園は、友人として天文学者・麻田剛立（一七三四～一七九九）をもち、中井履軒（一七三二～一八一七）とも文通があったが、万里はこの履軒、及びその兄で、大阪町人の学問の塁・懐徳堂二代〔四〕目の学主・竹山からも学問的影響を受け、さらに晩年の亀井南冥（一七四三～一八一四）と親交を結び、その息・昭陽とは、面識こそなかったが自分の門下をその門に送るなどして学問的交流が絶えなかったという[52]。

南冥は初め「徂徠学を学んだが、後論語を唯一の論拠とし、経世を重んじた活動的な独自の主張をもち、一時福岡藩校教授に抜擢されたが、讒言によって廃された」人で、昭陽に伝えられた学風は「亀門の学」と称される[53]。この学風に傾倒していた白石常人が諭吉に『詩経』『書経』を懇切に教えた心情は、右の南冥の経歴・学風から推しても、やはり先述のように察せられる。

さて、万里の弟子の中には、既述の如く福澤百助も含まれ、百助の親友・中村栗園や、野本白巌（福澤の師・真城の縁戚か？）等もいる。(54) 万里は「「文辞の学」に対しての「日用の学」という意味での実学、すなわち福澤のいう「人間普通日用に近き実学」」を重んじた。一八一〇年には『窮理通』を初刊し、その数年後には蘭学を独習し、晩年（一八四四年）には激しい改革論「東潜夫論」を著わし、上木を憚った秘書にも拘らず、多くの写本が諸方に伝えられたという。(55)

ところで、ここで大阪に目を転ずると、梅園と万里の中間の世代の人に、山片蟠桃（一七四八〜一八二一）がいる。以上に挙げた人々とは異り、純粋の商人学者で、前記の懐徳堂で中井竹山・履軒に学び、また麻田剛立にも師事して天文学・蘭学も学んでいる。(56) 彼の名著『夢の代』（一八二〇年脱稿）については、源了円氏が、その「巻二十五」に『学問のすゝめ』と同じ精神が流れていることを指摘しておられ、(57) 杉本勲氏は、十八世紀から十九世紀初頭に実学主義を確立した者の一人に数えておられる。(58) さらに、松浦伯夫氏は「西洋的実学主義は諭吉によって突如出現したものではない。……わが国の伝統的実学観から西洋的実学観への移行を、もっぱら西洋思想からの影響によるものとする、外因を重視する見解はいささか片寄っている」と評され、その実学思想の例として、やはり『夢の代』巻二十五を挙げて次のようにいわれる。

「独立心と数理学とを根幹とした諭吉の実学は、諭吉の生誕から約九〇年前に生れた蟠桃によって既に唱えられ、実践されていたのである。……これらの先学の遺業と影響なしには、諭吉の出現も恐らく可能ではなかったであろう(59)」。

福澤百助が廻米方として大阪に在勤したのは、『夢の代』脱稿の翌々年、蟠桃の死の翌年の一八二二年(60)から、一八三六年までのことであった。従って、大阪商人と交わって過したこの一五年間に『夢の代』に接する機会は有り得たであろう。遺された蔵書一五〇〇冊の中に諭吉はそれを見出さなかったであろうか。今日、その残部の八〇冊だけが臼杵図書館に所蔵されているというが[61]、その目録なりを見る機会を得たいと思う。また、諭吉が中津在住以降、この書を知る機会のあったのは、一八五五～五七年までの適塾在学中と考えられる。

その他に、前記の熊本実学党の形成の一八四三年から諭吉の長崎遊学以前、一八五三年までの間に、この学風と何らかの接触をもったことはないであろうか。この学派の実学は、徂徠学的な政治主義に反対し「あくまで道徳と政治を結びつけようとする[62]」ものであって、蟠桃の実学とは違うが、しかしそれは小楠の新民論を生み出した。

このように考えるのは、現在の大分市鶴崎港が肥後藩の飛地であり、同藩の人々は江戸へ向う時、ここから乗船したということ[63]、及び鶴崎の南方五里程の臼杵に、諭吉の師・白石常人が移っていること[64]（その期間は正確に判らないが、一八五六年、二一歳の時、家財整理の際に、既に臼杵にいた白石の世話になっている）などから想像を逞しくしたものである。また、激しい政治的改革論の書「東潜夫論」を諭吉が読んだ可能性も小さくはない。吉田松陰は、一八五〇年にこれを下関で読んだことを自ら記し、また、長崎では『日知録』を読んでいる[65]。では、わが国に於ける『明夷待訪録』の役割はどのようなものであったろうか……？

以上の探索の結果を図示すると、次のようになる。この表の中、『明夷待訪録』『日知録』の影響は、ひとまず帆足万里（「東潜夫論」を書いた人として、その可能性は小さくはない）、横井小楠、福澤諭吉と仮定してみた（実線は直接の関係、破線は間接の関係、点線は仮定を、それぞれ示す）。

福澤の近代思想『学問のすゝめ』『文明論之概略』の基礎となった儒教思想は何であったのか。彼は、儒教思想を国民意識＝「文明の精神」の敵と考えてその打倒に全力をあげたために、この点に関しては遂に口を緘して語らなかった[66]。しかし、例えば津田左右吉氏も、『文明論之概略』の解説に、この書に見られる儒教の影響三点を挙げておられる。彼の思想の由来は、遠くない将来に明らかにされなければならない課題といえよう。また、それと共に、真に

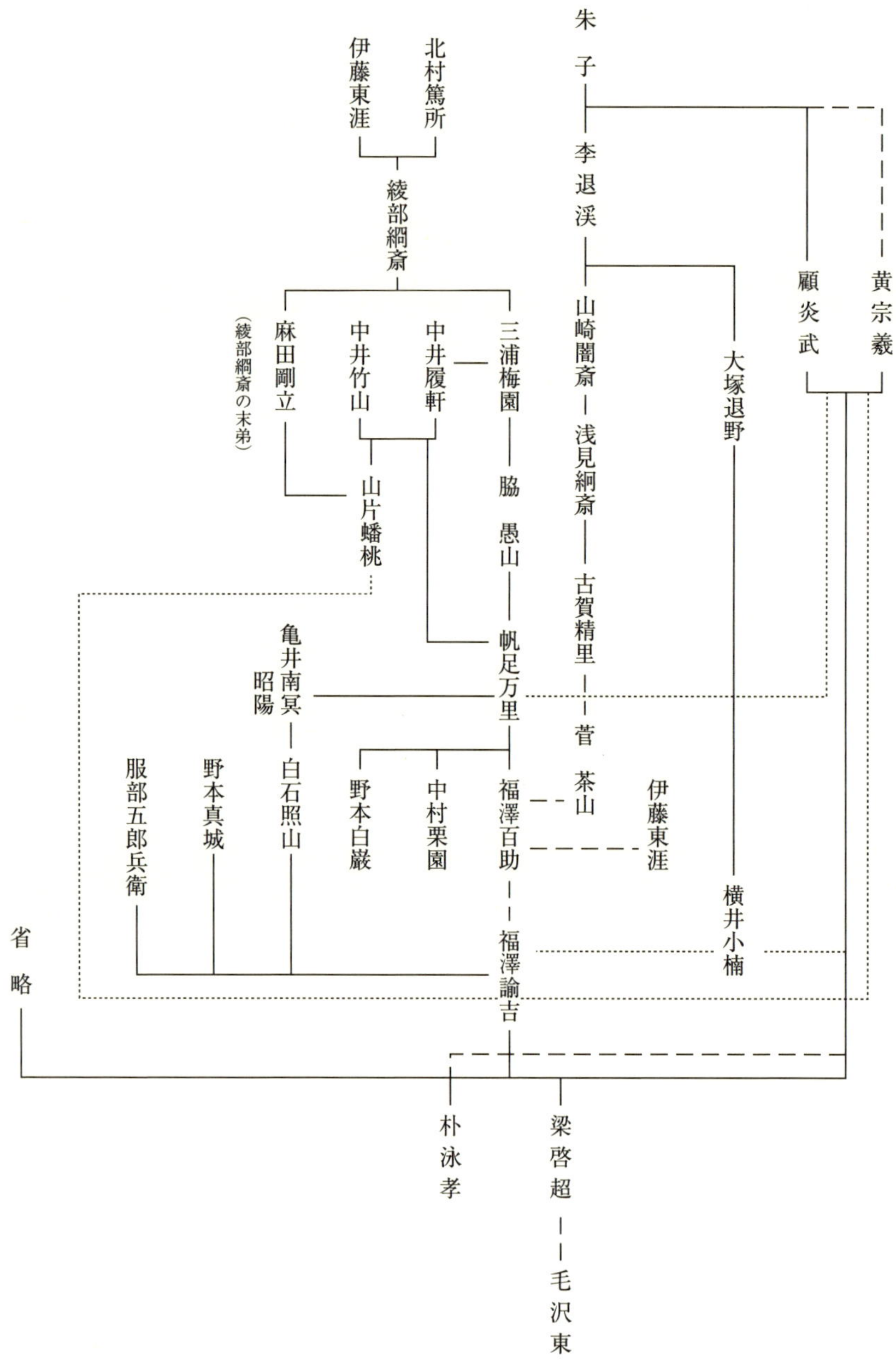

朱子
李退渓
顧炎武
黄宗羲
北村篤所
伊藤東涯
綾部絅斎
三浦梅園
中井履軒
中井竹山
麻田剛立
（綾部絅斎の末弟）
山崎闇斎
浅見絅斎
古賀精里
菅茶山
大塚退野
脇愚山
山片蟠桃
帆足万里
亀井南冥
昭陽
白石照山
野本真城
服部五郎兵衛
野本白巌
中村栗園
福澤百助
伊藤東涯
横井小楠
福澤諭吉
省略
朴泳孝
梁啓超
毛沢東

彼の思想を継承してこれを発展させたのは誰であるのかも、確定しておきたいと思う。

おわりに

このように見てくると、日朝中三国の歴史は、他の時代、他の分野と同様、儒教と近代思想の分野でも互に影響し合い、且つそれぞれ独自の思潮を発展させてきたことが判る。福澤が影響を与えた朴泳孝の思想は、朱子学という意味では遠く李退渓にも溯り得るものであり、その李退渓は、わが国の朱子学に多大の影響を与えて、間接に福澤の若き日の教養を育み、また小楠の新民論を生むに至った。同じく、福澤が影響を与えた梁啓超の思想も、溯れば朱子にまで行きつく。その意味では、朱子は李退渓の場合と同じ役割を果している。また黄宗羲・顧炎武は、梁啓超のみならず朴泳孝にも、少くとも間接的な影響を与え、おそらくは日本にも相当程度の影響を与えたのではないかと想像される。さらに、魏源の『海国図志』は日朝両国に多大の影響を与えている。なお、以上挙げた中には、東アジアの儒教文化圏の国として、ベトナムが抜けている。ベトナムの潘佩珠(67)（ファン・ボイ・チャウ）（一八六七〜一九四〇）は国内で『新民叢報』を読み、一九〇五年、横浜で梁啓超に面会、「しばらく力を人才培養に注いで、人才既に充ちて、その余は時機一度至れば自ら易々たるのみ」という、極めて福澤の影響を強く感じさせる勧告を受けている。そして後に詩を作っていう。「今より後ははらからよ、誰かいずこにルソーや、福澤諭吉たらんものの、出でてつとめよつとめよや」。また、「日本の慶應義塾を知った改革派の知識人によって」ハノイに東京（トンキン）義塾が開設される。ベトナム思想史の流れを補い、今後、東アジアの旧儒教文化圏相互の影響を精密に解明する必要があるであろう。

また翻って現代を見ると、発展途上国の状態には、新民論の有効性を裏書きする面が多多あるようである。ことに「巨艦を造り大砲を買ひ、国内の始末を顧みずして漫に財用を費す」国の如何に多いことか。それらの国々に、せめて英文なりと（現地語ならなおよいであろうが）、福澤の二著の解説的抄録のパンフレットを作って送れば、予想以上の反応がもたらされるのではないかと、筆者はひそかに考える。

ところで、省みてわが国自身に及べば、国民であると共に国際人でなければならない今日、現代的「新民」の必要はさらに大きいようである。その意味では、小楠の言葉「爰で日本に仁義の大道を起さにはならず、強国に為るではならぬ。……此の道を明にして世界の世話やきに為らにはならぬ。……我日本は印度になるか、世界第一等の仁義の国になるか、頓と此の二筋の内、此の外には更にない(68)」が新たな意義を宿して輝いている。『大学』と、おそらくは『孟子』を基礎にしただけの彼の新民論でさえ、その結論はこうだったのである。

なおまた、中国のプロレタリア文化大革命なるものも、一種の現代的新民の面をもつものではないかと筆者は考えていたが、ハン・スーイン氏の次のような叙述に会って興味深いものを感じた。「新民学会を創設する過程ですでに毛沢東は、後年の文化大革命で満開となる思想の崩芽を見せている。「人間とその世界観を意識的に改造することによって、世界を変える」という考え方である(69)」。「新民」という言葉の意義は、様々に形を変えつつ、今後も永く失われないものかもしれない。

註

（1）外務省編纂『日本外交文書』第二十一巻（日本国際連合協会、一九四九年）、二九二～三一一頁。
（2）『三田評論』（慶應義塾、一九六九年四月）、四五～四九頁。
（3）『朝鮮学報』（朝鮮学会、一九六九年七月）、三五～九二頁。
（4）以上は日本宮内庁蔵、旧華族履歴書に基づく。朴の履歴書は、韓国併合までは李朝開国紀年で記され、自筆または親密な側近の筆らしい丁寧な美しい文字で、漢文を用いている。
（5）同右に基づく。博文局は、従来は新聞発行所のように考えられてきたようだが、この履歴書によって、本来、学校教育を行うことを主眼として設けられたものであることが判る。
（6）井上角五郎談話『古筠』十六号（古筠会、一九三七年四月）。
（7）井上角五郎「金玉均君の回想」『古筠』一号（一九三五年三月）、七頁。

(8) 井上角五郎「故友金玉均君の回想(二)」『古筠』二号（一九三五年五月）、一〇頁。
(9) この二つの語の定義については、本書Ⅲ―八を参照して頂きたい。なお、姜在彦『朝鮮近代史研究』（日本評論社、一九七〇年）、同『近代朝鮮の思想』（紀伊国屋書店、一九七一年）には、「変法」「変法思想」の語が頻出するが、その定義は示されていない。また、「変法」に対して「洋務」の語を用いてもいない。詳しくは本書Ⅲ―八の付論参照。
(10) 『日本外交文書』第二十一巻、三〇六頁上段11～13行。
(11) 島田虔次『大学・中庸』（朝日新聞社、一九六七年）、四〇頁。
(12) 小野川秀美『清末政治思想研究』（みすず書房、一九六九年）、五頁。
(13) 鹿野政直『福澤諭吉』（清水書院、一九六七年）、四九頁に、既にこの点を『西洋事情』の特色として指摘してある。筆者の不勉強からこれに気づかず、拙稿②に註記しなかったことをお詫びして訂正する。
(14) 小野川秀美前掲書、三～五、一六三頁。
(15) 源了円『徳川思想小史』（中央公論社、一九七三年）、二二二～二二四、二二九～二三四頁。及び松浦玲『横井小楠』（朝日新聞社、一九七六年）、一二一四～一二一九頁。
(16) 小野川秀美前掲書、四頁。
(17) 島田虔次前掲書、二九、六三頁。
(18) 丸山真男「福澤に於ける「実学」の転回」『東洋文化研究』第三号（東洋学会、一九四七年）、八頁。
(19) 小野川秀美前掲書、二六二～二六三頁。
(20) 小野川秀美前掲書、二六一頁。
(21) 小野川秀美前掲書、二七二～二七三頁。
(22) 和田博徳「中国における福澤諭吉の影響」『福澤諭吉全集第十九巻附録』（岩波書店、一九六二年）、「アジアの近代化と慶應義塾」『慶應義塾大学商学部創立十周年記念・日吉論文集』（慶應義塾、一九六七年）、五頁、「「日本大儒福澤諭吉語録」について」『三田評論』第六七〇号（慶應義塾、一九六八年）、四四頁。
(23) 小野川秀美前掲書、二六二、二六四～二六五頁。
(24) 伊藤正雄『福澤諭吉論考』（吉川弘文館、一九六九年）、九六～九七、一二六～一二七、一四五～一四八頁。及び拙稿②。
(25) 小野川秀美前掲書、三～四頁。
(26) 小野川秀美前掲書、二八九頁。
(27) 梁啓超（小野和子訳）『清代学術概論』（平凡社、一九七四年）、二七一～二七二、二七七頁。
(28) 小野川秀美前掲書、二六二頁。
(29) 鄭鎮石・鄭聖哲・金昌元『朝鮮哲学史』（日本語版、宋枝学訳）（一九六二年、弘文堂）、五六～二八一頁。
(30) 洪以燮『韓国史の方法』（探求堂、一九六八年）、九五～一〇五頁。

(31) 藤塚鄰「李朝の学人と乾隆文化」『朝鮮支那文化の研究』(刀江書院、一九二九年)、二八三～三三二頁。
(32) 姜在彦『近代朝鮮の変革思想』(日本評論社、一九七三年)、一二頁。
(33) 林毅陸編・菊池謙譲著『金玉均伝』上巻(慶應出版社、一九四四年)、五一頁。
(34) 小野川秀美前掲書、九二頁。
(35) 小野川秀美前掲書、一六八頁。
(36) 梁啓超(小野和子訳)前掲書、四一～四三頁。
(37) 梁啓超(小野和子訳)前掲書、二一～二四頁。
(38) ハン・スーイン、松岡洋子訳『毛沢東』(毎日新聞社、一九七三年)、三四頁「彼は……康有為、梁啓超の著書二冊を読んでいた。「わたしはこれらの本を読み、再読し、暗記しました」」。
(39) 金谷治『孟子』(岩波書店、一九六六年)、一〇六～一〇七頁。
(40) 目賀田誠「詩経」『世界大百科事典』13(平凡社、一九七二年)、一一一頁。
(41) 松浦玲前掲書、五七～五八頁、及び三九頁以下。
(42) 阿部吉雄『日本朱子学と朝鮮』(東京大学出版会、一九六五年)、二〇一～二〇二頁。
(43) 阿部吉雄前掲書、二〇一頁。
(44) 阿部吉雄前掲書、四五五、四六二、四七二頁。
(45) 阿部吉雄前掲書、四六一～四六二頁、阿部隆一「福澤百助の学風」(上)『福澤諭吉全集第二巻附録』(岩波書店、一九五九年)。
(46) 京都大学文学部国史研究室「菅茶山」『日本史辞典』(東京創元社、一九六〇年)、一〇九頁。
(47) 会田倉吉『福澤諭吉』(吉川弘文館、一九七四年)、一六頁。
(48) 会田倉吉前掲書、一六頁。
(49) 会田倉吉前掲書、六〇頁。
(50) 会田倉吉前掲書、四七頁。
(51) 源了円「近代思想の形成」『近代日本社会思想史 I』(有斐閣、一九六八年)、一九頁。
(52) 帆足図南次『帆足万里』(吉川弘文館、一九六六年)、二〇～二八頁。
(53) 中村幸彦「亀井南冥」『世界大百科事典』6(平凡社、一九七二年)、二九九頁。
(54) 帆足図南次前掲書、四一頁。
(55) 帆足図南次前掲書、三七～三九、五七、一三七頁、一六二頁以下。
(56) 「山片蟠桃」前掲『日本史辞典』、五一九頁。
(57) 源了円前掲書、二四～二七頁。
(58) 杉本勲『近世実学史の研究』(吉川弘文館、一九六二年)、二二五～二二六頁。

(59) 松浦伯夫『近世日本における実学の研究』(理想社、一九六三年)、三二〇、三二二頁。
(60) 会田倉吉前掲書、一五頁。
(61) 会田倉吉前掲書、六一頁。
(62) 松浦玲前掲書、四七頁。
(63) 松浦玲前掲書、一九頁。
(64) 会田倉吉前掲書、四四頁。
(65) 『吉田松陰全集』第七巻(岩波書店、一九三五年)、九九、一一四頁。
(66) 津田左右吉「解題」『文明論之概略』(岩波書店、一九六二年)、二七二、二七五、二七八頁。
(67) 川本邦衛『ベトナムの詩と歴史』(文芸春秋社、一九六七年)、三九九〜四一八頁。
(68) 松浦玲前掲書、一三八頁。
(69) ハン・スーイン前掲書、四九頁。

〔追記〕脱稿後、鶴見和子・市井三郎編『思想の冒険――社会と変化の新しいパラダイム』(筑摩書房、一九七六年)の公刊に接した。これは、上智大学国際関係研究所主催「近代化論再検討研究会」の労作で、その目的は、①日本と中国とソ連の近代化過程に、それぞれの社会の伝統がどのように働いたかという具体的実証的研究、②右三国の経験に基づく近代化理論再構成で、一言で言えば、西欧のモノサシで非西欧を計ることなく、非西欧のモノサシで自らを計り、さらに非西欧のモノサシで西欧を計り直すということのようである。筆者にとって、このような研究動向を知り得たことは極めて有益であった。東アジアことに朝鮮の思想史に関しては、なお長期間の個別研究を必要とするが、同時にこうした創造的動向には特に注目せねばならないと感じる。

解題

青木功一とその業績

川崎　勝

一　青木功一の学問的営為

青木功一は、一九三〇年二月二十六日、父清之助、母八重子の長男として、東京に生まれた。姉二人がおり、のちに弟が誕生する。

一九五〇年東京都立大学理学部に入学、五四年生物学科を卒業し、文芸春秋新社に入社、編集局に勤務した。一九六〇年に出版局に移り、一九六六年出版局出版部次長となり、「現代日本文学館」編集主任となったが、翌六七年十二月に退社。

一九六八年東京都立大学大学院人文科学研究科修士課程に入学、旗田巍に師事して、朝鮮近代思想の研究に着手した。師旗田は、青木の大学院への進学について、のちに回想していう。「一九六六年か六七年頃の某日、同君は私の研究室（都立大学）を訪れ、編集の仕事をやめて朝鮮近代史を勉強したいといった。突然のことであり、また相当の年令になってからの人生航路の変更は冒険であるので、私はすぐには賛成しなかった。しかし同君の熱意がかたいので、文芸春秋社に在籍のまま夜間の授業をうけ、ゆっくり考えてみてはどうかとすすめた」。これに青木は同意して、一九六七年度の旗田の少人数の学生の演習に出席して、朴泳孝の「上疏文」を読み始めることになった。しかし、前述のように、研究への希求は止みがたく、退社して大学院に入ったという。「大学院に入ってからの青木君は猛烈に勉強した。これまでに失われた時間を取りもどすかのように頑張った。朝鮮の開化思想を中心にして、日本・中国の近代思想にも目をくばり、東アジア三国の近代思想の独自性と相関性を研究した。金玉均や朴泳孝などに関する文献の探求については、実に根気よく執念をもやし、史料のあるところ、ありそうなところには、時間と労力をおしまずに足を歩んだ。またぼう大な福澤全集を丹念に読み、彼の朝鮮についての意識や彼が朝鮮に与えた影響などについて追求した」(「青木功一君の死を悼む」『朝鮮史研究会会報』第六一号、一九八一年一月)。

こうして、一九六九年四月に「朝鮮近代思想と「西洋事情」――朴泳孝の上疏について」を『三田評論』第六八一号に発表し、次いで、七月「朝鮮開化思想と福澤諭吉の著作――朴泳孝「上疏」における福澤著作の影響」を『朝鮮学報』第五二輯に公表した(Ⅲ―七収録)。

翌一九七〇年三月に大学院を修了し、その後、ベルリン自由大学東アジア学科図書室長として勤務した。しかし、ドイツでの大学紛争の煽りを受けて、数ヶ月で帰国してしまった。

帰国後、一九七二年四月「「金玉均伝原稿」と雑誌「古筠」――その探索及び「甲申日録」の否定について」を著した。旗田の回想にある「金玉均や朴泳孝などに関する文献の探求」のレポートである(死後、一九八一年に、遺稿として、朝鮮史研究会編『朝鮮史研究論文集』第一八集に掲載された)。

これと併行して、維新の元勲の一人である山県有朋を繙く。それは、研究の方向転換ではなく、朝鮮関係の調査の一つとしての研究の継続であった。しかし、山県と「交際」する中で、青木は、明治維新を中心に、幕末と維新後で、まったく対称的な人生を歩んだ山県を知り、「人間は変わる」ことを痛感していった。そこで、「狂介時代には支配層に憎まれ、有朋時代には人民に憎まれて淋しく死んだのです。「国の独立」についての、国内の攻め手の悲劇と守り手の悲劇を一身に具現したのが彼の人生だった」とし、時恰もベトナム停戦の報道の中でもあり、一九七〇年代に至

って も「国の独立」ということが痛切であることを考えざるをえなかったという。そして、山県の前半生に興味を覚えた青木は、既成の伝記類には真実を見いだすことができないとして、史料的制約を乗り越えるために、歴史論文としてではなく、思い切って小説仕立てにすることを構想した。一九七三年、『山県狂介』（中央公論社）は、こうして生まれた。筆名は、青木孝。城山三郎は、「今日的課題への照明」として、「屈辱的な軽卒の身分から身を起こした山県有朋の前半生を、丹念で周到な考証をふまえ、いきいきとえがき出した労作である。そこには、後年の山県とはまるでちがった顔があり、人間のふしぎさと合わせて歴史のふしぎさをしみじみと感じさせる。また、山県が師とした松陰とその弟子たちの青春群像が、時代背景とともに鋭く活写されていて、「革命とは何か」「正義とは何か」「君命とは何か」といった多くの今日的課題についても貴重な照明を投げかけてくれる力作である」と評している（同書「帯」）。旗田も、「この方面にもっと手をひろげていたら、歴史小説の分野で名を成していたのではないかと思う」（同前）という。

しかし、小説家青木孝は、この一作のみで終わりを告げ、再び青木功一として、研究者の道へ向かった。

継続された研究は、大学院時代の研究テーマであった朴泳孝論で、そこには、福澤の影響を正面から扱おうとする意欲に満ちていた。一九七五年十月、「朴泳孝の民本主義・新民論・民族革命論――「復興上疏」に於ける変法開化論の性格」を仕上げ、『朝鮮学報』第八〇輯、第八二輯に公表（Ⅲ―八）、さらに一九七六年八月には「福澤諭吉・朴泳孝・梁啓超の新民論――東アジア近代思想の相互関連性」『福澤諭吉年鑑』第三号を発表した（Ⅲ―九）。大学院時代からのここに至る青木の研究について、旗田は、「そのなかでも朴泳孝の開化思想に関する研究は出色なもので、ながく記憶されるべきものと思われる」と評した（同前）。朝鮮開化思想の研究、とりわけ朴泳孝の開化思想についての研究はほとんどなされておらず、その草分けの一つとして位置づけられる。さらにまた、福澤諭吉の影響に関する比較研究は、青木の研究以後も皆無に等しかった（詳細については、「解説」の西澤直子「福澤諭吉と朴泳孝」を参照）。

そして、一九七六年十月にいたり、『時事新報』の「外報記事」を仔細に検討したいと、福澤諭吉協会の土橋俊一に相談し、慶應義塾大学新聞研究所長の生田正輝を紹介されて、研究所の研究員に加えてもらうことができた（土橋俊一「青木功一氏の急逝」『福澤手帖』26、一九八〇年九月）。青木は、慶應義塾大学図書館特殊資料室所蔵の『時事新報』合本を直に閲覧して、「時事新報史」研究に携わることになった（「解説」の都倉武之「時事新報論説をめぐる諸問題」を参照）。

その準備段階として、福澤諭吉の対外観の研究を進めることになった。ここに、青木の研究は、朝鮮の開化思想とそれに影響を与えた福澤諭吉に関するテーマから、「福澤諭吉のアジア」へと大きく旋回をしていき、『時事新報』を素材とする本格的な福澤研究が開始されるのである。「『時事新報』の創刊前後から、福澤諭吉の政治思想は明らかに転換し始めた」という論調に対して、「その変化がなぜ起こった」かを明らかにしなければならない。これが青木のモティーフである。

創刊前の『学問のすゝめ』に始まる一八七三〜八一年の主要著作、および『時事新報』創刊年の三論説について、年を追いながら「外国観」の足跡を抽出する作業に取り掛かった。「変化」の事実とその理由への史料に基づく詳細な考究が開始されたのである。次いで、『時事新報』の創刊号から、「時事新報（社説）」「雑報」「外国電報」「海外新報」「漫言」「論説」「寄書」「朝鮮通信」欄から福澤が期待する「独立確保」に関する「外報記事」をすべて採録し、カードを作成していった（これら「時事新報論説」の性格については、「解説」の都倉論文をみよ）。

半年後の一九七七年四月、青木は、まず「福澤諭吉の対外観に関する覚書——「時事新報」創刊に至るまでを中心として」を『三田評論』第七六九号に発表し、九月には「創刊年の「時事新報」に見る複眼的対外観——明治十五年三月〜十二月の主要外報記事より」（『福澤諭吉年鑑』第四号、一九七七年十一月）を纏め上げた（Ⅱ—五）。

前者の論文（「覚書」）は、福澤の代表的著作からの抜粋が中心であるため本書には収録しなかったので、その要点を紹介しておこう。

『時事新報』の創刊前後から、福澤諭吉の政治思想は転換し始めたという論者の指摘に対して、「その変化がなぜ起こったかについては、必ずしも明らかではない」として、「この変化について理解に達する一つの方法として、彼の「国権論」的言説を、初期の著作以来、小部分ながら抽出して、逐年追跡することを試み」た論考である。一八七三年の『学問のすゝめ』以降、八一年までの主要論考、『文明論之概略』『分権論』『福澤文集（初編）』『通俗民権論』『通俗国権論』『民情一新』『民間経済録・二編』『時事小言』と、『時事新報』創刊より一〇ヶ月間のうちの長文大作の「時事大勢論」「帝室論」「兵論」から抽出していく。こうした試みをなぜするのか、その前提を以下のように説明する。

まず福澤に見られる「国権論」という言葉を、「独立確保論」と解することを打ち出す。そして、福澤の「初期の政治思想は、主として十九世紀後半を中心に、欧米のアジア侵略に対抗して儒教文化圏で発生した「自強論」の潮流の中にあると考え」、「明らかに洋務論ではなく、変法論、及びそれがより進歩した段階の「新民論」の一種と見られる」と、「福澤諭吉・朴泳孝・梁啓超の新民論——東アジア近代思想の相互関連性」（Ⅲ—九）の見解をもとにして、欧米の侵略に対抗するための「独立確保論」が逐年変化するのは、「外圧」の変化に照応すると見なしている。この論考以降、青木が精力的に『時事新報』に「沈潜」していく姿勢が明瞭に現れているといえよう。

後者の「複眼的対外観」は、福澤諭吉の対外観の前提に日本の「独立確保」をみた青木が、『時事新報』の創刊年の一〇ヶ月分の「外報記事」から「独立確保」に関する記事を日付順に見出し、要点を掲載して、このうち、エジプト、アイルランド、朝鮮、トルキスタン、ベトナム、社会主義、ユダヤ人問題に関する七つの主要な問題について詳述し、その特徴を明らかにしようとする。「以上の七問題の集中的表現が、……列強の軍国主義の強化であり、それが日本に向かって、さながら上げ潮のようにひたひたと迫ってくるのを感じとっていた」とし、その範囲が全世界に広がっていることに驚き、「全世界の出来事を一つの連動体の動きと見てい」ると結論する。青木の言う「複眼的」思考である。

青木の問題意識は、単に主題として福澤の「変化」を問題視していたのではない。それは、この「複眼的対外観」論考の末尾に、「一〇〇年近くの時間の隔たりにも拘らず、世界情勢は、この時代のそれと現在と、余りにも類似性が大きいということである。欧米〝列強〟との経済対立、漁業専管水域二〇〇カイリという新しい「世界分割」、漁業を含むソ連との経済問題と領土問題、中国問題、朝鮮問題、これらに、エネルギー問題を通じて中近東など産油国との関係及び原子力先進国との関係が加わり、その上に第三世界の問題が迫ってくる」という認識があった。「二十世紀七〇年代に於いて、十九世紀八〇年代の新聞を研究する意義の一つ」に、青木は、こうした国際情勢の中で、いかに「日本の独立確保についての国民的合意を成立させ、これによって国際関係に奉仕する道を探しあて」ようとしたのである。『時事新報』が主要に取り上げた諸問題は、青木にとって、現実的な課題であった。

このような問題意識を持って青木は、『時事新報』の創刊から一八九三年にいたる福澤の朝鮮観を軸としたアジア認識を抽出する研究へ邁進していった。

まず、一九七八年三月「「脱亜論」の源流――「時事新報」創刊年に至る福澤諭吉のアジア観と欧米観」(『慶應義塾大学新聞研究所年報』第一〇号)が公表され(I―一)、十二月「「時事新報」論説における朝鮮問題(1)――壬午軍乱前後」(『慶應義塾大学新聞研究所年報』第一四号、一九八〇年三月)で、朝鮮問題の原型が示された(II―六)。

次いで、一九七九年三月「福澤諭吉の朝鮮観――その初期より「脱亜論」に至るまで」(旗田巍先生古希記念会編『朝鮮歴史論集』下)(I―二)、四月「「時事新報」論説の対清論調(一)――創刊より明治十八年まで」(『福澤諭吉年鑑』

第六号、一九七九年一〇月）（Ⅱ―三）、八月に「「時事新報」論説の対清論調（二）――明治十九年より明治二十六年まで」（『福澤諭吉年鑑』第七号、一九八〇年十月）（Ⅱ―四）を執筆した。

青木功一は、こうした業績が認められて、一九八〇年四月、横浜市立大学に講師として招かれた。しかし、新しい研究の場を得たのも束の間、前年八月に執筆した論文の公表を前にして、一九八〇年七月二十八日、急性胃腸内出血で逝去した。

青木の机の上には、絶筆「福澤諭吉の朝鮮観」が置かれていた。八月下旬に横浜市立大学教員有志（幹事・伊藤昭雄、加藤晴康、加藤祐三）によって開催される予定の夏期シンポジウム「日本の近代思想におけるアジア」で、青木は「福澤諭吉の朝鮮観」の報告をすることになっていた。そのほぼ一ヶ月前に準備を完了しており、さらに推敲と補筆をするつもりであったろうと推測されるが、十分整っていたという（山極晃氏「後記」）。この論文は、翌一九八一年五月、『横浜市立大学論叢』第三二巻第一号にそのまま掲載された。横浜市立大学に赴任しての最初の論文が、このような未定稿で終わったことは、青木ならずとも慚愧の念に堪えない。

「福澤諭吉の朝鮮論」は、青木のこれまでの慶應義塾大学新聞研究所での研究成果を凝縮させたものとみることができる。福澤は、一八七〇年代の朝鮮には何ら関心の対象にはしていなかったが、八〇年代になると一変して列強の脅威から中国、朝鮮が侵略されれば日本の独立確保が危ぶまれるから、「近時の文明」に導かねばならないと説く。この「近時の文明」の主張は、「政治思想としては、最も発展した変法論、あるいは新民論というべきもの」と見なすところに、青木の原点が一貫して継承されていることがみられる。以下、若干引用しておこう。

福澤の考えるところでは、この新民論は独立を守るための最も正しい方法であるのだから、それを独立確保を必要としているアジアの国に強制するのは正しいことであり、また日本にとっても利益となると彼は判断したのであろう。そして、こうした政治的連帯関係以外に、アジアとの歴史的・文化的連帯感をもってそれを尊重する方策を考慮するということは、当時の苛烈な状況が許さず、それは福澤の意識に上らなかったものと思われる。従って、一八八二年以後の福澤の朝鮮論は、差し当っては強制的新民論に沿ったものであり、またここでは取り上げないが、その清国論も、ある程度朝鮮論と似たものである。(一〇二頁)

こうして、この数年来対象としてきた『時事新報』の論説、漫言などから、他の筆者の論考を含めて、一八八二年から九三年にいたる、朝鮮をめぐる国際情勢への視点を分析している。

すでに完成していた最後の論文も、三ヶ月後の一九八〇年十月の『福澤諭吉年鑑』第七号に「遺稿」として掲載された。

旗田巍は、青木の突然の悲報に驚き、従前に引用してきた「青木功一君の死を悼む」を書いた。「青木君は誠実で潔癖といってよいほど正義感が強かった。人前では、あまり多くを語らなかったが、不誠実なものや不正義なものに対しては妥協せずに反発し、孤高を恐れなかった」。しかし、「よく勉強し立派な業績をあげたにも拘らず、青木君は社会的にはむくわれなかった」。「篤学の士が一人去った」と。

慶應義塾大学新聞研究所に便宜を図ったことを回顧する福澤諭吉協会理事の土橋俊一も、次のような追悼文を寄せた。「多年の蓄積が一気にほとばしり出たかのような、それでいてきわめて手堅い研究成果の発表であった。……逝去の一か月ばかり前、これまでの研究論文を整理して一冊の本にまとめてはどうかと提案したことも、いまは叶わぬ望みとなった。/青木さんはこの春、横浜市立大の講師に迎えられはしたものの、その実力が学界でこれからようやく花開こうとしていた矢先だっただけに、惜しい人を亡くしたとの想いの一入切なるものがある」。

二　青木功一の福澤諭吉アジア論

Ⅰ　福澤諭吉のアジア観

本章では、青木功一が出発点とした、「脱亜論」を執筆するに至る福澤のアジア観を分析する二つの論考を掲載した。対清、次いで対朝鮮に関する見方をどのように形成していったか、あるいはどのように変わっていったかを、『時事新報』発刊以前と、発刊から「脱亜論」までにわたって見通している。

青木の「福澤諭吉のアジア観」を見る前に、当時の「脱亜論」および福澤諭吉のアジア認識がどのように論じられていたかを一瞥しておこう。

「脱亜論」は、福澤の執筆当時、同時代のどの論者からもまったく問題視されなかった。むしろその数年後には、「脱亜論」の影響としてではなく、「脱亜入欧」が流行語になっていった。また、昭和戦前期でも、福澤の「脱亜論」を問題にした論考はほとんど見られなかった。戦後、服部之総が丸山真男を揶揄する中で問題にされたのが、始まりといってもよいが、その後も福澤論の大きな問題としては取り上げられたわけではなかった。「脱亜論」が、戦前日本のアジア侵略論の嚆矢として位置づけられ、福澤の思想的問題としてクローズアップされたのは、丸山の思惟様式に着目する思想史としてではなく、『全集』所収の時事新報論説を時の動きと対応させながら丁寧に時系列に読み解いた、遠山茂樹氏の『福澤諭吉』（東京大学出版会、一九七〇年）においてであった。

遠山氏の批判は、いうまでもなく、羽仁五郎、丸山真男の福澤論に対して向けられていた。遠山氏は、丸山の「基本的な考え方にも拘らず起った変化」（「福澤諭吉の哲学」一九四七年。『福澤諭吉の哲学 他六篇』（松沢弘陽編）岩波文庫、二〇〇一年、所収）を受け入れつつも、「国際政治の場合には、立論の変化は必ずしも具体的状況に対する処方箋の変化にとどまらずに、ヨリ深く地殻の論理自体にまで及んでいる。しかも福澤において一貫して国際的観点が国内的観点に優先していたために、国際政治論の推移は必然的にその国内政治論に対する衝撃《インパクト》の変圧をも齎さざるをえない」

(『福澤諭吉選集』第四巻「解題」、岩波書店、一九五二年。前掲書、所収)と述べるのに対して、「地殻の変化は、国内政治論にも起こっている」と批判して、「『文明論之概略』と『時事小言』と『脱亜論』と日清戦争義戦論とを同一視し、同じ思想が情況の変化によって表現の仕方を異にしたのだと見ることはできない。段階を追って、量の変化から質の変化に転化したと考えぬわけにはいかない」として、「福澤の思想をもって、歴史の発展を明らかにするための史料として考える」と叙述の意図を鮮明にし、「脱亜論」については、「西洋文明東漸(言葉をかえればヨーロッパ列強のアジア侵略)の勢はこれを防ぎとめることはできないという断念を強く表明した」と見なした。しかし、『時事小言』を経て十五年十二月の『東洋政略果たして如何せん』となると、西洋列強の侵略の主張へと急速に変わることとなった。彼は国内政治論でも政府を先導したが、それ以上に、朝鮮・中国侵略論では、政府の方針に先んじ、これを激励鼓舞した。なぜアジア政策論で、これほど侵略的であったかは、彼の思想の本質を明らかにする上で、重要な鍵を提供するものである」と、「脱亜論」が突然現れたものではないことを示すと同時に、日清戦争義戦論の準備と位置づけたのである。

そして、その後の「脱亜論」に対する評価を見ると、甲申事変への関与に対する「過失を正義としてしまう力の論理」の背後に「昂奮を演じたあとの苦渋の思いを読みと」る遠山論を踏襲したというよりは、独自の観点から分析することなく、単なる結論の孫引きにすぎないものがほとんどである。福澤の「脱亜」はこれ一回のみであり、「脱亜入欧」の語を福澤は用いたことがなかったことは、もはや常識になっているはずなのだが、「脱亜論」=「脱亜入欧論」が福澤の主張であるかの如く、そうした記述が現在では高等学校の教科書にも登場する始末である。

しかし、一九七七年十月、坂野潤治氏が『明治・思想の実像』(叢書・身体の思想8、創文社)を著し、「朝鮮改造論の放棄は、福澤におけるあきらかな対外論の転換であった」として、「アジア改造論」から「アジア侵略論」の出発と見なされてきた「脱亜論」を、「彼の対外論は彼が朝鮮改造論を唱えていたときの方が、「脱亜論」以後よりも、はるかに侵略的であ」り、「もし観点をアジア侵略か否かという点にしぼれば、「アジア改造論」時代の福澤は「脱亜論」以後の福澤よりも、はるかに糾弾に値するものであった」とし、朝鮮観と中国観の区別を要求して、従来の捉え方を一変させた。次いで、一九八一年の『福澤諭吉選集』第七巻「解説」（岩波書店。のちに「福澤諭吉にみる明治初期の内政と外交」と題して『近代日本の外交と政治』研文出版、一九八五年に収録）で、「明治十四年初頭から十七年の末までの福澤の東アジア政策論には、朝鮮国内における改革派の援助という点での一貫性があり、「脱亜論」はこの福澤の主張の敗北宣言にすぎない」とされ、さらに一九八三年には、「明治初期の対外観」（国際政治学会編『日本の外交思想』有斐閣。のち前掲書収録）で、「長期的な意味での対外観理解と、福澤諭吉が明治一〇年代にアジア改造論から脱亜論に転換したとする丸山真男氏以来の脱亜論理解とは両立しがたいように思われる。今日においても基本的には継承されつづけている丸山氏の脱亜論理解の枠組は、次のようなものであった」として、丸山の前掲「解説」を引用する。

彼の対朝鮮および中国政策論が、それらの国の近代国家への推転を促進して共に独立を確保し、ヨーロッパ帝国主義の怒濤から日本を含めた東洋を防衛するという構想から出発しながら、両国の自主的な近代化の可能性に対する絶望と、西力東漸の急ピッチに対する恐怖からして、日本の武力による「近代化」の押売りへ、更には列強の中国分割への割り込みの要求へと変貌して行く思想的過程はもはや紙数も尽きたので立ち入らない。

坂野氏は、その「脱亜論」理解の枠組み「アジア連帯→アジア改造→脱亜」を否定し、「「脱亜論」などは、一新聞記者が感情に駆られて書いた駄文以上の意味を全く持たなくなる」とまで言い切ったのである。ようやく「脱亜論」は、「特別視」から脱却し始めることになった。

一方、丸山真男は、それ以降長く「脱亜論」に言及することはなかったが、一九九〇年九月十二日に日本学士院で「福澤諭吉の「脱亜論」とその周辺」と題する「論文報告」を行なった（『丸山真男手帖』第二〇号、二〇〇二年一月、掲載。『福澤諭吉年鑑』第二九号、二〇〇二年十二月、再録）。その内容は、「脱亜論」者福澤のイメージは戦後に登場したこと、『時事新報』への日原昌造の寄書「日本ハ東洋国タルベカラズ」で「興亜会」に対して「脱亜会」を用いたことに由来すること、『山陽新聞』の鈴木券太郎の社説「欧州主義ヲ貫カザルベカラズ」で「脱亜入欧」が使われたこと、「興亜」に関する中国の洋務派と朝鮮の衛正斥邪派、朝鮮開化党の紳士遊覧団と興亜会の関係を説き、冊封体制と近代国家理性との出会いの中の「脱亜論」を論じている。とくに最後の部分で、中国の冊封体制を、近代的な国際関係とは根本的に違う、「中華を中心とする礼的秩序」で、軍事的援護はその一環にすぎないことを示し、そこにパワー・ポリティックスが入ってくる、冊封体制の政治化になるのであって、それを考慮に入れなければならないことを指摘する。「最近の研究を見ますと、近代的な国際関係を前提にして［福澤が］ここで強硬策に転じたとか、ここで和平策を取ったとか言いますけれども、［福澤が］開化派が天下を取っているときには、非常にそれに対して積極的な見解をとっている。そして、今度は事大派が天下を取っているときには、非常にペシミスティックになる。［朝鮮］国内におけるどういう勢力が力を得つつあるか、あるいは、それが失脚したかということによって、福澤の対外政策は、まるで変わるわけです。それとの関連を見ないで、現在の国際関係を見る目で、侵略だとか侵略じゃないとか言うと、私はこれは歴史的事実としては、必ずしも正確じゃなくなると思うんです」と現在の研究動向を「一般的に」批判するのである。

青木が『時事新報』を対象とした研究に着手し始めるのは、一九七七年四月のことであった。したがって、坂野氏の新見解を知るよしもなかった。まさに『時事新報』にのめり込んだ中での作業からの成果なのである。

以下、論文ごとに「解題」していこう。

一　「脱亜論」の源流――『時事新報』創刊年に至る福澤諭吉のアジア観と欧米観

（『慶應義塾大学新聞研究所年報』第一〇号、一九七八年三月）

青木は、「脱亜論」の末尾にある「処分」という用語に注目する。それは、「アジア侵略」の意に解されているが、この年の年頭の一文を紹介して、「処分」という語は、現在の用法とは異なり、「対処」というほどの意味であるとする。したがって、その意味は「先づ国の独立丈けは取留め」るために兵力と鉄道の整備を期待するというものであり、そこには「とても侵略の企図をもつことのできる段階とはいえない」。と同時に、かえって三年前の『時事新報』創刊年の社説の方に、「世論操作的な要素」と「侵略主義」的感覚が認められ、「全体としてみれば理想と現実――彼の所謂「正道」と「権道」――の二元論を基本とするようになった」とし、その上に立って、『学問のすゝめ』『文明論之概略』以降『兵論』までの論考と「脱亜論」との比較を試みていく。

一八八〇年代初頭の欧米の転換に際して著された『時事小言』の中から、欧米の侵略への協調ではなく、一時的にもせよアジア東方の保護の責任を、「今日「指導者意識」という否定的評価を受けているにせよ、福澤が初めて発したアジア連帯の発言である。比喩的にいえば、彼はこの僅かの期間「入亜」したといえるであろう」とする。

しかし、創刊の一八八二年七月の壬午軍乱の勃発により、アジア観、特に清国観は大きな変貌をみせる。清国が軍備を拡充すれば、日本の独立を脅かすことになり、連帯どころではなくなる。「清に対する恐怖と、清が占領された場合の欧米列強に対する恐怖とが二重写しにされている」。ここにすでに「「脱亜論」の骨子が、紆余曲折を経て、この時、即ち『時事新報』創刊年の後半期に、既に殆んど完成を見たといえるであろう」とする。そして、「福澤が、本来「入亜」でも「脱亜」でもなかったことは、これまでに述べてきたところから見て、明らかであろう。彼は日本の独立ということだけを問題にしていたのであり、状況の変化に伴って、独立の方途如何を論じる際に、そのアジア観が変化していったことがうかがわれる」として、「それ故に独立確保に関して、一切の制約をもたないというのが「脱亜論」の本旨ではなかったろうか」と結論する。

青木の福澤論の到達点をみることができる。そのため、本書の巻頭論文とした。

（『朝鮮歴史論集』下、一九七九年三月）

二　福澤諭吉の朝鮮観――その初期より「脱亜論」に至るまで

「一「脱亜論」の源流――『時事新報』創刊年に至る福澤諭吉のアジア観と欧米観」で、一八七二年の『学問のすゝめ』以降、一八八二年の壬午軍乱を経て執筆された『兵論』までの論考から、主として清国観の変化を検討しつつ、「脱亜論」にいたる思想形成の過程を明らかにしたのに対して、この論文では、その朝鮮観に対象を限定して論じている。

青木は、一八七五年には、朝鮮は日本の独立とは関係のない国として関心外に置かれていたが、一八八一年段階には、「新たに出現した指導者意識によって裏打ちされており、目下の同盟者としての朝鮮が措定されることになる。もはや六年前のように、朝鮮は無関心の対象ではなく、やむを得ない場合には力でその進歩を脅迫してもよいという、武力干渉を是認した強い関心の対象となっているのである」と総括する。

ここから、創刊以降の『時事新報』の論説を、年次ごとに考察する。

一八八二年。まず、「朝鮮における日本の優位性が強調され」、「自衛の用意」として「武力干渉」が容認される。さらに、七月に壬午軍乱が発生すると、「強硬方針」、「保護国的措置」、「恫喝外交」を主張する。ただ、「武力による国土割譲要求の意図のないことを断っている」。済物浦条約締結後は、「朝鮮進出の使命感を述べ」、償金の贈与案に「好意的な提案」を読み、日朝清三国の「連帯による欧米からの独立確保をいう」が、「指導者意識は相変らず続いている」という。と同時に、清の動きに警戒感を募らせていることも指摘する。

一八八三年。「朝鮮問題が清との関係を抜きにしては考えられなくな」り、「連帯意識と共に武力干渉の姿勢を崩していない」が、三月頃から「朝鮮が独立の実をあげ得ないことを歎じ」、「絶望感がしのびよっているのを感じさせる」。朝鮮政略としてあげられた、武力、宗教、学問、に次ぐ第四策の市場開放要求について、それが実現すれば「経済侵略の歩みを踏み出すことになったであろう」とする。そして、一転して欧州列強の動向に注目する。それは「福澤の理想主義的外国観が現れてい」たが、フランスが安南を保護国化する安南事件が起きると、「従来、朝鮮と他の国との関係は清に限られていたが、これに加えて西洋列強の侵略を受ける恐れのある国として、朝鮮を意識しなければならない」段階に入っていく。

一八八四年。朝鮮と英独の条約締結問題、前年の安南事件を前哨戦として、この夏に始まる清仏戦争を発端とする「欧亜抗争」を予測して「弱肉強食の冷厳な現実を直視している」。この年の十二月四日、甲申事変が起こる。当初は、日本と無関係な事件、内政不干渉を言いつつ、日本軍攻撃への非難、謝罪と損害賠償の要求から、武力行使へと態度を硬化させていく。

一八八五年。甲申事変の交渉の帰着に満足の意を表し、「独立確保のために」日清間の覇権を争う態度を明確にし、「朝鮮における清の支配にあくまで抵抗しようという」のであり、朝鮮独立党の処刑は野蛮の惨状だとして開化派支持の態度は崩さず、政敵に対する残酷さを攻撃する。

それから一ヶ月後、「脱亜論」が掲載される。これを評して青木は、「甲申政変以後、清と朝鮮の将来に対する期待感が全く消滅して絶望感のみに支配されていたようである。そのために連帯の観念は全く捨て去られ、日本の独立確保のために、一切の制約のない外国として行動することをいうものであろう」とし、「甲申政変後の状況に絶望したために書かれたのが「脱亜論」であろう」と結論する。

Ⅱ　『時事新報』とアジア

本章では、青木功一が、一九七六年に慶應義塾大学新聞研究所に研究員として、創刊号からの『時事新報』を捲る作業を開始し、福澤諭吉の執筆に限らず、「論説」「漫言」「雑報」「外報記事」を精読しながら、問題の個所をカードに採るという作業を繰り返す中で纏め上げた論考を掲載する。この作業は、「「時事新報史」研究の一部として、その論説の対外論調を検討する」ことを目標にし、まず、一九七七年四月に「福澤諭吉の対外観に関する覚書――「時事新報」創刊に至るまでを中心として」として『三田評論』(第七六九号)にその全体像が示された。次いで、九月に五の「創刊年の「時事新報」に見る複眼的対外観――明治十五年三月～十二月の主要外報記事より」、翌七八年一二月に、六「「時事新報」論説における朝鮮問題(一)――壬午軍乱前後」が執筆された。そして、一九七九年四月から八〇年八月にわたって三・四の「「時事新報」論説の対清論調」(一)(二)へと続いていく。

論文解説に先立って、Ⅰでは「脱亜論」に関する主要な研究論点を示してきたが、Ⅱに関しては、もう一つ『時事新報』の「社説」をはじめとする記事の性格に言及しておく必要がある。一九五八～六四年に刊行された『福澤諭吉全集』全二一巻(岩波書店、再版一九六九―七一年、別巻を加える)の第八―一六巻が「時事新報論集」となっている。ここには、福澤署名論文以外に、石河幹明によって認定された論考、富田正文が原稿を確認した論説が収録されている。これらの無署名論文について、井田進也氏が、石河の認定論文のうちどこまでが福澤の文章といえるのかという根本的疑問を出され、福澤論説認定に対しての議論が続いている(この点については、都倉論文参照)。

この認定問題は、青木の研究段階には存在しなかった議論であるから、ここで問題にする必要はないのだが、一言付け加えておこう。『時事新報』が福澤によって創刊された新聞であり、多くの社説を執筆しただけでなく、毎日出社し、新聞発行について細々としたことまで指示を与え、また若手の文章の添削も行なっており、旅行中ですら原稿を送るなどの指示を与えていたことから見て、わずかな日々をのぞいて、福澤が関与しなかった日はなかったといえるであろう。「福澤はコンダクターの役割を果たしていた」(小室正紀氏)という言葉は正鵠を射たものといえよう。いわば私は、晩年の病気の時を除いて、すべて福澤が「責任者」として「関与」して発行されていたと考えている。いわば

「福澤工房」の作品といえよう。まさに青木は、「個」としての福澤ではなく、『時事新報』＝福澤諭吉として、したがって『福澤諭吉全集』の「時事新報論集」にのみ拠ることなく、「時事新報」「雑報」「漫言」「論説」などはもとより、「外国電報」「海外新報」「朝鮮通信」など外報記事と呼ばれるものにまで対象を広げて、『時事新報』＝福澤諭吉の全体像へ接近していく方法をとったものと考えられる。

　認定問題は、確かに青木の段階では問題視されていなかったのだが、『時事新報』の多彩な記事の性格については、すでに青木は注視していたのである。論文五「創刊年の『時事新報』に見る複眼的対外観」で『時事新報』の論説の筆者について、青木は、福澤諭吉を中心に他の筆者を合わせて「彼ら」と一括して議論を開始する。この措置はむしろ当然のこととしてよいが、それを断ることから始めていることは、すでにこの段階で、そこに一定の問題を感知していたと考えられる。次いで、論文六「『時事新報』論説における朝鮮問題（一）」でも、論文五と同様に、『時事新報』の論説の筆者として福澤と他の筆者を「彼ら」と一括して扱ってきているが、福澤執筆の論説には「福澤主筆」と断り書きがなされ、引用註には＊印を付した区別がみられる。この稿は一八八四年で終わっているが、一九〇一年までを対象として執筆が開始されており、晩年の時期まで含めて、すべてに福澤の関与を意識的に考えていたとみることができよう。

　では、論文ごとに「解題」していこう。

三　『時事新報』論説の対清論調（一）――創刊より一八八五年まで

（『福澤諭吉年鑑』第六号、一九七九年十月〔一九七九年四月記〕）

四　『時事新報』論説の対清論調（二）――一八八六年より一八九三年まで

（『福澤諭吉年鑑』第七号、一九八〇年十月〔一九八〇年八月記〕）

論文の題名に明らかなように、一八八二年三月から一八九三年までの、『時事新報』の「論説」のなかから福澤の「対清論調」の変化を見ようというものである。（一）の「はじめに」で述べているように、「時事新報史」研究の一部として、まず、清国を対象にした論考である。

（一）は、壬午軍乱から、清仏戦争、甲申事変、「脱亜論」後まで、（二）は、清国の国際的地位の向上、長崎事件、清国の将来、経済及び国際関係、総合的評価、競争と協調、対清論調の硬化などが、日付順に取り上げられ考察されている。

五　創刊年の『時事新報』に見る複眼的対外観——一八八二年三月〜十二月の主要外報記事より

（『福澤諭吉年鑑』第四号、一九七七年十一月（一九七七年九月記））

福澤諭吉の対外観の前提に日本の「独立確保」をみた青木は、創刊年の『時事新報』の「時事新報」「雑報」「外国電報」「海外新報」「漫言」「論説」「寄書」「朝鮮通信」欄から福澤が期待する「独立確保」に関する「外報記事」をすべて採録する。『時事新報』の論説の筆者を福澤諭吉を中心に他の筆者を合わせて「彼ら」と一括して議論を開始する。

青木は、こうして抽出された「外報記事」から、エジプト、アイルランド、朝鮮、トルキスタン、ベトナム、社会主義、ユダヤ人に関する七つの主要な問題について詳述し、その特徴を明らかにし、「以上の七問題の集中的表現が、……列強の軍国主義の強化であり、それが日本に向って、さながら上げ潮のようにひたひたと迫ってくるのを感じとっていたのである」と見なす。

こうした、「全世界の出来事を一つの連動体の動き」とみる見方を、青木は「複眼的」思考としたのである。

六 『時事新報』論説における朝鮮問題（一）――壬午軍乱前後

（『慶應義塾大学新聞研究所年報』第一四号、一九八〇年三月〔一九七八年十二月記〕）

本論文は、福澤諭吉が主筆を担当した、一八八二年の『時事新報』の創刊から一九〇一年までを概観して、長期的に朝鮮関係の論説の特徴を明らかにしようとして、その（一）として、一八八二年から八四年までの、壬午軍乱前後をまとめたもので、『時事小言』から壬午軍乱を経過する過程で、一八〇度の転回を行なった点を実証したものである。これは、一九七八年十二月にまとめられたものであるが、ほぼ同時に、「脱亜論」を検証するために、さらに詳細な論文（I―二）を執筆し、翌年三月に公表している。したがって、この時代を「朝鮮に対する理想主義の時代であった」とする論旨は同様であるが、「脱亜論」を見通すことを目的としたものとは異なり、長期的な文脈の中でのこの時期をとらえようとしていることを考慮して、論旨の重複を厭わず収録した。

なお、本稿の末尾で、「日本ハ東洋国タルベカラズ」と題する「在英特別通信員・豊浦生なる署名の長文の論説」が取り上げられている点は注目すべきであろう。いまでこそ、「豊浦生」が日原昌造であることが知られるが、青木は知り得なかったと思われる。日原は、一八八〇年に横浜正金銀行に入り、翌八一年小泉信吉とともに渡英、ロンドン支店の開設の準備に当たる中で、『時事新報』に「倫敦通信」を送っていた（日原昌造については、岡部泰子「小伝　日原昌造」『福澤手帖』110、二〇〇一年九月、参照）。「興亜会」を否定して「脱亜」を進めるこの論を「福澤の「脱亜論」として知られるものの先駆として、その四ヶ月前に提案された脱亜論で、国の滅亡か脱亜入欧かという形で政策の選択を迫るものであり、この時期の深刻な国際情勢の反映と見るべきものであろう」と結論づけている。

後続予定の（二）は、翌年の青木の急死により構想だに明らかではなくなってしまい、「福澤主筆時代」から「一挙に朝鮮を開化させるという方針」に転化する時代以降の論考が途絶えたことは、残念というほかない。「朝鮮観」全般の見通しは、一九八〇年八月に予定されていた、横浜市立大学の夏期シンポジウムのために準備されていた、

「福澤諭吉の朝鮮観」に認められるに過ぎない。

この稿では、論文五と同様に、『時事新報』の筆者を「彼ら」と一括しているが、福澤執筆の論説には「福澤主筆」と断り書きがなされ、引用註には＊印を付した区別がみられる。

Ⅲ　福澤諭吉と朴泳孝

本章に収録した三論文は、青木が最初に取り組んだ朝鮮近代思想研究の成果である。

前述のとおり青木は、一九六八年四月に東京都立大学大学院人文科学研究科修士課程に入学する前年から旗田巍の演習に出席を許されて、朴泳孝の「上疏」を読み始めた。その成果が早くも入学の一年後に現れた。一九六九年四月に『三田評論』第六八一号に「朝鮮近代思想と「西洋事情」――朴泳孝の上疏について」という習作を発表、七月に『朝鮮学報』第五二輯に掲載された「朝鮮開化思想と福澤諭吉の著作――朴泳孝「上疏」における福澤著作の影響」で（Ⅲ―七）、その本格的な研究論文として結実を見た。次いで、「朴泳孝「上疏」の清末変法論的特徴について」を執筆し、両論文を併せて修士論文として提出した。後者の論文は、しばらく時間をおいて研究を再開した段階で大幅に改稿され、一九七五年十月に完成をみて、「朴泳孝の民本主義・新民論・民族革命論――「興復上疏」に於ける変法開化論の性格」として『朝鮮学報』第八〇輯、第八二輯に掲載され（Ⅲ―八）、さらに一九七六年八月には「福澤諭吉・朴泳孝・梁啓超の新民論――東アジア近代思想の相互関連性」『福澤諭吉年鑑』第三号が発表された（Ⅲ―九）。

これらの論文を通観する青木の問題意識は、朝鮮開化派の代表的人物である朴泳孝に対する福澤諭吉の影響にあり、さらに清朝末期の政治思想における洋務論―変法論―革命論という変化との相関関係にまで視点を広げている。青木は、朴泳孝の「上疏」を「現在、開化派の思想を包括的に知ることのできる唯一の資料」（一九三頁）として、その考察の中核に据える。そして、その四分の一に福澤諭吉の影響を指摘する。当時は、アジア諸国に及ぼした福澤の思想の影響がようやく取り上げられ始めたときでもあるが、詳細な研究は、青木の論文が最初である。その叙述方法は、「上疏」を逐条的に引用し、それに福澤の代表的著作、中国の古典を対比させる。この逐条的比較方法は、以後の青木の研究方法を決定づけたものとなる（詳細については、西澤直子論文を参照）。

福澤諭吉と朴泳孝との最初の出会いは、朴が一八八二年十月に、壬午軍乱の修信大使として来日した時である。それ以後、井上角五郎らの渡朝、慶應義塾への朝鮮人留学生の入学など、福澤の朝鮮問題との密接な関わりが始まっていくのであり、壬午軍乱以降、甲申政変をへて「脱亜論」に至る、福澤と『時事新報』の論調については、すでにⅠ、Ⅱでみたとおりであった。一八八四年十二月に金玉均らが引き起こしたクーデタの失敗後、亡命生活を余儀なくされてアメリカを経て日本に滞在中の朴泳孝が、一八八八年二月二十四日に国王への建白書として執筆したものが「上疏」であった（朴泳孝については、三九二頁参照。「上疏」について、青木は、外務省編『日本外交文書』第二十一巻、一九四九年所収の、「朝鮮国関係雑件」中の「朝鮮国内政ニ関スル朴泳孝建白書」によっている）。

朝鮮開化思想の研究、とりわけ朴泳孝の開化思想についての研究は、当時、青木も言及している、金熙一、丁仲煥のほかほとんどなく（直後に、姜在彦氏の研究が発表される）、その草分けの一つとして位置づけられる。さらにまた、福澤諭吉の影響に関する比較研究は、青木の研究以後も皆無に等しかったといえる。

七　朝鮮開化思想と福澤諭吉の著作——朴泳孝「上疏」における福澤著作の影響

（『朝鮮学報』第五二輯、一九六九年七月）

本論文は、青木功一が著した最初の本格的論文で、本論文と後掲の論文八とを併せて、一九七〇年一月に東京都立大学大学院に修士論文として提出された。

朴泳孝の「上疏」の四分の一にみられる福澤諭吉の影響を、「上疏」のほとんどの文章を一文ごとに分解して、綿密に比較考察したものである。『西洋事情』を中心として西欧の近代知識を、『学問のすゝめ』『文明論之概略』から人民の知識、近代的な社会意識の具体的方法論を摂取し、さらに男女論については「日本婦人論」『日本婦人論後編』を参照したことを明らかにする。また、ウェーランド、ブラックストーン、ギゾー、バックルら外国書の影響も福澤を通してのものであることを論じる。そして、福澤の儒教批判は千言万句一も採らず、「儒教を基礎とする自己の思想を捨てようとは全くせず、その最大限の拡張解釈の中に、新思想を包括させようと試みた」と結論する。この結論と末尾での清末変法論との合致への指摘は、次の論文への導入と見ることができよう。

八　朴泳孝の民本主義・新民論・民族革命論――「興復上疏」に於ける変法開化論の性格

（（一）『朝鮮学報』第八〇輯、一九七六年七月）

（（二）『朝鮮学報』第八二輯、一九七七年一月、〔一九七五年十月記、一九七六年十一月追記〕）

本論文は、論文七の続編として「朴泳孝「上疏」の清末変法論的特徴について」の題名で執筆され、一九七〇年一月に提出された修士論文の「第二部」を構成したものを再検討し、大幅に改稿されたもので、量は倍になり、結論も変更している。数年に及ぶ学問的中断があったため、新たな研究成果に触れることができ得ず、使用された「参考文献」は一九六九年末までのものである。

「上疏」に引用されている中国古典を原典と対照させ、その「経書」の特徴を明らかにし、福澤および福澤を通して得た外国書の思想＝「西政」、さらに十七世紀に成立した『明夷待訪録』『日知録』との類似性にも言及しながら、「上疏」の「変法論」を論証する。また、梁啓超の「新民説」との同一性を見出し、「興復上疏」を変法論の進化した「新民論」とし、梁への福澤の影響にも言及する。こうして、清の支配の排除、政府の専制支配と伝統的不平等の廃棄を目標としており、それは「亟図興復」の一句に集約されることから、「上疏」を「興復上疏」と呼ぶことを提案し、次いで「甲申日録」との一致から甲申政変の改革内容の継承と確認し、「民族革命」とする。西洋文明の完全摂取のために、儒教至上主義教育が否定され、教育による国民意識の高揚が中心課題とされる。さらに一四世紀以降の歴史的由来から変革思想、直接的には実学思想の継承を傍証しつつ、朝鮮変法論の形成とその特色を、「洋務開化論」から「変法開化論」への展開を明らかにし、洋務開化論および清末変法論との差異を論じる。

なお、巻末に「付論　姜在彦氏の論評と諸説について」をおく。これは、論文七について、姜在彦氏が『近代朝鮮の変革思想』（日本評論社、一九七三年）で論評したことに対する回答と、姜氏の「変法思想」の使用方法についての疑問からなっている。本論文初出時には、このほかに「三人の新民論者」と「福澤思想の内因」とが付論として掲載されていたが、論文九と重複する記述が多いため、本書には掲載しなかった。

九　福澤諭吉・朴泳孝・梁啓超の新民論——東アジア近代思想の相互関連性

（『福澤諭吉年鑑』第三号、一九七六年八月）

本論文は、論文八の脱稿後に執筆され、（一）の発表の翌月に掲載された。内容としては、論文七・八で論じた、福澤諭吉と朝鮮開化派の関係、朴泳孝「興復上疏」への福澤の影響とその「新民論」的性格を総括的に述べ、論文八で十分に展開することができなかった梁啓超と福澤との関係、梁の「新民説」に対する福澤の影響を考察し、福澤の影響下における朴泳孝と梁啓超の新民論の歴史的由来を論じ、福澤思想の歴史的由来に及んでいる。そして、福澤の『学問のすゝめ』と『文明論之概略』を、「新民論的性格」と位置づける。

（かわさき・まさる）

解説――青木説からの展望1

時事新報論説研究をめぐる諸問題

都倉武之

一　はじめに

本稿は、青木功一の論考のうち、福澤諭吉が創刊した日刊新聞『時事新報』の東アジアを巡る言説を検討した一連の研究の意義を考える上で、有益と思われる時事新報論説を巡る諸問題を整理し考察するものである。

現在、時事新報社説については、無署名で掲載された社説のいずれを福澤の全集に収録するのが適切であるか、社説をどのように読み解くべきであるかについて多くの議論が生じている。青木の一連の研究はこの状況が生じるはるか以前のもので、当時は余り顧みられなかったが、今日の研究状況にこそ合致し、改めて見直されるべき観点を有している。ここではまず、一連の研究が残された背景を説明しておきたい。

一八八二年（明治十五）に創刊された『時事新報』は、一九三六年（昭和十一）に廃刊（戦後も一時再刊）となり、半世紀強の歴史を重ねながらも社史が編纂されずに終わった。これを惜しんだ関係者は、一九七三年慶應義塾大学新聞研究所（現メディア・コミュニケーション研究所）に働きかけ、同研究所の事業として時事新報史が編纂されることとなった。そのため、一九七四年以降、同研究所所員を中心に時事新報に関する多くの論考が蓄積された（『新聞研究所年報』所載関係論文は一九八二年までで一〇本を数える）。

青木はこの動きとは別に、朝鮮近代史への関心を端緒として福澤や『時事新報』に着目、『福澤諭吉全集』に収録されていない社説や外報記事を点検する必要性に行き着く。当時は時事新報縮刷版がなく、青木は慶應義塾図書館所蔵の原紙閲覧を乞い、それを契機として新聞研究所の研究員に迎えられた。青木の論考は、同研究所の事業と軌を一にしたことによって、福澤に重きを置きつつも『時事新報』全体に目を配る緻密で網羅的な研究姿勢となったと考えられる。

残念ながらその後、青木の早すぎる死に加え、このプロジェクトの他の担当者であった東季晴の物故、同研究所の方針変更などに伴って時事新報史編纂事業は頓挫してしまうこととなった。(1)

ここで改めて注目したい青木の研究の先見は、連日の時事新報社説の中から福澤諭吉の主張を切り出すのではなく、通史として『時事新報』の主張の全体像を検討した点にある。「『時事新報』論説の対清論調（一）、（二）」「『時事新報』論説における朝鮮問題（一）」は全集未収録の多くの社説にも目を配り（全集収録の社説は註において「福澤主筆の執筆によるもの」として＊印によって区別されている）、また、「創刊年の『時事新報』に見る複眼的対外観」では、その研究対象を連日の外報記事にまで広げている。

現在までに『時事新報』社説を時系列で読み解く研究は数多く蓄積されているが、それらは『福澤諭吉全集』収録分のみを対象としており、紙面に戻り社説全てを通して検討する試みは、その後全くなされていないのである。

また、「I福澤諭吉のアジア観」に収める「「脱亜論」の源流」は、『時事新報』の主張と同紙創刊以前の福澤著作を一貫した流れの中で捉えようと試みたものであり、「福澤諭吉の朝鮮観」は、全集に収録された社説だけに依拠しつつも、個別の社説に固執してその揺れに着目するのではなく、むしろ国際情勢に伴う福澤の主張の変遷の大局を見極めようとする態度が貫かれており、研究態度は「II『時事新報』とアジア」と共通し、一体をなすものといえよう。

本稿では、特に青木のこれらの論考、とりわけ『時事新報』をめぐる諸論考を見直すため、時事新報社説のそもそもの性格や福澤の執筆意図に着目し、『時事新報』社説の全体を検討する青木論文の再評価を促したい。今後青木の論考およびその研究姿勢を踏まえ、より一層福澤および『時事新報』の研究が深まることの一助となれば幸いである。

二　時事新報論説とは

『時事新報』は福澤諭吉が一八八二年三月に創刊した日刊新聞であり、その後四半世紀余りの福澤の言論活動はこの新聞を通して発信された。その間の福澤の言論は『時事新報』の「社説」ないし「論説」と呼ばれ、『福澤諭吉全集』全二一巻の第八～一六巻（『時事新報論集』）に収録されているものが主に研究に供されてきた。これには①社説、②漫言、③その他の論説の三種類が含まれ、それぞれ性質が異なる。まずその別を見ておこう。

①社説　「社説」は時事問題や社会のあり方について問題を提起し、その改良や対処方策などについて論じる欄であり、ごくわずかの例外を除き、基本的に毎日必ず掲載された。創刊当時、政論を競う新聞が乱立する中で、新聞の「顔」というべき欄が社説であり、各紙の論調が巷間で話題とされる時代であった。

『時事新報』の社説は、一八八二年三月一日の創刊号より一八九六年四月六日付までは「時事新報」というタイトルの欄に掲載され、その後は「社説」という欄になっている。『時事新報』創刊当時、『東京日日新聞』『東京横浜毎日新聞』も、新聞紙名の欄に社説を掲げており、のち『日本』（一八八八年創刊）、『二六新報』（一八九三年創刊）もそれに続いた。当時の新聞にとって社説が如何に重視されていたかを示す一例であろう。

福澤の時代には一日一本の社説が基本であるが、時には二本、三本立ての場合もあり、長短も様々であった。また、無記名が基本であるが、記名もしくは頭書などで執筆者がわかる場合があり、それは福澤諭吉の演説原稿、海外や地方から寄せられた知友の書信や原稿を掲載する場合などが主であるが、単に記名がある場合もある。

社説の中でもより広く読まれることを期待した長期連載は、紙面に掲載後、単行本となった。一八八二年以降の福澤著作は全てこのような過程を経て刊行されたものである。ただしこれらは無記名で連載され、刊行されたときも「福澤諭吉立案」とのみあり、実際に筆を執ったのは他者であるという建前の体裁になっている（これは出版条例および新聞紙条例で取り締まられたとき、福澤に累が及ばぬための対策である。晩年の『福翁百話』以後は紙面も刊本も記名である）。

②漫言　「漫言」も時事問題を評論する欄であることでは①と同じであるが、こちらは戯文の形式になっている。一見他のことを論じているような体裁で、実は政府や政党を風刺しているというように、頓知を利かせた評論となっているのが特徴である。これは『時事新報』が創始した評論形式で、創刊当時は社説以上に人気があった。他紙でも真似するところがあったが、『時事新報』は他の追随を許さなかったという。言論取り締まりが厳しい当時、真正面からは論じがたい政府批判を婉曲的に展開する評論手法には風刺画があり、例えば雑誌『団団珍聞』『驥尾団子』掲載の風刺画は、政府要人や民権家を動物などに置き換え、様々な記号を織り交ぜるなどし、その絵解きをすることによって真意がようやくわかるようになっているが、それを戯文に置き換えたのが『時事新報』の新しさであった。

一例を示してみよう。「脳病は稀にして胃病は多し」（一八八二年五月十五日付）と題する漫言は、医者がたくさんの頭痛患者を診察している話で、実際は民権運動に対する政府の対応を風刺しているのであるが、頭痛の原因は「黒海の方から悪ひ風が吹て参た」ことであり、薬の名の「鄭声湯」は帝政党、治療法の「黄金水」「硝鉄丸」はそれぞれ金銭による買収、実力行使（鉄砲）を意味するといった案配である。

取り締まりを意識したこのような執筆態度が存在したことは、当時の文献を読む上では十分意識される必要がある。また、それを踏まえなければ、漫言の存在意義や、今日では低俗あるいは差別的と捉えられがちな極端な表現は理解できないだろう。

③その他の論説　その他の論説は、『時事新報』に随時掲載された評論文である。

時事新報は福澤諭吉の門下生、慶應義塾出身者などの人脈を国内外の情報収集に活用していた形跡があり、寄せられた情報は社説欄にも存分に活かされた（記名での全文掲載、一部引用、無記名など形態は様々）。それとは別に「論説」、「寄書」と題する欄、もしくは何の断りもない社説以外の場所に様々な記名のある論説が掲載されていることがある。これを③に分類しておきたい。創刊当初だけあった「論説」と明示された欄には、頭書として「説ノ主義ハ本社其責ニ任ゼズ」と記されており、「寄書」欄にも同文の断り書きがあるように、時事新報社の主張ではなく、記名者の責任で掲載するものであり、福澤も個人の立場で自らの主張を明らかにしようとするとき、社説ではなく記名の論説を掲載しているようである。たとえば、日清戦争における軍資醵集運動で一万円を醵金した時、その趣旨を説明するために掲載した「私金義捐に就て」（一八九四年八月十四日付）がその例である。また筆名を用いて掲載したとされる論説も少なからず存在している。

ただし「論説」という名称の欄は創刊後長続きせず、「寄書」は文字通りの雑多な投書欄へと変化していき、「社説」とその他の論説を明確に線引きすることは困難な場合も多い。

以上の①②③が、これまでどのように全集に収録され、研究対象とされてきたかを見てみよう。まず福澤諭吉の全集は、次に示す四次の編纂を経て現在に至っている。

（一）福澤自身の編纂した全集（『明治全集』と略記）
　　『福澤全集』全五巻（時事新報社刊、一八九八年）
（二）福澤の下で社説執筆を担当していた石河幹明が編纂した全集（『大正全集』と略記）
　　『福澤全集』全一〇巻（時事新報社刊、一九二五～二六年）
（三）石河幹明が『大正全集』の補遺として編纂した全集（『続全集』と略記）
　　『続福澤全集』全七巻（岩波書店刊、一九三三～三四年）
（四）石河の下で福澤資料の調査研究に従事した富田正文が編纂した全集（『昭和全集』と略記）

『福澤諭吉全集』全二一巻（岩波書店刊、一九五八～六四年、一九六九～七一年再刊時に別巻を加う）
次にそれぞれにおける①②③の収録状況は、以下の通りである。
（一）『明治全集』①単行本となった社説が『実業論』（一八九三年）まで収録されているが、日々の社説は全く収録されていない。②③も一切収録されていない。
（二）『大正全集』①単行本として刊行された社説以外に石河幹明が社説執筆の参考とするために筆写してあった論説二二三編を収録（③を含む）(2)。②についても石河が写してあった九八編を「付録」として収録。
（三）『続全集』①②③石河が創刊以来の時事新報を総点検して、収録すべき社説、漫言、その他の論説を選択した（『大正全集』収録分を除く）。
（四）『昭和全集』①②③『大正全集』『続全集』に収録されたものは全てそのまま踏襲し、それに加えて富田が福澤の自筆原稿を確認した論説を追加。

本書との関連で重要なのは、主として①である。②③もそれぞれにその性格を踏まえた上で論じていくことが重要であることに注意を促しつつ、以下では本稿の研究対象を「社説」という語で論じていきたい。

三　『昭和全集』の資料的限界

それでは時事新報社説を研究する上で、今日一般に用いられている『昭和全集』はどのような特徴を持つものであろうか。その資料としての性格と限界を、従来の議論とは少し異なる視点から考えてみたい。

よく知られているように、現在『昭和全集』に収録されている論説に、福澤の思想とは質を異にする他者の執筆した論説が混じっているのではないかという議論が生じている。この議論の疑義は特に『続全集』編纂時の石河による選別作業に向けられ、この時石河の恣意が介在し、選択に保守的な思想が反映され、それが『昭和全集』にそのまま継承されたことによって今日の福澤像が歪んだのではないかと主張される。この問題については井田進也氏が問題を提起し、平山洋氏の著作によって広く知られることになった。論争の現状や評価については、平石直昭氏の論考に詳しい(3)。

ここでは石河の全集編纂について掘り下げて考えてみたい。そのためには『時事新報』社説が福澤生前にどのように執筆されていたかを知る必要がある。その執筆方法は次の三種類に分類できると考えられている。

（ア）起案から執筆まで、全て福澤が自身で行ったもの。

（イ）福澤が概要を口述した内容を他の社説記者が文章化し、福澤の加筆修正を経て発表されたもの。

（ウ）他者が起案、執筆した原稿に福澤が加筆修正し発表したもの。

当初はほとんど（ア）であったが、徐々に（イ）が増えていき、福澤は長期旅行などの際も周到に準備をして出掛け、旅先でも郵送や使者によって校閲の労を執っていたとされるため、脳溢血で倒れる一八九八年九月まで、福澤が目を通さなかったことはほとんどないといわれている。また（ウ）は提出があった場合随時掲載されたと考えられる。しかし紙面上は全て無記名の同一の体裁であり、いずれが（ア）（イ）（ウ）に当たるか、などということは今日一見してもわからない。また、それがわかったとして、いずれを福澤の全集に収録すべきかというのは、別の問題である。

この点について、先に紹介した平石論文は、石河は「元来のアイディアを福澤が出した社説とそうでない社説とを判別していったのであろう」として、（ア）（イ）を全集に収録し、（ウ）を除く趣旨で選別を行ったと考察、「いうまでもなく石河は、福澤との長く親密な交流を通じて、彼の発想法や関心の所在を熟知し、また長年にわたって福澤社説の分類整理に従事していた。こうした経験を通して石河には、どれが福澤の起案に基づく社説かそうでないかを見分ける際に、ある種の基準の感覚が身についていたと思われる」とする。この点に筆者も基本的に賛成である。注意を促したいのは（イ）を加えている以上、石河の作業は、福澤が全文執筆した社説かどうか、あるいは社説の全文中福澤の執筆部分がどの程度を占めるかといった、「福澤の筆」という基準で選別されたという、従来の研究の当然の前提は妥当ではないという結論に至ることである。

確かに『続全集』に序文を寄せた慶應義塾長林毅陸は「氏〔石河〕は実に苟も福澤先生の筆に成るものは、一文一句も之を漏らさざるの熱心を以て編纂に当り、論説の類は言ふまでもなく、雑報広告の微に至るまで之を蒐集し、断簡零墨をも之を収め、真に完全なる全集を見るに至らしめた」と記し、石河自身も「先生の手に成った社説は……総て此集〔続全集〕に収録した」（『続全集』「時事論集例言」）と書いている。しかし筆者は、富田正文による極めて慎重な考証に基づく『昭和全集』の編集方針と、石河の編集方針は少しく様子が異なっていたと考えている。

まず、石河による『続全集』が出た当時、文学者はともかくとして福澤全集と同種の全集、すなわち政治史、思想史、文化史上の人物に関する歴史研究の資料という性格が強い全集がどれほどあったか。またそれらはどのような内容であっただろうか。筆者は必ずしも十分な調査をなしえてはいないが、同分野に「全集」と名を冠する書籍が当時は稀であり、収録内容は、記名論説の集積がせいぜいで、書簡等もごく一部が収録されるに過ぎなかった例が多いように見受けられる。(4)

石河が最初に手がけた『大正全集』は、いわばそのような発想の時代に位置する。それでも十分「全集」の名が許された仕事を、より充実したものにすべく広範囲に資料を採録したのが『続全集』である（全集に「続」があるという点で、今日の感覚にはそもそも合致しないだろう）。石河の編んだものは『明治全集』を継承して「全集」という名こそついているが、実際は『福澤研究資料集』『続福澤研究資料集』と呼ぶべきものではなかったろうか、というのが筆者の仮説である。

さらに石河の全集編纂を詳しく検討してみよう。石河は『大正全集』の「時事論集例言」（第八巻所収）で「福澤先生が時事新報創刊以来その紙上に執筆せられたる論説は約五千篇ある可し」としながら、編集作業の時間的制約から「社説起草の参考に供する為め其主要なるものを抄写して之を坐右に置」いていたもののみを収録したと書いている。時事新報が創刊から五千号を数えたのは福澤が脳溢血により執筆不能となる約一年前の一八九七年九月一日のことであり、『大正全集』での石河の認識は時事新報社説はことごとく福澤の執筆物であるというものであるといえよう。

『続全集』においては「続福澤全集緒言」（第一巻所収）で次のように書いている。

「時事論集」は明治十五年三月「時事新報」の創刊より同三十一年九月先生が大患に罹らるゝまで親しく執筆せられ又折り折り編者に意を授けて起草せしめられた同三十四年二月逝去に至るまでの「時事新報」の社説を纂輯し、前全集の例に依りこれに「時事論集」の名を下したもので、明治年代に於ける政治上、社会上、其他あらゆる諸問題に対する先生の主張議論は一切包羅してゐる。

福澤の書いた時事新報社説は「約五千篇」であるとする『大正全集』の記述を踏まえれば、ここにいう「主張議論」を一切包羅するとは、福澤の執筆物一切を収録するという趣旨ではないと読むことができる。様々な時事問題に対する福澤の主要な主張や議論を網羅する発想で編纂したダイジェスト、「時事新報選集」とでも呼ぶべきものという理解ができるのではないか。福澤の筆か否か、執筆（加筆）量の多寡に選択の意識は向けられておらず、むしろ主題と論旨によって主要なものが選択されたと考えられるのではなかろうか。福澤の取り組んだ時代を時系列で眺めていく上では必ずしも重要ではない単発の社説（これは自ずと前述の（ウ）に重なる）や、同じ主題の社説が連日に渉っている場合などは、重要なものを選択し、全集に収録する社説群が全体の適切な縮図、すなわちダイジェストとなることを意図していたのではないか。そうであるならば、たとえ福澤が全文執筆した社説であっても、そのことは選択の判断材料ではないのであるから、全集不掲載でも『続全集』の編纂方針には全く反しなかったことになり、たとえ福澤の自筆部分が僅か、あるいは全くない社説であっても、「五千篇」の社説中欠かすことのできない主張を含んでいればそれは収録されて何らおかしくないのである。(5)

このことは、『続全集』の体裁にも現れている。『続全集』の「時事論集」は編年体かつ主題別となっている。すなわち、「明治十五年篇」「明治十六年篇」「明治十七年篇」……という如くに一年ごとに論説がまとめられており、その中で、例えば「明治十六年篇」であれば、政治外交／軍事国防／財政経済／産業貿易／運輸交通／教育学術／社会交際／宗教道徳／雑説／漫言という如くに主題で分類され、それぞれの主題の中で社説が月日順に並んでいる。しかもその中には「石河の考によって内容の互に関連した幾編かの社説を総括して別に表題を冠したり、また本文中にも僅かながら字句に修正の加へられた個所があった」のである（『福澤諭吉全集』第八巻後記）。これはダイジェストにこそ相応しい体裁であり、完全なる網羅を期する体裁ではない。

『続全集』が『続福澤研究資料集』であり、福澤資料の網羅を意図していないという筆者の仮説は、『続全集』の「時事論集」以外の部分について検討すれば一層明瞭である。数例を挙げてみよう。

・『昭和全集』では著作に準ずる扱いの福澤による長文訳稿「ペル築城書」は、石河の全集では、「未定の稿本であるから省略することにした」（『続全集』第七巻「諸文集例言」）と明記の上割愛されている。

・『福澤諭吉書簡集』全九巻（二〇〇一〜〇三年）編纂に際し、『続全集』編纂時の書類が点検されたところ、未収録の書簡写が八〇通も見つかった。これは、重要性が乏しい形式的な書簡や、一通しかない名宛人などを紙幅や編集の都合から適宜省略したものと考えるべきではなかろうか。(6)

・福澤が『時事新報』創刊以前に発行していた『民間雑誌』『家庭叢談』の無署名論説についても、石河は時事新報論説と同じ選別作業を行い、一部を『続全集』に収録している。特に『家庭叢談』については「其論説は主として先生の執筆もしくは立案に係るものである。即ち先生の署名なき論説は、大体の意味を雑誌の編輯者に語りこれを筆記せしめられたるもので、其記述冗長に渉り且つ字句の整はざる嫌はあるけれども、其趣旨は先生の立案なるを以て茲に収録することにした」とある（『続全集』第七巻、二〇三頁）。従ってこれも時事新報論説と同様の方針で選択がなされている（福澤の筆か否かが基準ではない）[7]。

これらは、『昭和全集』が文字通りの「断簡零墨」、すなわち書きかけの原稿などは勿論、手紙の一部分、紙片のメモなどまで網羅しようとしている姿勢とは明らかに相違しており、石河の『続全集』編纂姿勢が、『昭和全集』とはかなり異なっていたことを示しているといえないだろうか。

このことについて石河は批難されるべきであろうか。『続全集』発刊当時、ごく僅かの図書館のみに保管されていた『時事新報』の原紙を閲覧しない限り、福澤の後半生の言論活動を本格的に研究することはできなかった。『続全集』によって『時事新報』社説を研究に幅広く参照できるようにしたことは十分画期的であった。研究がその後飛躍的に進歩したゆえに、このダイジェストでは遺漏多きものになったに過ぎないと筆者は考える。もしこれが福澤以外の人物の全集であったならば、今も親切な全集として版を重ねたに相違ないのである。

重要なのは、石河編纂の『大正全集』『続全集』をこのように捉えることが、富田の『昭和全集』にどのような問題を与えるかということだ。

『昭和全集』は、文字通り福澤の書いたものは一つも漏らさないという編集姿勢であった。しかし富田は時事新報社説について、石河がなした取捨選択を「我々では能く為し得ない」（『昭和全集』第八巻後記）ものとして全面的に踏襲し、それ以外に福澤の全文自筆原稿が確認できた社説だけを新たに追加していった。ここで確認しておきたいのは、石河の選別作業を「新聞の紙面からその執筆者を推定判別する」（同、傍点筆者。以下同）作業であったと定義したのが富田であって、石河はこのような書き方をしていないということである。

『大正全集』『続全集』に収録された社説がダイジェストであるならば、それに福澤自筆原稿が確認されたものを足して出来上がった『昭和全集』収録の社説集は、全体としてのバランスを失っているといわざるを得ない。この点については、今後『時事新報』創刊後の福澤の言論を研究する上で意識すべき『昭和全集』の限界といわなければならないだろう。また、そもそも石河のダイジェストに恣意が介在しているという考え方も起ころう。もしそれを議論するのであれば、『続全集』の元々の体裁（編年体、主題別）に戻って議論する必要があることも指摘しておきたい。

四　『時事新報』の「本色」をめぐって

前節では、時事新報社説を研究対象とする上での形式上の問題点を論じた。次に、実質面、すなわち社説を書いていた記者たちはどのような自意識で執筆していたかを考えてみたい。

福澤がそもそも如何なる意図で『時事新報』を創刊したかについては、創刊号の社説「本紙発兌之趣旨」（一八八二年三月一日付）に詳しい。この社説では次のように論じている。慶應義塾は創立から二五年間で多くの学生を輩出したが、その本色が「唯人を教へて近時文明の主義を知らしむる」にあるとするならば、卒業後は義塾と無関係のようである。しかし実際は卒業生全体に「一種の気風」「無形の精神」が存在している。それは何かといえば即ち「独立不羈」の主義である。現在までの卒業生は三五〇〇人を数え、それぞれが社会の各方面で思い思いに活躍し、「我義塾の社中には幾多の主義を存して幾多の方向を取る者の如く、又其主義方向の多きは却て無主義無方向の如くに認る者もなきに非ざる可し」という状態に陥った。これを案じて、「我同志の主義」を日々明らかにしていくことを目的に本紙を発行するというのである。そして「独立不羈」という主義を尊崇する社中の目的とするのは結局のところ「国権の一点」であるとして、次のように締めくくっている。

……我輩の主義とする所は一身一家の独立より之を拡めて一国の独立に及ぼさんとするの精神にして、苟も此精神に戻らざるものなれば、現在の政府なり、又世上幾多の政党なり、諸工商の会社なり、諸学者の集会なり、其相手を選ばず一切友として之を助け、之に反すると認る者は、亦其相手を問はず一切敵として之を擯けんのみ。人の言に云く、人間最上の強力は求るなきに在りと。我輩は今の政治社会に対し、又学者社会に対し、商工社会に対して、私に一毫も求る所のものあらざれば、亦恐るゝに足るものなし。唯大に求る所は国権皇張の一点に在るのみ。我輩は求るなきの精神を以て大に求る所のものを得んと欲して敢て自から信ずる者なり。

これと同じ趣旨は、その後の紙上でたびたび強調され、政府や特定の政党に依らず、その精神を貫いて揺るがないことが『時事新報』の特徴であると強調されるようになっていく。たとえば、社説「時事新報第五千号」（一八九七年九月一日付）では精神の一貫性を次のように誇っている。(8)

初号以来丁寧反復、既に五千回の筆を労しながら、苟めにも其趣旨を変じたることなし。世間の新聞紙を見るに、執筆者と持主と人を異にするものあり、又は屢ば持主を変じて随て論旨を変じたるものあり、新聞紙の種類の多きと共に其変遷も亦限りなき其中に独り我時事新報は十五年来嘗て趣旨を変ぜざるのみか、社中の仕組も一切当初の儘にして、事を執るものは孰れも慶應義塾の同社に非ざるはなし。変化なきも固より其筈にして、他に見る能はざるの特色として窃に自から誇る所のものなり。

全集に収録されていない社説にも、この姿勢をよく表しているものがあるので、ここに一例を挙げておきたい。「新聞記者の徳義」（一八八五年十二月二十二、二十三日付）と題する社説がそれである。この社説では、徳義を保つ新聞のあり方とは何かを論じる。

まず売れる新聞にするという観点から紙面が高尚ではないことは徳義にもとるか否かと問いかけ、新聞も純然たる商売であるから、「時として其記事の品格を下し学理高尚の部分を省て通俗の人情談を交へ遠国宰相の進退を記すを止めて目前の喧嘩、窃盗、馬車の転覆、洋犬の奇特等を載せ筆加減を以て雅俗の調合塩梅に注意せざるを得ず」と雅俗の混淆に理解を示す。このことは『時事新報』が漫言を皮切りに、様々な企画を紙面に展開し、好評を博したことと重なる。

次に世には政党新聞なるものがあり、それを見れば「万事万端自党の為めに弁護し、美は顕はし醜は蔽ひ、其党の士人の言行は事細かに賛揚し、他党の事は之を略して知らざるに附」するものである。これは新聞記者として徳義を犯すもののようであるが、『時事新報』の問題意識からはそうではないとしてこう続ける。

元来党派心なるものは愛国心に等しきものなり。試に愛国心の働を見よ。吾々日本人が若し外国人に対するときは日本の美事を顕はして成る可く其醜声を掩ひ兵の強弱、人の智愚、文野貧富一切の事其名聞の実を過ぎて虚に入るまでも之を評判して極めて美ならんことを欲し甚だしきは天然の風景気候までも己れ自から其良否の責任を負ふて百方之を弁護するに非ずや。即ち愛国心の働にして事内外の弁に渉れば此働の極めて穎敏ならんことを望まざるを得ず。左れば一党派の論者として適度まで其党派心を働かしむるは今の道徳の大典に於て之を譴責するの条を見ざるが如し。新聞記者は其記事の性質を矯めて時好に投ずるも妨げなし。

それでは「新聞の徳義に背き、名教の罪人たるものは如何なる者ぞ」と問い、『ロンドン・タイムズ』を例に次のように論じている。

元来新聞社なるものは其成立の初に於て固有の性質なかる可らず。例へば倫敦タイムス新聞は自由党にも偏せず保守党にも椅せず、中正独立の新聞なり。即ちタイムスの本色にして江湖より之を望見すれば鬱然たる一叢の文林春夏秋冬其常青を失はず現に昨年二月中編輯長チュネリー氏物故しバックル氏之れに代りたれども社中一二名の交代は譬へば松柏林中にて其一二株を移植するが如く、文林一帯の観相は終古依然其常青の操を失ふことなし。左れば倫敦タイムスは人に変更ありと雖ども社の本色に変更なく社会の人の之を信ずるも其人を信ずるよりも寧ろ其社を信ずるの趣あり。世の記者として新聞事業に従事するものは此趣を合点せざる可らず。我輩の常に欣慕して止まざる所のものなり。然るに世上或は記者一身の私の為めに其新聞社の色相を変じ一時の口気は純然たる急進論者にして世人も亦皆な其急進の本色を認め居る最中、色相俄に変じて守旧と為り前後の論議を対視すれば自から論じて自から之を駁撃するが如き奇観なきに非ず、即ち一身の私に徇ひて自から欺き世を欺き兼ねて又其新聞紙を欺きたるものにして之を名教の犯罪人と云はざるを得ず。

『時事新報』は不偏不党を旨としており、国内の特定の政党などを利する立場は取らないが、福澤が「瘠我慢の説」の冒頭で「立国は私なり、公に非ざるなり」と記し、『文明論之概略』において「報国心と偏頗心とは名を異にして実を同ふするものと云はざるを得ず」と記したとおり、元来「愛国心」というものも実は一種の「党派心」（私心、偏頗心）であり、『時事新報』も日本を利する党派心については肯定すると告白、そうであるならば新聞が党派心を持つこと自体は新聞の徳義を犯すとはいえないとするわけである。唯一「新聞社の色相」あるいは「本色」というべき、その新聞の依って立つ根本の主義を枉げることだけは新聞の徳義を犯すことであると主張しており、換言すればそれをこれまで一切枉げていないところに『時事新報』の独自性があると誇示しているわけである。従って時事新報においては、「本色」としているところの一貫性を維持している自覚があり、それが他紙と『時事新報』の決定的に異なるところと考えられていたのである。

このような発想は福澤没後も『時事新報』の自意識として厳に維持されたことは、一九三六年十二月二十五日付の最終号の社説「筆を擱くに当りて」にも表されている。

本日を以て我輩の筆を絶たざるを得ないのは、自他ともに遺憾に堪へない所である。然れども近年わが国に於ける新聞事業の経営には、容易ならざる困難の事情あり、屢々立社の基礎と其言論態度とを変じて、以て余命を保つ新聞紙は他に例なきに非ざれども、時事新報の生命は実に一貫せる言論に在り、之が権威を堕して瓦全を求めんよりは、創立者の意志と負へる使命に鑑み、寧ろ此際いさぎよく玉砕することも、次善の策ならんとして、敢て自ら慰むると共に、多年の読者に対して諒解を請はんとするものである。……時事新報なき間の我言論界に於て、従来新報の負担せる言論的使命を継承分担し、日本全体としての民論の権威をますます高むるに至らんことは、筆を擱くに当り同業の言論機関に対して、我輩の切に懇嘱する点である。

筆者はここで、時事新報社説子の主語に着目したい。福澤時代、社説は一貫して「我輩」という主語で記されており、その後大正後期より「我々」という語に変わったが、最終号の社説では再び歴史を意識して「我輩」を用いている。「我輩」という語は本来「我々」(we) という一人称複数の語であり、これが明治中頃より単数にも用いられるようになっていった。社説子の主語である「我輩」は、筆者個人 (I) ではなく、「我々」(we) という意味で使われていたと考えるべきであろう。

『時事新報』創刊以前、福澤は著作で自分を指す語として主に「余」(I) あるいは「余輩」(I/we) という表現を多く使っており、「我輩」という主語が用いられている場合であっても、「我々」という意味の複数で用いていることが多い(『時事小言』などに「私」を指す意味での「我輩」も使われている例はある)。(9)

『時事新報』の論説であっても、福澤の個人名で社説に載っている演説原稿や、前述の分類で③に入る個人名義(筆名を含む)の論説などは「拙者」「老生」など、単数の主語である。社説欄で福澤著と明示的に掲げられた『福翁百話』『女大学評論・新女大学』は、本文においては「我輩」という主語が多いが、序文などは「余」、『福翁自伝』は「私」となっている。

これらは、明瞭に線引きできるほど区別されていたとはいい難いが、「発兌之趣旨」にいうところの「我同志の主義」即ち「本色」を、『時事新報』に与えた「我輩」(we) という人格に語らせているといえ、一人の人間としての福澤個人として述べている説とは区別されていたと考えられよう。その「我輩」という人格は、慶應義塾の「社中」とほぼ同義であり、社中の人々が「本色」を共有している(少なくとも共有すべきものとの共通認識がある)ことが『時事新報』の他の新聞とは違うところとして自覚されていたといえるのではなかろうか。

このような意図があればこそ、福澤は社員には厳しく「本色」の共有を求めた。従って時事新報社員が主義を共有する「我輩」の一員としての領分を外れて自己主張することを戒め、「我輩」の主義を継承していくことを求めたのである。ところが若手記者の中で、それに反発する動きがあったことを当時の記者の一人山名次郎が、書き残している。

三十近くなって野心抑へ難く、何かやって見たくてたまらず、或る時、吾々は常に文章を書いて新聞に発表して居るが、署名しないので少しも世間に名は現れない、一つ吾々の手で雑誌を出し、堂々署名して大に論じ、天下に名を挙げようではないかとの議が起り、血気盛んの若い者の事とて私を初め編集部の多くは賛成し、愈々「独立政談」と云ふ雑誌を出すことになった。この事件も……未然に先生に発見せられて遂に挫折した……。(10)

この動きの首謀者であった渡辺治は、福澤が水戸から招き大切に育てていた社説記者であったが、政治的野心が強く、「我輩」の一員であることに我慢ができず、遂には福澤に時事新報社を事実上解雇されている。その渡辺が『大阪毎日新聞』に社長として招かれ、東京を離れることになった時には、紙面に「時事新報社に政党員なし」(『時事新報』一八八九年五月十日付)という長文の雑報記事を掲げて、「既に社を去るときは社員に非ざるは固より云ふまでもなく、概して他の新聞社に事を執る以上は私の友誼こそ旧時に異ならざれども、新聞紙上の主義論説に於ては固より同一なるを得べからず」と、厳しい言葉で渡辺と時事が一切無関係であると読者に念を押している。これは、必ずしも考え方を共にしない門下生に対しても支援の手をさしのべた例が多数伝えられている福澤の姿を知る者にとっては、意外なほど激烈な絶交宣言であり、『時事新報』の「本色」に対する徹底ぶりを読み取ることができよう。

『時事新報』は個人(I)の考えの寄せ集めを掲載する媒体ではなく、常に「我輩」(we)の思想でなければならなかったのである。換言すれば、無署名であっても誰が書いたかによって選別することが可能な個別の主張の集合体ではなく、「独立不羈」という「本色」を共有する社中による一体不可分の主張として意識されていたのである。

福澤は、かつて発行していた新聞『民間雑誌』について「壮年輩に打任せて顧みざればこそ」失敗し、廃刊に至ったと『時事新報』創刊の直前に荘田平五郎に書き送っている。(11) 福澤はこの反省を踏まえ、『時事新報』においては議論を主導し、功名に走る「壮年輩」（若手記者の意）を制しつつ、あくまで『時事新報』の主義を「我輩」（we）の主義として堅持し続けた。つまりその社説は、たとえ全文が福澤執筆であったとしても、福澤個人の説であっては意味がなく「我輩」共有の主張と言い張ることが、福澤のいわば「瘠我慢」であったといってもよい。

しかし、このような意図で書かれたといっても、実際に日々の社説を読んでいくと、時事新報社説には議論に大きな揺れがあるようにみえ、ある日の主張がある日の主張とは全く正反対に映る場合が少なくない。このことは福澤の同時代から福澤ないしは『時事新報』に対して向けられた最も典型的な批判であり、今なおそうである。しかしそれをどう読むべきか、ということについても、同時代や、それ以降に同じ議論が繰り返されてきた。

例えば、山路愛山は福澤の政治論を評して、「先生は常に全体の均衡を見る。先生の心は如何なる時に於ても多く熱せず。先生の一事を論ずる毎に其心は常に他事にあり。事物の両端を見て、其精神を一面に集注する能はず。故に先生は開国論の主唱者たれども、之と共に日本風俗の破壊者たること能はず。民権自由の闘将たること能はず。論戦の前面に立ちたる破邪顕正の驍将たること能はず。其態度は批評的にして、其議論は常に全体の権衡を失はざるを旨としたり。是れ福澤先生の生涯を研究するものの看過する能はざる所なり」（『書斎独語』其一）と論じた。徳富蘇峰は、「先生は自から古武士の風格を帯びながら武士気質を嘲り、自から経国済民の志を蔵しながら治国平天下を罵倒し、自から熱烈なる愛国者でありながら愛国忠孝論者を哂ふ。其所論は臨機応変前後撞着するものが多いように見えるけれども、これは先生が世と共に推移って物に凝滞することのないためで、其感化を天下に及ぼしたのも亦こゝに存するのであらう。しかも其本領、其根本的思想に至っては終始一貫生涯に亘って変ぜざるものがある」（『続全集』内容見本）と評している。

長年慶應義塾長を務めた鎌田栄吉は福澤の言論をコンパスに例え、「……両脚の動静を見ずに固着せる一脚のみを見る人は先生は余り自説を固守して移ることを知らぬといひ、動く方の一脚のみを見た者は福澤先生の説は一定して居らない、屢々変る、先生は甚だフキックルだといふ。……然しながら十年を通じてこれを観、二十年を通じてこれを観、三十年四十年五十年を通じてこれを観るといふと、その主義とするところは寸毫も違はない、最初からずっと一貫して居る。唯その時の社会の状態、世間の有様に依って、余り一方に偏して居ると思へばこれを矯めようとし、又他の一方に向き過ぎると思へばそれを矯めようとする、即ち常にその平均を得せしめつゝ又前身せしめるといふことに始終力めて居る」（『鎌田栄吉全集』第一巻、三一一頁）と語り、さらに鎌田の二代後に慶應義塾長となった小泉信三は「福澤は当り障りのないことをいうに甘んぜず、しばしば求めて当り障りの強いことをいい、いわば曲った弓を矯めるため、常にこれを反対の方向に曲げることを厭わぬ警世者であった」（『福澤諭吉』、九〇頁）というように表現した。これらは全て同じことを指摘している。

つまり『時事新報』の「本色」というマクロな視点での一貫性の下、日々の問題を論じるミクロな視点で書かれた社説の議論に相矛盾するかのような起伏が存在することは福澤においては矛盾せず、むしろその起伏は、時々刻々の情勢の推移に合わせて世論を指導していく道具のように社説を見た福澤にとって当然存在しなければならないものであったといってもよい。青木が「複眼的」という語を論題に掲げているのは、諸方に目を配り情勢をつぶさに把握しようとしていたことを指し、ミクロな情報把握が議論のミクロな起伏と直結するのである。その観点に立てば、『時事新報』社説の中に福澤以外の人物の筆がどれだけ入っていても、全体として『時事新報』の「本色」は保たれているはずなのである。石河の『続全集』はこの観点から編纂されているために、筆記者が誰であるかに重きを置いておらず、福澤の書いたものを厳密により分ける観点からは余りに無頓着に感じられるのである。

近年の福澤研究では、全集に収録された社説の中で、福澤の思想と異なるものを排除していくという発想が主流であったと考えられるが、今後はむしろ取捨をしていない全日分の『時事新報』社説全体に立ち戻って、前後左右の社説に、あるいは雑報欄などの周囲の記事にも目を配りながら、総合的に福澤の意図を検討していく必要があろう。

もちろん福澤が晩年には少しずつ『時事新報』の独り立ちを図って、石河らに社説を任せていった形跡もあることから、晩年の社説をどう位置づけていくかといった議論はあり得るであろう。しかし、より大きくは福澤没後といわず、一九三六年の『時事新報』の廃刊に至るまで、社内には一貫性に対する使命感、責任感が存在していたのであり、『時事新報』全体の歴史についても、同様の観点から研究対象としていくことが可能であり、近代日本を見つめていく上では有意義であろう。

四　東アジア政治論を例として

前節で述べた『時事新報』の「本色」に対する視点は、本書中の東アジアに関する青木論考とはどのように関連するであろうか。ここでは、ミクロの視点からの表面上の起伏と、マクロの視点からの一貫性という二面から『時事新報』社説を見つめる試みを具体的に検討してみたい。

ミクロの視点を考える上では、福澤にとって新聞という媒体が、日々読み捨てられる弥縫的な世論指導の道具であるとの認識が重要である。先に引いた山路愛山以下の評はそのことを的確に指摘しており、なおここでは福澤が信頼する門下生への書簡に次のように明け透けに語ったものがあることを紹介しておきたい。

政治の話は頻りにして、新聞紙も忙しき次第、実に小児の戯、馬鹿馬鹿しき事なれども、馬鹿者と雑居すれば、独り悟りを開く訳けにも参らず、時事新報にも毎度つまらぬ事を記し候事なり。

（清岡邦之助宛福澤書簡、一八九〇年八月三十日付）

また、たとえ新聞がそのような読み捨てのものであっても、それが国家の利害を左右する重大な役割を持っていることへの自覚も併せ持っており、特に外交問題との関係では『時事新報』社説に次のように論じたことがある。

外交の事態いよいよ切迫すれば、新聞紙の筆はいよいよ鈍るの常にして、我輩の如き、身その局に在らずと雖も、外交の事を記し、又これを論ずるに当りては、自から外務大臣たるの心得を以てするが故に、一身の私に於ては世間の人気に投ずべき壮快の説なきに非ざれども、紙に臨めば自から筆の不自由を感じて自から躊躇するものなり。

（「新聞紙の外交論」一八九七年八月八日付）

これは、時には非を蔽い、国民世論を誘導して、日本外交を利する覚悟の発露であり、先に紹介した「新聞紙の徳義」に見られた「党派心」としての「愛国心」の議論とも合致している。

こういった視点が、最も明瞭に激しく表出しているのが東アジア情勢を巡る『時事新報』社説であると考えられる。ここでは、甲申事変後の『時事新報』社説の周辺を例に取ってみたい。

この点について青木は、「福澤諭吉の朝鮮観」の「㈣一八八四」および「㈤一八八五」、「『時事新報』論説の対清論調（一）」の「㈣甲申政変期の対清問題」に、時系列で子細に表面上の主張の変化を辿っている。社説に表れた言葉が、当時の具体的な情勢とどのように対応しているかという、『時事新報』の主張のミクロの表面上の変遷である。

この時期の社説をミクロに観察する上で極めて重要な資料が、近年発見された一八八五年四月二十八日付の田中不二麿宛福澤書簡である。これは『福澤諭吉書簡集』刊行後に発見された甲申事変に関する書簡であり、拙稿「福澤諭吉の朝鮮問題」（『福澤諭吉の思想と近代化構想』所収）においても引用し、平石氏の前掲論文でも引かれている。この書簡には、福澤が入手した甲申事変の内情に関する情報が詳細に記されており、それが親友の田中に率直に打ち明けられ、それを受けて『時事新報』が取っている報道姿勢が弁明されている。(12) 最も注目すべきはその弁明の部分である。

今回之一条〔甲申事変〕は結局平和を以て我が体面を蔽ふこと難し。無茶にも兵に訴へて非を遂るの外なしと存候。時事新報抔にも専ら主戦論を唱へ候事なり。新報紙面と内実とは全く別にして、我非を蔽はんと〔す〕るの切なるより、態と非を云わず、立派に一番之戦争に局を結て、永く支那人に対して被告之地位に立たんとしたるものゝみ。(13)

書簡前段では、この事変を巡る日本側の非〔日本は朝鮮や清国側に非があるという立場で事変処理談判を進めたが、実は日本政府の高官や朝鮮の日本公使館が開化派に事変を起こすよう教唆したらしいこと〕に関する情報を福澤が入手していることが記されている。それは清国にとって日本を非難する格好の材料となり、事大党が政権を占めた朝鮮が知れば、日本から決定的に離反してしまう結果を招く情報であった。福澤はこの情勢下で政府の非を追及することは、日本外交〔日本に対する「党派心」〕からは無益と判断し、むしろその非を蔽うだけでなく、逆に清国に対して攻勢に出るほどの姿勢を示すことによって、日本外交を後押しし、事態を好転させる方法を模索するという態度を示している。

それが『時事新報』の紙面に反映された結果が、清国の非を強く追求する主張となり、もっぱら対清強硬論、主戦論を強調し、日清の開戦をもって清国と朝鮮の関係を強引に断ち切る以外に、将来にわたる東アジアの安定を得る方法はないとまで冷徹な判断を下す『時事新報』社説の主張となって展開されているわけである。この前後、日々の『時事新報』の激烈な主張の起伏は、福澤の下に集まっていた情報を総合的に丹念に辿るというミクロの視点によって理解することができるわけである。

またこの時、福澤の意識は単に国内世論に留まらず、清国、朝鮮、西洋諸国における『時事新報』を目にする者にも向けられた対外宣伝的性格も有することに注意が必要である。(14)

最終的に福澤が導こうとしているのは、『時事新報』が「発兌之趣旨」から一貫して目的として掲げる「独立不羈」の立場を基盤とした「国権の皇張」である。そしてそれさえも実は『文明論之概略』巻之六に記す如くに、当面日本が定めるべき目的に過ぎず、ミクロの視点の範疇ともいえる。その先には、旧来の思想や制度に固執する惑溺の状態にある「儒教主義」を是とする国のあり方（ここでは清国に象徴される）ではなく、智の進歩を重んじる文明主義を是とする世界の潮流を後押しし、「人天並立の有様」（『文明論之概略』巻之三）に世界を近づけるという希望があり、それこそが、福澤の思想の最終的な「本色」といえよう。日々の対症療法的主張は、究極的にはそのベクトルを導く方便に過ぎないのであり、そこに綿密な一貫性を保つことに、福澤は重点を置いていなかったと考えられる。そのことを踏まえるならば、それに対する批判的評価、時代的限界を、福澤は甘んじて受けることと思うのである。

青木の論考は、「脱亜論」を福澤の朝鮮観の終着点とする、当時の研究水準の範疇にあることは否めず、また急死によって、本書収録の論考に続いて構想していたであろう、その後の『時事新報』に関する研究成果が欠けている点も大いに惜しまれる。

青木は、福澤の朝鮮との連帯観念が一八八五年に消滅したとするが、『時事新報』はその後一〇年を経た日清戦争前後に、再び朝鮮の主体的な開化への期待を明瞭にし、「脱亜論」に象徴される時期の言説とは明らかに一線を画し、朝鮮の啓蒙や教育促進を強く説いている。この点については前述の拙稿「福澤諭吉の朝鮮問題」で論じたが、これは「国権の皇張」の先に「人天並立」の文明世界をさえ想像している福澤のマクロな視点での一貫性、すなわち『時事新報』の「本色」を示唆しているように思われる。

青木が壬午事変から甲申事変期にかけて行ったのと同様の『時事新報』紙面調査を、今後日清戦争期、さらにその後にかけても行い、外報記事や書簡などを用いて福澤の下に集積されていた情報とも対比してミクロな視点での点検を充実させた上で、それらを包羅するマクロの視点からの福澤の意図を再構築することは、福澤後半生の活動を描く上での最も基礎的な作業として今後急務であると考えられる。

繰り返しになるが、この問題意識から福澤の思想を検討しようとするならば、もはや全集に収録された社説ではなく、『時事新報』の全体を見回すことが不可欠なのである。

もちろん、『時事新報』は世の中に流布し、福澤の意図に反して受容されたことも往々あったことであろう。従って『時事新報』が当時の世の中にどのような影響を与えたかということを、福澤の意図とは別に同時代人の視線から研究する必要もあろう。これについても、従来の全集収録社説という限定的な視点は、すでに意味をなさなくなっている。

なお付言しておきたいのは、福澤研究は他の人物研究に比較して突出して情報発掘も分析も進められているがゆえに、批判の糸口をも多く見いだされている側面があるということである。福澤を歴史の中に位置づけていくためには、福澤に向けるのと同様の労力をもって周囲も掘り下げなければ均衡を失する。福澤の言論から、今日批判的に解釈しうる表現を抽出して列挙するその同じ労力が、当時の他紙に対して、あるいは他の思想家や、諸外国の言説（例えば清国、朝鮮側）に向けられているだろうか。福澤の思想を大局的に見極める意図なく、単に今日批判的に読める（その逆も同様）『時事新報』社説を列挙するような研究はもはや時代錯誤といえよう。この点について注意を促すとともに、この観点からも青木の研究が広げた視野の今後の発展に期待したい。

五　むすび

以上において、青木の研究を端緒として、『時事新報』社説の研究を巡る諸問題を提起した。本稿を一言で総括するならば、もはや全集収録の『時事新報』社説に固執する必然性は見当たらず、『時事新報』の全体を見る段階に入ったということである。筆者は石河、富田のそれぞれの全集編纂努力と研究者としての姿勢に満腔の敬意を表しつつも、『昭和全集』が現在の研究水準からすると、福澤の『時事新報』を通しての活動を研究する上ではやはり不十分なものになってしまっていることを改めて強調しておきたい。

青木の三〇年前の研究は、今では相対化の必要性が認識されつつある「脱亜論」にやや重きを置きすぎており、甲中事変と福澤の関係の位置づけなども最新の研究からは多少遜色が無いとはいえないものの、東アジア情勢をめぐる『時事新報』の姿勢を、全集ではなく紙面に戻って調査した先駆け的な論考といえる。これらは混迷した福澤研究の新たな方向性を示すものとして今改めて輝き、今後長く記憶されるものとなるはずであり、それを受け継いでさらに発展させていくことが重要であると考える。

幸い二〇一〇年末に刊行された『福澤諭吉事典』には、時事新報社説・漫言の論題一覧が収録され、全集との対応関係もわかるようになっている。また『時事新報』の縮刷版は既に福澤生前の分が全て龍溪書舎より刊行されている。今後は、これらを手がかりに、「建置経営」という福澤特有の問題意識や言論手法を『時事新報』社説の中に読み解き、それを評価していく研究が深められていくことが期待されるのである。

註

（1）この経緯は、当時の関係者への問い合わせのほか、「座談会時事新報」『三田評論』七二五号（一九七三年四月）、東季晴「『時事新報史』研究事始め」『総合ジャーナリズム研究』六八号（一九七四年四月）、土橋俊一「青木功一氏の急逝」『福澤手帖』26（一九八〇年九月）に断片的に見られる記述に基づいて記した。

（2）『大正全集』収録の論説にも石河が福澤の意向を受けて執筆したと断っているものが含まれている。『大正全集』第八巻、五七七、五八九頁。同第一〇巻、四九八頁など。

（3）平石直昭「福澤諭吉と『時事新報』社説をめぐって」『福澤諭吉年鑑』三七号、二〇一〇年。

（4）例えば、福澤より後の世代であるが、新聞で活躍した人物の「全集」として杉村楚人冠の『楚人冠全集』全一六巻（一九三七〜三九年、のち二巻を加う）がある。この本に収録されている新聞論説等は楚人冠自身の「切抜帳」に依拠し、しかもそれを楚人冠自身の選択によって若干取捨したが「たゞその代表的なもの、文献的なものは、つとめて剰すところなからんことを期した」とある（『楚人冠全集』第一三巻「巻頭語」）。思想家としては例えばキリスト者の植村正久の『植村全集』全八巻（一九三一〜三四年）がある。これには著作に加えて『七一雑報』『六合雑誌』ほかの新聞雑誌に掲載された論説も多数収録されており、その採録方法は明らかでないが、全集全体としては「先生の遺稿全体の三分の一弱に過ぎない」と記されている。

慶應義塾関係では、『鎌田栄吉全集』全三巻（一九三四〜三五年）、『堀江帰一全集』全一〇巻（一九二八〜二九年）の例があるが、前者は三巻中の一冊が追悼録に近い内容であり、書簡については一切収録していない。後者も書簡については僅かに十数通を収めるに過ぎない。

(5) 福澤の加筆がないからといって福澤の主張ではないと捨てていいのかどうか、ということについては、すでに竹田行之「『時事新報論集』について」（『福澤諭吉年鑑』二二号、一九九五年）、二八頁で指摘されている。

(6) 書簡集第九巻の解題では、これらが収録されなかった理由を写しのみで原書簡が確認できなかったためではないかと推定しているが、『続全集月報』（第二号）には、原本照合をしていない書簡も収録していることが明記されている。

(7) 荘田平五郎宛福澤諭吉書簡（一八八二年一月二十四日付）において、「此以前民間雑誌発兌の時の如く、壮年輩に打任せて顧みざればこそ、彼の不始末をも来たし候義、今回は老生も少しく労して、筆を執るべきやに考居候……」とあり、前述の平石論文ではこれを「……前に出していた『民間雑誌』は、壮年輩に任せたために政変（明治十四年の政変）のような不始末を来たした」という意味に解釈されている。しかし、「彼の不始末」と「今回」の対比から考えると、「彼」は『民間雑誌』の当時の話と考えるべきであろう。『民間雑誌』は大久保利通暗殺について論じた社説で「一身の不幸のみに就て論ずれば、大久保氏に限り、特別に気の毒と云ふ訳もなきことなるが云々」というような表現を咎められ、廃刊のやむなきに至った。これは福澤が執筆した社説として全集に収録されている。しかし『福澤諭吉伝』第四巻には次のような永井好信の回想が載っている。

明治十一年五月十四日、大久保内務卿が暗殺されたときは、何故か塾生は非常に喜んだが、先生は其時臨時に三田演説会を開かれ、「大久保氏は兎に角進歩的の人物であって、明治の新政府には貢献するところが少なくなかったのに、此人の暗殺せられたのは実に惜むべきことである。暗殺の如き野蛮の陋習に同情を寄せるが如きは怪しからぬ事である云々」と塾生等を誡められたことを記憶してゐます。

「彼の不始末」とは、「壮年輩」（当時の語彙としては、血気盛んな若者たち）に任せたが故にもたらされた不始末としての廃刊、というように解すべきではなかろうか。そうであるとすれば、『民間雑誌』『家庭叢談』などの無署名論説についてこそ今一度検討の余地があるように思われる。

(8) この社説は、『福澤諭吉伝』に福澤の指示により石河が執筆したとして全文掲載され、『続全集』にも収録されている。このことも、ダイジェスト説を補強している。

(9) 実際は福澤が執筆しながら、他の門下生が執筆したような体裁を作って英国流議会制度の導入世論を喚起しようとしたことが知られる『国会論』（藤田茂吉・箕浦勝人名義で発表）は、そのままの原稿では福澤の筆とわかってしまうので、趣旨と無関係のところを書き換えるよう指示して藤田・箕浦に修正させたことが『福翁自伝』に語られている。その『国会論』の主語は「我儕《われら》」、「我党」、「吾党」である。福澤が著作の主語に注意を払っていた証左とみたい。

(10) 山名次郎『偉人秘話』（実業之日本社、一九三七年）、二七〇頁。

(11) 荘田平五郎宛福澤諭吉書簡（一八八二年一月二十四日付）、『福澤諭吉書簡集』第三巻、一八一頁。

(12) 福澤が当時国際情勢を判断するために誰からどのように情報を得ていたかは、今日では多くを知ることができないが、例えばこの時周囲から情報を得ていた痕跡として、一八八五年三月六日付井上馨宛中上川彦次郎書簡（国立国会図書館憲政資料室蔵「井上馨関係文書」）及び一八八五年四月九日付「先生」（福澤諭吉と推定される）宛中上川彦次郎書簡（東京大学社会科学図書館蔵「井上角五郎関係文書」）は、それぞれ井上角五郎及び中上川彦次郎から福澤が外交上の情報をかなり詳細に得ていたことを示している。

（13）「福澤諭吉関係新資料紹介」所収田中不二麿宛福澤諭吉書簡（一八八五年四月二十八日付）、『近代日本研究』第二三巻、二〇〇七年、二五二〜五三頁。なおこの書簡は、福澤が甲申事変そのものへの関与を否定している点でも重要な意味を持つ。

（14）管見の範囲に過ぎないが、この頃のアメリカの新聞にしばしば『時事新報』を通した福澤の発言が引用されている。とりわけ米国 *The Independent* 紙は『時事新報』の社説全文の英訳を掲載することがあり、福澤と特別な契約を結んでいたと考えられるなど、社説には対外宣伝的な意図も含まれていたと考えられる。なお、このこととの関係で福澤が *The Japan Times* の創刊に協力した事実がある。

（とくら・たけゆき　慶應義塾福澤研究センター専任講師）

解説――青木説からの展望2

福澤諭吉と朴泳孝

西澤直子

一　はじめに――青木功一の朴泳孝評価

朴泳孝は李朝末期の政治家で、父は儒者の朴元陽である。一八六一年に京畿道水原に生まれ、北学の代表的儒者である朴趾源の嫡孫朴珪寿や劉鴻基（大致）、呉慶錫（赤梅）らに学んだ。一八七二年四月に朝鮮第二五代国王哲宗のひとり娘永恵翁主と結婚し、錦陵尉となり正一品上輔国崇禄大夫の爵を受ける。妻永恵翁主はわずか三ヶ月後に亡くなってしまったが、朴泳孝には制度上正式な再婚は許されず、その後一八七八年に五衛都総府都総管、恵民署堤調、一八八一年義禁府判義禁に任じられた。

福澤との関係は、一八八二年（明治十五）に修信使の全権大臣として来日した際、福澤邸を訪問したことに始まる。帰国に際し、福澤の門下生牛場卓蔵を「政府之聘士」（同年十二月十三日付高橋正信宛福澤諭吉書簡）として朝鮮に招いた(1)。帰国後は近代化のための改革に着手するが、閔氏一族により弾圧を受け左遷される。一八八四年に企てた甲申事変が失敗すると日本に逃れ、その後アメリカおよび日本での亡命生活を余儀なくされた。日本滞在中は一時期明治学院で学び、また朝鮮留学生の教育を目的に親隣義塾を開いた。一八八八年（明治二十一）に、日本から改革に関する「上疏」を国王高宗に建白する。一八九四年八月、日清戦争における日本軍の緒戦勝利を聞き、改革の時であると帰国を強く希望したため、福澤は後藤象二郎と協議し、外務省の了解を得て帰国を取り計らった。朝鮮に戻ると金弘集内閣の内部大臣に就任し、甲午改革で近代化政策を押し進める。しかし朝鮮の政治情勢は安定せず、再び失脚。翌年七月に来日し、再度アメリカおよび日本で亡命生活を送ることになった。当時は山崎永春という日本名を用い、福澤が生活資金や住宅などを提供し援助している。また在米時は、福澤の門下生で貿易会社を営む森村明六・開作兄弟が資金の受け渡しその他に協力し、一八九六年六月以降の兵庫県での亡命生活では、山陽鉄道にいた牛場卓蔵や福澤の次男捨次郎が協力した。日露戦争後の一九〇七年に帰国、李完用内閣で宮内大臣を務めたが、高宗の退位をめぐる政争で一年間済州島に流された。日韓併合後、侯爵。『東亜日報』社長や貴族院議員も務めた。一九三九年九月歿。韓国では、最初に太極旗を使用した人物としても知られる。

青木功一は福澤諭吉と朴泳孝の関係に着目し、朴泳孝に対する福澤の影響を明らかにするため、亡命中の日本から朝鮮国王高宗に上奏した「上疏」の内容を詳細に検討した。朴泳孝の「上疏」は、朝鮮開化派の当時の富国強兵策や独立維持のための構想が知れる第一級の史料で、現在までに多くの研究が報告されている。(2) 青木の研究はそのほとんど嚆矢であった。

青木は「上疏」を福澤の各著作の記述と丁寧に突き合わせ、細かくその類似点を抽出した。その結果、朴泳孝における大きな思想的変化、すなわち軍備増強策から内政重視への変化、特に国家を構成する人民に対し、国民意識の形成と発揚のための改革を進める「新民論」への変化が、福澤の強い影響によるものであることを考察した。さらに青木は朴泳孝が、福澤が明治七年ごろに深く憂慮していた「文明の形は進むに似たれども、文明の精神たる人民の気力は日に退歩に赴けり」という人々の状態(3)が明治維新の一大欠陥であることを知り、その結果「新民」の問題を「上疏」の中(「六曰」)で強調するに至ったと分析する。青木は、こうして形成された朴泳孝の思想は「朝鮮近代思想の嚆矢をなす画期的なもの」で、「当時の東アジア世界の近代思想として、抜群のもの」(三七九頁)であると高く評価する。

二　青木による「上疏」分析

青木は朴泳孝に関する三つの論文において、朴泳孝の「上疏」を福澤諭吉の論説や中国古典と比較し、その影響と特徴を明らかにした。

福澤との関係については、福澤の初期主要著作である『西洋事情』『学問のすゝめ』『文明論之概略』と「上疏」を、一文一文と言って過言ではない精密さで比較し、「上疏」中の人民教育の必要を論じた部分はほぼ全文、右三著作の漢訳といえ、それは朴が福澤の思想の根本を全面的に摂取したことを示しているとする。具体的には独立心の必要性の主張、君主専制政治の廃絶、人民の自由の主張、西洋の文明の精神に基づく人民の教育、智徳の発生を促すこと、人民独立の気力および権利義務意識の涵養、近代的な国民意識や愛国心の形成、文明の精神を養いつつ政令法律を改めること、衣服・飲食・器械・住居など有形の物に関する西洋文明の摂取（三九四頁）といった点である。他に福澤の「日本婦人論」『日本婦人論後編』『日本男子論』とも比較し、その結果として、朴泳孝は福澤の強い影響を受けたと結論する。またこの比較に先行して『西洋事情』『学問のすゝめ』『文明論之概略』に見られる外国書の影響を分析し、朴泳孝は福澤を通じて、ウェーランドやバックルからも影響を受けたと考察する。さらに福澤の著作によって日本に「国民」という意識が欠如していることを知り、「この日本の轍を踏むまいとして、福澤の所論の核心を採り、独立を保つために「文明に進む」ことを主張し、且つ、「文明の精神」たる報国心をそのための前提としたものと考えられる」（三〇四頁）と、福澤を通じた半面教師としての日本の影響をも読み取っている。

一方中国古典との詳細な比較では、朴泳孝が『孟子』『書経』からは、動乱期に国を保つためには仁義の徳に基づく民本主義が重要であり、君主は公平中正であらねばならず、その絶対性は否定されることを学び、『大学章句』からは、国の独立のために為政者は人民と好悪を同じくし、苛酷な収奪はせず人民の教化を目標とすべきで、「保民と新民を目標とする政治を行い、これによって上下の心を一つにし」強国化をはかるべきことを得たとみる（二八四〜八五・二九二頁）。また呉吉宝氏や姜在彦氏が指摘するように、朴泳孝たちが朴珪寿の指導によって「中国使臣たちの見聞とそのもたらす新思想」を吸収すると共に『燕岩集』を学んだことから、北学派と結び付き華夷思想の名分論を克服し、平等思想と実学の尊重を学んだと考える（三四三・三五五頁）。他に明および清の政治思想（特に中国の中では異端といえる黄宗羲〈『明夷待訪録』一六六三年〉・顧炎武〈『日知録』一六七〇年〉）からも影響を受けたとみる。

さらに「上疏」の目的が清の支配の排除、政府の専制的支配および伝統的不平等の廃棄であり「亟図興復」の語に集約されることから、これを「興復上疏」と呼ぶことを提言する。この「興復上疏」は「甲申日録」の政綱と基本的に一致することから、甲申事変を継承するものであると捉え、ゆえにその目標は「民族革命」にあるとする。

また「興復上疏」においては儒教至上主義の教育は否定されるが、しかし一方で教育による国民意識の高揚が中心課題とされたことも指摘する。ゆえに「興復上疏」は新民論の性格を持つと考える。青木は『学問のすゝめ』『文明論之概略』を新民論と捉えている。その福澤の影響を梁啓超の「新民説」にも見る。梁啓超は「論自尊」で「標提「独立自尊」一語、以為徳育最大綱領」と述べ、また福澤に対し「論教育当定宗旨」の中で民間人でありながら「日本教育界之主動者」であると賞讃しており、福澤の影響を強く受けていると論じている。

これらの考察を通じて、朴泳孝と福澤の関係に関する青木の見解は、以下のようにまとめられる。青木は、朝鮮開化派の思想が洋務論から変法開化論に変化し、さらに新民論と呼べる人民に対する改革論へ進み、民族革命論へと発展すると考える。その際、「洋務論」「変法論」の概念は小野川秀美の定義に基づき、(4) 洋務論を「西洋の機器と技術、すなわち西学」によって軍備を充実させ自強をはかろうとするものと捉え、変法論を軍備より内政を遥かに重く見、制度の根本に関する改革について、経書に範を求めながら現実は西政に範をとる主張であると捉える。青木は「上疏」中の古典引用の特徴がこれに合致することから、「上疏」は変法論であると捉えた。そして朴泳孝は、一八七〇年代までは清末洋務派と同様の思想段階、すなわち十四、五世紀以来の改革思想に由来し、直接的には実学思想を継承している洋務開化論と呼べるものであったが、福澤と接触し福澤の説を取り入れることによって、『大学』の説く「新民」の歴史的伝統を再認識し、「人民の知識」の「開発」を目指す変法開化論と呼ぶべき思想に変化したと捉える。根底に流れる儒学思想を考慮しつつも、朴泳孝においては福澤の影響によって開化論の転換が行われたと考え、青木以前の呉吉宝氏や姜在彦氏による、朴泳孝や金玉均らの思想には洋務から変法への転換はないという見方に疑問を呈している。朝鮮変法論は、朴珪寿・呉慶錫・劉鴻基という三人のすぐれた先覚者である洋務開化論者がいて、その後、福澤との接触や客観的な情勢への対応によって、李東仁をはじめとする朴泳孝など変法開化論者が登場したと考察するのである。

繰り返しになるが、朴泳孝は福澤の思想に接することによって、近代的変法を唱える変法開化論者に転化した。洋務派との大きな差異には、変法開化派にとっては改革のために、清との宗属関係の放棄が前提となることがあげられる。ゆえに甲申事変は暴力的で、国家権内の二元主義を清算することを目的とし、それは「民族革命論」と呼ぶことができ、「ブルジョア的改革」と呼ぶことも可能であるとする（二二三〜二二四頁）。

三　青木説への疑問

青木の比較研究は丁寧かつ詳細なものであるが、まず読後に福澤諭吉の影響力はそれほど大きなものであったのかという違和感が残る。類似しているか否かは主観的な判断基準であるため、氏が掲げるすべての点に同意することはむずかしい。たとえば、李培鎔氏の指摘もあるように、「日本婦人論」『日本婦人論後編』『日本男子論』の影響とされている点はかならずしもそうとは言えない。(5) また西洋文明の影響についても、直接的に西洋文明も摂取したと考える方が自然で、朴泳孝がウェーランドやバックルなど西洋近代思想を、福澤を通してのみ摂取し「日本語からの重訳によって、これらの思想を伝え」る（二五二頁）だけとは思われない。

また東アジアが共有する思想としての儒学の系譜を、もっと重視すべきではないかとも感じる。青木は、朴泳孝は「儒教を基礎とする自己の思想を捨てようとは全くせず、その最大限の拡張解釈の中に、新思想を包括させようと試みた」（二五三頁）と言いつつ「このように説くのは、儒教至上主義の李朝朝廷に提出する上疏だからである。これが全く儒教的粉飾であること（同時に彼自身の思想進展の軌跡でもあろうが）は、次の第四段で、儒教は仏教・キリスト教・回教と同じく宗教であり、宗教であるからには、人民の「自由信奉」に任せるべきだと説いていることからも察せられる」（三九五頁）と言う。しかしながら思想を、文化的背景を無視して成長させることは可能とは思えず、「上疏」ゆえの粉飾と捉えるのではなく、伝統的な思想の中にいかに「新思想を包括」させたかという視点で考察することが必要ではないかと思う。

青木自身も『孟子』『大学章句』などの影響を詳細に検討し、儒教的系譜も解明されるべき課題であるとは考え（四一五頁）、また日本の例になるが、「伝統的実学観から西洋的実学観への移行」を西洋思想の影響に偏重して捉えることへの松浦伯夫氏の異議を紹介している。「近代的な民族意識の萌芽」が見られると評価される『日知録』との類似点も指摘する。(6) しかし、鎖国を解いた東アジアの国々がどのような政治体制づくりを目指すのかを考える際、青木は、国際社会の中で国民国家を成立させるために必要なものは、西洋思想に基づく国民意識であることを前提としている。その限りでは、どうしても西洋思想に大きな比重を置かざるを得ない。だが東アジアにおける政治システム構築に必要とされるのは、まずは万人を納得させる東洋的名分論であり、そこからの発展であると考える必要はないであろうか。東アジアにおける近代化は、西洋思想の受容と伝統的儒学との相克にあるように思われがちだが、両者の融合、すなわち従来の伝統的な儒学思想を利用しながら西洋思想を解釈し、修正を加えていく過程であると考えるほうが自然である。なぜならば前にも述べたように、人々に訴えるべき思想が歴史や時代性から切り離されて存在するとは思われず、伝統的思想であっても決して同じ場所に止まっているわけではないからである。思想的立場によって、儒学思想と西洋思想の融合の割合と方法に差異があり、結果として方向性が異なっていくと考えられる。

青木が朴泳孝や福澤のひとつの到達点として考える新民論を例にとれば、福澤とは思想的に対極にあるといえる元田永孚も、一八七七年（明治十）一月の進講の中で「作新民」を論じ、「民心ノ自ラ起テ新ニスルノ勢」を重視する。つまり「新民」をめぐる議論は、当時思想家たちにとって共通の課題であった。ただ元田は「民ハ覚ヘス知ラス上ノ政ニ嚮シ立ラレ浮サレマシテ、自然ニ日新開化ノ域ニ進ミマスル者テ民心カラケヤウニ新ニナリマスルカ真ノ日新トモ開化」と述べ、「日新」「開化」のためには「民心」が新しくなる必要があるとは考えるが、それは上からの指導によって行われるべきものとする。(7)同じ新民論ではあるが、到達する点は異なる。その差異は「自由」という観念の解釈と結びついている。福澤は、「人間の天性に自主自由といふ道あり」（「中津留別之書」）、「一人前の男は男、一人前の女は女にて、自由自在なる者」（『学問のすゝめ』）という。(8)それに対し元田は、「自由ノ名義ハ国民上ニ於テ固ヨリ之ヲ云ヘカラスシテ、道徳上ニ於テモ孔聖ノ外亦云ヘカラス」と国民に自由はないとする。(9)ゆえに元田は「作新民」であり、自覚的に「新民」たらしめんとする福澤とは大きな隔たりが生じる。しかし他方、福澤の「自由」は権利を説く前にまず他人の妨げをなさぬ範囲で成立するという前提があり、参政権についても制限付きで考えている。それに対し朴泳孝の考える「自由」は、青木によれば「完全でないにせよ、近代憲法に規定されている自由権の全部と平等権および参政権を含むものであるから、結局、近代の基本的人権の殆んどすべてを、その内容としている」と捉えられる（三一二頁）。ゆえに朴と福澤の新民論にも当然差異が生じる。

また青木は、福澤の思想は以下のように変遷したとみる。すなわち一八五四〜一八六〇年においては「洋務論」を主張していて、一八六〇年から一八六五年の過渡期を経て、一八六六年から一八七〇年ごろに明確な「変法論」者と変わり、一八七二年からは新たな段階に入って、『学問のすゝめ』『文明論之概略』で新民論を説くようになる。すなわち「其原因とは人民の無知文盲即是なり。……政府は依然たる専制の政府、人民は依然たる無気無力の愚民のみ」「方今我国の文明を進むるには、先づ彼の人心に浸潤したる気風を一掃せざる可らず」「これを概すれば日本には唯政府ありて未だ国民あらずと云ふも可なり」[10]「文明の精神をば捨てゝ問はざるものゝ如し。蓋し其精神とは何ぞや。人民の気風即是なり」「先づ人心を改革して次で政令に及ぼし、終に有形の物に至る可し」と記し[11]、ここに至って焦眉の急たる独立確保のためには「人民一般の智徳を発生」させ近代的な国民意識の涵養をはかるとする。しかしそもそも福澤の中に「洋務論」が意識された時期はあったのであろうか。長崎や大坂適塾時代、蘭学を学ぶことに政治的意志があったとは思われない。そして一八六二年（文久二）遣欧使節に随行してヨーロッパを訪れた際に、四月十一日付でロンドンから中津藩の重臣島津祐太郎に宛てた書簡では、当今の急務は富国強兵であり、その富国強兵とは洋学により実地に役に立つ「人物を養育すること」と書いている[12]。福澤にとって洋学の目的は、人材育成にあった。

また私は福澤の思想を考える上で、一八七〇年（明治三）十一月に執筆された「中津留別之書」を重視する。同書の目的は、近代社会においてミドルクラスを形成すべき旧武士層への「一身独立」の啓蒙にあった。「一身独立」とは、拠るべきものを自己の内に持ち自己判断ができる精神的自立と、それを保障する経済的自立を兼ね備えることで、福澤は「一身独立」してこそ「一家」が独立し、「一国」が独立すると説く。すなわち近代国家独立の根本は「一身独立」にあるとし、まずは個々人の自立を説くのである。この主張は同時期の書簡にも見られ、それが『学問のすゝめ』に繋がり、「独立自尊」と言葉を変えて、最晩年に門下生たちと共に作成した「修身要領」（一九〇〇年発表）においても、全編を貫く主張となっている。福澤は、「一身独立」から「一身独立して一家独立し、一家独立して一国独立し、一国独立して天下も独立すべし」と展開し、最後には天下の独立に言及する[13]。この場合の「天下」について、廃藩置県前でもあり「一国」を武蔵国、相模国といった国の単位で捉え、「天下」が国家であると解釈されることが多い。しかし「中津留別之書」の全文を見れば「外には公法を守て一国の独立を燿かし、始て真の大日本国ならずや」の言葉に端的に表れるように、そこで用いられている「国」とは国家である。それならば「天下」とは何か。一身一家一国の上位概念としての「天下」は、各国独立のうえで成立する国際社会とは考えられないであろうか。

「中津留別之書」に見られるこのような福澤の思想的基盤は、ギゾーやバックルを丹念に読み込み『文明論之概略』をまとめ上げる前に、組み立てられているのである。そして主な読者は、正学として儒学を学んだ中津藩の士族たちである。読者に対し、「修身斉家治国平天下」を意識させようとしていることは否めない。私は福澤の「天は人の上に人を造らず、人の下に人を造らずと云へり」ですら、単純にアメリカの独立宣言と比較することはできないと考える。たとえば、朝鮮北学派朴趾源の人間平等論と比べるような視点も重要だと思う。朴泳孝を見るにも、単純な福澤の影響ではなく、師であった朴趾源の嫡孫朴珪寿などの思想的背景を考察しなければ、朴泳孝の着眼点を見過ごすことになろう。

四　おわりに——今後の展望

福澤諭吉と朝鮮、あるいは近代日本と朝鮮の関係を知るにあたり、青木の功績が非常に大きいことに変わりはない。青木以前はもちろん、その後も青木のような詳細な資料の比較検討による朴泳孝の思想経路解明は行われていない。氏は膨大な時間をかけて資料を読み解いた。氏の研究がきっかけとなって、その後の多くの比較研究が生まれたといえる。

朴泳孝と福澤というこの章のテーマに限ってみても、近年注目すべき研究成果が報告されている。それらは青木の研究を踏まえたうえで、朴泳孝に対する福澤以外の思想家の影響や内在的思想に着目している。木村幹氏は、朝鮮の近代化において実学と開化思想を結びつけた人物として評価される朴珪寿による、金玉均や朴泳孝ら開化派への影響に言及し、また急進開化派について、哲宗の娘婿であった朴泳孝等の出自にも注目して、甲申政変が持つ「「疎外された若きエリート」による、貴族革命」の側面も論じている。(14) また朴忠錫氏も朴泳孝が「外来的なものを理解―受容する知的媒介」であった「原始儒教、朱子学―朝鮮朱子学、朝鮮朝時代の実学思想」を検討し、朴が「民」を個人のレベルに解体し得たことによって、彼の民本主義は伝統儒教における民本主義の領域を脱し、「「(人)民」―「個人」の自然権の実現として「保民」、「得民」それ自体が目標価値」となり、「目標と手段が転倒」したとする。すなわち「養民」「利用・厚生」論に留まらず「教化」「正徳」論の次元に及ぶまで、儒教的観念が拡大・変容していることを検証している。(15)

また今後は、青木が使うことのできなかった文献を利用した研究が進むと思われる。代表的なひとつは『福澤諭吉書簡集』(慶應義塾編、岩波書店、二〇〇一～〇三年)であろう。福澤は一部の旅行記を除き日記を書き残さなかったので、人的交流の詳細が明らかになる資料が少ない。これまで朝鮮との関係については、『時事新報』に載せた論説が有効な資料として使用されてきたが、近年『時事新報』の論説筆者については、『福澤諭吉全集』(再版、岩波書店、一九七一～七四年)の判断が必ずしも正しいとはいえないのではないかという指摘がなされている。私は創刊号で福澤が社説に責任を持つと宣言した以上、『時事新報』の論説は大意において福澤の意見との相違はないと見るが、たとえば言葉づかいに踏み込んで内容を問うような手法をとることはできないと考える。

その中で、福澤と朝鮮開化派の関係を知る有力な手がかりとなる資料が、福澤が書いた手紙である。福澤が残した書簡は、現在までに二六〇〇通以上が知られている。福澤には来簡を保存する習慣がなく、その数は約九〇通程度に止まるため、往復書簡として読むことができず、話の内容が完全には明らかにならない。また公開を前提としていないため、代名詞が多用されあるいは隠語が使われることもあって、資料として利用するにあたっては、文章の正確な読みを一〇〇％確定することがむずかしいという難点もある。しかし私的な文書であるだけに、時に水面下の交渉や本音が吐露されている。注意深く読み解けば、表に出ていない事実や福澤の意図が判明する利点は大きい。

朴泳孝の場合は、同人に直接宛てた福澤の書簡は現在のところ一通しか残っていない。しかし、言及のある書簡は一三通存在する。多くは亡命中の住宅などの提供や金銭の貸借関係に関するものである。だがそれだけではなく、一八九六（明治二十九）年二月二十五日付でニューヨークの森村明六・開作に宛てた書簡や同年五月七日付で同じくニューヨークにいる朴泳孝に宛てた書簡には、朝鮮の政治情勢を鑑み、朴泳孝の立場を慮る福澤の姿勢が見える。[16] 朴泳孝は国王の娘婿で大臣も務めるような政治家であり、福澤はしばしば高官としての彼に政治的に接触しなければならなかったが、その近代化を模索する姿には、若き日の自らを投影していた。[17] 福澤は一八九五年（明治二十八）八月二十二日付鎌田栄吉宛書簡に見られるように、向学心のある「少年」たちを「純粋之文明学者」に育て、朝鮮における近代国家建設の担い手となしたいと考えていたのである。[18]

今後の朝鮮開化派に関する研究は、朝鮮側の資料を積極的に利用しながら、開化派個々人の研究が進むことによって、同派が抱えた内在的課題がより一層明らかになろう。その上で日本との関係、ことに福澤との関係については、書簡を中心とする新資料を用い、かつ従来の資料であっても同じ儒教文化を背景とする東アジアの枠組みのなかで捉えなおすことによって、新しい成果を導き出すことができよう。朴泳孝との関係も、単に思想面だけではなく、一八八二年に朴泳孝と共に来日して慶應義塾に入学した朴命和や、翌年朴泳孝が招聘した牛場卓蔵が帰国する際に同行し、まず慶應義塾に入学した徐載弼、申應熙等、その後続々と入学した玄暎運、兪星濬等について、韓国側で明らかになっている履歴を参照しながら実務的な関係を考証することによって、[19] 福澤からの一方的な影響に止まらないより詳細な両者の関係に関する分析が可能になるであろう。

註

（1）慶應義塾編『福澤諭吉書簡集』（岩波書店、二〇〇一〜〇三年）第九巻、二五二頁。
（2）朴忠錫「朴泳孝の富国強兵論――伝統と近代の内的連関を中心に」朴忠錫・渡辺浩編『「文明」「開化」「平和」――日本と韓国』（慶應義塾大学出版会、二〇〇六年）の注（3）に多くの先行研究があげられている。
（3）慶應義塾編『福澤諭吉全集』再版（岩波書店、一九七九〜八一年）第三巻、五九頁。
（4）小野川秀美『清末政治思想研究』新訂版、みすず書房、一九六九年。
（5）이배용「開化派의 女性観연구」（李培鎔「開化派の女性観研究」）『한국 근현대 연구』二十六집、한국근현대사연구회、二〇〇三年。
（6）四一四頁。松浦伯夫『近世日本における実学の研究』理想社、一九六三年。二九八頁。小野和子「明の遺老といわれる人々」『胎動するアジア』平凡社、一九六六年。
（7）明治十年丁丑一月進講案。元田竹彦・海後宗臣編『元田永孚文書』第二巻（元田文書研究会、一九六九年）、二三頁。
（8）前掲『福澤諭吉全集』第二〇巻、四九頁。第三巻、三一頁。
（9）「元田永孚意見草稿」国立国会図書館憲政資料室蔵元田永孚関係文書一一〇―五〇。池田勇太「元田永孚の「自主自由」論」『東京大学日本史学研究室紀要』第一〇号、二〇〇六年。
（10）前掲『福澤諭吉全集』第三巻、四九〜五二頁。
（11）同右、第四巻（岩波書店、一九七〇年）、二〇・二二頁。
（12）前掲『福澤諭吉書簡集』第一巻、一四頁。
（13）明治二年二月二十日付門下生松山棟庵宛書簡では「一身独立して一家独立、一家独立一国独立天下独立」。同右、一一四頁。前掲『福澤諭吉全集』第二〇巻、五〇頁。
（14）木村幹『朝鮮／韓国ナショナリズムと「小国」意識――朝貢国から国民国家へ』（ミネルヴァ書房、二〇〇〇年）、一五六・一八四・二〇九〜一一二頁。
（15）前掲朴忠錫論文、二四・三五〜三九頁。
（16）森村兄弟宛には「朝鮮も決してこのまゝニは治まり不申。此後二度も三度も変乱ヲ重ねて、然る後ニ朴泳孝帰国之時節到来可致存候」とあり、朴宛には朝鮮国内の情勢を分析して「日本派ノ臭味」は対露的に不利であり、日本に立ち寄らぬ帰国を勧めている。前掲『福澤諭吉書簡集』第八巻、一五九〜一六〇・一八七〜一九〇頁。
（17）富田正文『福澤諭吉の漢詩三十五講』（福澤諭吉協会、一九九四年）、一二七〜三一頁。
（18）前掲『福澤諭吉書簡集』第八巻、九三〜九五頁。
（19）이광린「開化初期韓国人의 日本留学」（イグァンリン「開化初期韓国人の日本留学」）『한국 개화사의 제문제』일조각、一九八六年。徐載弼、申應熙と共に慶應義塾に入学したのは、林殷明、鄭行徴、申重模、白楽雲、李秉虎、李建英、李圭完、尹泳観、鄭蘭教、朴應学、河應善、鄭鍾振。

（にしざわ・なおこ　慶應義塾福澤研究センター教授）

青木功一略年譜・著作一覧

略年譜

一九三〇年　二月二十六日　東京に生まれる
一九五〇年　四月　東京都立大学理学部入学
一九五四年　三月　同生物学科卒業
　　　　　　四月　文芸春秋新社入社、編集局勤務
一九六〇年　六月　同出版局勤務
一九六六年　四月　同出版局出版部次長、「現代日本文学館」編集主任
一九六七年十二月　同社退社
一九六八年　四月　東京都立大学大学院人文科学研究科修士課程入学
一九七〇年　三月　同課程史学専攻修了
　　　　　　五月　ベルリン自由大学東アジア学科図書室長
　　　　　　九月　同退職
一九七六年　十月　慶應義塾大学新聞研究所研究員
一九八〇年　四月　横浜市立大学講師
　　　　　　七月二十八日　胃腸内出血で逝去
　　　　　　十月五日　告別式（鎌倉市腰越　満福寺）

著作一覧（公表年月順　＊＝本書収録）

一九六九年　四月　「朝鮮近代思想と「西洋事情」――朴泳孝の上疏について」『三田評論』第六八一号、慶應義塾
　　　　　　七月　＊「朝鮮開化思想と福澤諭吉の著作――朴泳孝「上疏」における福澤著作の影響」『朝鮮学報』第五二輯、朝鮮学会
一九七三年十一月　『山県狂介』（筆名・青木孝）中央公論社
一九七六年　七月　＊「朴泳孝の民本主義・新民論・民族革命論――「興復上疏」に於ける変法開化論の性格」（一）『朝鮮学報』第八〇輯
　　　　　　八月　＊「福澤諭吉・朴泳孝・梁啓超の新民論――東アジア近代思想の相互関連性」『福澤諭吉年鑑』第三号、福澤諭吉協会
一九七七年　一月　＊「朴泳孝の民本主義・新民論・民族革命論――「興復上疏」に於ける変法開化論の性格」（二）『朝鮮学報』第八二輯、〔一九七五年一〇月記、一九七六年一一月追記〕
　　　　　　四月　「福澤諭吉の対外観に関する覚書――「時事新報」創刊に至るまでを中心として」『三田評論』第七六九号
　　　　　十一月　＊「創刊年の「時事新報」に見る複眼的対外観――明治十五年三月〜十二月の主要外報記事より」『福澤諭吉年鑑』第四号、〔一九七七年九月記〕
一九七八年　三月　＊「「脱亜論」の源流――「時事新報」創刊年に至る福澤諭吉のアジア観と欧米観」『慶應義塾大学新聞研究所年報』第一〇号、慶應義塾大学新聞研究所
　　　　　　六月　「朴泳孝」『世界伝記大辞典』ほるぷ社
　　　　　　八月　「大久保政権下の山県有朋」『歴史と人物』一九七八年八月号、中央公論社
一九七九年　三月　＊「福澤諭吉の朝鮮観――その初期より「脱亜論」に至るまで」、旗田巍先生古希記念会編『朝鮮歴史論集』下、龍渓書舎
　　　　　　十月　＊「「時事新報」論説の対清論調（一）――創刊より明治十八年まで」『福澤諭吉年鑑』第六号、〔一九七九年四月記〕
一九八〇年　三月　＊「「時事新報」論説における朝鮮問題（1）――壬午軍乱前後」『慶應義塾大学新聞研究所年報』第一四号、

（一九七八年一二月記）

十月　＊「「時事新報」論説の対清論調（二）――明治十九年より明治二十六年まで」『福澤諭吉年鑑』第七号、（一九七九年八月記）

一九八一年　三月　「「金玉均伝原稿」と雑誌「古筠」――その探索及び「甲申日録」の否定について」、朝鮮史研究会編『朝鮮史研究論文集』第一八集、龍溪書舎、（一九七二年四月記）、（本論末尾に「故青木功一氏論著目録」を掲載）

五月　「福澤諭吉の朝鮮論」『横浜市立大学論叢』第三二巻第一号、横浜市立大学学術研究会（一九八〇年七月記、草稿）

＊　＊

追悼文

土橋俊一「青木功一氏の急逝」『福澤手帖』26、福澤諭吉協会、一九八〇年九月

旗田巍「青木功一君の死を悼む」『朝鮮史研究会会報』第六一号、一九八一年一月

青木功一論文への言及

金錫根「福澤諭吉における「自由」と「通義」――「独立不羈」の政治学」『福澤諭吉年鑑』第二八号、二〇〇一年十二月

金錫根「兪吉濬、『文明論之概略』を読む？」『福澤諭吉年鑑』第三〇号、二〇〇三年十二月

その他

『横浜市立大学図書館所蔵　朝鮮関係図書目録（故青木功一講師寄贈図書を中心として）』横浜市立大学図書館、一九八二年十二月

あとがき

確か二〇〇五年の秋ごろであったと思う。稲垣敏子さんから、「弟の功一の遺稿をまとめて出版してやりたい。出してもらえる本屋さんないかしら」という電話をいただいた。青木功一さんが生前残した論文をまとめて、自費出版をしたいというのである。出版関係の友人にも相談してみたが、進捗しなかったという。そのあと、「偏屈な弟だったから、あまりしょっちゅう付き合わなかったけど、早く死んじゃったもんだから、なんだか可哀想なのよ」と、出版の動機を敏子さんは話され、青木さんのすべての著作の抜刷などを手渡された。それは、『福澤諭吉年鑑』『朝鮮学報』『慶應義塾大学新聞研究所年報』などに発表した、朝鮮開化思想や福澤諭吉の対外観を扱った論文であった。小説『山県狂介』も入っていた。

そのときになって、わたしは青木功一という人物には全く注意を払っていなかったことに気づいた。『福澤諭吉年鑑』には全部目を通していたし、敏子さんの旧姓が青木であることも承知していたにもかかわらず。あわてて青木論文を執筆順に並べて通読してみると、意外や、福澤諭吉論、福澤諭吉研究、『時事新報』研究にとっては不可欠なものだという印象が湧き起こってきた。まだ復刻版のでていない時代に、『時事新報』を一頁一頁開いて、全記事を読破し、福澤の対外観に関わるものを網羅的にカード化していく作業に衝撃を受けたといった方がいい。この青木論文の刊行は、必ず福澤諭吉の対外観、アジア観の基本的研究書になるであろう。これは、少部数の、人目に付きにくい自費出版ではもったいない。そこで、友人の編集者の沢株正始さんに相談に乗ってもらうことにして、抜刷を渡したのである。沢株さんも同意見であった。青木さんの主題と著作経歴から見て、ふと慶應義塾大学出版会から出してもらえないかなと思った。ちょうど沢株さんが、『慶應義塾史事典』の編集に携わっていたときであったから、彼を通して打診をしてもらうことにした。沢株さんにも付き合ってもらって、収録論文と、章構成を決めて、こうして本書の企画が成立したのである。二〇〇六年の四月から、わたしは慶應義塾大学経済学部に国内留学することができた。そこで、出版会の飯田建さんと乙子智さんと出会うことになったのである。お二人に、福澤研究論文で、簡単に入手できない重要なものを、個人別論集としてシリーズにして出版したらどうかなどを話した。その第一作として本書の編集が開始され、あわせて解説執筆者として、西澤直子さんと都倉武之君に加わってもらうことになった。順調な船出であった。

しかし、このとき、慶應義塾一五〇周年記念事業が同時に進行しており、『慶應義塾史事典』の編集が佳境に入り、その完成も束の間、続いて『福澤諭吉事典』の編纂となり、西澤さん、都倉君とも寸暇なき情況になってしまい、今日にいたってしまったのである。担当の飯田さんには、本当にご迷惑をおかけしたが、辛抱強くお待ちいただいた上、索引作成の労を煩わせてしまった。心から感謝申し上げる。

その間、さらに悲しい出来事に遭遇したのである。再校が組み上がる直前、二〇〇九年七月、稲垣敏子さんが急逝してしまったのである。その五日前、交詢社で開かれた福澤諭吉協会土曜セミナーで同じテーブルに着いて、進捗状況を話し、再校に目を通してくださる約束をして別れたばかりであった。敏子さんを福澤諭吉協会にお誘いしたのはわたしであるが、入会を決意されたのは、あるいは功一さんのことを思い出されてのことであったのかもしれない。わたしが同行できなくなった長沼・佐倉への協会の一日史跡見学会での車中で、竹田行之さんと、土橋俊一さんと功一さんとのことを話されたという。稲垣敏子さんは、東京大学史料編纂所維新史料部に永く勤務され、多くの史料翻刻に当たられ、史料編纂所の刊行物である『大日本古文書　幕末外国関係文書』をはじめ、『杉浦梅潭日記』（杉浦梅潭日記刊行会、みずうみ書房、一九九一年）、『木村熊二・鐙子往復書簡』（共編、東京女子大学比較文化研究所、一九九三年）などの貴重な翻刻出版を手掛けてこられた。その仕事ぶりは、史料編纂所譲りの、満足のいくまで徹底的に校訂、校正を行なう、出版社泣かせな面を持つ人であった。おそらく、本書に対しても、ご自身もかかわっていたかったことであろうと思われる。

稲垣敏子さんのあまりにも突然の他界のため、敏子さんの生前刊行は不可能であったが、それにしても、大幅に遅延してしまったことについてはお詫びの言葉もない。

あらためて、稲垣敏子・青木功一姉弟に、本書の刊行を報告したい。

二〇一〇年一二月

川崎　勝

索引

人名

あ行

か行

ま行

や行

ら・わ行

書名、論考名

あ行

か行

は行

ま行

や・ら・わ行

事項

あ行

か行

さ行

た行

な行

は行

ま行

や行

ら行

著者紹介
青木功一（あおき こういち）
1930年生まれ。1970年、東京都立大学大学院人文科学研究科修士課程修了。ベルリン自由大学東アジア学科図書室長、慶應義塾大学新聞研究所研究員を経て、1980年、横浜市立大学講師。同年死去。

福澤諭吉のアジア

2011年6月30日　初版第1刷発行

著　者————青木功一
発行者————坂上 弘
発行所————慶應義塾大学出版会株式会社
〒108-8346　東京都港区三田2-19-30
TEL〔編集部〕03-3451-0931
〔営業部〕03-3451-3584〈ご注文〉
〔 〃 〕03-3451-6926
FAX〔営業部〕03-3451-3122
振替　00190-8-155497
http://www.keio-up.co.jp/
装　丁————土屋 光［Perfect Vacuum］
印刷・製本——株式会社精興社
カバー印刷——株式会社太平印刷社

Printed in Japan　ISBN 978-4-7664-1763-0